聊城大学学术著作出版基金资助

巩固和完善

农村基本经营制度研究

杨宏力 ◎ 著

中国财经出版传媒集团

经济科学出版社

Economic Science Press

·北 京·

图书在版编目（CIP）数据

巩固和完善农村基本经营制度研究／杨宏力著 . --
北京：经济科学出版社，2023.9
ISBN 978 - 7 - 5218 - 5149 - 6

Ⅰ. ①巩…　Ⅱ. ①杨…　Ⅲ. ①农村经济 - 经济制度 -
研究 - 中国　Ⅳ. ①F321

中国国家版本馆 CIP 数据核字（2023）第 179193 号

责任编辑：凌　　敏
责任校对：刘　　娅
责任印制：张佳裕

巩固和完善农村基本经营制度研究

杨宏力　著

经济科学出版社出版、发行　新华书店经销

社址：北京市海淀区阜成路甲 28 号　邮编：100142

教材分社电话：010 - 88191343　发行部电话：010 - 88191522

网址：www. esp. com. cn

电子邮箱：lingmin@ esp. com. cn

天猫网店：经济科学出版社旗舰店

网址：http://jjkxcbs. tmall. com

北京季蜂印刷有限公司印装

710×1000　16 开　22.25 印张　340000 字

2023 年 9 月第 1 版　2023 年 9 月第 1 次印刷

ISBN 978 - 7 - 5218 - 5149 - 6　定价：78.00 元

（图书出现印装问题，本社负责调换。电话：010 - 88191545）

（版权所有　侵权必究　打击盗版　举报热线：010 - 88191661

QQ：2242791300　营销中心电话：010 - 88191537

电子邮箱：dbts@ esp. com. cn）

前　言

　　农村基本经营制度是党的农村政策的基石，其确立实施对于推动农业高速增长、促进农民增收以及推进我国现代化进程作出了历史性的重大贡献。然而，随着工业化、城镇化和农业现代化的快速推进，农业农村发展的微观基础与宏观环境发生了深刻变化，农村基本经营制度出现了明显的不协调、不适应。中央部署了农地确权、三权分置、"三块地"改革试点等多项改革措施对其巩固完善，一定程度上推动了问题解决，但集体所有权虚置、集体经济组织功能疲弱、土地细碎化经营、新型农业经营主体发展不足等问题仍不同程度存在。这些问题的产生从根本上讲是因为新形势下农村土地权利关系尚没有完全理顺，在很大程度上影响了改革政策效果发挥。因此，从权利配置视角梳理农村基本经营制度的变迁逻辑，实证分析其改革绩效及阻滞因素，并提出完善农村基本经营制度的操作性方案，对于丰富习近平新时代中国特色社会主义思想，突破"三农"短板，解决新时代社会主要矛盾，实现"两个一百年"奋斗目标，实现全体人民共同富裕，可以提供有益的理论解释和实践借鉴。

　　本书内容包括六大部分，共计十二章。本书详尽梳理了农村基本经营制度研究的相关文献，精准确定了本研究的方向和重点；具体阐释了我国农村基本经营制度变迁内在的历史逻辑、理论逻辑和实践逻辑；采取总体评价和分项评价相结合的方式系统测度了农村基本经营制度改革的绩效；推导分析了农地权利配置对农村基本经营制度改革绩效的可能影响；在我国农地制度约束框架下从学理上拓展了科斯定理，尝试提出了"中国农地产权版科斯定理"；在大量实地调研基础上汇总归纳了浩伦农服运作的理论与实践，以作为完善农村基本经营制度的重要经验；最终凝练提出了巩固完善农村基本经营制度"五大变革"的总体思路，"政府重返—细分权利—壮大集体—落实地权"四步走接续式实施路径，以及修订法律进一步细分土地权利、理顺"三权"权利关系及其收益权能实现逻辑与创新农村集体经济组织体系架构和经营体制三点政策主张及具体政策建议。

本书可能的创新之处在于：（1）从权利配置视角研究农村基本经营制度。既有成果多集中于从经济视角、组织视角、法学视角或经济史学视角分析农村基本经营制度变革带来的农业生产率和劳动生产率提高，农业生产经营的"统""分"失衡，农业农村法律规范供给不足，以及改革带来的经验启示等相关问题，而专注于从农村土地权利配置视角研究农村基本经营制度改革的绩效问题，是一个较为新颖的视角。（2）总体评价与分维度评价相结合评价农村基本经营制度改革绩效。中国农业农村发展的史诗级成就与农村基本经营制度不可分割，然而制度评价一直是学术研究的难题之一，所以在既有成果中，总体呈现农业农村发展成就的成果多，因为可以预见的技术上的难度，鲜有研究把农业农村发展成就和农村基本经营制度建立直接关联。虽然由于农村基本经营制度是个制度系统，本书也很难做到精准将农村基本经营制度改革与农业农村发展成就之间直接对接，但本书通过总体评价和分维度评价相结合的方式，以数量化的方式，在一定程度上可以更好地呈现农村基本经营制度改革带给我国农业农村发展的变化。（3）拓展了科斯定理并提出进一步细分农村土地承包经营权等学术观点。作为人类共同的文明成果，科斯定理对于我国产权制度改革具有一定指导价值已经得到广泛认可，但其结论依赖于一系列现实中难以满足的假设条件使得其解释力大打折扣。本书通过将科斯定理拓展为"中国农地产权版科斯定理"，扩大了其理论适用性和解释能力，并可在中国的制度境域下得到印证，这使得科斯定理理论本身具有了对我国农地制度改革更大的指导价值。这是对产权经济学理论体系的丰富与完善。在学术观点创新方面，本书充分把握我国农地产权不断细分和农业绩效之间的规律性联系，通过理论分析和实证研究，结合实地调研中农民群体的强烈诉求客观推导出我们需要而且能够进一步细分家庭承包权的建议，这将有利于为立法部门和研究者们提供更大的思考空间；我国农村集体经济的发展方向和路径仍在激烈争论中，尚未形成共识，本书在目前学界"集体＋公司"争论基础上进一步厘清了集体和公司的关系，并就公司本身的发展给出了自己的建议。

　　需要指出的是，由于本书研究对象体系庞大，涉及内容较多，而本人在"三农"领域的研究尚不够深入，加之受疫情冲击，调研受到较大影响，导致有些方面研究还不够深入透彻，部分内容尚未充分展开，需在后续研究中不断改进和提升。本书可作为本科生、研究生学习农业农村改革的资料，也可为"三农"领域的学者们开展农村基本经营制度相关研究提供参考，同时，对农业农村主管部门和立法机构也具有一定借鉴价值。

　　本书是笔者主持的国家社会科学基金项目《权利配置视角下农村基本经营制度改革的逻辑演进、绩效测度与路径优化》成果的一个系统性总结，也凝聚了课题组各位成员的集体智慧和辛勤付出，尤其李克乐、李宏盼、乔允和丁佳琳，为本书做了大量卓有成效的工作，感谢各位的付出！国家社会科学基金和聊城大学学术著作出版基金为本书出版提供了资助，表示衷心感谢！

杨宏力

2023 年 7 月

目　　录

第一章

绪 论

本章是本书的绪论部分，总体上交代本书的背景、意义、框架等相关内容，引出后续研究内容。具体包括叙述研究背景，阐明研究的目的和价值，交代研究对象，廓清研究范畴，摆明研究思路和逻辑框架，列出研究工具方法，并指出本书可能的创新之处与薄弱环节。

农村基本经营制度是党的农村政策的基石。我国农村改革是从调整农民和土地的关系开启的（闻言，2022），可以说人地关系是党和国家在我国农村土地改革、社会主义改造、改革开放和社会主义现代化建设直至中国特色社会主义新时代各个时期"三农"工作的主线。抓住人地关系就抓住了我国农村问题的核心，也只有理顺了人地关系，农业农村才能得到发展，农民才能得到实惠。而农村基本经营制度其制度内核便是人地关系，也是我国基本经济制度在农村场域内各个时期政策和制度的具体和主要表现形式，理解了农村基本经营制度及其发展变迁，就理解了党和国家的农村工作思路和发展战略演变。尤其是改革开放以来，以"家庭承包经营为基础，统分结合的双层经营体制"为核心内容的农村基本经营制度已经定型成熟且40余年内没有发生重大调整变化，是新中国成立以来实施时间最长的农村基本经营制度，也是国内外公认的我国农业农村发展的一条基本经验。但我们也要清醒地认识到，在给予该制度充分肯定和高度评价的同时，始终也不乏反思的声音。尤其近年来，农村土地制度改革明显滞后于经济社会发展需要，积压的矛盾逐步凸显，涉地信访、涉地诉讼、涉地冲突频发，影响农业发展和农村稳定，已成为我国乡村振兴战略实施的首要障碍。另外，新时代乡村振兴战略实施迫切要求我们回答"谁来种田""小农户如何与现代农业有效衔接""粮食安全如何保障""乡村共同富裕如何实现"等一系列影响"三农"发展的重要命题。因此，巩固完善农村基本经营制度无论在理论上还是在实践中都已成为农村工作的首要任务。那么，农村基本经营制度改革应该怎么改？这需要我们厘清农村基本经营制度的演进逻辑，验证其实施绩效，为后续改革提供逻辑遵循和经验支撑。

一、研究背景

"两个大局"同步交织。习近平总书记在江西考察时指出，领导干部要胸怀两个大局，一个是中华民族伟大复兴的战略全局，另一个是世界百年未有之大变局，这是我们谋划工作的基本出发点。[①] 在 2020 年中央农村工作会议上，习近平总书记强调，从中华民族伟大复兴战略全局看，民族要复兴，乡村必振兴。[②] 尽管我们的"三农"工作取得了显著成就，但农业基础还不稳固，城乡区域发展和居民收入差距仍然较大，城乡发展不平衡、农村发展不充分仍是社会主要矛盾的集中体现。全面建设社会主义现代化国家，实现中华民族伟大复兴，最艰巨最繁重的任务依然在农村，最广泛最深厚的基础依然在农村。从世界百年未有之大变局看，稳住农业基本盘、守好"三农"基础是应变局、开新局的"压舱石"。当前，国际环境日趋复杂，不稳定性不确定性日益增加，经济全球化遭遇逆流，世界进入动荡变革期。要办好自己的事，其中很重要的一个任务就是始终立足自身抓好农业生产，以国内稳产保供的确定性来应对外部环境的不确定性。世界百年未有之大变局和中国百年大发展同步交织、相互激荡，其历史交汇构成了人类社会大发展大进步最壮丽的时代景观（刘恩东，姜昱峰，2022），这给我国发展带来了重大机遇，同时也使我们面临一系列严峻挑战。为此，必须持之以恒做好"三农"工作，稳住农业基本盘。

---

① 杜尚泽. 只要理想信念在，党的事业一定会成功［N］. 人民日报海外版，2019－05－23.
② 习近平总书记 2020 年 12 月 28 日在中央农村工作会议上的讲话［EB/OL］. http://www.qstheory.cn/dukan/qs/2022－03/31/c_1128515304.htm.

中国特色社会主义进入了新时代。党的十九大报告指出，"中国特色社会主义进入了新时代"，这是中国发展新的历史方位。新时代我国社会主要矛盾已经转化为人民日益增长的美好生活需要和不平衡不充分的发展之间的矛盾。其中，我国发展最大的不平衡是城乡发展不平衡，最大的不充分是农村发展不充分，突出表现在同快速推进的工业化、城镇化相比，我国农业农村发展步伐还跟不上，"一条腿长、一条腿短"问题比较突出。[①] 具体表现为务农群体的老人化和年轻农民的脱农化，农村的凋敝化和空心化，农村党组织、群众自治组织和经济组织的服务能力孱弱化，农业供给能力和供给体系与市场需求脱节化。这一方面缘于农业生产力发展水平相对于其他产业仍然偏低，农业生产经营比较利益低，社会对农业农村资源供给意愿不高。另一方面也缘于农村生产关系调整与生产力发展适配度仍然需要提升，农业农村制度创新没有很好回应我国人地关系快速变化的国情农情，生产关系促进生产力发展的作用没有充分发挥。迫切需要我们通过制度创新尤其是最为核心的土地制度创新深化农业供给侧结构性改革，快速补足农业农村发展的不平衡不充分。

乡村振兴战略全面实施。当前，通过艰苦努力，我国脱贫攻坚取得全面胜利，党和国家的农村工作重心作出战略性调整，"三农"发展已经进入全面推进乡村振兴加快农业农村现代化的新发展阶段。实施乡村振兴战略，是党的十九大作出的重大决策部署，是决胜全面建成小康社会，全面建设社会主义现代化国家的重大历史任务，是中国特色社会主义进入新时代做好"三农"工作的新旗帜和总抓手（韩俊，2018）。而如何走中国特色社会主义乡村振兴道路，2017年中央农村工作会议指出了以"七个必须"为主要内容的具体路径，其中明确要求，"必须巩固和完善农村基本经营制度，走共同富裕之路。要坚持农村土地集体所有，坚持家庭经营基础性地位，坚持稳定土地承包关系，壮大集体经济，建立符合市场经济要求的集体经济运行机制，确保集体资产保值增值，确保农民受益。"[②] 这也成为我们推进乡村振兴战略过程中农村基本经营制度改革的根本遵循。同时也进一步明确了，扎实

---

① 习近平.把乡村振兴战略作为新时代"三农"工作总抓手 [J].当代江西，2019 (6)：9 - 12.
② 董峻，等.谱写新时代乡村全面振兴新篇章 [N].新华社，2017 - 12 - 30.

推进乡村振兴战略，实现乡村共同富裕目标，巩固完善农村基本经营制度是制度保障。

土地制度变迁的制度环境发生根本性变革。2018 年 12 月 29 日，十三届全国人大常委会第七次会议第二次修正的《中华人民共和国农村土地承包法》（以下简称《农村土地承包法》），被认为是对党的"三权分置"政策的法制回应，修正内容尤其是土地经营权的立法设计体现了对农民群体和个体利益的极大关切（陈小君，2019）。2020 年 5 月 28 日，《中华人民共和国民法典》（以下简称《民法典》）经十三届全国人大三次会议表决通过，自2021 年 1 月 1 日起施行，这是中国特色社会主义市场经济的基本法。其中，就农村土地承包经营权的取得，农村集体经济组织的性质，农村集体所有权的权能，土地承包经营权的用益物权性质及其权能，宅基地使用权的用益物权性质及其权能等一系列涉农问题作出了明确法律规定。这两部法律的修正出台，关于农村土地问题的有关规定集中体现了党的十八大以来我国积极推进农村土地制度法制与法治进程的制度成果，是对既往改革经验的总结认可，同时为后续改革提供了法律遵循和法律保障，为我们讨论农村土地权利配置和运行规则提供了全新的制度环境。

土地制度改革政策环境发生重大变化。党的十八大以来，农业农村改革法制化进程明显加快，农地确权、"三权分置"、"三块地"改革试点、农村集体经营性建设用地入市、农村集体产权制度改革、新一轮宅基地制度改革试点等多项改革接续实施。从具体制度设计来看，这些改革思路的几近全部内容及其要义都是围绕农村土地制度展开。并且，在所有的改革事项中，"坚持土地集体所有""农民利益不受损""稳定承包关系""提高土地使用效率"都是政策文件中的高频词汇，而这些词汇，正是农村基本经营制度的集中表征。因此，可以说，党的十八大以来的农村土地制度改革历程就是农村基本经营制度的变革历程，这一系列的改革表明我国农村基本经营制度改革面临的政策环境已经发生重大变化，而这一系列改革的成果，又构成了巩固完善农村基本经营制度的主体内容，大大丰富了进一步改革的政策工具箱，将整体上提升我国土地法制化水平，有利于缓解土地占有公平与土地高效利用之间的矛盾。

二、研究目的和价值

（一）研究目的

农村基本经营制度是党的农村政策的基石，其确立实施对于推动农业高速增长、促进农民增收以及推进我国现代化进程作出了历史性的重大贡献。然而，随着工业化、城镇化和农业现代化的快速推进，农业农村发展的微观基础与宏观环境发生了深刻变化，农村基本经营制度出现了明显的不协调、不适应。中央部署了农地确权、三权分置、"三块地"改革试点等多项改革措施对其巩固完善，一定程度上推动了问题解决，但集体所有权虚置、集体经济组织功能疲弱、土地细碎化经营、新型农业经营主体发展不足等问题仍不同程度存在。这些问题的产生从根本上讲是因为新形势下农村土地权利关系尚没有完全理顺，在很大程度上影响了改革政策效果发挥。因此，从权利配置视角梳理农村基本经营制度的变迁逻辑，实证分析其改革绩效及阻滞因素，并提出完善农村基本经营制度的操作性方案，对于丰富习近平新时代中国特色社会主义思想，突破"三农"短板，解决新时代社会主要矛盾，实现"两个一百年"奋斗目标，实现全体人民共同富裕，可以提供有益的理论解释和实践借鉴。

（二）研究价值

从学术价值角度来看，本书关于我国农地制度、农地权利关系特殊性对农地制度绩效影响的分析，以及落实集体土地所有权、破解土地细碎化等问题的学术观点，可进一步丰富中国特色农地制度理论体系。在我国特殊国情农情背景下，基于权利配置视角，通过尝试将科斯定理拓展为"中国农地产权版科斯定理"，阐明了在中国特色农地权利约束下改善农地资源配置绩效的理论逻辑，可以进一步丰富中国特色农地制度理论体系。

从应用价值角度来看，本书针对农村基本经营制度存在的不足与缺陷提出的改革路径和具体方案设计，可供立法机构和农业农村主管部门制定巩固完善农村基本经营制度的制度政策时参考借鉴。构建基本经营制度改革绩效的测度体系，并运用数量方法实证分析改革的绩效，获得的数据可为实践部门及时调整完善农地政策提供科学的决策依据。

从人才培养角度来看，本书在实施过程中，课题组成员分工协作，共同推动工作顺利开展，并形成了职称、学历和年龄结构较为合理的梯队。同时，以本书团队成员为基础，所在单位成立了"高质量发展与'三农'问题研究"团队，截至目前已经孵化国家级科研项目2项，省部级科研项目1项。课题组成员在研究期内合作或独立发表阶段性成果10余篇，显著提高了成员的科研能力。依托本书培养的硕士生顺利毕业2人，其中1人以本书阶段性成果为基础撰写的学位论文获得省级优秀学位论文。

三、研究对象和研究范畴

（一）研究对象

本书的具体对象是在我国农业发展的宏观环境、微观基础发生重大变化的情况下，作为生产关系滞后于当前农村生产力发展，而其完善变迁又面临我国农地制度特殊性约束的以家庭承包经营责任制为内核的农村基本经营制度。

（二）研究范畴

1. 农村基本经营制度

我国现阶段的农村基本经营制度，其规范表述应为"农村土地集体所有，家庭承包经营为基础，统分结合的双层经营体制"。按照政策理论家和学术界的解读，其在质上包括了三个层面的内容。一是在所有制上坚持农村土地集体所有制，这是农村土地产权层面的规定。它是我国社会主义国家性质决定的，是我国社会发展的历史选择，不容讨论，不能含糊，不容改变，必须坚持，这一点在我国农业社会主义改造完成后从未改变，在我国宪法和其他农村土地法律法规以及党和国家领导人的讲话，各级各地政策文件中都是充分明确的。二是在经营形式上坚持以家庭经营为基础，这是关于经营形式选择的规定性。土地经营既可以采取国家经营的形式，也可以采取个人经营的形式；既可以采取集体经营的形式，也可以采取企业经营的形式，当然也可以采取组合经营的形式，即土地的具体经营形式选择是多样化的。但我国当前的农村基本经营制度设计采取了以家庭承包经营的形式为基础形式，其他形式如集体经营、企业经营等作为补充形式。三是在经营层次上坚持"统"与"分"相结合，这是关于土地经营层次的规定性。制度设计初衷是，对于那些必须在宏观集体层面才能办好的事情，如水利设施的修建、修路架桥、土地调整等，由集体发挥其规模优势、团队优势来办；而具体生产经营如种子化肥选择投入、农作物种类选择等一家一户即能做好的事情，便发挥农户家庭的灵活性优势由家庭来办。宜"统"则"统"，宜"分"则"分"，二者相互补充。

2. 农村基本经营制度改革

从我国现行农村基本经营制度三个层面的内容来看，显然，"农村基本经营制度"是一个具有历史阶段性的总体性制度框架，而并非一项具体单一的制度设计，是在一定阶段内我国关于农村土地的"一揽子"制度规定。党的十八届三中全会通过的《中共中央关于全面深化改革若干重大问题的决定》提出的"加快构建新型农业经营体系""赋予农民更多财产权利""推进城乡要素平等交换和公共资源均衡配置""完善城镇化健康发展体制机制"等有关当前和未来"三农"改革的方向和重点等内容都包含在内（米运生，罗必良，曾泽莹，2015），包括土地确权、三权分置等家庭承包经营制度确立以来不同时期部署实施的诸多改革举措。由此决定了研究我国农村基本经营制度改革，与研究国企混合所有制改革、行政审批制度改革、新医改、"营改增"税制改革等单项改革不同，既需要研究其土地产权安排框架及其相关问题，也需要研究其经营形式选择及其效率差异等问题，还需要研究其不同经营层次的边界及其结合问题，甚至还难免要涉及制度本身的发展变迁及其演进方向等问题。另外，即便是其中的任何一个方面，又都有着多维度的研究视角。一个基本事实是，农村基本经营制度定型以来的几十年内，关于我国农村土地产权配置、经营形式、实现方式等任何一个方面都产生了大量的研究成果。显然，在一项研究中穷尽对农村基本经营制度各层面内容的探讨是过于虚妄且不切实际的。因此，本书缩小了对我国农村基本经营制度改革的研究范围，聚焦我国农村土地权利配置逻辑、土地权利配置绩效，并通过理论分析和一系列实证检验，提出农村基本经营制度改革的对策建议。亦即，本书只涉及农村基本经营制度三个层面内容中的产权配置层面，不涉及或基本不涉及土地经营形式及其经营层次相关问题。

此外，需要交代的是，自以家庭承包经营为特征的农村基本经营制度定型以来，虽然农村基本经营制度的制度内核没有发生根本性变革，但我国农村土地制度和土地政策期间又发生了多次调整变化，即其制度保护带一直在变化，可以说农村基本经营制度改革始终在路上。而这种改革有别于制度的根本性变革，表现为边际调整优化，具体呈现为一连串的土地制度变革和政策调整。尤其党的十八大以来，是当前农村基本经营制度定型后农业农村改革最为密集的时期。近年来，回应我国社会主要矛盾变化要求和农村生产力发展需要，党和国家在"三农"领域采取了一系列改革措施，农村承包地确权登记颁证，农村土地所有权、承包权、经营权"三权分置"，农村土地征收、集体经营性建设用地入市、宅基地管理制度改革"三块地"改革试点，集体产权制度改革等多项改革密集实施。与之相应，一系列惠农举措渐次推出，惠农力度不断加大，显著提升了农业农村发展现代化水平和农民收入水平。基于此种考虑，本书在测度农村基本经营制度绩效时，采取了总体评价和单项制度评价相结合的方式，即先总体测度农村基本经营制度的运转绩效，然后分项测度了农村基本经营制度改革的几项具体政策举措如土地确权、三权分置（农地流转）、农业机械化水平提高（农机补贴）等，对农业生产率、农民收入、粮食安全、土地规模经营等农村基本经营制度改革目标的具体影响。

3. 权利配置

本书认为，农村土地制度的任何改革实质都是一次土地权利的重新配置。这种配置包括土地权利束的进一步细分，不同主体间的归属重划，新权利的创设，原有土地权利的灭失，权利主体的增加，以及土地权能的扩充或缩减等。即本书所言"权利配置"一词，不仅具有结构性意义，也包括权利边界的变化，权能的拓展。换言之，本书所使用的权利配置，是一个广义概念，其意蕴主要在于关注土地制度变革所带来的土地权利方面的变化及其给权利主体带来的利益调整。从法理上来看，农村土地权利是一个权利束，理论上包括农村土地所有权、占有权、使用权、收益权和处分权；从实践中来看，具体包括所有权、发包权、承包经营权、承包退出权、经营权、收益权、经营权流转权、经营权抵押担保权、承包经营权互换转让权。在农业生产经营实践中，每一次土地制度变革和政策调整都必然带来土地权利的调整，并伴随土地利益的调整。如农村土地三权分置政策，在入法后明确地赋予了土地经营者将土地经营权进行流转、抵押融资等权能，不仅为农村土地资产价值化扫清了法律障碍，更为农民财产性收入增长提供了现实渠道。又如本书中涉及的农机补贴政策，属于国家提高农业机械化现代化水平的重要举措，实质是以农机补贴的方式赋予了农民收益权更为丰实的内容，拓展了农民收益权的权能。再如本书经验借鉴部分所述说的"浩伦农服土地托管"案例，其实质是在地方政府引导下，在供销社成立的农服公司的主导下，通过土地托管的形式，将土地经营权在参与托管的农户和党支部领办的合作社这个集体组织之间进行了再配置，土地权利呈现出更多向集体配置的倾向特征。

此外，尚需交代的是，农村基本经营制度原则上涉及的土地范围，从所有制层面看包括国有土地和集体土地；从用途看包括生产经营用地和建设用地以及四荒地等；从生产经营样态看包括耕地、草地、林地、沼泽等。而一般情况下，在学术研究中论及农村基本经营制度时，多数情况下讨论的是农业生产经营用地的相关问题。故本书重点围绕归农村集体经济组织所有，农户承包经营的农村生产经营用地展开研究，对于宅基地、集体经营性建设用地等问题存而不论。

四、研究思路和框架

（一）基本思路

本书遵循"问题提出—理论分析—实证研究—理论拓展—对策建议"的逻辑主线，基于权利配置视角审视农村基本经营制度改革的逻辑演进，揭示农地权利配置影响农地制度绩效的机理，实证分析农村基本经营制度改革的绩效，并在拓展科斯定理分析的基础上提出完善农村基本经营制度的总体思路、实施路径和具体政策建议。研究路线如图 1-1 所示。

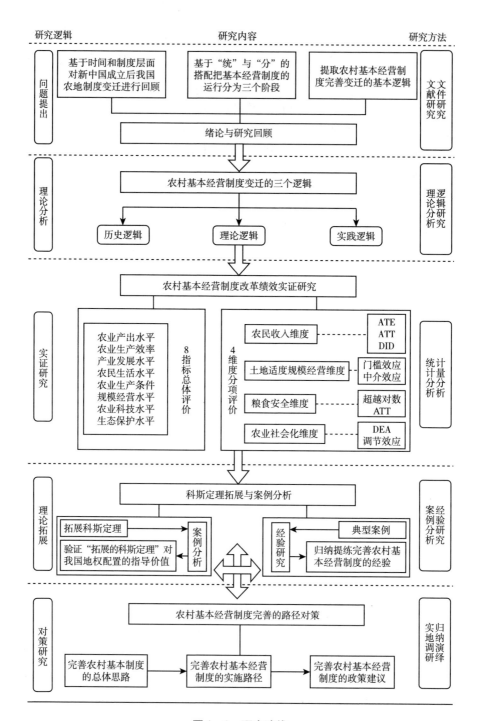

图1-1　研究路线

（二）总体框架

本书包括六大部分，共计十二章。

第一部分，绪论与研究回顾。内容包括第一章和第二章。本部分主要内容是通过背景描述和学理分析提出亟待研究的问题，并通过对国内外相关研究成果的梳理，汲取可资借鉴的有益营养并发现既有研究的薄弱环节，进一步框定本书的方向路径。具体内容是，第一章详细阐述了本书的研究背景，研究目的和价值，研究对象和研究范畴，研究思路和框架，研究方法，以及研究的可能创新之处与不足之处。第二章则基于文献分类法对国内外研究农村基本经营制度的文献进行梳理，并按照研究主题将其提炼为农村基本经营制度的内涵与架构、历史变迁与演进动力、成就与经验、存在的问题、改革建议和借鉴价值等几个方面。

第二部分，农村基本经营制度的形成及其权利配置逻辑分析。主要内容为第三章。本部分首先界分了大家时常论及但在使用中又含混模糊致人迷惑的几个农村基本经营制度的基本问题，主要是辨识了"农村经营制度"和"农业经营制度"的关系，农村经营制度与农村基本经营制度的关系，农村基本经营制度与"大包干"的关系，指出农村基本经营制度其实质是生产关系，内核是人地关系，具象是法权格局。然后基于文献分析和政策文本解读梳理了农村基本经营制度变迁的历史逻辑，接着沿着农村改革指导思想变革与战略实施线索归纳农村基本经营制度变迁的理论逻辑，并通过重要史实回顾与关键事件反思盘点农村基本经营制度变迁的实践逻辑。分析指出，新中国农村基本经营制度的变迁具有内在的历史逻辑、理论逻辑和实践逻辑，三者统一于中国农村经济体制改革过程之中。从历史逻辑来看，农村基本经营制度变迁呈现由农村土地小农私有，家庭经营、互助经营和合作经营到农村土地集体所有、集体统一经营，又到农村土地集体所有、家庭承包经营为基础、统分结合的双层经营，最后到农村土地集体所有，家庭承包经营为基础，合作与联合为纽带、社会化服务为支撑的立体式复合型现代农业经营体系的演进轨迹。从理论逻辑来看，农村基本经营制度变迁是权利配置服务于生产力生产关系适配，服务于社会主要矛盾变化，服务于社会主义道路。从实践逻辑来看，农村基本经营制度变迁有着权利核心—权益核心—权能核心，集权锢农—分权富农—赋权强农，权利封存—权利调整—权利交易三条可循的线索。农村基本经营制度的变迁趋向可概括为一条主线、两个坚持和三个改变。

第三部分，农村基本经营制度改革的绩效评价体系构建与改革效果测度。内容包括第四章至第八章。本部分是本书的主体内容，对农村基本经营制度改革绩效测度在实施中采取了总体评价和分项评价相结合的方式。在总体评价部分，基于农业产出水平、农业生产效率、产业发展水平、农民生活水平、农业生产条件、规模经营水平、农业科技水平、生态保护水平 8 个维度，选取 18 个细化指标，运用熵权法构建综合评价体系，测度了 1993 ~ 2019 年全国 31 个省份（不含港澳台地区）农村基本经营制度实施绩效水平；同时，对 2012 ~ 2018 年农村基本经营制度改革成效进行了深入分析。结果显示，1993 ~ 2019 年农村基本经营制度绩效评分呈先上升后下降再上升走势；新时代农村基本经营制度改革具有一定的滞后效应，同时存在要素贡献与空间地区差异性。在分维度评价部分，本书基于农村基本经营制度改革的几个主要政策目标和政策举措，从农民收入、土地适度规模经营、粮食安全、农业社会化服务等几个维度，采用了平均处理效应（ATE）和受处理的平均处理效应（ATT）、双重差分模型（DID）、数据包络分析模型（DEA）、门槛效应模型、中介效用模型等工具方法，使用了相关年度《中国农村统计年鉴》、"全国劳动力动态调查（CLDS）"、全国农村固定观察点数据等相关数据，重点分析了农村基本经营制度改革的土地确权、土地流转、农业生产社会化服务等政策举措对不同的政策目标带来的影响，从而在不同方面呈现农村基本经营制度改革的绩效。

农民收入维度，一方面考察了土地经营权流转对农民收入的影响，利用二元泰勒公式证明了参与土地经营权流转能显著提高家庭收入水平，并借助 2004 年、2016 年全国农村固定观察点数据，实证分析了土地经营权流转对家庭收入的影响。2016 年估计结果显示，土地流转能使任意家庭的收入水平提高 18.65%；能使参与过土地流转的农户家庭收入提高 20.38%。参与土地转入能使家庭农业收入平均提高 31.68%；参与土地转出能使家庭工资性收入平均提高 8.14%。而且证实土地流转确实可以通过非农就业中介效应部分地对家庭总收入、农业收入、工资性收入产生作用，且中介效应解释率分别为 9.88%、6.80% 和 10.94%。另一方面在产权经济激励、土地流转、家庭劳动力分工及经营权抵押贷款四个中介传导机制的理论分析基础上，利用"全国劳动力动态调查（CLDS）"2014 年、2016 年的数据实证分析了农地确权对农民收入的影响，得到以下三点研究结论：第一，从整体来看，农地确权在整体水平上能够提高农民总收入，其总体效应为 0.103；从收入结构来看，农地确权对于农民农业性收入实现了极为可观的增长，大约为 40%，但对于农户工资性收入、财产性收入及转移性收入没有显著影响。第二，农地确权能够通过促使农民进行农地流转、农业短期投入来提高农户农业性收入和总收入。第三，农地确权不能够通过家庭劳动分工和经营权抵押贷款来促进农民增收。

土地适度规模经营维度，一方面以新型农业经营主体为研究视角考察了土地规模经营与服务规模经营的互动效应，以期回答当下"土地规模经营"和"服务规模经营"两大阵营关于规模经营实现的争论。另一方面基于 2016 年全国农村固定观察点数据和实地调研数据，构建了超越对数模型和 ATT 因果模型，分别探讨了土地经营权流转对不同定义下农业适度规模经营实现程度的影响。研究结果表明：（1）不能笼统地判定土地经营权流转是否促进了农业适度规模经营实现，当从不同的角度定义农业适度规模经营时，二者之间的关系呈现不同变化特征。（2）若从生产率的角度来定义农业适度规模经营，则可发现当前土地经营规模下，土地流转并未促进农业适度规模经营实现，土地流转形成的土地规模的扩大与亩均粮食产量和收入存在反向关系。（3）从成本的角度来看，当前土地流转的规模经济性不高。无论是总体分析还是分作物类别看，土地流转带来的土地规模并以此产生的规模经济并未凸显。从成本类别看，参与土地流转可使单位产量的总成本、化肥成本、农药成本分别提高 28.19%、9.84%、18.47%，使机械成本降低 9.94%。从分作物类别看，土地流转能显著提高小麦和水稻的农药成本，对化肥成本和机械成本不存在显著影响，能显著降低玉米的化肥成本、农药成本和机械成本。（4）若从细碎化的角度来定义农业适度规模经营，则可发现土地流转甚至一定程度上提高了土地的细碎化程度，因而没有促进农业的适度规模经营。

粮食安全维度，研究了土地规模经营和服务外包对粮食生产进而对粮食安全的影响。一方面揭示了劳动力转移、土地流转和溢出效应对农户种植结构的影响机理，并利用2016年全国农村固定观察点数据构建联立方程和中介效应模型检验了其具体影响，得出了以下几点主要结论：（1）土地流转形成的不同土地规模对农户种植结构存在动态影响，分散化土地流转形成的土地规模较小会降低农户的粮食作物种植面积和占比，规模化土地流转形成的土地规模较大会提高粮食作物种植面积和占比；（2）劳动力转移、土地流转和溢出效应对农户种植结构的影响存在明显的地区异质性；（3）对于分散化土地流转农户，土地流转租金亦会促进农户种植结构"非粮化"，且能通过种植结构中介变量影响家庭的粮食作物和经济作物净收益。另一方面，分别在家庭土地经营规模不变和经营规模可变两种情形下构建了收入最大化函数，从数理上证实了外包服务能显著促进粮食生产，并采用2011～2019年30个省份的面板数据，利用固定效应面板模型工具变量法实证分析了农业生产外包服务对粮食生产的影响，并进一步借助门槛效应模型和中介效应模型检验了外包服务影响粮食生产中可能存在的门槛效应和中介效应。研究结果表明：（1）农业生产外包服务水平能显著促进粮食生产且地形条件对服务外包影响粮食生产存在调节效应；（2）外包服务对粮食生产存在显著的以土地流转率作为门槛变量的双重门槛效应，省份的土地流转率处于越高门槛区间，外包服务对粮食生产的促进作用越强；（3）外包服务水平可以通过土地流转率和参与土地流转农户占比中介变量"部分地"促进粮食生产。

农业生产社会化服务维度，阐述了"农业机械化服务→土地经营权流转→农业生产效率提高"的传导机理，从农业机械化的层面实证检验了农机服务通过促进土地经营权流转而对农业生产效率提高发挥的作用。运用数据包络法（DEA）测算2016年全国农业生产效率水平，探究农机服务对农业生产效率的影响贡献，继而构建中介效应模型与调节模型进一步探究影响路径与内在联系。结果显示：（1）农机服务提高农户农业生产效率，土地规模化流转对于农机服务影响农业生产效率的提高起了部分中介效应；（2）农户自有农业机械正向促进农机服务对于农户农业生产效率的提升作用；（3）相较于平原地区，山地丘陵地形削弱农机服务对于农户农业生产效率的提升作用，但削弱力度小于农机服务的促进作用。

　　第四部分，土地权利配置对农村基本经营制度实施绩效的影响分析。主要内容为第九章。本部分意在综合考察土地权利配置是否以及能够在多大程度上对农村基本经营制度改革的绩效带来影响，以便通过分析为后续在土地权利配置维度提出农村基本经营制度进一步改革的建议提供学理和数据支撑。本部分采取间接法和直接法两种方法协同进行分析。一方面，考虑到政策评价一直是社科研究的难题之一，难以直接研究权利配置对农村基本经营制度实施绩效的影响，故本书借鉴相关研究成果的做法，采取一种迂回的方式，基于对 1993～2020 年土地权利配置格局的阶段划分方法，将不同阶段的农村土地权利配置作为背景，考察农村基本经营制度实施绩效的差异，探明化肥、劳动力、土地投入以及农业机械总动力等要素在不同权利配置格局下对农业产值的动态贡献大小，由此间接反映出由农村土地权利配置变迁引起的农村基本经营制度实施绩效的变化情况。另一方面，将土地流转权、抵押权和土地是否确权合成为农地权利配置指标，从农地产权的要素配置效应、激励效应和成本效应三方面展开分析农地权利配置对农业绩效的影响机理，并进一步采用 1993～2020 年 29 个省份的面板数据，借助动态面板模型尝试直接实证考察农地权利配置对农业绩效的影响。

　　第五部分，我国农村土地制度特殊性的进一步分析及案例研究与经验借鉴。内容包括第十章和第十一章。在对科斯定理的权利配置意义进行细致分析基础上，本书借鉴罗必良等学者拓展科斯定理的做法，尝试提出了"中国农地产权版科斯定理"：在交易成本大于零的情况下，在中国特殊的农地产权安排约束条件下，如果明晰界定产权并进行交易改善产权配置效率的成本太高，那么，通过产权细分和子权利交易，或者是合约方式变革来降低交易成本，进一步改善农地制度配置效率可能是恰当的。即：子权利界定是产权界定的替代机制，产权界定的成本太高，则不断细分界定子权利；子权利交易是产权交易的替代机制，产权交易不可能则选择子权利交易以促进效率；土地合约方式变革是产权制度变革的替代机制，产权制度变革面临刚性约束则变革土地合约形式来保证效率。在此基础上，以聊城浩伦农业服务有限公司主导开展的土地托管业务为研究对象，具体分析了在当前我国农村土地制度框架下农服公司开展土地托管的做法，通过理论分析和土地托管的实践过程梳理，形成了浩伦农服土地托管的运作逻辑、运转机理，获得了进一步推进农村基本经营制度改革的一些经验启示。

第六部分，完善农村基本经营制度的总体思路、实施路径与政策建议。主要内容为第十二章。本部分在前述分析研究基础上综合提出完善农村基本经营制度的相关建议。总体思路是，通过农村土地权利配置主体、构造、方向、重点和目标"五大变革"，即权利配置主体由"农民＋政府"主体向"政府＋农民"主体变革，权利配置构造由"集体所有权、家庭承包经营权、经营者经营权"向"集体所有权、家庭承包经营权＋集体成员个人承包经营权、经营者经营权"变革，权利配置方向由向微观个体倾斜向集体倾斜变革，权利配置重点由以"分"为重点向"统"为重点变革，权利配置目标由效率导向向效率公平并重变革，进一步提升农村土地权利配置效率，巩固完善农村基本经营制度。实施路径是"政府重返—细分权利—壮大集体—落实地权"四步走接续式实施路径。亦可具体表述为"强化政府宏观调控权—细分农户家庭和成员个人承包经营权—做实组织载体—保障地权实现"。具体建议是：（1）修订法律进一步细分土地权利。具体而言，本书建议修改《民法典》《农村土地承包法》《中华人民共和国土地管理法》（以下简称《土地管理法》）有关法律条款，从家庭承包经营权引导出家庭成员个人承包经营权。（2）理顺"三权"权利关系及其收益权能实现逻辑。具体而言，本书建议制度化政府的土地终极所有权主体地位，界清农民集体和农村集体经济组织的土地权利关系，廓清承包经营权的权能边界，定性土地经营权为次级用益物权，并在法律上明确"三权"对应之收益权的经济实现渠道。（3）创新农村集体经济组织体系架构和经营体制。具体而言，本书建议创新农村集体经济新的实现形式和运行机制，借鉴国有资产管理模式，建立"集体＋公司"的农村集体经济组织体系架构和经营体制。

五、研究方法

文献分析法。本书的研究回顾部分，主要采用了文献分析法，通过搜集挖掘万方学位论文、中国知网、万得资讯、科学指导（Science Direct）、全文电子期刊（Springer Link）等数据库收录的 2000 余篇学位论文和期刊论文，获得了关于农村基本经营制度相关研究的成果，归纳提炼出有益经验，同时发现学界研究的薄弱环节。

政策文本分析法。作为一项政策性较强的研究，本书多处涉及对《中华人民共和国宪法》（以下简称《宪法》）、《民法典》、《中华人民共和国农业法》（以下简称《农业法》）、《农村土地承包法》、《中华人民共和国乡村振兴促进法》、《中华人民共和国农民专业合作社法》等我国法律法规和政策文件的查阅整理与解读。

马克思主义理论分析法。本书对我国当前农村基本经营制度运行特征的分析解读，对其权利配置逻辑的推理等，都使用了马克思主义辩证唯物主义和历史唯物主义分析法，对农村土地权利相关主体收益权的实现等分析，使用了马克思主义利益分析法。

制度主义分析法。本书对于权利配置研究视角的选择，对于我国农村土地产权权利结构和权能的分析等，都使用了产权分析法。关于农村基本经营制度演进阶段的分析，关于农村基本经营制度变迁逻辑的梳理，关于科斯定理的拓展等，都使用了制度分析法。

问卷调查、实地考察法。采取问卷、访谈等多种形式到农业农村主管部门以及乡村和农村土地制度改革的典型地区等进行实地考察，如到农业农村部农村经济研究中心、中国社会科学院当代中国研究所、山东省农科院、聊城市农业农村局等机构，以及贵州湄潭、河南焦作、山东聊城等地调查农村基本经营制度改革措施推行的情况、存在及新出现的问题、改革效果等。

经济计量分析法。本书的第三、第四部分即两个实证分析部分，在对农村基本经营制度改革绩效的测度和绩效影响因素的分析中，主要使用了计量分析法，具体分别采用了 ATE 和 ATT、DID、中介效用模型等多种工具方法对相关数据进行处理和研究。

跨学科的研究方法。"三农"问题具有复杂性、系统性的特点，在研究过程中，经济学、法学、社会学、政治学等多学科的研究方法均得到运用，不局限于某一种方法。

六、可能的创新之处与不足之处

（一）可能的创新之处

研究视角方面，既有成果多集中于从经济视角、组织视角、法学视角或经济史学视角分析农村基本经营制度变革带来的农业生产率和劳动生产率提高，农业生产经营的"统""分"失衡，农业农村法律规范供给不足，以及改革带来的经验启示等相关问题，而专注于从农村土地权利配置视角研究农村基本经营制度改革的绩效问题，这是一个较为新颖的视角。

研究内容方面，中国农业农村发展的史诗级成就与农村基本经营制度不可分割，然而制度评价一直是学术研究的难题之一，所以在既有成果中，总体呈现农业农村发展成就的成果多，因为可以预见的技术上的难度，鲜有研究把农业农村发展成就和农村基本经营制度建立直接关联。虽然由于农村基本经营制度是个制度系统，本书也很难做到精准将农村基本经营制度改革与农业农村发展成就之间直接对接，但本书通过总体评价和分维度评价相结合的方式，以数量化的方式，在一定程度上可以更好地呈现农村基本经营制度改革带给我国农业农村发展的变化。

学术思想方面，作为人类共同的文明成果，科斯定理对于我国产权制度改革具有一定指导价值已经得到广泛认可，但其结论依赖于一系列现实中难以满足的假设条件使得其解释力大打折扣。本书通过将科斯定理拓展为"中国农地产权版科斯定理"，扩大了其理论适用性和解释能力，并可在中国的制度境域下得到印证，这使得科斯定理理论本身具有了对我国农地制度改革更大的指导价值。这是对产权经济学理论体系的丰富与完善。

学术观点方面，第一，在既有成果中，尚未有将家庭承包经营权进一步细分的提法，本书并非刻意追求标新立异，也没有违反既有制度框架，而是充分把握我国农地产权不断细分和农业绩效之间的规律性联系，通过理论分析和实证研究，结合实地调研中农民群体的强烈诉求客观推导出我们需要而且能够进一步细分家庭承包权的建议，这将有利于为立法部门和研究者们提供更大的思考空间。第二，我国农村集体经济的发展方向和路径仍在激烈争论中，尚未形成共识。本书提出的"集体＋公司"的建议也是学界和实务工作者争论的内容之一。然而本书在目前争论基础上进一步厘清了集体和公司的关系，并就公司本身的发展给出了自己的建议。

（二）不足之处

我国农村基本经营制度改革，目前党和国家的定位是巩固完善，亦即改革以边际改革为主体形式，是一个循序渐进的过程，不可毕其功于一役，需持续发力、久久为功。由于本书研究体系庞大，涉及内容较多，加之受疫情冲击，受时间与能力所限，有些方面研究还不够深入透彻，部分内容尚未充分展开，需在后续研究中不断改进和提升。

在数据使用上，部分数据存在量少或滞后问题。世纪大疫情严重影响了本书调研的区域广度和数据搜集的数量质量，连带地，各类统计年鉴和数据库提供的数据也具有一定的滞后性，之前可以申请获得的全国农村固定观察点数据等也因疫情影响无法获得最新数据，虽然这些因素不会对本书的结论构成根本性影响，但不可否认，这会在一定程度上影响本书的精度。

在研究方法上，农村基本经营制度改革绩效评价的科学性有待进一步提高。众所周知，公共政策评价理论和技术水平不足一直是我国社会科学研究领域的短板之一。作为一项囊括多项制度政策的农村基本经营制度，本书受制于评价技术和数据约束，难以对不同的政策实施以统一的评价方法进行分析研究，这可能在一定程度上影响本书的科学性。

在学术交流上，受新冠疫情影响，近年来"三农"领域的诸多学术研讨会多以线上方式召开，无法到场与高层次专家沟通交流，影响了本书获取最新资讯和前沿观点。

在研究团队上，需强化团队分工协作、信息资源共享与思想碰撞，进一步提升研究人员的创新意识和创新能力，不断提高团队科研创新质量和效率。

第二章

农村基本经营制度研究回顾

　　本章基于政策文本分析法和文献分类法对国内外研究农村基本经营制度的文献进行梳理，并按照研究主题将其提炼归纳为农村基本经营制度的内涵架构、变迁演进、成就经验、存在问题、改革原则与研究不足六个方面。文献梳理归纳发现，国内外学界围绕农村基本经营制度及其改革问题积累了丰富的文献，但是由于不同学者掌握的资料以及自身见解立场的差异，以及对于中国农业农村的政治、经济、文化、社会广视域深度认知尚有不足，难免对一些问题疏于考量，对于中国农村基本经营制度相关问题的研究仍具有明显的缺陷。突出表现在诸多研究没有很好地顾及制度变革发生的宏观环境和微观基础的变化等方面，特别是关注农村基本经营制度经营形式和经营层次方面的研究多，关注产权安排方面的研究少，尤其是权利配置层面的深度分析极为缺乏。

　　作为一项重要且构造独特的安排，中国农村的土地制度一直是国内学术界的研究热点，而伴随着对中国巨大经济发展成就制度渊薮的挖掘与总结，国外亦涌现了一批研究中国农村土地制度的学者。因而无论国内理论界还是国外理论界在改革开放以来围绕中国农村土地制度问题研究都积累了较为丰富的文献，在这些理论成果中，中国农村基本经营制度研究是一个重要的问题。本书在细致梳理国内外学者关于中国农村基本经营制度研究丰富文献的基础上，基于研究主题将这些成果的主要观点归纳为农村基本经营制度的内涵与架构、历史变迁与演进动力、成就与经验、存在的问题、改革原则和研究瞻望等几个方面，期望为推动我国农村基本经营制度改革研究的进一步深入提供些许理论资源和借鉴参考。

一、农村基本经营制度的内涵与架构

坚持农村基本经营制度是推动农村改革的一条主线，2020年《中共中央　国务院关于抓好"三农"领域重点工作确保如期实现全面小康的意见》明确提出继续完善农村基本经营制度的要求。为使农村基本经营制度能够灵活、规范、最大化地在学术研究中得以充分诠释，全面把握其内涵与架构很有必要。

（一）农村基本经营制度的意蕴内涵

一直以来，学术界对于农村基本经营制度方面的研究颇多，重点关注了农村基本经营制度的现实必要性、研究主题、实现形式以及对农村基本经营制度的改革等方面。尤其近年来，学者们不断从创新性、系统性、现代化的角度提出完善农村基本经营制度的详细见解，虽然研究的侧重点不同，但这些研究都要建立在准确把握农村基本经营制度科学内涵的基础上，都离不开农村基本经营制度的核心问题：产权安排、经营主体和经营方式。农村基本经营制度是农村改革的基础，是协调农村农民农地三者关系的法制遵循，为农村有序运行提供基础制度环境。要从整体上理解农村基本经营制度的内涵，落实政策初衷，必须分清重点、聚焦做法，抓住制度的落脚点。

通过对文献的梳理发现，农村基本经营制度及相关问题的概念界定尚不清晰，造成了研究者们的混淆使用。张德元（2012）从马克思主义政治经济学的角度解释了农村基本经营制度的内涵，包括三个方面：一是坚持主要生产资料公有制，即农村土地公有；二是以家庭承包为基础；三是实行统分结合、双层经营。谭贵华（2014）基于对党中央政策文件的解读，认为农村基本经营制度确立后，其内涵经过了三次微调，双层经营体制内涵的变化建立在党和国家对双层经营体制不断完善的基础上。米运生（2015）立足于"一个中心、三个基本点"视角对农村基本经营制度进行了解读，"一个中心"即农村土地集体所有，主要解决公平问题；"三个基本点"是指家庭经营的主体地位、农民土地的用益物权、市场主导的社会服务，主要解决效率问题。谭小芍（2015）认为，农村基本经营制度的内涵在于"三个坚持"，即坚持稳定土地承包关系、坚持农村土地归农民集体所有、坚持家庭经营的基础性地位。蒋永穆（2018）将农村基本经营制度总结为：农业经营主体在行使对土地的占有、使用、收益、处分等权利的基础上，对其他生产要素进行运行、管理、分配、积累等优化配置行为的一项组织制度。他认为，科学地理解农村基本经营制度内涵需要对农地产权安排、农业经营主体、农业经营方式三个构成要素深刻解读。有学者强调农村基本经营制度的内涵是随着内外制度环境变化而改变的，农地集体所有是农村基本经营制度的灵魂所在，孙新华（2020）从"统""分"结合双层经营的地权基础出发对农村基本经营制度进行了解读。"家庭承包经营为基础、统分结合的双层经营体制"这一政策表述中，"统分结合"是将国家意志转化为现实成果的关键跳板，是解决"如何做"的问题。从"统""分"视角可以将农村基本经营制度的内涵理解为：在坚持土地集体所有的前提下，以家庭经营单位作为农业生产的基本微观主体，依靠有统筹能力的农业经营组织提供的产前、产中、产后等环节的各项服务，协调各项生产要素实现最优化配置。杨宏力（2021）对频繁使用但又模糊不清致人困扰的农村基本经营制度相关问题进行了概念的明确划分，并指出农村基本经营制度是一般性的经济理论概念，而非历史规定性概念，也因此，针对农村基本经营制度的概念未形成统一定论。朱信凯等（2022）认为农村基本经营制度是对农业生产经营的基本单位、土地所有制形式、乡村地区生产的社会化协作模式所进行的总体概括。虽然在此界定了农村基本经营制度的内涵，但是我们应当结合社会经济发展不同阶段水平与内外部环境，以发展的眼光解读农村基本经营制度的时代内涵。

（二）农村基本经营制度架构过程

农村基本经营制度从雏形到成型，大体可分为三个阶段：第一阶段是确立家庭联产承包责任制度，逐步肯定家庭经营的合法地位。1982 年《全国农村工作会议纪要》中指出"包产到户""包干到户"都是社会主义集体经济的责任制。第二阶段是农村基本经营制度的成型阶段。1993 年宪法中首次提出了家庭经营与集体合作组织的双层关系。1999 年宪法中将我国农村基本经营制度完善修改为"家庭承包经营为基础,统分结合的双层经营制度"。第三阶段是对农村基本经营制度的进一步稳定与完善,不断丰富农村基本经营制度内涵的阶段。2006 年取消农业税与集体提留后,抹去了我国农村基本经营制度的政策内涵中"责任"的意味,表述为"坚持土地集体所有、农民家庭承包经营的基本经营制度"。2020 年《中共中央　国务院关于抓好"三农"领域重点工作确保如期实现全面小康的意见》当中明确寄予其更高期望:完善农村基本经营制度,加快补足全面小康"三农"领域突出短板。

(三) 农村基本经营制度的产权规定性

土地产权结构是农村基本经营制度的重要内容。以家庭联产承包责任制为基础的两级管理体制确立后,中国的农村土地制度框架趋于稳定。在这种制度设计下,农民只有土地使用权,使用权的期限起初规定为 15 年。到 1993 年,使用权的期限被延长到 30 年,并规定这些权利可以由农民的子女继承或转让给他人。为进一步稳定承包关系,2017 年党的十九大报告明确指出,保持土地承包关系稳定并长久不变,第二轮土地承包到期后再延长 30 年 (肖鹏,2018)。

随着土地承包期限的逐步松绑,中国农村土地使用权的流转权利也被不断放松。1982 年宪法支持国家为了公众的利益征用土地;1987 年颁布的《土地管理法》要求土地流转必须以公共利益为基础;1992 年以来,中国改变了土地流转政策,将集体建设活动纳入其中;1998 年修订的《土地管理法》对农用地转为集体非农业建设用地进行了法律限制。土地出让直到 2008 年十七届三中全会才被正式认可,这意味着名义上属于村集体所有的土地,以及根据合同属于农户的土地,可以流转或出租给第三方。

土地权属界定是稳定与扩大土地流转的前提。土地确权是赋予农户生产决策主动性的重要保障,2011 年农地确权在我国开始试点,到 2018 年基本完成。权利的进一步细化与明晰是稳定农户农业经营预期和减少纠纷的前提保障,在推行农村土地承包经营权确权登记颁证工作的同时,党中央加大产权改革的探索力度,在 2014 年中共中央、国务院《关于全面深化农村改革加快推进农业现代化的若干意见》中明确提出"三权分置"这一农地制度改革的重要成果 (印子,2021),我国农村土地权利的"三权分置"政策采取了先由党的最高领导表态，继而是中央文件予以政策表达又正式入法的历程（杨宏力，2020），有效保障了农户土地使用权安全。

二、农村基本经营制度的生发与成长：历史变迁与演进动力

（一）农村基本经营制度的历史变迁

以时间顺序为主线，以主要经营方式的转变为线索，从统分力量参与程度的角度为切入点，划分农村基本经营制度的变迁脉络与演进过程，其大致经历了四个阶段。

第一阶段：新中国成立之初（1949～1955 年）极端"分"的家庭经营、互助经营和合作经营阶段。土地农户私有，以个体经营为主，农地的所有权和经营权受法律和合同保护，而经营权在很大程度上具有所有权的事实归属和功能，农地所有权与经营权"两权合一"，1952 年，进行平均地权运动，通过没收大地主的财产并在平等的基础上向家庭分配土地权利。土地农民私有使家庭经营为基本的生产单位，在农业合作化运动过程中催生出合作制（黄少安，2018；周振，2019）。

第二阶段：人民公社化时期（1956～1977 年）极端"统"的集体经营阶段。在农村社会主义改造运动中，通过从初级和高级农业生产合作社再到人民公社的逐步升级和调整，土地私有制转变为公有制。这次土地改革把包括土地在内的所有农业生产资料都收归集体所有、由集体统一组织经营，国家下达给农民具体的种植计划经由生产队统一安排，生产成果按农民所出工作时间记录统一按劳分配（郑淋议，罗箭飞，洪甘霖，2019）。然而，这次改革给农业产量和农民福利带来了灾难性的后果，最终导致 1958～1960 年的饥荒。

第三阶段：改革开放后（1978～2011 年）"统"少"分"多的双层经营阶段。此时人们认识到提高农民激励机制的关键是解决集体制中的管理问题。然而当时中央政府并不提倡将集体所有的土地分割成个人的土地。1978 年底，个别地方开始试行土地承包制，由于这些团队带来的收益远远大于其

他团队，中央政府逐渐承认了这种农业经营方式的存在，但要求将其限制在贫困地区。现实是，大多数团队忽略了这个限制，最终还是推动中央政府在1981年底正式接受了家庭联产承包责任制。经过人民群众对于经营方式不断地自发探索，在生产力逐步提高的推动下，上层建筑也相应地不断完善，国家不但渐渐放松了对"大包干"的管控而且在法理上赋予其合法性，1986年初家庭联产承包责任制在我国农村全面确立（王骏，刘畅，2018）。由于对农民努力的监测成本较大且监测困难，因此这种由团队制到家庭制的转变是自发的，是一种帕累托改进。但家庭承包经营责任制并没有改变集体所有制本身，每户承包土地不等于私有，只不过由于人民公社化时期高度集中的计划安排所造成的农民失地恐惧难以磨灭，农民甚至谈集体而色变，制度安排中统分结合的"统"在这一阶段所发挥作用的空间极其有限。

第四阶段：现阶段（2012年至今）探索统分结合的现代化多元化农业经营体系阶段。随着劳动力红利释放空间的日趋狭小，单靠一家一户办不成的事急需集体层面主持开展，农民群众开始认识到发展集体经济的重要性（张路雄，1988）。伴随着家庭小规模经营的弊端显现，且受预期成本收益的变化影响，农业经营的"分"逐渐呈现多元化发展（周振，孔祥智，2019），形成了以家庭经营为基础，多种经营方式并存的经营模式。家庭农场、专业大户、农民合作社等新型农业经营组织的重要性日渐凸显，其带动农户的职能发挥也在政府引导下不断完善，形成了"农户+合作组织"的新型经营格局，以促进小农户与现代农业的有机衔接。现阶段的农业经营正在"统"的带领下，不断对"分"进行健全完善。这要求改革在坚持以家庭经营为基础的根本前提下，不断增强"统"层次的探索力度，平衡统分参与力量，不断改革增强农村集体经济组织的统筹力量，构建新型农业生产经营体系（王骏，刘畅，2018）。

（二）农村基本经营制度的演进动力：统分矛盾螺旋

"统"与"分"在人类文明形成之时起就以一对矛盾的形式而存在，深究历史上各朝更迭换代的根源，无不是因为统与分关系的失调。新中国成立伊始，党中央汲取历史的教训，对于农业经营方式的摸索始终围绕统与分的探索展开，虽然经历过统分配比不当造成的阶段性农村经济滞缓，但农村基本经营制度也正是在不断试错中逐渐完善成型的，其改革动力也正是来源于统分力量的矛盾。纵观农村政策变动的几次标志性转折，对于农村基本经营制度的重大调整以及近年来的不断完善都是在化解"统"与"分"矛盾过程中不断推进的，在解决统分力量失衡所外化为一些社会问题的过程中不断推进农村基本经营制度的生发与完善。

统分矛盾双方提供制度前进的内在机理主要分为三种情况：只"分"不"统"导致两极分化，注定为历史所弃；只"统"不"分"打击劳动积极性，注定群众所弃；平衡统分矛盾力量，结合兼顾各方优势。"统"与"分"本质上看是农业经营主体的不同，但是若极端化考虑经营主体问题，即由"统"或"分"一方在法理上承担所有权，便涉及土地所有权问题，由此引发的土地私有或共有问题引起了学术界不小争论，国内外学者显然持不同看法。

詹姆斯（James，2007）指出，中国现行农村产权制度是混合型制度，其他部门享受着生产资料的私有化，农民最重要的生产资料即土地却是公有的，这种制度限制了中国农民的发展潜力，使他们享受不到市场化带来的巨大增长。蒂尔特（Tilt，2008）从宏观层面上探讨了中国农业系统转型对单个农民和农业社区的影响，认为彻底的农村土地私有化似乎是中国农村改革政策的合理下一步。何和罗（He and Luo，2016）认定中国现行农村土地制度的弊端主要来自集体所有制和集体的政府经营性质，他们阐述了农村土地私有化的构想，认为农民私有制下土地权利是明确的。由于西方国家普遍实行私有产权制度，养成了学者们格外关注产权安排并且具有私有产权偏好的逻辑习惯，认为土地私有化是发展的趋势。

但是，土地私有化论在中国农村基本经营制度研究方面引起广泛质疑，绝大多数学者认为并不适合中国的国情农情。在私有化的土地所有权属下，我国18亿亩耕地势必通过各种渠道集中到少数种田能人手中或资本雄厚的大企业家手中，结果是，私有制必定无法避免强者越强、弱者越弱的马太效应以及由贫富极度分化导致的社会动荡（简新华，2013；尚旭东，朱守银，2015）。如果不从根本上消除土地私有制，在时间的推移当中由于资本的分化积累势必重蹈土地集中占有的恶性循环，因此，为避免极端的"分"所导致的后果，农村基本经营制度的改革方向势必朝向土地所有权的集体所有。

但人民公社化时期"大锅饭"的劳动方式与土地、劳力归大堆的制度安排，只有"统"层次的计划性而没有"分"层次的自主性的农业生产模式，使农民缺乏劳动积极性，"干多干少都一样"的"搭便车"心理严重损害农业生产效率，严重危及国家粮食安全而且为社会带来巨大不安定隐患，高度集中的统一经营模式注定失败。而农村基本经营制度则是借助统分结合的多种实现形式落实政策意图的制度实践，是能够兼顾效率与公平的一项科学制度安排。一方面，统分结合可以克服"分"层面的势单力薄以及"统"层面的高昂监督成本，利用家庭经营与合作经营各自的比较优势，提高生产效率与交易效率，实现分工经济与规模经济（李尚蒲，2013）。另一方面，统分结合的制度表述并没有明确规定统分的尺度，是针对各地区不同的农业发展程度与资源禀赋情况采取多样化的形式，宜统则统，宜分则分，统中有分，分中有统，对于中国客观存在的复杂地形差异、文化差异与经济差异，统分结合的实现形式日趋多样化是回应现实需要的自然进化。

三、农村基本经营制度改革绩效：成就与经验

一个经验事实是，经过40多年的改革开放，我国农村发生了历史性的变化，农村生产力高速发展，农村产业结构不断得到调整和优化，农民生活水平不断提高，在这一显著成绩的背后，是农村土地制度的系统性改革。一个理论共识是，中国的农村土地制度在世界上是不寻常的，而且，中国农村承包地占土地总量的比重最大，涉及人口的比重最大，因而农村承包地制度是影响中国农业生产、农民权益和社会稳定的一项基本制度安排。正确看待农村基本经营制度的绩效水平是规划下一步提出巩固与完善农村基本经营制度具体举措的必要前提，这不但是响应党中央政策号召的应有回应，更是农业制度供给侧改革的必然要求。

（一）农村基本经营制度实施成就

国内外学者主要通过理论分析和计量分析两种途径对农地制度的改革成效展开研究，研究结论基本一致，即农村基本经营制度促进了农业经济增

长，推动了农村的发展。

理论分析方面，农村基本经营制度坚持家庭经营基础性地位，坚持稳定土地承包关系，农民的土地权益得到保障，农民的生产积极性得以提升，为农业的长期可持续增长奠定了基础（翟涛等，2016）。林（Lin，1992）认为，家庭联产承包责任制改革使得家庭对产出有剩余的要求权，可以自由支配剩余产出，从而大大提高了农民的积极性。姚洋（2000）认为农地制度是通过地权稳定性效应、资源配置效应以及社会保障效应等途径对经济绩效产生影响的。霍夫曼（Hofman，2018）指出，在过去的40年里，中国独特的土地政策加速了国家的发展：在农村地区，将用户权力下放给农村地区的家庭，引发了农业生产率的大幅提高，农村人口向城市的大幅度迁移，从而使快速工业化成为可能；在城市地区，土地价值的增加和农村土地向城市土地的转换在为快速城市化和基础设施建设提供资金方面发挥了重要作用。

家庭承包责任制也带来了生产自由化和市场自由化，农民可自由种植自由买卖。在国家工业化时期，农民被束缚在集体所有的土地上，正是从实行家庭联产承包责任制开始，在其他改革的支持下，农业产出和投入市场逐渐自由化。郭（Guo，2004）认为，家庭联产承包责任制带动了中国工业化和农村剩余劳动力的大规模转移，调整了农村的生产和分配关系，改变了农业生产经营方式。黄和罗泽尔（Huang and Rozelle，2018）强调，伴随着农业产量和收入的快速增长，农业内部结构以及农村产业结构也在不断地调整和优化，从以主粮生产为基础的部门转变为拥有多种多样的高价值商品的部门。农村产业结构的转变表现在乡镇企业的发展，乡镇经济平稳发展，总量规模、结构调整和经济效益都在稳步推进。农民既能参与当地农村的工业化，又能走出农村，参与其他地区的工业化，大大推动了中国结构革命的进程，农民生活水平显著提高，为中国的减贫工作作出了突出贡献。

在定量分析方面，这些研究尚需进一步深入，这一方面由于我国农村基本经营制度包含要素过多，作实证分析时指标筛选困难；另一方面，部分指标无法定量导致农村基本经营制度难以用准确的指标进行衡量。学者们灵活运用许多计量方法对农村基本经营制度绩效进行了实证研究。大多数学者将农业生产率作为衡量农村基本经营制度改革绩效的标准，麦克米伦等（Mc-millan et al.，1989）使用标准增长会计技术和简单的优化模型来衡量价格和激励制度改革对总生产率增长的影响。研究结果表明，1978～1984年，中国农业生产率增长的22%是由于价格上涨，78%是由于激励机制的改变。而樊（Fan，1991）运用会计方法对比分析了投入、技术和制度对生产增长所起的作用，肯定了制度变迁在过去的生产增长中发挥的作用，但持续的制度变革必须伴随着相应的技术变革才能发挥更优效果。唐忠（2018）通过数据统计分析简要说明了我国农业发展取得的巨大成就，并指出农村基本经营制度贡献的份额虽然难以通过定量的方式具体化，但农村基本经营制度所起的作用是不可否认的。邹伟和崔益邻（2019）考察了"三权分置"下的农地经营权稳定性，利用中介效应分析法、归纳总结法，分析了农地经营权稳定性对农业绩效的影响，发现农地经营权的时间持续性显著促进农业绩效，并可通过农业生产投资、抵押信贷金额和农地转入规模等路径进行传导。

还有学者采取其他指标衡量农村基本经营制度的改革成效，例如李春香（2020）利用熵值法和层次分析法加权平均合成指标，从经济、社会、生态和公平构建绩效评价体系，对土地制度创新绩效进行综合评价，结果显示经济绩效和社会绩效较为明显，且经济绩效优于社会绩效。芦千文和杨义武（2022）以农村集体经济发展作为替代指标，运用倾向得分匹配法实证检验了农村集体产权制度改革对农村集体经济发展产生了促进作用，但仅仅在平原和丘陵地区通过了显著性检验，山区和半山区促进作用不显著。冒佩华和徐骥（2015）则是以农户家庭收入衡量农村基本经营制度绩效，以土地经营权流转代表制度创新，通过平均处理效应（ATE）和受处理的平均处理效应（ATT）方法，验证了土地经营权流转对农户家庭收入的正向影响，平均意义下，土地流转能使任意样本农户家庭和已流转土地的农户家庭的收入分别增长19%和33%，且租出土地农户要明显比租入土地农户收入增长幅度大。

还有学者将产权制度划分为几个阶段进行绩效对比分析。夏玉莲（2014）将农地制度变迁分为三个阶段，采用两阶段广义最小二乘法分别考察制度变迁对农业产出和农民收入的影响，结果表明制度变迁会联动劳动力投入、资本投入对农业经济绩效产生显著影响，农地作为资本的杠杆性功能更强。不同的产权制度对农户投入生产要素的激励程度不同，且在相同的生产要素投入量情况下，不同的产权制度带来了不同的农业产出。由此可见，农村基本经营制度对农业绩效不仅产生直接影响，还会产生间接影响（黄少安，孙圣民，宫明波，2005；洪明勇，施国庆，2007）。

（二）农村基本经营制度改革的经验

一是坚持正确政策引领。众多学者总结了我国农村改革成功的关键要素，宋亚平（2019）坚定地认为农业农村改革 40 年来的发展靠的是政策、科技和投入的"对症下药"，当然，这离不开市场机制和行政干预的有机结合，市场经济的引入功不可没，行政干预也为农业发展提供了必要的支持和保护体系。米森和布鲁姆（Meessen and Bloom，2007）指出，中国的改革实行实验主义，即首先在有限的几个地方试验新思想，可能出现的政策错误也仅会威胁到试点地区，而效果好的政策可以被迅速推广给全国。通常来说，制度变迁分为强制性制度变迁和诱致性制度变迁，20 世纪 70 年代的土地承包制源自于自下而上的制度创新，属于诱致性制度变迁，替代了以往国家颁布土地相关制度政策的方式（姚洋，2000）。这种自下而上的制度创新与创新者利益直接连接，正是由于基层农民群众的自主探索，制度演变才能切实反映广大农民的诉求，才能创造出顺应历史潮流的顶层设计，实现基层探索与顶层设计的良性互动（宋亚平，2019）。但桂华（2019）指出，我国的农地制度演变并不是完全自发的，基本经营制度和承包关系都有国家政策进行干预，只是国家稍微放松了对农地制度的干预。

二是持续推进土地制度改革。我国过去 40 年取得的伟大成就，根本上离不开权利激励下的土地制度改革。农村基本经营制度的改革到目前为止一直是围绕放权赋能、稳定承包关系所展开的一系列具体实践方式的探索，无论是延长承包期限、土地确权颁证，还是提出"三权分置"，都是在坚持土地公有的基础前提下，细化各承包经营主体的权利，为农户建立更稳定的承包关系（唐忠，2018）。刘（Liu，2018）指出，推进农地改革应以三权分离为中心，三权分离是创新和农地配置的关键，也事关农地产权制度改革和农业现代化的路径选择。家庭经营权益在得到保障的前提下，农业生产经营方式才能实现灵活适应资源禀赋的差异，"统"层次提供的支撑才能够顺畅地被利用转化为产出。这要求我们充分发展与利用"统"与"分"的比较优势，坚持目标导向，始终以实现农业现代化建设为目标，不懈探索将统分结合理论成果转化为指导实际生产的农业经营模式。不同经营主体间权利的有机分配实现了在依托村庄集体前提下，保障农民家庭经营积极性，统筹其他社会力量，促进超越小农层面的社会化协作与生产力取得长足发展（朱信凯等，2022）。

三是发挥农业规模经营优势。农村基本经营制度下土地经营规模小带来的系列问题引发研究者们的忧虑，也从实践当中总结了有益经验。学者们认为扩大土地经营规模的实现路径集中在两个方面。一方面，鼓励小农加入农民合作组织以实现规模经营。邓（Deng，2010）指出，在认识到小规模生产容易受到强大市场力量的冲击后，中国在过去30年里推动了农民专业合作社的发展，这种安排对新兴经济体起着重要的作用。于（Yu，2019）也认为农村合作经济组织的发展可以形成一定规模的经济实体，小农可以通过合作组织进入大市场，进而获得更多的经济效益。当然，扩大农场规模也是需要条件的，黄和罗泽尔（Huang and Rozelle，2015）认为能否扩大规模取决于对失业保险、社会保障等形式的社会保险的推广程度。另一方面，发展土地租赁市场也为扩大经营规模提供了条件。戴宁格尔和金（Deininger and Jin，2005）强调，土地租赁市场的发展对于推动农业规模经营至关重要，促进了劳动力流动，改善要素市场运作从而提高农业生产率的机制，对于确保非农业发展的利益惠及最贫穷的人口将是非常重要的。刘和周（Liu and Zhou，2018）指出，发展土地租赁市场和适度规模经营也是提高土地质量的有效途径。通过土地租赁市场的发展扩大农业经营规模也得到了刘（Liu，2018）的强调，他提出，农场规模的扩大主要依赖中国的耕地租赁市场，因此要加快推进土地租赁市场体系发展。

四是依靠多方协同合力。还有一些学者通过与其他国家对比总结出了这些发展成就背后的支撑力量。雷泽尔和斯温宁（Rezelle and Swinnen，2004）基于东亚、中东欧和独联体国家之间改革共性和差异的对比得出，虽然土地改革中都涉及权利改革，但权利改革的内容和方式并不相似，导致东亚和中欧提高绩效的机制也截然不同。雷泽尔和斯温宁（Rezelle and Swinnen，2009）基于政治经济学角度，从历史遗留、财富、技术等方面比较分析了中国与苏联的农业改革，认为中央领导和基层支持的利益融合是中国农业改革能够成功的最直接原因，农业发展环境的最初技术、财富和经济结构的差异以及社会主义的历史遗留差异可以解释各国改革过渡方式的不同。

四、农村基本经营制度变革时代之问：困顿与迷局

在肯定中国农村基本经营制度巨大成就的同时，国内外学者们亦进行了理性思索，指出了当前中国农村基本经营制度一些存而未决的问题。主要表现在统分关系失调、土地政策实施异质性、土地使用权不安全、土地管理体系不合理等方面，这些方面不同程度地制约了农村经济的发展。

一是集体与家庭有机融合程度不深。党的十八大以来，习近平总书记曾多次指出统分结合的家庭承包责任制的实践结果是"分"的积极性充分体现了，但"统"怎么适应市场经济、规模经济，始终没有得到很好的解决。统层次的集体经营弱化使得统分双层经营制度安排当中的关键一环未发挥其应有效能，以至于分层次也无法高效运行，统分关系失调是当前农村基本经营制度存在的核心问题所在。统分关系失调一方面表现为基础设施不健全。基础设施建设水平直接限定了农业生产力水平的天花板，由于农业生产活动受外部环境的制约作用明显，产出极易受天气气候变动影响，小农户只有通过必需的物质技术手段才能有效规避农业经营过程中的不确定性（阮文彪，2019），要想藏粮于地、藏粮于技，完善的基础设施是必要前提，而大型公共基础设施主要依靠"统"层面的投入建设。但普遍的现实情况是，基础设施建设与相关社会化服务等外部支撑条件的相对不完备无法满足家庭经营的客观需要。另一方面，统分关系失调的表现在于小农户与农业现代化衔接困难。我国的国情就是人多地少，不同地区农业生产发展水平与条件差异大，零散地块的分布格局只适应于小农耕作，这样的国情、农情决定了我国农业不可能在全国范围内开展规模化经营，小农户迄今为止并在今后较长一段时间内仍然是我国农业经营的基本面（薛勇，2018）。然而，传统小规模农户生产的模式可以解决农民的温饱问题，但解决不了农民的富裕问题，也解决不了中国粮食安全与农业持续高效发展的问题（阮文彪，2019）。统分推进的不均衡导致"统"层次没有能力为"分"层次提供现代化生产经营的外部条件。

二是土地政策实施存在异质性。一些学者分析了中国农村土地政策实施

的异质性问题，布兰特等（Brant et al.，2002）认为地方政府和村领导职能发挥欠缺，一定程度上影响了一些农村地区的发展，耕地分配的控制权在村庄层面存在巨大的异质性。克鲁塞科普夫（Krusekopf，2002）指出，地方土地政策的执行也存在着巨大的异质性，中央政府30年的农村土地使用权和对行政土地重新分配的限制性政策往往没有在地方一级执行，土地调整在一些地区仍有发生，而在另一些地区却没有发生，那么，农民对于土地使用权感到不安全亦是情有可原。

三是土地使用权不安全。中国农村土地使用权的安全性不足是西方学者的普遍共识，诸多研究结论和实证结果都支持这种观点，可对原因的解释却很不相同。布兰特等（Brant et al.，2004）从政治经济学角度考察了土地使用权，发现地方政府为了效率和公平牺牲土地使用权保障，地方领导人的寻租行为也会导致行政再分配的持续存在，这是造成土地使用权不安全的一个重要原因。詹姆斯（James，2007）从土地产权的历史入手，结合产权相关法律得出，农民土地使用权不安全的原因主要在于政府征用土地的持续威胁和承包过程中由于权利界定不清导致的各项问题。何和罗（He and Luo，2016）从合同、产权、资源配置等方面，指出我国现行农村土地制度的弊端主要来自集体所有制，尽管进行了旨在增加土地使用权安全的法律改革，农村家庭仍然感到土地使用权不安全，这种看法影响了他们在没有运转良好的土地租赁市场的地区作出的城乡迁移决定。

四是中国的土地管理体系有待完善。学者们针对土地管理体系问题的研究集中在三个方面。第一，土地分配方式方面。戴宁格尔等（Deininger et al.，2012）认为土地再分配减少了对永久退出农业的激励，土地的再分配影响了土地使用权的保障，影响了土地租赁、土地投资以及劳动力从农村向城市的迁移，进而给农村经济的发展带来了负担。第二，农业生产经营规模方面。吴（Wu，2009）指出，农业产业化经营是建立在大规模生产、专业市场预测和市场导向规划基础上的批量生产，而土地承包制度制约了农村土地规模生产经营，农民的生产和销售处于盲目状态，延缓了农业现代化进程。第三，土地数量和质量管理方面。刘和周（Liu and Zhou，2018）认为伴随着城市化进程中建设用地的过度扩张，土地问题以数量和质量的下降为特征，一方面大量征用土地导致了大量农民的失地；另一方面部分征收土地的利用程度低导致了土地空置和土地质量下降。

五、农村基本经营制度的历史朝向：
变革原则与发展瞻望

为保障农产品有效供给、确保国家粮食安全、维护国家长治久安与提高农业生产效率、确保农民增收和经营者获得更多收益，明确农村基本经营制度的变革原则是前提，只有坚持原则底线的改革才能保证制度在落实过程中不走样，在未来不偏离原定的政策轨道。因此，农村基本经营制度在改革完善进程中要始终坚持集体与家庭有机互促的主线，牢牢守住土地集体所有制和坚持家庭承包经营的主体地位，不断坚持和探索完善统分结合的双层经营制度的实现模式，既是对党和国家科学部署的积极响应，也是实现乡村振兴战略的本源动力。

（一）把握一条主线

从统分角度看农村基本经营制度的变迁脉络十分清晰，就是根据不同时期社会发展水平不断调整统分参与比重的过程。自从建立统分结合的农村基本经营制度，我国的农村改革就走上了中国特色社会主义道路，此后的一系列调整行动，本质上都是在守住两个基本坚持的前提下，对统分内涵的丰富与完善，通过探索统分有机融合的实现形式助力实现农业农村现代化。

（二）守住两个基本坚持

1. 坚持土地集体所有的制度底线

土地集体所有制是老一辈革命家通过实践得到的伟大革命成果，是我们党对农村进行各项改革创新的基本立足点。不同的经营者由于个人能力的差异会选择不同的生产决策，进而产生大相径庭的成本与收益，没有土地集体所有这一制度约束，"富者田连阡陌，贫者无立锥之地"的土地配置格局将成为必然（徐祥临，2018）。因此，必须牢牢坚持农民集体对农村土地的所有权不动摇（雷明等，2022）。改革开放之后，集体组织可凭土地集体所有制发展集体经济，以集体经济实力的增强为农业经营主体提供外部农业生产支持，成为保证农业农村可持续高效发展的有力支撑。

2. 坚持家庭承包经营的主体地位

在新中国成立初期曾经作为主要经营形式的家庭经营经过多年的波折又回到以家庭经营为基础的生产模式，农业经营主体从家庭走回家庭，虽然内在技术水平与支持政策都不可同日而语，但表达了以家庭经营为基础的历史必然性（王西玉，1999；韩长赋，2019）。由于家庭承包经营赋予农户终极控制权、流转决策权与剩余索取权，使其作为相对独立的生产经营决策者与缔约者，农户在提升土地产出率与劳动生产率上具有自发动力，不仅使农民与生产资料的结合更紧密，利益更直接，而且，凭借其结构的灵活性可朝向多种方向转型，能够较快融入农业现代化发展轨道（陈晓华，2000；陈慈，孙素芬，2020）。习近平总书记明确指出，农村改革的基本底线是任何组织和个人都不能取代农民家庭的土地承包地位。中央对于完善农村基本经营制度多措并举，无论是延长承包期限、承包期内不调整土地，还是确权颁证，形成"三权分置"，都是在坚持家庭承包经营的主体地位不动摇的前提下，探索稳定和强化集体成员在承包期内的用益物权与各项土地财产权利，进一步切实维护农户利益（许恒周，2020）。

（三）持续探索"统""分"结合的多种实现形式

1. 发展新型农村集体经济

农村集体经济组织作为运营集体各类物质财产、行使集体所有权的代表，是促进集体社区积累和统筹有序运行的源泉动力（叶翔凤，易国棚，2019），在众多可以发挥"统"职能的主体中，对于带动分散经营主体实现共同富裕在法理上具有合法的职权基础，集体经济组织能够带动农户建设农田水利等具有外部性的公共设施，提供种类丰富的农户服务、顺畅衔接农工商一条龙、产供销一体化，一定程度上缓冲过热的市场经济给发展相对缓慢的农村社会带来的冲击。因此，农村新型集体经济是农村基本经营制度在新时代更加符合我国农情国情的经济形式（叶翔凤，易国棚，2019；程民选，2019）。

如何建立一个坚强有力的新型农村集体经济组织，对于集体产权的改革落实是头等大事（程民选，徐灿琳，2018）。农地产权虚置，造成土地纠纷频发、农户权益受损现象不断。推进农村集体产权制度改革，收益权和处置权是产权实现的重点，将集体资产确权到户，集体收益按股份或份额分红（叶翔凤，易国棚；2019），通过分配新型集体经济的红利使集体与农户形成利益共同体，进一步提高农业生产积极性。芦千文和杨义武（2022）通过中国乡村振兴调查（CRRS）数据库 2019 年数据实证得出农村集体产权制度改革确实壮大了农村集体经济的结论。厘清领导班子职能对于集体经济组织发展至关重要，目前的大多数农村集体经济组织集经济功能、乡村治理功能和公共服务功能于一身，职责烦冗复杂，各部门功能重叠，严重制约分工优势的发挥，而细分乡村集体组织内部经济职能与行政职能，形成服务经济发展与服务民生建设两套领导班子，各司其职，既提高经济组织在市场上的竞争力，又能够建立乡风文明的乡村社会（罗必良，2019；周连华，2005）。

2. 构建现代化农业经营体系

现代化农业经营体系赋予"统"层次新的时代意义，将"分"纳入现代化农业生产当中的组织新模式。随着生产力水平的迅猛提升，当前中国发展进入以工促农，工业反哺农业的新阶段，正是借助工业力量补足农业现代化短板的有利时期，要想把饭碗牢牢端在自己手中，实现农业现代化是中国当前需要面对的头等大事。农业现代化要求完整的生产体系、经营体系、产业体系，农业产业化便是将"三体系"融合为一体的重要途径，是构建农业现代化经营体系的缩影（梁荣，2000）。以生产环节为中心，向前向后提供相应产前与产后社会化服务，解决农户技术难题的同时，推动农户参与构建产业链，将农户融入现代化生产的分工体系，使之成为农业经营体系的一个环节，并且逐渐延伸功能范围，提高农业附加值，延长农业生产加工的产业链，开发农业的增值业务。

3. 稳定地权激发动力

一些绕开了土地所有制这一根本性问题的学者表达了他们对地权稳定性

问题的关注。孔祥智（2022）根据习近平总书记关于农业农村的重要论述指出农民土地承包权和土地经营权分离问题是完善农村基本经营制度的核心。而地权的细化正是稳定地权的前提。梅莱斯和布尔特（Melesse and Bulte，2016）运用倾向得分匹配法（PSM）验证了对土地产权制度的完善可以降低土地纠纷发生的可能性。德詹维尔等（De Janvery et al.，2015）认为，产权的稳定性通过影响土地资源重新分配进而影响了农民的收入水平。由此看来，通过完善农村土地产权制度、稳定和扩大土地使用权，能够改善农地使用权不安全的情况，提高农民的投资积极性。迪安（Dean，2010）建议，停止将耕地转为非农业用途，并给予农民无限的合同条款，将增加农民对其获得土地投资回报能力的信心，进而提高生产水平。在未来的土地制度改革中，也要把更多的注意力放在感知的土地使用权安全上来。戴宁格尔和金（Deininger and Jin，2007）则指出，在这一过程中，政府要充分发挥其职能，加强产权制度并使政府更负责任与颁发产权证书同样重要（可能更重要），并应成为任何产权改革努力的重要组成部分。在梅塔尔（Ma et al.，2015）看来，中国自1998年以来进行的土地市场化改革未能为农民提供实际的和可感知的土地所有制保障。所以，尽管现如今中国的农地确权工作已基本完成，但要注意法律上的土地使用权保障与人们感知的土地使用权保障大不相同。除了稳定地权，还有学者也关注到了增加农业投资的重要性，如樊（Fan，1991）认为改革的重点要放在对农村的投资上，农村基础设施落后，导致农业领域技术研究不足，因而需要增加农业投资，以刺激技术变革、体制变革。当然，农业投资增加还具有其他意义，例如为解决城乡收入不平等加剧的问题，需要激励农业经营单位用大量资本投入替代劳动力，以提高农业工人的实际回报率。

六、农村基本经营制度研究趋向与薄弱环节

对国内外研究中国农村基本经营制度的文献梳理可见，学者们的研究内容是极其丰富的，既有借助广泛实验的实证论证，又有涉及规模经营的理论分析；研究视角是多维的，既有宏观的政策变迁梳理，又有微观的政策实施

异质性分析；研究方法是多样的，既有严密的逻辑理论推理，又有翔实的实证分析，充实了中国农村基本经营制度改革问题文献库，为后续研究提供了有益资源。但是，由于不同学者掌握的资料以及自身见解立场的差异，以及对于中国农业农村的政治、经济、文化、社会广视域深度认知尚有不足，难免对一些问题疏于考量，对于中国农村基本经营制度乃至中国"三农"问题的研究仍具有明显的缺陷。突出表现在如下方面。一是诸多研究没有很好地顾及制度变革发生的宏观环境和微观基础的变化，很多政策的制定实施与当时的国际形势有关，也有些政策具有明显的"倒逼"特征，这些在文献中均没有被很好地考虑，所以对农业政策绩效的评价往往过于技术性，有损客观性。二是产权功能的国别差异没有得到很好的关照，尤其是大量西方学者的研究从产权切入，产权的作用被过度解读，但实际上农村基本经营制度不仅仅具有产权意义。而且，事实上多年来中国农业与农村发展的巨大成就恰恰是在中国农村土地产权未发生根本性变革的约束框架下取得的，被视为圭臬的土地所有权一直在集体手中，真正发挥价值的是被西方学者视作产权束而非核心权利的"承包经营权"。三是对农村土地政策实施效果异质性的研究力度不足。目前学术界不仅对于农村土地政策实施效果的经验总结不够，而且普遍以政策的地域性差异解释政策效果差异，实际上忽略了排除地域性差异之外的文化差异、人的个体差异导致的异质性问题。换言之，在农村土地政策研究方面，政策实施效果传导的微观机制挖掘仍有不足。四是农业规模经营的经验研究有待深化。通过农业规模经营提高农业生产经营效率不但已经成为国内学界共识，亦已经落实为实践部门的具体行动，国外文献中论及的发展专业合作社、推动土地租赁市场发展等措施正在部署实施，通过保险事业发展降低农场规模化发展的风险也为人们初识，然而实际操作中的具体措施如何有效转化提炼为可推广的经验仍有待努力。五是法律意义上的土地使用权保障与农民感知的土地使用权保障差异性问题关照不足。如今农村土地承包经营权的确权登记颁证已经基本结束，但学者们的研究和实践中反映出来的线索表明土地确权政策绩效与政策目标存在差距，法律意义上的土地使用权保障尚没有很好地转化为农民实际感知的土地使用权保障，亦即产权保护行动尚未产生显著产权保护成效，其中的梗阻需要深入总结，舒缓破解。六是农村基本经营制度的权利配置视角研究不足。虽有部分文献着重分析了农村基本经营制度所有制层面的问题，但多属于农村土地公有制和私有制之间的争论，专注于分析农村土地产权束的权能拓展及其配置结构变化对不同行为主体影响的机制及其效果的成果尚较为少见。基于此，本书在制度环境和人地关系发生重大变化的背景下，在农村土地集体所有、家庭承包经营的制度约束条件下，基于权利配置的视角，通过对农村基本经营制度权利配置逻辑的解读和对农地确权、三权分置、土地流转等农村基本经营制度改革政策的实证分析，检验农村基本经营制度改革完善的政策绩效，并在问题分析的基础上，立足整个"三农"的视域，系统思考如何通过优化配置农地权利完善农村基本经营制度。

第三章

新中国农村基本经营制度变迁的
历史逻辑、理论逻辑和实践逻辑

本章集中论述了新中国农村基本经营制度变迁的历史逻辑、理论逻辑和实践逻辑，共分为 5 个部分。分析指出，新中国农村基本经营制度的变迁具有内在的历史逻辑、理论逻辑和实践逻辑，三者统一于中国农村经济体制改革过程之中。从历史逻辑来看，农村基本经营制度变迁呈现由农村土地小农私有，家庭经营、互助经营和合作经营到农村土地集体所有、集体统一经营，又到农村土地集体所有、家庭承包经营为基础、统分结合的双层经营，最后到农村土地集体所有，家庭承包经营为基础，合作与联合为纽带、社会化服务为支撑的立体式复合型现代农业经营体系的演进轨迹。从理论逻辑来看，农村基本经营制度变迁是权利配置服务于生产力生产关系适配，服务于社会主要矛盾变化，服务于社会主义道路。从实践逻辑来看，农村基本经营制度变迁有着权利核心—权益核心—权能核心，集权锢农—分权富农—赋权强农，权利封存—权利调整—权利交易三条可循的线索。农村基本经营制度的变迁趋向可概括为一条主线、两个坚持和三个改变。

农村基本经营制度①是一国"三农"制度体系的核心安排。尤其是改革

---

① "农村基本经营制度"定义有广义和狭义之分，广义的农村基本经营制度是农村社会发展各个相应时期农村经营制度的主要方面和基本形式，而狭义的农村基本经营制度实际对应的是家庭承包经营责任制。由于该词语在中共十一届六中全会后才在党的文献中正式出现，用来指称当时的家庭承包经营责任制，所以学界和实践工作者也形成了将农村基本经营制度等同于家庭承包经营责任制的传统。本书中的农村基本经营制度系广义层面的论述。

开放以来，我国农村基本经营制度生发出的推动农业和农村经济社会发展的澎湃源动力一直为国际发展经济学界啧啧称道。我们抛却西方意识形态的那种审视和苛责，从对整个人类发展所作的贡献这种一般性意义讲，这一制度对于解决十几亿人口的温饱问题，在减贫脱贫方面积累的丰富经验，对于维护社会稳定和推动国家发展的贡献，都显示我们为世界提供了中国智慧和一个绝佳的中国方案。那么，对于农村基本经营制度发展演化这样的大范围制度变迁事件而言，通过典型案例分析展现其运作的微观机制等固然必要，但基于历史背景和时代变迁对其做宏大叙事式长时空考察，才更有可能捕捉时空中的制度印痕并将其固化为可辨识可条理化的经验。

2018 年以来，我国先后喜迎改革开放 40 周年和新中国成立 70 周年两个历史性时间节点，学术界对此给予了积极的理论回应，诸多学者对我国改革开放基本经验和国家发展斐然成就进行了系统总结，其中包括多位著作等身的"三农"问题大家和农经学界的新锐力量围绕农村和农业经营制度所作的梳理归纳。如孔祥智（2018）把改革开放 40 年来农村双层经营体制变迁划分为中共十三届八中全会明确表述、1999 年列入《宪法》、中共十七届三中全会进一步拓展双层经营中集体经营的内涵和中共十八届三中全会进一步拓展双层经营的内涵几个阶段。陈锡文（2018）指出，农村改革 40 年最主要的四条经验是：党恢复了从实际出发、实事求是的思想路线；提出了"保障农民经济利益，尊重农民民主权利"的处理国家与农民关系的准则；尊重客观规律；坚持了农村土地集体所有制、农村集体经济组织等农村基础性制度。黄祖辉（2018）重点关注了农业产业组织发展问题，从产业组织三维观察视角与农业组织制度特征的分析入手，回顾了新中国成立以来尤其是改革开放 40 年来我国农业产业组织与组织体系的演变、存在问题及未来发展。张云华（2018）认为，我国农业农村改革 40 年的主要经验同时也是农业农村改革的主线，总结起来主要有两条：一是逐步赋权并放活农民与农村产权和自主权；二是渐次推进农业农村市场化，逐渐建立农业与农村市场经济体制。蒋永穆（2018）认为，中国农村改革 40 年的基本经验是做到了"四个始终坚持"，即始终坚持"农业农村农民"问题一起抓、始终坚持市场化的改革方向、始终坚持推动城乡一体化发展和始终坚持探索农业农村现代化道路。其中也有部分学者重点关注了其中的农村经营制度变迁问题，如叶兴庆

（2018）从概念内涵、集体成员获得的土地权能、农业经营的具体形态等维度，分析了改革开放 40 年我国农业经营体制的演变。周振和孔祥智（2019）基于统分关系的逻辑把新中国成立 70 年来我国农业经营体系变迁梳理为新中国成立初期短暂的以土地农民私有为基础的家庭经营制、农业合作化运动催生的合作制、以人民公社为载体的集体经营制、改革开放后的双层经营体系以及 21 世纪以来双层经营体系的创新拓展 5 个阶段。蒋永穆和王运钊（2019）梳理了新中国成立 70 年来农村基本经营制度从私有小农经济制度到集体公社制度再到家庭经营为基础、统分结合的双层经营制度的几度变迁，并归纳总结了农村基本经营制度变迁的 5 条基本经验。

这些长周期的历史考察系统归纳总结了新中国成立 70 年和改革开放 40 年来我国在农业和农村领域的发展经验，为"三农"领域进一步的改革提供了理论指导和路径选择。关于农村经营制度变迁的分析为我们展现了理解特定时期制度选择和制度环境影响下制度变革动力和方向的多维视角，是本书写作的重要参考。但本书认为，虽然农村基本经营制度在内容上涵盖土地产权关系、土地经营主体和农业经营方式（蒋永穆，王运钊，2019）等诸多因素，不只是经济问题（田鹏，2013），也是政治问题、社会问题、道德问题，但其内核乃是人与地之间的法权关系。因而，如果可以从土地权利的界定、实施与交易角度对新中国成立以来的农村经营制度尤其是其主要方面和基本形式——农村基本经营制度进行解剖，将会更有利于我们理解中国现行农村经营制度体系的制度内核、制度目标和制度底线（罗必良，2020）这些基本问题。故本书拟从农村土地权利配置的视角系统阐述新中国成立以来我国农村基本经营制度及其变迁的历史逻辑、理论逻辑与实践逻辑。

本章余下部分的结构安排如下：第一部分界分大家时常论及但在使用中又含混模糊、致人迷惑的几个农村基本经营制度基本问题；第二部分基于文献分析和政策文本，解读梳理农村基本经营制度变迁的历史逻辑；第三部分沿着农村改革指导思想变革与战略实施线索，归纳农村基本经营制度变迁的理论逻辑；第四部分通过重要史实回顾与关键事件，反思盘点农村基本经营制度变迁的实践逻辑；第五部分侧重从权利配置角度研判提出农村基本经营制度变迁的趋向。

一、农村基本经营制度基本问题

（一）农村基本经营制度的规定性及其理论内涵

在论述农村基本经营制度的变迁逻辑之前，必须首先赋予该概念以科学定义，这需要从几对概念的辨识开始。

第一，农村经营制度和农业经营制度的关系。

在当前的农业农村政策和"三农"问题研究中，农村经营制度和农业经营制度可能是被混用频率最高的一对词语（蒋永穆，王运钊，2019；董志勇，李成明，2019；周振，孔祥智，2019），虽然在党和国家政策文本中一般使用"农村基本经营制度""农业经营体系""农业经营方式"等政策语言，甚至正式法律法规中的法律术语也掺杂使用，均未明确区分农村经营制度和农业经营制度。大家以一种表述时的约定俗称替代了对二者之间的科学区分。这种做法已经给"三农"问题的研究者们研究政策和学习文献带来了一定的困惑，一些学者在研究中已经感受到这种概念模糊引致的烦扰（陈明，2019），尤其是在农村经营制度将在一个较长的时期保持稳定、农业农村改革更多着力于农业经营制度的当下，澄清二者关系实属必要。

从归属范畴来看，农村经营制度更多地应从生产关系的角度理解，表达的是农业生产要素主要是土地要素在政府、集体、农户等不同主体之间的产权配置关系。从产生来看，虽然农村经营制度从世界各国包括我国农村发展实践来看是强制性制度变迁和诱致性制度变迁相结合的产物，但更多体现的是政权对产权的强力界定，是一种制度安排，是政府主导的产物。从质的规定性来看，农村经营制度是农村经济体制的重要内容，是农村经济管理体制问题。而农业经营制度，从归属范畴来看，更多地应从生产力的角度理解，表达的是生产的组织形式，是家庭生产还是合作生产，又抑或是企业生产等。从产生来看，虽然某时期其具体形式可能有政府的引导推动，但总体上是经济社会发展和市场分工发展主导的产物。从质的规定性来看，农业经营制度是农业生产经营运作机制问题而非体制问题。

一方面，同一种农村经营制度下可以而且应当有多种农业经营制度与之对应。如新中国成立至农业社会主义改造初级社时期，土地农民私有经营制度下既存在农民家庭经营形式又存在农民合作经营形式。另一方面，同一种农业经营制度下也可以有多种农村经营制度与之对应，如相对于农业的家庭经营形式而言，土地农民所有和土地集体所有在中国历史上都曾存在过。

也可以说，农业经营制度是农村经营制度的一部分，是农村经营制度中农业生产经营的具体组织形式和运作方式部分。这种理解在理论上是可以找到共鸣者的，如罗必良在 2019 年中国农经学者峰会上曾表示，农地经营制度是农村基本经营制度的内核，虽然作者使用的是"农地经营制度"而非"农业经营制度"，但细酌其文意可知，其"农地经营制度"即本书中所言农业经营制度。蒋永穆和王运钊（2019）也曾在一篇文章中指明，农村（基本）经营制度包含三个核心内容：农村土地制度和产权制度、农业经营主体和农业经营方式。同理考证可知，其所言"农业经营方式"亦可等同于本书中农业经营制度概念。赵军洁和张建胜（2019）在一篇文献中给农业经营体系下了一个定义，虽然使用的是"农业经营体系"而非"农业经营制度"一词，但可以明确看出，作者对于农业经营制度和农村经营制度的理解与本书是异曲同工的。

第二，农村经营制度与农村基本经营制度的关系。

农村基本经营制度是相应时期农村经营制度的主要方面和基本形式，二者之间的这种关系必须明确。

虽然有少数理论家在论述中事实上将农村基本经营制度未作为一个特定的历史概念进行表达（罗必良，2019；蒋永穆，王运钊，2019），但更多的学者和实践工作者在学术研究和"三农"工作实践中将我国现行的农村基本经营制度描述为一种农村改革开放以后形成的土地产权制度形式，赋予其一种特定的历史色彩，这是没有科学认识农村经营制度和农村基本经营制度的表现。当然，这种认识可能与"农村基本经营制度"这一概念在改革开放前在政治语言和政策文本中均未被明确表达而只是在家庭承包经营责任制形成后才于 1991 年中共十三届八中全会上被正式提出（陈锡文，2017）有关。

其实，农村经营制度和农村基本经营制度都是一般性经济理论概念而不是历史规定性概念。所有国家在各个历史时期都存在某种农村经营制度。农村基本经营制度在历史上各个时期也一直存在，只是不同社会阶段其形式不同，如奴隶社会的奴隶主所有井田制；封建社会的地主私有佃农经营制；新中国成立初期的小农私有家庭经营制；社会主义改造时期的农民私有合作经营制；人民公社时期的集体所有统一经营制和改革开放以来的集体所有家庭承包经营责任制。我国现阶段的农村经营制度应该包括基本经营制度，即人民公社体制废除后形成的绝大部分地区存在的目前这种以家庭经营为基础、统分结合的双层体制，但也有国营农场林场、农民合作经济，各种私人和股份制经济，以及少数如河南刘庄村、江阴华西村等一直坚持集体经营为基础的农村集体经济这些辅助经济形式。

第三，农村基本经营制度与"大包干"的关系。

"大包干"亦称"包干到户"，是对改革开放后形成的家庭承包经营责任制的口语化表述，其收益分配关系被形象地概括为"交够国家的，留足集体的，剩下都是自己的"。在 2006 年农业税改革之前，在非严格意义上，在"大包干"和农村基本经营制度之间画等号基本没有问题，但在农业税改革之后，随着农业税的取消和"三提五统"的免除，农村土地不再承担对国家和集体的收益分享责任，"交够国家的，留足集体的，剩下都是自己的"仅余"剩下都是自己的"。因而，当前的农村基本经营制度已经不能再冠之以"大包干"的简称。而且，上文中已经对农村基本经营制度做了理论澄清，我们不能用家庭承包经营责任制这一历史阶段性的农村基本经营制度代替整个一般性的农村基本经营制度，所以严格而言，"大包干"可以和改革开放初期的家庭承包经营责任制画等号，而不可与农村基本经营制度等同。

与之关联的尚有两个问题。一是"包干到户"与"包产到户"虽然在一些文献中被混用（朱新山，2019），均被等同于家庭承包经营责任制，但农村改革开放初期国家政策文件（如 1982 年《全国农村工作会议纪要》）即将二者明确区分表述，甚至于邓小平同志在肯定这些发起于农民的探索经验时亦分开谈论[①]，可知二者指称的也不是同一个事物。陈锡文（2018）的一篇文章论及"包产到户"是仍然保留着集体统一核算、统一分配的制度，

---

① 邓小平文选（第二卷）［M］. 北京：人民出版社，1994.

这与"包干到户"根本不同。郑有贵（2018）更加具体地论证了二者的关系，认为"包产到户"的收益分配关系可概括为"交够国家的、给够个人的、剩下都是集体的"，这在收益分配和集体积累机制等方面显示出其与"包干到户"是不同的集体经营体制，二者既有相同之处又有着质的差异性，并因而会导致有差异的乡村发展路径。二是家庭承包经营责任制作为当前农村基本经营制度的另一种表达，其所谓"责任"所指的乃是在集体土地被农村集体经济组织成员家庭承包后，原来由集体承担的对国家的产品提供、集体经济积累等责任也被承包土地的家庭相应承担，所以家庭要缴纳农业税、缴纳"三提五统"。那么，在农业税改革这些责任均被免除的情况下，家庭承担的"责任"已然消失，当前的农村基本经营制度是否还可以称为"家庭承包经营责任制"？我国农村土地集体所有制被定性为一项政治选择（陈明，2019），依此逻辑，家庭承包经营责任制可以落定为中国特色社会主义发展特定历史阶段和认识前提下的一个政治经济学术语，系农村基本经营制度在特定发展阶段的具体安排，以之等同于农村基本经营制度本体并不妥当。

（二）实质是生产关系

某个时期的农村基本经营制度是与该时期生产力发展水平相适应的一种生产关系，体现了一定的社会成员之间的分工合作关系和农业生产要素的组合状态。而且，这种生产关系不能仅仅以技术思维从与之对应的生产力的角度来看待，其不仅包括特定阶段生产力发展水平所要求的社会成员分工和要素的纯粹技术性组合，还包括土地产权的安排等，体现了阶级意识、统治意志和文化偏好，因而与政治、社会、文化等因素密切相关。

（三）内核是人地关系

土地产权安排是决定土地制度绩效最深沉的力量，因而，人地关系从来都是一个国家农村生产关系的根本和核心问题。这种人地关系决定了产品生产、收益分配、福利保障、社会治理等农村生产关系的其他方面。一个国家某个时期的农村基本经营制度可能有多种具体的实现形式，特别对于中国这种国土面积大且区域发展不平衡比较明显的大国，应该而且必要有多种实现形式。但无论采取何种具体实现形式，作为农村经营制度主流样态的基本经营制度所体现的背后的人地匹配关系是稳定且明确的，这是我们划分不同农村基本经营制度的理论和事实根据。而且，这种人地关系并不仅仅指土地的所有关系，对于界定一种农村基本经营制度来说，被生产力发展所推动的经营主体的变化，土地权利的实施和交易活动等，都会产生作用。所以说，某种农村基本经营制度是由土地的所有关系、经营主体、具体经营形式等来共同刻画的。

（四）具象是法权格局

对于某时期的农村基本经营制度来说，其出现正常情况下说明这种生产关系而不是其他生产关系与此时的生产力水平达到了最佳匹配，也就是说，它是生产力选择的结果。这是一种抽象关系，从具象来看，是生产关系 A 而不是 B 被认可，并不代表 B 确实比 A 差，而是因为 A 被纳入了政治精英的认可并获得了正式的法权保护。所以，农村基本经营制度总是具象为某种法权格局，并因此而成为该时期农业生产经营活动的基本遵循。在这种格局中，从一国的基本法律到专门法，从行政规章到政策文件，甚至于包括村规民约，规定了人们围绕农村基本经营制度的行为上的可为与不可为，在赋予相应主体以某些权利的同时也保障这些权利规定得以实施。

二、农村基本经营制度变迁的历史逻辑

以时间为刻度，以制度变迁阶段为位序，从农村土地权利配置维度来梳理新中国成立以来我国农村基本经营制度变迁，其经历了农村土地小农私有，家庭经营、互助经营和合作经营阶段（1949～1956 年）；农村土地集体所有、集体统一经营阶段（1957～1978 年）；农村土地集体所有、家庭承包经营为基础、统分结合的双层经营阶段（1979～2011 年）；农村土地集体所有，家庭承包经营为基础，合作与联合为纽带、社会化服务为支撑的立体式复合型现代农业经营体系阶段（2012 年至今）共 4 个大的阶段的历史变迁，其历次变迁过程中的重要节点事件如表 3－1 所示。

表 3 - 1   新中国农村基本经营制度变迁重要节点

时间	重要节点事件
1949～1956 年	（1）1949 年 9 月 29 日，中国人民政治协商会议第一届全体会议通过新中国第一部宪法性文件《中华人民政治协商会议共同纲领》，提出建立农民的土地所有制。 （2）1950 年《中华人民共和国土地改革法》颁布施行，实行农民土地所有制，可自由经营、买卖及出租。 （3）1951 年 9 月，中共中央召开了第一次互助合作会议，讨论通过了《关于农业生产互助合作的决议》。 （4）1953 年 12 月 16 日，中共中央公布了《关于发展农业生产合作社的决议》，农业合作社从试办进入发展时期。 （5）1955 年 10 月 4～11 日，中共中央在北京召开七届六中全会，通过了《关于农业合作化问题的决议》，农业合作化运动急速发展
1957～1978 年	（1）1958 年 8 月 17～30 日，中共中央政治局扩大会议在北戴河召开，会议确定一批工农业生产的高指标，会后，全国很快掀起人民公社化运动的高潮。 （2）1962 年 9 月，中共八届十中全会通过了《农村人民公社工作条例修正草案》（简称"农业六十条"），土地集体所有制实际确立。 （3）1962 年 2 月 13 日，中共中央发出《关于改变农村人民公社基本核算单位问题的指示》，提出把人民公社基本核算单位由生产大队改为生产队
1979～2011 年	（1）1979 年 9 月通过的《中共中央关于加快农业发展若干问题的决定》放松了包产到户的规定。 （2）1982 年 1 月 1 日，中共中央批转《全国农村工作会议纪要》，肯定包产到户等各种生产责任制都是社会主义集体经济的生产责任制，家庭联产承包经营责任制确立。 （3）1991 年 11 月 29 日，中共十三届八中全会通过《关于进一步加强农业和农村工作的决定》，明确了以家庭联产承包为主的责任制、统分结合的双层经营体制是我国的农村基本经营制度。 （4）1993 年，八届全国人大一次会议通过的《中华人民共和国宪法修正案》载明："农村中的家庭联产承包为主的责任制……是社会主义劳动群众集体所有制经济。"第一次从根本上确立了家庭联产承包责任制的法律地位
2012 年至今	（1）2012 年 11 月，党的十八大首次提出构建集约化、专业化、组织化、社会化相结合的新型农业经营体系。 （2）2013 年 12 月，中央农村工作会议提出加快构建以农户家庭经营为基础、合作与联合为纽带、社会化服务为支撑的立体式复合型现代农业经营体系。 （3）2014 年，中共中央、国务院《关于全面深化农村改革加快推进农业现代化的若干意见》首次正式部署农村土地"三权分置"改革

在上述 4 个阶段的划分中，每个阶段期间内按照土地权利大的配置规则不变情况下的微调，又可作进一步的细分。第一阶段，农村土地小农私有，家庭经营、互助经营和合作经营阶段（1949～1956 年），其中从新中国成立到 1950 年是小农私有、家庭经营时期；1951～1953 年是小农私有、互助经营的互助组时期；1954～1956 年是小农私有、合作经营的农业初级合作社时

期。第二阶段，农村土地集体所有、集体统一经营阶段（1957～1978年），其中1957年是集体所有、集体统一经营的农业高级合作社时期；1958～1978年是集体所有、集体统一经营的人民公社时期（1962年2月13日，中共中央发出《关于改变农村人民公社基本核算单位问题的指示》，提出把人民公社基本核算单位由生产大队改为生产队）。第三阶段，农村土地集体所有、家庭承包经营为基础、统分结合的双层经营阶段（1979～2011年），其中1979～1983年是地权高度集中时期；1984～1992年是集体土地所有权、农民土地使用权"两权"逐步形成时期；1993～2002年是集体所有权、农民使用权"两权"分离时期；2003～2011年是集体所有权、农户承包权、经营者承包经营权"准三权"时期。第四阶段，农村土地集体所有，家庭承包经营为基础，合作与联合为纽带、社会化服务为支撑的立体式复合型现代农业经营体系阶段（2012年至今），其中2014年以来是农地产权所有权、承包权、经营权"三权分置"、土地使用权强权赋能时期。

从权利配置的视角，可将新中国成立以来每个阶段及其细分阶段所对应农村基本经营制度的制度特征归纳如下。

从土地权利配置对象来看，农村土地权利配置逻辑是"农民所有家庭经营＋农民所有合作社经营—集体所有集体经营—集体所有家庭经营—集体所有、家庭承包、经营者经营"。在第一阶段，农村土地实行的是农民的土地所有制，农村土地的所有权是掌握在小农手中的。虽然1950年后又经历了互助组、初级社阶段，但改变的只是农业的经营主体和经营方式，土地所有权这个根本权利没有发生变化。在第二阶段，从高级社开始，农村土地的所有权已经易主，小农的土地所有权转移到农村集体组织手中，而且，从第一阶段的初级社起，到高级社和后期的人民公社时期，农户家庭不再是农业经营的主体，经营主体也转换为农村集体。在第三阶段，集体仍然拥有农村土地的所有权，但经营主体由集体重新转换为农户家庭，虽然1984年以后国家逐步放开了土地的流转权利，特别是2003年3月《农村土地承包法》实施，中国土地流转制度正式确立之后，土地流转快速增加，但总体来看农户家庭仍是土地最主要的经营者，农户家庭拥有的土地权利仍然有限。第四阶段，集体继续拥有土地所有权而且被不断强化，农户家庭的土地权利得到强权赋能，尤其2014年"三权分置"实施之后，在稳定农户家庭土地承包权的前提下，其经营权被不断放活，试点区域的农户更获得了土地承包经营权、住房财产权抵押担保贷款等权利，农户家庭所获得的除所有权以外的土地权利被不断拓展，其外延不断扩大。

从农村土地产权束的完整度来看，四个阶段农村基本经营制度体现的演化轨迹是"农户完整产权—集体完整产权—集体、农户产权分割—集体、农户、经营者产权分割"。在第一阶段，农户拥有包括所有权在内的所有权利，具有充分的自主权。在第二阶段，先是生产大队后来是生产小队作为农村集体拥有完整的土地产权并控制所有的农业生产剩余，农户家庭只是依据生产贡献获得相应分配，而且是在重工业优先和城市优先发展战略下的掠夺式分配。在第三阶段，虽然土地产权形式是分割的，但农户家庭拥有的是所谓"准所有权"，尤其在农业税取消、农户不再承担对国家和集体的责任后，农村集体已经丧失了凭借土地所有权控制农业生产剩余、索取农业生产剩余的权利，现实中的农户家庭拥有的是除名义所有权以外的近乎完整的农地产权。在第四阶段，在国家构建新型农业经营体系政策激励下，新型农业经营主体快速成长，农村土地的经营权由承包者到经营者的让渡越来越频繁，涉及土地面积越来越大，农村土地产权由二元分割发展至三元分割。

从土地权利的配置机制来看，四个阶段农村基本经营制度变迁突出呈现的是"政府—政府—市场＋政府—政府＋市场"特征。如果说前两个阶段的农村基本经营制度形成是政府机制作用的结果，而第三个阶段之后市场机制发挥了主要作用。无论是废除地主土地所有制实行农民土地所有制，还是进行农业社会主义改造，建立集体所有制，依靠的都是国家暴力的强制性干预，没有给市场机制任何腾挪空间。第三阶段的家庭承包经营责任制虽然形式上也是国家政策规划的产物，但其背后的市场倒逼形势下国家顺势而为这一特征极为明显。特别是，在家庭承包经营责任制形成后，特别是进入21世纪以来，在市场机制的推动引领下，原由集体把控的土地权利被逐步地释放给农民。当然，近年来随着土地改革制度红利边际效率递减，土地细碎化痼疾难除等市场失灵之处逐渐暴露，理论界和实践工作者开始反思土地制度改革的过度市场化倾向（桂华，2017），推动中央新一轮深化土地制度改革的部署，强化政府力量在土地制度改革中的存在。第四阶段，农村土改过度市场化的社会反思转化为政治精英的政策操作，解决集体经济疲弱、农村空心化、土地细碎化等问题被系统考虑纳入政策目标选项，党和国家通过一系列政策文件作出周密部署，牵引了农村土地制度改革的方向，土地权利配置显现出明显的"政府＋市场"特征。

三、农村基本经营制度变迁的理论逻辑

农村基本经营制度变迁的理论逻辑是权利配置服务于生产力生产关系适配，服务于社会主要矛盾变化，服务于社会主义道路。

（一）服务于生产力生产关系适配

由生产力生产关系适配理论可知，无论出于何种原因和何种目的，在某个时期，人们可以按照某种偏好去配置人地关系，但这种配置取得成效的前提是适应当时生产力的发展水平。虽然建立社会主义政权是共产党的政治追求，但当时的新中国是建立在"殖民地半殖民地半封建的废墟上"[1] 的，生产萎缩，通胀严重，财政亏空，新解放区大部分地方未进行土改，全国人民的吃饭问题仍是头等大事。此等经济状况下，正如周恩来总理所言，生产是我们新中国的基本任务。[2] 因而迫切需要给予农民渴望已久的土地，这既是兑现共产党发动带领广大农民闹革命的政治承诺，更是立足经济基础强化生产激励提升经济水平的需要。最初时期的小农私有、家庭经营的农村基本经营制度得以建立。在农业生产有所恢复之后，劳动力、畜力和农具不足的问题严重影响了农业发展，农业生产互助组成为一种需要。其后的农业生产初级社、高级社，甚至人民公社，虽然后人对此批评反思甚多，但从当时农业发展的分工合作需要，工业化的客观要求和共产党把小农经济逐步改造成为社会主义集体经济政治目的来看，具有一定的必然性，而且符合无产阶级夺取政权之后领导农民通过合作化走上社会主义道路这一马克思主义的基本原理（李安增，陈招顺，1998），当然，其实操中冒进地一蹴而就将农村基本

---

① 毛泽东选集（第三卷）[M]．北京：人民出版社，1991：1009．
② 周恩来．当前财经形势和新中国经济的几种关系 [EB/OL]．http：//www.china.com.cn/cpc/2011－04/15/content_22369058.htm，2011－04－15．

经营制度调整为集体所有、集体统一经营的格局，违背了生产关系生产力适配理论，导致了较为严重的后果。1979 年之后，农村生产关系再一次调整，农村基本经营制度进入农村土地集体所有、家庭承包经营为基础、统分结合的双层经营阶段，较好适应了当时生产力的发展水平，推动中国农村在短期内发生空前改变，证明了它的合理性和效率（MacMilliam，Whalley and Zhu，1989；Lin，1992；林毅夫，1994；Huang and Rozelle，1996；姚洋，2000；钱忠好，2002）。家庭承包经营责任制的基本经营制度形成后农村生产关系调整仍未止步，农户对土地的权利由 1978～1983 年的地权相对集中时期，过渡到 1984～1992 年的集体所有权、农户使用权两权逐步形成时期，又发展到 1993～2002 年的所有权和使用权两权分离时期，经历了 2003～2013 年的准三权时期后，再到 2014 年以来的三权分置，这一系列变革无不体现农村生产关系对生产力发展的适应性匹配。

（二）服务于社会主要矛盾变化

社会主要矛盾是管长远、管全局的（韩俊，2017），包括农村基本经营制度在内的制度变迁是对各个时期社会主要矛盾变化的制度回应。

新中国成立后，我国进入新民主主义社会，在社会主义改造完成之前，无产阶级和资产阶级之间的阶级矛盾是当时的社会主要矛盾，中国共产党仍然要通过打土豪分田地解决农民土地产权渴望来团结最广大的人民群众，以巩固初步建立的人民民主政权。反映在土地制度上，便是第一阶段农村基本经营制度的形成，即把土地权利最大化地配置给农民。至于第一阶段内的家庭经营、互助经营和合作经营等细分阶段，一方面它们都没有突破小农私有、家庭经营这个第一阶段农村基本经营制度的框架；另一方面它们这种演进也反映了国内社会主要矛盾由阶级矛盾向其他矛盾的渐变。在党史中，首次提出我国社会主要矛盾的判断是 1956 年党的八大（韩俊，2017），党的八大在宣告社会主义制度建立的同时，正式提出了社会主义建设时期的主要矛盾是"人民对于经济文化迅速发展的需要同当前经济文化不能满足人民需要的状况之间的矛盾"（段治文，2019）。可惜的是，由于对社会主义建设理论认识和实践经验的不足，党的八大对于社会主要矛盾的科学判断没有得到坚持而是又在各种干扰下让位于阶级矛盾仍是主要矛盾的论断，而且，对社会主义的不科学理解要求社会经济关系不断纯化，反映在农村基本经营制度上，便是农村基本经营制度一路狂奔至集体所有集体统一经营，并迅速演变为人民公社这一纯粹形式，第二阶段的农村基本经营制度形成并被固化，土地权利被最大化地配置给集体，个体农民被剥夺了一切土地权利。1981 年，中共十一届六中全会通过《关于建国以来党的若干历史问题的决议》，接续了党的八大对社会主要矛盾的认识，并进一步将其归纳提炼，表述为人民日益增长的物质文化需要同落后的社会生产之间的矛盾。对社会主要矛盾的科学认定为生产关系调整提供了指向和依据，要改变落后的农业生产状况，必须突破业已导致严重后果的集体所有、集体统一经营的农村基本经营制度，推进农业制度变革，农村基本经营制度遂进入集体所有、家庭承包经营为基础统分结合的双层经营的第三阶段，集体除保留土地所有权外，其他土地权利被配置给农民个体以增强投入激励。党的十九大对我国社会主要矛盾作出了新的重大判断，指出新时代我国社会主要矛盾已经转化为人民日益增长的美好生活需要和不平衡不充分的发展之间的矛盾。这一矛盾对农业生产关系调整又提出了新的要求，需要实现规模经营发展现代农业，提高农业供给能力和质量等，于是农地权利"三权分置"这一重大制度创新出台，更多的土地权利被配置给农民，农村基本经营制度在保持第三阶段基本形态的情况下已然发生了量变。

（三）服务于社会主义道路

习近平总书记讲话指出，坚持农村土地农民集体所有，这是坚持农村基本经营制度的"魂"。① 从我国农村基本经营制度变迁历程来看，这个"魂"始终没有丢，在社会主义基本制度建立以后，农村土地的所有权一直抓在农民集体手中。中国共产党对农村土地农民集体所有的这种坚持是服务于始终坚持的社会主义道路这一基本原则的。虽然新中国成立 70 余年来农村土地制度改革始终在路上，农村基本经营制度也经历了 3 次大变革和多次小调整，但变化的是农业经营主体、农业经营形式这些内容，集体所有制的内核未变。虽然农地所有权虚置、农地所有者缺位等议论一直不绝，农地集体所

① 习近平. 在中央农村工作会议上的讲话［N］. 人民日报，2013－12－23.

有在实践中亦面临诸多困顿，然而农村土地集体所有在政策上从来没有被突破。从改革目的看，农村基本经营制度的每次变革与调整，都是在当时面临的宏观形势和微观环境下对农业和农村发展更好坚持社会主义道路的一次强化。在中央高层领导人以及党和国家的政策文件中，一直以来始终强调要巩固和完善当前的农村基本经营制度，不仅不能改垮而且要发展壮大农村集体经济，落实集体的土地所有权，而那种延续当前侧重于抑统扬分的做法，将农地承包经营权物权化逐步做实农户的"准所有者"身份的政策主张似乎并未获得权力中心的认可。诚然，农村基本经营制度有多种有效实现形式，即便农村土地的集体所有制本身也会有多种实现形式，但无论采用何种实现形式，国家的社会主义性质决定了这些探索必须在农村土地农民集体所有的框线内进行。

四、农村基本经营制度变迁的实践逻辑

实践逻辑是农村基本经营制度改革思想和改革措施在农村场域的政策实践，是改革方法论到改革政策设计再到改革具体操作的转换落地过程。在权利配置视域下，农村基本经营制度变迁的实践逻辑有如下几条可循的线索。

（一）"权利核心—权益核心—权能核心"线索

从土地权利变革的主体内容来看，农村基本经营制度在实践中遵循着"权利核心—权益核心—权能核心"的变迁逻辑。人民政权建立以后，土地所有制由地主土地所有制向农民土地所有制转变，解决了农民拥有地权的渴望。随后的土地集体化改造，一步步又将土地权利由农民个人转移至集体手中。从权利配置的角度来说，这两个阶段农村基本经营制度改革的核心是农民土地权利的有和无问题。甚至在家庭承包经营责任制实施，土地的承包经营权又下放至农民手中之后的一段时间内，虽然客观上农民获得了土地的承包经营权，解决了生产积极性和吃饭问题，但由于不允许出租转让等，土地能够给农民带来的好处受限，可以说此时的土地政策仍然是以权利为中心的。温饱问题解决之后，农民开始产生更高的物质和精神需求，商品经济的

发展和市场化、城市化的推进改变了农业农村发展的环境，21 世纪初，土地征用开始进入人们经济生活，而且一俟进入便迅速成为一个突出问题，农民的权益保障随之成为一个持续至今的热题。相应地，此一阶段农村基本经营制度变迁围绕的核心是农民的土地权益问题，改革的核心思想是不讨论权利配置，重点放在如何促进农民获得更多的地权收益。多部政策法规的内容都体现了国家加强对农民土地权益维护的意图。2003 年 3 月实施了《农村土地承包法》，农业部还就法律落实情况进行了专项检查。《土地管理法》2004 年第三次修订并进一步明确土地征收要给予农民合理补偿。2007 年出台的原《中华人民共和国物权法》（以下简称《物权法》）明确将农民土地承包经营权和宅基地使用权界定为用益物权，纳入物权保护。经济社会发展进入新时代背景下，人地关系重大变化推动"三权分置"落地实施，无须讨论的所有权之外的承包权和经营权究竟如何界定、如何拓展、如何放活尚在争论中，但政策主题词已由"权益"转变为"权能"，集中攻坚经营权的强权赋能。

（二）"集权锢农—分权富农—赋权强农"线索

从土地权利变革的具体操作指向来看，农村基本经营制度在实践中遵循着"集权锢农—分权富农—赋权强农"的变迁逻辑。在当时的国际国内形势下，新中国成立初期我国的发展道路有着浓重的苏联底色。在农工关系方面，我国也采取了城乡分治，农业养育工业的战略。这就要求在地权安排上采取"集权锢农"做法，把农民禁锢在农村土地上，为保障战略实现，除了地权高度集中在集体手中，还在身份、就业等方面采取了配套措施。这一做法甚至延续至改革开放初期，当时为保障"两个大局"战略思想的实现，农村劳动力和农村资金资源仍然向非农转移来顾全沿海地区加快对外开放这个大局。20 世纪 70 年代末，农民温饱问题成为国家发展的头等大事，农村改革开放启动，摸着石头过河的改革逻辑在农村首先落地，"分权富农"的政策理路逐步成型，几经争执，终成家庭承包经营责任制。近年来，家庭承包制度红利递减，农村人口大量转移，农业农村发展不平衡不充分问题如鲠在喉，严重制约城乡统筹发展。形势倒逼改革，"赋权强农"成为社会共识，巩固完善农村基本经营制度作为乡村振兴战略的重要内容被明确部署。经营权流转、土地抵押担保、经营性建设用地入市各项地权调节政策措施落地实施，推动农业农村发展，固本强基。

（三）"权利封存—权利调整—权利交易"线索

从土地权利的存在特征来看，农村基本经营制度在实践中遵循着"权利封存—权利调整—权利交易"的变迁逻辑。新中国成立初期，政权巩固是首要任务，严酷的人地矛盾决定了谁赋予农民土地产权，谁就能获得广泛的政治资源和社会响应（罗必良等，2018）。因而必须确保土地权利充分地给予农民并附加稳定性保障。而当政权巩固之后，建立纯粹的社会主义政权成为当时的第一追求，土地权利又从农民个人手中转移至集体手中。毫无疑问，要确保这两个时期的核心政治目标实现，土地权利必须被封存，以土地权利的稳定保障政治稳定。由于众所周知的原因导致了土地权利封存做法的失败，经过反思与试验，土地所有权和使用权分离的家庭承包经营责任制得到确立。更为重要的是，家庭承包经营责任制实施初期集体内土地是允许根据人口增减按周期调整的，这种"权利分离＋权利调整"的构造实现了地权配置效率性和公平性的结合，并在建立后的20余年内呈现出极大的制度优势。21世纪以来，由于宏微观环境的巨大变化，两权分离架构的颓势渐显，而权利调整的做法也出于地权稳定性的考虑由"生不增、死不减"代之。一方面，社会主义市场经济体制下土地要素有流动实现更大价值的天然冲动；另一方面，国家亦有实现人地更好适配的政策目的，而大量转移就业的农民流转土地的诉求为这种权利交易提供了现实可能性，在一系列政策松绑推动之下，土地权利进入权利交易时代。

五、农村基本经营制度的变迁趋向

有学者指出，由于改革缺少充分的理论支援和质疑改革思潮的影响，近年来我国农村土地制度改革总体上没能取得重大进展，全局性改革尺度普遍滞后于地方实践（陈明，2019），这种滞后在农村基本经营制度改革上也有着明确的体现。特别是，进入新时代的农业农村发展面临持续上升的大规模非农就业、持续下降的人口自然增长以及持续转型的食物消费和农业结构这一中国几千年未曾有过的农业三大历史性变迁的交汇点（黄宗智，彭玉生，2007），这种背景下，结合对农村基本经营制度变迁的历史逻辑、理论逻辑与实践逻辑的思考，对农村基本经营制度变迁趋向进行学理分析研判，为其改革深化提供理论资源至关重要。需要说明的是，当下的农村基本经营制度即家庭承包经营责任制从制度安排来看，包括土地权利配置、土地经营主体规定和经营体制三方面内容，并内含农业生产经营组织形式与运行机制等内容，是一个典型的复杂系统。本章对于农村基本经营制度变迁逻辑的梳理侧重于权利配置视角，经营主体、经营形式、运行机制等内容非本书着力的重点，故余下的部分，本章仍侧重于从农村地权配置方面研判阐析农村基本经营制度的变迁趋向，总体上，我们可将其变迁趋向概况为"一条主线""两个坚持"和"三个改变"。"一条主线"即产权束细分；"两个坚持"即坚持地权的集分结合与静动结合，坚持"农民集体"的主体地位；"三个改变"即改变集体所有权的实现形式，改变土地权利与活动主体的对应关系，改变政策文本与乡野义理之间的抵牾。

（一）一条主线

从土地权利视角来看，我国农村基本经营制度变迁在趋向上仍然会沿袭那条非常清晰的主线，即土地产权束的不断细分。产权束作为任何一种政治—经济结构上层建筑的核心构件，其变化是对经济基础变化的正反馈。对我国农村基本经营制度变迁的逻辑梳理表明，每当我国农业农村发展的外部环境发生重大变化，内部人口结构、资源使用程度、技术进步程度达到阈值，农村土地产权束必发生相应变化。亦即，农村土地产权束变化已经内生于我国经济社会发展之中。当前我国农村土地产权束内容还远不够丰富，对于农村土地产权这个大系统而言，其内缊了一组复杂的权利，仅有所有权、承包权和经营权三根主干是远远不够的，甚至其中的经营权才刚完成了从政治话语到法律规定的转身。一方面，在三权分置大的构架下，土地产权的子权利尚待进一步界定边界或边际创设，如土地经营权的设权和赋权（高圣平，2019）。目前的"所有权—承包权—经营权"农地权利格局不是也不应是终极形式，经营权究竟包含哪些权利尚待界定，宅基地的使用权仍颇多含混，土地权利的政策话语体系和中国式法律文本表达有待统一。另一方面，各项子权利的实现形式亟须创新，以应对不断变化的城乡关系、国家集体关系、集体农民关系、农民群体间关系、小农户新型经营主体关系等。

（二）两个坚持

1. 坚持土地权利的集分结合、静动结合

土地权利的"集"指土地所有权应当且必须集中于国家或其代理人农民集体手中，作为人民民主专政的社会主义国家，此种规定兹事国体。在农村基本经营制度改革变迁中，要做到"三个坚持"，最根本的是要坚持农村土地集体所有不动摇，这是一种深刻的政治考量（陈明，2019），是确保公有制经济这个基本原则和社会公正的基础（米运生等，2015），也是40年来我国农村土地制度改革的均线。土地权利的"分"指农村集体土地产权束的分割和权能在不同主体间的分配，40余年的农村改革史证明，分权是我国农村土地制度改革的基本经验，绝对集中往往造成集体个人两衰。土地权利的"静"指地权结构在一定的时期内应当是稳定的，否则难以引导并形成农民的合理行为预期，不利于农业投资（钟甫宁等，2009；黄季焜等，2012）、农地流转（程令国等，2016；胡新艳等，2016）和劳动力非农转移（洪炜杰等，2019）并最终影响农业发展绩效（Acemoglu et al.，2001）。土地权利的"动"指土地产权束本身不是一成不变的，判断土地产权合理与否的标准，不应该是教条主义的俗套，而是要基于它的客观绩效（米运生等，2015），根据经济社会发展需要，如土地经营权的生成一样一些新的土地权利可能被创设出来。此时，我们不能因立法技术的滞后作为反对地权变革的理由，而是要创新立法技术去适应实践发展需要。

2. 坚持"农民集体"的土地权利主体地位

由于我国立法技术研究的滞后，导致长期以来理论界和实践中对作为农村土地财产所有者的"农民集体"的法律定义及其权利主体地位有着不同的理解，较之法律性，人们更为看重其政治性（余敬，唐欣瑜，2018），导致在对农村土地的所有者从政治和经济维度转换到法律场景进行严谨的法律归依主体辨识时出现紊乱。因而，必须在原《物权法》《土地管理法》《农村

土地承包法》《民法典》等相关法律文本规定的基础上进一步明确，包括农村土地在内的所有农村集体资产的所有权归"农民集体"这个群体性主体所有，而这个作为所有者的"农民集体"既不是侧重于经济职能的"农村集体经济组织"，也不是侧重于治理职能的"村民委员会"，二者都只是"农民集体"的载体形式之一，是集体土地所有权的行使主体之一，在相关法律规定的情形下行使所有者的部分职能。但一般情况下，在经济性事务操作时，农村土地所有者职能多由农村集体经济组织代为行使，村民委员会主要在集体土地发包等极少数场景下履行所有者职能，这也契合我国现行《中华人民共和国村民委员会组织法》的精神。

当前，对于如何看待农民集体和农村集体资产之间的关系有两种截然相反的观点：一种观点认为我国实行社会主义公有制，农村集体资产属于全体农民所有，不可分割给农民个人，应由代表农民集体的农村集体经济组织或村民委员会行使所有者职能（陈锡文，2018）；另一种观点认为，作为农民代理人的农民集体其本身并不拥有超越农民所有者地位之上的所有者权利，认为由一个定义模糊、边缘不清的主体行使所有者职能只会导致集体所有权虚置或虚无，所以集体资产要股份量化给农民个人（董志勇，李成明，2019）。本书认为，这种强调要对集体经济进行股份制改造、折股量化到农民个人以消除集体所有者缺位局面的观点，实际上是虚置集体所有权、物权化农民土地权利主张的升级版，系对以往农村土地制度改革过度市场化取向产生路径依赖的表征，看起来似乎通过折股量化到农民实现了集体土地所有者的法人化，实际上不仅在法律上与我国现行的根本性制度规定相悖，在三权分置、经营权流转的实践背景下亦无操作性价值，且易将农民集体陷于对集体土地的所有权无法落实的不复境地。

（三）三个改变

1. 改变集体所有权的组织实现、经济实现和法律实现形式

一是改变集体所有权的组织实现，"农民集体"由虚无化、空壳化向"党支部＋村委会＋集体资产管理公司"三位一体转变。农民集体政治、社会、经济功能分开，组织载体分设，形成农村党支部管党建，村民委员会管

社会治理，集体资产管理公司管经济事务的"三位一体"组织格局。二是改变集体所有权的经济实现，由"农村集体无收入、城镇集体收租金"向管资产并最终向管资本转变。以农村集体产权制度改革为契机，创新集体所有权实现形式，活化集体资产，推动集体要素交易流通，形成农村集体经济组织以管集体资本为主要形式，以集体资产权利收益、资产收益和服务收益为主要经济实现形式的经济格局。三是改变集体所有权的法律实现，由"法理法人"向"市场主体法人"转变。当前，虽然《中华人民共和国民法总则》已对农村集体经济组织的法人地位作了明确规定，实践中一些地区也颁发了农村集体经济组织证书，程序上给予了集体经济组织法人身份，但对农民集体以法人名义享有单独的所有权形态还是以组织名义享有共有的所有权形态法学界仍在热烈争论中（余敬，唐欣瑜，2018）。此外，农经管理部门也有着集体经济组织本身由于不可能按照相关法律规定进行破产重组等而无法实施股份制改造成为股份制经济组织的思考（陈锡文，2018）。但毫无疑问，有条件的农村集体经济组织可以依法设立营利性法人企业，从事经营活动和承担市场风险，加快推动农村集体经济组织向市场主体转变。

2. 改变土地权利与活动主体的对应关系

三权分置的架构下，按照主流理解，土地权利与活动主体存在"所有权—集体""承包权—家庭""经营权—经营者"这样三组对应关系，即农村土地的所有权归尚在争论中的农民集体所有，承包权归农民家庭所有，经营权归经营者所有。然而，在坚持集体所有制的约束条件下，从农村土地要素价值实现的角度来讲，上述对应关系未必必须得到坚守，权利与主体之间仍然存在其他组合可能和必要。这种组合分三种情形。情形一，农民集体作为土地的所有者，可以同时做土地的承包者和经营者，如常被提及的苏南集体经济模式那样。尤其在一些人口非农转移占比较高，空心化较为严重的村庄，在土地承包有偿退出机制的支持下，由农民集体替代农户直接经营土地是一种理性经济的选择。情形二，也是当前最为普遍的组合形式，农户家庭既作为所有者的一分子存在，又作为土地的承包者和经营者存在。这种组合形式日趋式微，所遭受的诟病亦最多。情形三，在经济发达、承包农户退出比例较大的条件成熟地区，可进行试点探索，区别于内部农户的外部经营者如农业企业入股混合所有制的农民集体经济组织，以此种形式经过一定的决策程序如村民投票、上报审批等程序后，在不拥有集体土地所有权的情况下获得直接承包并经营集体土地的权利。如此不但可以充实集体经济力量，而且可以大大节约土地的交易成本，提高土地要素的价值。

3. 改变政策文本与乡野义理之间的抵牾

在当前的土地政策实践操作中，文本规定和乡野义理之间仍存在一些紧张和不和谐，成为农业农村发展的不稳定因素，按照正式制度实施必须与非正式制度相容的基本原理，土地权利的相关制度须作出进一步调整或灵活性实施。其一，农户家庭的土地权利和农民个人的土地权利宜区别对待。如由于土地承包权家庭权利和个人权利混同导致地权稳定被简单化为"生不增、死不减"，导致老年人群体土地富余化、年轻人群体少地化倾向日益明显，影响了土地要素配置的公平性和效率性初衷。其二，应明确赋予农民宅基地流转权利。如当前农村宅基地不允许私自出让，但现实中需求缺口巨大致农民私下交易屡禁不止，按照集体经营性建设用地已经得到授权可以直接入市的逻辑，赋予农民宅基地流转权利似乎并无不妥。其三，农户的土地责任亟待明确。后农业税时代，农户的土地权利成为一种缺乏对等责任的权利，这种没有责任的权利是对前人和其他群体权益的收割和贪占，而且实践中已然导致了农村公共品供给困境的出现。以维护农民土地权益的名义给予农民无责任的权利，将最终危害农业农村政策的可持续性。在强调维护农民土地权益的同时，应明确界定农民在集体基础设施投资、村庄文化活动投入等方面的投入责任。

第四章

农村基本经营制度改革
绩效测度：综合评价

　　本章是农村基本经营制度改革绩效测度的重要组成部分，主要从整体层面综合评价农村基本经营制度的实施绩效及其新时代的改革成效。农村基本经营制度是推动农村农业发展的制度支撑，正确认识农村基本经营制度的改革绩效能够对当下的基本经营制度进行巩固和完善，对未来农业现代化转型发展起到指导作用。本章从农业产出水平、农业生产效率、产业发展水平、农民生活水平、农业生产条件、生态保护水平、规模经营水平、农业科技水平8个方面出发构建农村基本经营制度评价指标体系，借助熵权法客观赋权获得综合得分，并发现农村基本经营制度改革在实践中产生了积极促进效用，但同时也存在需要进一步完善发展的空间。因此，未来需要继续深化农村基本经营制度改革，有效发挥制度在实践中优化要素配置，提高生产效率的效能，重视权能发挥的地区差异性，尤其强化中西部地区的权能发挥。本章从整体层面对农村基本经营制度的实施绩效进行评价，一方面，可以发现农村基本经营制度在实践中的短板，为最终提出进一步巩固完善基本经营制度的建议提供支撑依据；另一方面，通过对综合评价结果的分析也有助于后续分项测度制度改革绩效时更为准确地确定入手的领域和方向。

　　农村作为农业活动开展的主要场域，是国民经济整体发展的"蓄水池"与"压舱石"。为进一步提高农村发展水平，习近平总书记在党的十九大报告中提出乡村振兴战略，为新时代农村发展指明方向。农业农村部部长唐仁健指出，农村基本经营制度是推进乡村全面振兴的制度支撑，需要予以不断巩固和完善。随着新时代以来国内市场供需结构变化以及国际关系日趋严峻，为保证乡村振兴战略顺利实现并且不走"回头路"，推动农村农业农民事业发展取得长足进步，农村基本经营制度需要不断巩固与完善。

20 世纪 70 年代末，家庭联产承包责任制通过重组所有制结构，逐步扭转农村土地权利配置模式，激发了空前的巨大生产潜能，20 世纪 80 年代粮食产量的连年突增恰恰是这一阶段取得成就的最好印证（郑品芳，2021）。而继 1982 年《全国农村工作会议纪要》肯定了家庭联产承包责任制之后的近 30 年，关于农村基本经营制度的改革创新几乎处于断层状态，农村发展所取得的进展皆得益于"两权分离"。直至进入 2012 年，以习近平同志为核心的党中央高度重视农村基本经营制度的战略地位，一系列巩固与完善农村基本经营制度的顶层设计相继问世，2013 年土地确权颁证工作正式在全国范围推开，2014 年中共中央、国务院《关于全面深化农村改革加快推进农业现代化的若干意见》明确表示要进行农村土地"三权分置"，被认为是"家庭联产承包责任制"之后的又一重大土地制度创新（许经勇，2020），对农村基本经营制度的深化改革自新时代正式拉开帷幕。全面把握农村基本经营制度自实施以来的绩效水平，客观反映新时代农村基本经营制度改革成效，有助于我国以历史成功经验为指导，坚实迈向农业农村现代化发展的新阶段。因此，构造集多个维度于一体的系统性评价体系，有利于合理配置社会系统要素、促进农业经济持续增长，最终实现乡村振兴和农业现代化。

一、农村基本经营制度改革的评价依据和理论框架

农村基本经营制度改革本质上是对农地制度的不断调整（张梦飒，2015；化田田，2019），从稳定人地关系与探索统分结合实现方式入手，将土地要素在政府、集体、农户等不同主体之间配置产权关系，达到优化农业生产经营结构的效果（许祥临，2018；杨宏力，2021）。随着国内外市场供求结构的变化以及社会生产力水平的普遍提高，农村基本经营制度在新时代农业农村发展过程中承载着不同于改革开放初期提升产量的单一期许，在乡村振兴战略背景下，农村基本经营制度改革目标是涉及多元素、多方位的一

种关联性系统追求，既涉及农业经济的提高以及农村可持续发展，又包含全社会福利的增进，是在保证粮食供给安全的基础上进一步挖掘农村经济发展内生动力以实现农业现代化的一项制度优化（朱婷，2021）。

为衡量改革至今所取得的进展，按照系统性发展评价原则，以存在问题为导向，针对农村基本经营制度在实施过程中所暴露出的"分"有余而"统"不足、土地细碎化经营、农产品市场供需结构失调、小农户与大市场有效衔接障碍等问题，结合农村基本经营制度内涵与改革内容，将改革目标具体细化为保证农产品有效供给、提高农业生产效率、促进产业互联发展、提升农户获得感、发挥集体统筹作用、促进农业与自然协调发展、扩大农户经营规模、推广农业科技成果。以此为依据，生成相应的衡量指标度量改革绩效：农业产出水平、农业生产效率、产业发展水平、农民生活水平、农业生产条件、生态保护水平、规模经营水平、农业科技水平（见图4-1）。

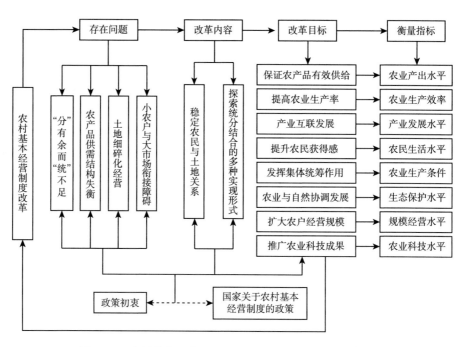

图 4-1　农村基本经营制度改革绩效评价体系理论分析框架

二、指标体系、研究方法与评价结果

（一）农村基本经营制度实施绩效评价指标体系构建

目前，综合评价农村基本经营制度改革绩效的研究尚不丰富，借鉴土地制度方面评价指标并结合中央出台的各项政策要求，本着系统性与主体性、科学性与可操作性的原则（孙研等，2019），既要突出农村基本经营制度的特定属性，以区别于其他农业目标评价体系，又要考虑政策应有的全局联动效应，本部分借鉴了张挺（2018）的 3 级层次结构模型，最上层为目标层——农村基本经营制度改革绩效；第二层为准则层，包含农业产出水平、农业生产效率、产业发展水平、农民生活水平、农业生产条件、规模经营水平、农业科技水平和生态保护水平 8 个二级指标；第三层为指标层，通过 18 项具体指标对二级指标进行细化。其中，与价格变化有关的时间因素均借助 GDP 平减指数进行修正，指标中所提及的第一产业包含农、林、牧、渔业。具体如表 4-1 所示。

表 4-1 农村基本经营制度实施绩效水平测度指标

目标层	准则层	指标层	指标含义	属性
农村基本经营制度改革绩效	农业产出水平	人均粮食产量	粮食人均产量	+
		农业用水情况	农业用水量/耕地总面积	−
		第一产业总产值	农林牧渔业生产总值	+
	农业生产效率	劳动生产率	第一产业增加值/第一产业从业人数	+
		土地生产率	第一产业增加值/耕地总面积	+
	产业发展水平	城乡居民收入比	城镇居民收入/农村居民收入	−
		产业结构	非农业产值/地区总产值	+
	农民生活水平	人均收入水平	人均可支配收入	+
		收入结构多样化	非农经营收入/总收入	+
		消费支出比重	人均消费/人均可支配收入	+
	农业生产条件	有效灌溉面积比重	有效灌溉面积/农作物播种面积	+
		农业电信通信比率	每百户农村居民移动电话拥有量	+

目标层	准则层	指标层	指标含义	属性
农村基本经营制度改革绩效	规模经营水平	土地规模经营水平	家庭土地经营面积	+
		农业社会化服务水平	农业机械化服务人员数量	+
	农业科技水平	农作物机械化水平	耕播收综合机械率	+
		农业电气化水平	农业机械总动力/农作物总播种面积	+
	生态保护水平	单位面积农药消耗	农药使用量/耕地总面积	−
		单位面积化肥消耗	化肥施用量/耕地总面积	−

（二）农村基本经营制度实施绩效评价方法

本章选择熵权法确定各指标权重。熵权法是一种客观赋权方法，主要利用信息差异来判断某个指标的离散程度，利用模糊评价矩阵和输出的信息熵计算出各指标的熵值，熵值越小，指标的离散程度越大，该指标对综合评价的影响就越大，并根据熵值对指标权重进行修正得到最终的权重值。采用熵值法确定指标权重能够有效避免被调查者主观因素导致的权重设定偏误问题（张琛等，2017；杜国明等，2021）。熵权法的具体计算步骤如下：

1. 标准化处理

设纳入评价的省份个数为 m，反映农村基本经营制度实施绩效的具体评价指标个数为 n，分别为 X_i，则原始数据矩阵为：

$$X_i = \begin{bmatrix} X_{11} & \cdots & X_{1n} \\ X_{21} & \cdots & X_{2n} \\ \vdots & \vdots & \vdots \\ X_{m1} & \cdots & X_{mn} \end{bmatrix} \quad (4-1)$$

对各指标数据进行极差标准化处理以消除指标间不同单位的影响，得到无量纲差异的数据。对于数值越大评分越高的正向指标，对原始统计量采取上限效果测试：

$$x'_{ij} = \frac{\max x_{ij} - x_{ij}}{\max x_{ij} - \min x_{ij}} \quad (4-2)$$

对于数值越大评分越低的逆向指标，为得到同向影响且具有可比性的数据，对原始统计量采取下限效果测试：

$$x'_{ij} = \frac{\max x_{ij} - x_{ij}}{\max x_{ij} - \min x_{ij}} \tag{4-3}$$

2. 确定信息熵

第 i 个指标的信息熵 H_i 可表示为：

$$H_i = -k \sum_{j=1}^{n} f_{ij} \ln f_{ij} \tag{4-4}$$

式中，$f_{ij} = \dfrac{r_{ij}}{\sum\limits_{j=1}^{n} r_{ij}}$，$k = \dfrac{1}{\ln n}$。

3. 确定指标权重

第 i 项评价指标的熵权计算公式为：

$$w_i = \frac{1 - H_i}{m - \sum\limits_{i=1}^{m} H_i} \tag{4-5}$$

信息熵与权重的计算结果如表 4-2 所示。

表 4-2 指标信息熵与权重计算结果

指标 X	信息熵 H	权重 W	指标 X	信息熵 H	权重 W	指标 X	信息熵 H	权重 W
X_1	0.97	0.020	X_7	0.79	0.158	X_{13}	0.95	0.039
X_2	0.91	0.065	X_8	0.93	0.048	X_{14}	0.95	0.035
X_3	0.91	0.067	X_9	0.91	0.067	X_{15}	0.96	0.027
X_4	0.88	0.084	X_{10}	0.92	0.056	X_{16}	0.98	0.019
X_5	0.95	0.036	X_{11}	0.96	0.027	X_{17}	0.94	0.042
X_6	0.86	0.107	X_{12}	0.89	0.082	X_{18}	0.97	0.02

资料来源：借助 Excel 软件运算所得。

4. 计算综合得分

将熵权法计算的权重乘以标准化后的各项统计值得到最终综合得分，计算公式为：

$$Z_i = \sum_{j=1}^{m} w_i \times x'_{ij} \qquad (4-6)$$

（三）数据来源

由于农村基本经营制度于 1999 年正式写入宪法，本章选取全国 31 个省份（不含港澳台地区）1993～2019 年公开发布的相关数据，数据主要来自《中国统计年鉴》《中国农村统计年鉴》《中国农业机械工业年鉴》《中国农业统计年鉴》《新中国农业 60 年统计资料》《中国工会统计年鉴》及各省份地区统计年鉴。

（四）农村基本经营制度评价结果

本章基于 31 个省份 27 年数据，对 18 项细化指标的初始统计值消除量纲差异后运用熵权法进行加权运算，得出关于农村基本经营制度实施绩效的综合评价指数结果如表 4-3 所示。

表 4-3　　　　　　**1993～2019 年农村基本经营制度综合评价结果**

地区	1993 年	1994 年	1995 年	1996 年	1997 年	1998 年	1999 年	2000 年	2001 年	2002 年
北京	0.476	0.530	0.495	0.481	0.486	0.463	0.491	0.502	0.526	0.522
天津	0.400	0.457	0.442	0.450	0.450	0.443	0.410	0.428	0.449	0.438
河北	0.289	0.323	0.336	0.362	0.378	0.367	0.399	0.391	0.404	0.394
山西	0.249	0.267	0.266	0.261	0.270	0.250	0.247	0.236	0.219	0.232
内蒙古	0.379	0.365	0.358	0.426	0.352	0.387	0.404	0.415	0.382	0.402
辽宁	0.347	0.368	0.348	0.372	0.366	0.364	0.361	0.376	0.361	0.381
吉林	0.321	0.357	0.369	0.365	0.356	0.366	0.360	0.390	0.369	0.395
黑龙江	0.401	0.429	0.423	0.439	0.455	0.414	0.418	0.433	0.419	0.448
上海	0.427	0.493	0.460	0.449	0.493	0.445	0.466	0.439	0.426	0.454
江苏	0.372	0.421	0.407	0.429	0.439	0.422	0.469	0.443	0.426	0.446
浙江	0.391	0.442	0.438	0.426	0.425	0.428	0.482	0.450	0.458	0.466
安徽	0.235	0.265	0.272	0.282	0.289	0.283	0.327	0.291	0.283	0.296

续表

地区	1993 年	1994 年	1995 年	1996 年	1997 年	1998 年	1999 年	2000 年	2001 年	2002 年
福建	0.309	0.370	0.367	0.363	0.358	0.375	0.417	0.414	0.401	0.348
江西	0.369	0.281	0.260	0.263	0.265	0.255	0.317	0.281	0.272	0.352
山东	0.339	0.363	0.365	0.396	0.392	0.382	0.424	0.426	0.434	0.430
河南	0.249	0.256	0.261	0.296	0.307	0.307	0.349	0.344	0.341	0.395
湖北	0.259	0.284	0.258	0.300	0.299	0.295	0.314	0.285	0.264	0.334
湖南	0.279	0.304	0.297	0.317	0.316	0.321	0.380	0.338	0.322	0.301
广西	0.222	0.244	0.242	0.260	0.243	0.241	0.281	0.253	0.234	0.350
海南	0.282	0.308	0.264	0.281	0.245	0.244	0.281	0.287	0.262	0.218
重庆	0.352	0.298	0.290	0.289	0.196	0.218	0.247	0.295	0.213	0.219
四川	0.251	0.274	0.263	0.264	0.326	0.258	0.287	0.268	0.245	0.279
贵州	0.164	0.173	0.170	0.168	0.152	0.166	0.198	0.166	0.140	0.149
云南	0.210	0.224	0.226	0.241	0.234	0.242	0.270	0.221	0.199	0.205
西藏	0.219	0.233	0.239	0.224	0.215	0.211	0.225	0.278	0.244	0.252
陕西	0.219	0.227	0.231	0.208	0.249	0.237	0.250	0.228	0.203	0.217
甘肃	0.214	0.220	0.225	0.200	0.335	0.203	0.206	0.239	0.199	0.204
青海	0.209	0.219	0.211	0.195	0.220	0.222	0.227	0.227	0.222	0.221
宁夏	0.238	0.265	0.272	0.227	0.270	0.279	0.294	0.293	0.275	0.281
新疆	0.362	0.387	0.372	0.344	0.392	0.389	0.394	0.386	0.345	0.373
均值	0.305	0.325	0.318	0.322	0.328	0.319	0.343	0.337	0.320	0.336
东部	0.369	0.410	0.394	0.401	0.404	0.395	0.423	0.415	0.411	0.409
中部	0.295	0.305	0.301	0.315	0.320	0.311	0.339	0.325	0.311	0.344
西部	0.253	0.261	0.258	0.254	0.265	0.254	0.274	0.273	0.242	0.263
地区	2003 年	2004 年	2005 年	2006 年	2007 年	2008 年	2009 年	2010 年	2011 年	2012 年
北京	0.481	0.448	0.472	0.434	0.441	0.461	0.461	0.443	0.426	0.412
天津	0.448	0.436	0.468	0.441	0.411	0.417	0.417	0.397	0.383	0.376
河北	0.407	0.440	0.536	0.529	0.511	0.454	0.454	0.445	0.421	0.407
山西	0.228	0.215	0.275	0.300	0.262	0.265	0.265	0.284	0.291	0.290
内蒙古	0.395	0.428	0.405	0.464	0.395	0.414	0.414	0.426	0.443	0.420

地区	2003 年	2004 年	2005 年	2006 年	2007 年	2008 年	2009 年	2010 年	2011 年	2012 年
辽宁	0.360	0.380	0.414	0.434	0.360	0.385	0.385	0.362	0.362	0.366
吉林	0.374	0.387	0.395	0.439	0.394	0.405	0.405	0.395	0.404	0.388
黑龙江	0.414	0.456	0.459	0.547	0.435	0.545	0.545	0.552	0.523	0.511
上海	0.436	0.413	0.434	0.408	0.365	0.418	0.418	0.401	0.366	0.356
江苏	0.417	0.440	0.485	0.478	0.444	0.537	0.537	0.566	0.544	0.560
浙江	0.468	0.473	0.472	0.428	0.441	0.454	0.454	0.454	0.419	0.407
安徽	0.277	0.309	0.396	0.401	0.372	0.379	0.379	0.365	0.338	0.326
福建	0.400	0.403	0.369	0.341	0.360	0.356	0.356	0.335	0.351	0.325
江西	0.285	0.320	0.321	0.333	0.325	0.378	0.378	0.352	0.346	0.332
山东	0.439	0.479	0.592	0.599	0.568	0.548	0.548	0.555	0.496	0.460
河南	0.325	0.400	0.499	0.527	0.483	0.459	0.459	0.456	0.415	0.370
湖北	0.270	0.294	0.324	0.327	0.328	0.366	0.366	0.377	0.372	0.341
湖南	0.324	0.392	0.368	0.360	0.376	0.474	0.474	0.435	0.389	0.354
广东	0.374	0.376	0.367	0.360	0.349	0.356	0.356	0.354	0.363	0.333
广西	0.244	0.273	0.264	0.265	0.256	0.269	0.269	0.277	0.274	0.247
海南	0.276	0.246	0.259	0.243	0.228	0.245	0.245	0.246	0.269	0.254
重庆	0.212	0.238	0.242	0.232	0.217	0.269	0.269	0.354	0.309	0.292
四川	0.253	0.279	0.293	0.281	0.308	0.381	0.381	0.340	0.311	0.305
贵州	0.140	0.154	0.162	0.171	0.153	0.199	0.199	0.196	0.189	0.197
云南	0.191	0.212	0.188	0.213	0.190	0.189	0.189	0.190	0.210	0.200
西藏	0.267	0.257	0.229	0.259	0.246	0.282	0.282	0.299	0.273	0.294
陕西	0.202	0.214	0.248	0.277	0.240	0.257	0.257	0.276	0.298	0.270
甘肃	0.199	0.199	0.213	0.242	0.202	0.223	0.223	0.236	0.254	0.248
青海	0.226	0.221	0.222	0.265	0.234	0.265	0.265	0.269	0.309	0.298
宁夏	0.269	0.304	0.263	0.315	0.262	0.292	0.292	0.298	0.318	0.300
新疆	0.387	0.386	0.355	0.326	0.350	0.328	0.328	0.337	0.315	0.322
均值	0.322	0.338	0.354	0.363	0.339	0.364	0.364	0.364	0.354	0.341
东部	0.410	0.412	0.442	0.427	0.407	0.421	0.421	0.414	0.400	0.387
中部	0.312	0.347	0.380	0.404	0.372	0.409	0.409	0.402	0.385	0.364
西部	0.249	0.264	0.257	0.276	0.255	0.281	0.281	0.292	0.292	0.283

续表

地区	2013 年	2014 年	2015 年	2016 年	2017 年	2018 年	2019 年	均值	排名
北京	0.367	0.343	0.316	0.314	0.363	0.385	0.281	0.438	4
天津	0.360	0.353	0.335	0.330	0.371	0.362	0.262	0.405	6
河北	0.397	0.383	0.363	0.345	0.380	0.374	0.280	0.399	8
山西	0.264	0.256	0.244	0.233	0.266	0.260	0.230	0.256	26
内蒙古	0.423	0.411	0.386	0.365	0.400	0.401	0.403	0.402	7
辽宁	0.338	0.317	0.293	0.285	0.320	0.316	0.277	0.355	14
吉林	0.367	0.354	0.339	0.335	0.367	0.356	0.354	0.374	10
黑龙江	0.493	0.471	0.430	0.422	0.472	0.466	0.520	0.464	2
上海	0.306	0.292	0.265	0.282	0.332	0.334	0.228	0.393	9
江苏	0.567	0.564	0.535	0.518	0.575	0.553	0.424	0.482	1
浙江	0.395	0.379	0.350	0.357	0.397	0.404	0.277	0.423	5
安徽	0.319	0.313	0.310	0.327	0.370	0.373	0.281	0.321	17
福建	0.343	0.343	0.323	0.362	0.355	0.333	0.253	0.357	13
江西	0.280	0.268	0.267	0.260	0.304	0.302	0.245	0.304	19
山东	0.436	0.418	0.453	0.379	0.428	0.424	0.316	0.448	3
河南	0.360	0.350	0.340	0.330	0.375	0.371	0.287	0.367	11
湖北	0.347	0.343	0.327	0.327	0.360	0.368	0.292	0.319	18
湖南	0.341	0.335	0.336	0.351	0.382	0.371	0.265	0.352	15
广东	0.326	0.316	0.309	0.303	0.340	0.330	0.245	0.367	12
广西	0.240	0.238	0.242	0.255	0.283	0.274	0.214	0.258	25
海南	0.253	0.246	0.231	0.342	0.267	0.256	0.220	0.259	23
重庆	0.266	0.260	0.255	0.269	0.291	0.296	0.244	0.264	22
四川	0.290	0.282	0.284	0.293	0.333	0.329	0.263	0.293	20
贵州	0.176	0.188	0.207	0.226	0.267	0.258	0.227	0.184	31
云南	0.185	0.187	0.192	0.203	0.226	0.220	0.385	0.216	30
西藏	0.263	0.259	0.260	0.295	0.301	0.311	0.257	0.258	24
陕西	0.258	0.265	0.258	0.254	0.294	0.279	0.237	0.246	27
甘肃	0.232	0.230	0.235	0.238	0.269	0.271	0.252	0.230	29
青海	0.277	0.277	0.261	0.274	0.295	0.284	0.228	0.246	28
宁夏	0.283	0.283	0.282	0.271	0.306	0.298	0.273	0.282	21

地区	2013 年	2014 年	2015 年	2016 年	2017 年	2018 年	2019 年	均值	排名
新疆	0. 334	0. 322	0. 289	0. 274	0. 305	0. 298	0. 299	0. 345	16
均值	0. 325	0. 318	0. 307	0. 310	0. 342	0. 337	0. 284	0. 333	—
东部	0. 372	0. 359	0. 343	0. 347	0. 375	0. 370	0. 278	0. 393	—
中部	0. 346	0. 336	0. 324	0. 323	0. 362	0. 358	0. 309	0. 345	—
西部	0. 269	0. 267	0. 262	0. 268	0. 297	0. 293	0. 274	0. 269	—

注：本部分采用东、中、西部地理区划方法，其中，东部地区包括北京、天津、河北、辽宁、上海、江苏、浙江、福建、山东、广东以及海南11省份；中部地区包括黑龙江、吉林、山西、安徽、江西、河南、湖北以及湖南8省份；西部地区包括四川、重庆、贵州、云南、陕西、甘肃、青海、宁夏、新疆、广西、内蒙古、西藏12省份。

资料来源：借助 Excel 软件运算所得。

江苏、黑龙江、山东的农村基本经营制度综合实施绩效位居前三名，得分分别为0.482、0.464、0.448；而甘肃、云南、贵州农村基本经营制度绩效水平相对最低，其中，贵州农村基本经营制度实施绩效综合得分最少，只有0.184，几乎占排名第一的江苏省得分的1/3。从全国水平来看，1993~2019年农村基本经营制度绩效评分呈先上升后下降再上升走势。在所考察的时间范围内，农村基本经营制度综合评分自1993年起缓慢波动上升，到2006年达到峰值，随后的10年里呈下降趋势，进入2016年逐渐回升，2019年陡然下落。需要特别强调的是，2020年伊始新冠肺炎疫情突然来袭，全国各地均采取相应措施以控制疫情蔓延，直到2020年4月才全面复工复产，其间交通运输受阻，直接影响农业生产原材料等的获取以及用工需求难以满足等问题，势必损害农业生产经营与农村经济提升（宋莉莉等，2020；蒋培等，2020）。而且2019年的年鉴数据是在2020年年中之后公开发布，其间各项调查工作无法顺利开展，使得统计数据的收集与核算工作面临巨大困难，因此2019年改革综合得分的陡然下落不能完全归因于农村基本经营制度改革的实际效果降低。但为保证数据完整性予以公布，下述分析不对2019年得分结果做进一步挖掘。因此，27年间的趋势走向符合多数学者所描述的关于农村基本经营制度效能的阶段性变化：家庭承包责任制赋予自主生产经营权调动空前生产潜能—自然禀赋硬约束与生产力落后条件下家庭联产责任承包制度红利释放殆尽—农村基本经营制度改革激发农业经济新活力。

将研究重点聚焦于2012~2018年，通过图4-2可以看出：（1）农村基本经营制度改革水平在全国及三大地区整体评分水平均不超过 0.4。（2）全国及三大地区农村基本经营制度改革绩效波动情况基本一致，均表现为自2012 年进入下降走势；2015 年达到谷底；2016 年进入回升阶段。（3）地区间改革绩效梯度分化，东部地区评分最高，高于全国水平；中部与西部地区次之，且均低于全国水平。三大地区农村基本经营制度改革绩效差异明显，随着时间推移东、中、西部地区差距没有得到明显改善。

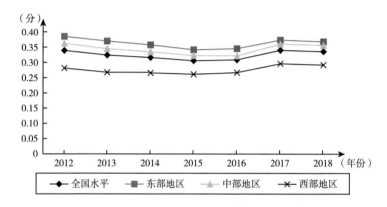

图 4-2 2012~2018 年各地区农村基本经营制度绩效评分变化趋势

资料来源：借助 Excel 软件整理所得。

三、新时代农村基本经营制度改革绩效评价结果分析

（一）政策滞后效应分析

2012 年习近平总书记提出建立立体式复合型现代农业经营体系，赋予农村基本经营制度新内涵，标志着农村基本经营制度改革进入新时期。为使农村基本经营制度符合农业现代化发展要求，一系列改革举措相继密集推出，无论是承包期限延长、土地确权还是三权分置，都是满足农户生产需求、稳定人地关系、创新农业经营模式的良方。但是，农村基本经营制度改革政策从理论上提出发布到实际中指导应用，不但需要耗时培育相关政策执行人员正确把握农村基本经营制度内涵的能力，还需要耗力引导农户了解政策的利好性以克服农户对政策变动的抵消回应。在多种因素交互影响下，不可避免

地存在政策效果的滞后显现现象，使得政策虽在 2013 年陆续推出，但政策效果真正起作用，表现为综合评分的上升是在 2016 年，说明农村基本经营制度改革生效存在 4 年左右的滞后期。唐忠（2018）的研究也发现，土地确权颁证工作提出时间为 2013 年，但土地确权登记颁证工作从 2015 年才开始逐步推开，到 2018 年还未全部完成。

（二）要素贡献差异分析

2012～2018 年综合评分均值如表 4 - 4 所示，具体来看：（1）生态保护水平得分最高，农业科技水平次之，均表现为超过 0.5 的高水平波动。这说明工业反哺农业取得成效，大大提高了农业机械化生产设备的可得性。农业科技水平的提升，驱动农业科研成果在田间地头的推广普及，满足农业生产者对优质种子、高效化肥等必要生产资料的需求，在保证产量的前提下以现代化生产要素投入替代农药与化肥使用量，推动农业朝着环境友好型方向发展，越来越符合农业现代化当中绿色发展的内涵。（2）农业产出水平、农业生产条件、农民生活水平、规模经营水平、农业生产效率得分介于 0.3～0.5。农业产出水平围绕 0.4 上下波动。基于中国人多地少的特殊农情，在坚守 18 亿亩耕地红线不动摇的原则下，追求更高水平的产出需要生产力质的飞跃。而在当前我国所普遍具备的生产能力和相关农业生产软硬设施配套的现状下，稳中求进的农业产出水平较为符合我国实际情况。农业生产条件相较于 2012 年，已实现 10% 以上的提升。2013 年《中共中央 国务院关于加快发展现代农业进一步增强农村发展活力的若干意见》明确指出，要大力支持发展多种形式的新型农民合作组织。社会各界积极响应政策号召，广泛开展创新农业集体经营模式的研究与实践，一时间多种农业经营方式遍地开花，使得集体实力得到一定程度的增强。农民生活水平在波动中呈上升趋势。随着土地确权和三权分置政策的逐步推开，农户土地权利在得到保障的基础上进一步细化，无疑稳定了农户的心理预期，解决了投入非农市场农民的后顾之忧。劳动者根据自身比较优势作出最优选择，生活水平自然有所提高。农业生产效率、规模经营水平未有明显改善。基于我国资源禀赋客观约束，大部分地区耕地存在难以调和的细碎化分布状况，难以通过扩大耕地规模提高生产效率，为解决这一问题，农业社会化服务组织承担越来越重要的角色。但通过规模经营水平得分围绕 0.355 上下不超过 0.06 的波动水平来看，恰恰证实了郭如良（2020）所认为的农户经营耕地面积的零散化往往抵消农业社会化服务效应这一观点。(3) 产业发展水平评分最低且保持不超过0.2 的低水平波动。除了当前农业所处发展阶段附加价值低，不易跨越与第二、第三产业融合发展的门槛以外，深究其根源，与我国城乡二元体制也密切相关。虽然党中央极其重视缩小城乡差距问题，相继提出城乡一体化发展、城乡融合发展要求（金三林等，2019），但由于城乡异化发展多年，所形成的差距已经到了相当大的地步，想要一时扭转当前局面，绝不是一朝一夕可以完成的。当市场参与主体以不同机会面对同一高风险市场时，强者愈强、弱者愈弱的马太效应使得差距越来越大。城乡二元制度的无形壁垒不被破除，各产业经营主体就面临不均等机会，产业融合就得不到真正意义的实现。

表 4 - 4　　2012 ~ 2018 年农村基本经营制度改革评价指标各要素贡献值

年份	农业产出水平	农业生产效率	产业发展水平	农民生活水平	农业生产条件	规模经营水平	农业科技水平	生态保护水平
2012	0.363	0.324	0.175	0.406	0.358	0.349	0.573	0.696
2013	0.418	0.314	0.158	0.392	0.387	0.357	0.566	0.812
2014	0.419	0.306	0.153	0.392	0.380	0.350	0.553	0.811
2015	0.419	0.306	0.153	0.274	0.371	0.355	0.548	0.813
2016	0.436	0.308	0.158	0.220	0.396	0.361	0.560	0.740
2017	0.408	0.314	0.161	0.418	0.406	0.360	0.567	0.738
2018	0.408	0.309	0.163	0.406	0.395	0.350	0.569	0.737
均值	0.410	0.312	0.160	0.358	0.385	0.355	0.562	0.764

资料来源：借助 Excel 软件运算所得。

（三）空间差异性分析

2012 ~ 2018 年东、中、西部地区农村基本经营制度改革绩效均值分别为0.365、0.345、0.277，东部地区得分最高，西部地区得分最低，虽然地区差距未得以明显改善，但结合图 4 - 2 可以看出，随着改革的推进，制度效果在各地区总体趋势上都呈现回升迹象。以 2018 年东、中、西部地区农村基本经营制度改革要素贡献（见图 4 - 3）来看：(1) 东部沿海地区凭借前期政策倾斜以及区位优势的率先发展，具备相对较高的农业生产条件、农业生产效率、农业科技水平、产业发展水平以及农民生活水平，显著领先于中西部地区。（2）中部地区以其得天独厚的自然资源禀赋，具有相对较高的农业产出水平以及规模经营水平，一定程度上弥补了与东部地区其他方面的差距。（3）由于西部地区开发程度较低，在生态保护水平方面相对具有比较优势，其余方面得分较低。

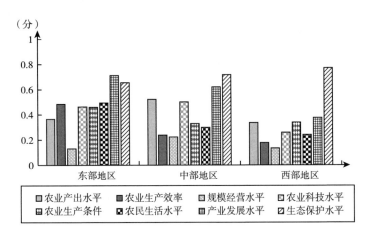

图 4 - 3　2018 年东、中、西部地区农村基本经营制度改革要素贡献

资料来源：借助 Excel 软件整理所得。

分别用各省份 2018 年农村基本经营制度改革综合得分除以 2012 年农村基本经营制度改革综合得分值（所得比值用 Q 表示）来分析各省份农村基本经营制度改革综合能力的增长速度，并按比值大小划分为三类：低成长型（$Q \leqslant 0.95$）、中成长型（$0.95 < Q \leqslant 1.1$）和高成长型（$Q > 1.1$）（王平等，2017）。结合表 4 - 3 和表 4 - 5 结果可知，全国 31 个省份农村基本经营制度改革能力均出现大约 1 倍的增长，且 68% 的地区增长速度超过 0.95。改革能力为低成长型地区中有一半省份属于东部地区；4 个高成长型地区中有 3 个省份属于西部地区。改革起点越高存在的提升难度越大，根据不同地区成长能力可以判断农业发展所处阶段：北京、河北、上海等地区改革能力较低，农村基本经营制度改革始于较高起点，属于农业发展比较成熟的地区；中西部地区大多集中于"中成长型"增长梯队，改革能力居中，农业农村处于发展的稳定期；广西、贵州、西藏等地区具有较高改革潜力，农业农村正处于发展的成长期。

表 4－5　　　　　　　**农业供给侧改革能力发展类型划分**

改革能力	低成长型	中成长型	高成长型
Q 值	$Q \leqslant 0.95$	$0.95 < Q \leqslant 1.1$	$Q > 1.1$
地区	山西、辽宁、北京、河北、吉林、黑龙江、上海、江西、山东、新疆	天津、内蒙古、江苏、浙江、广东、青海、宁夏、福建、河南、湖北、湖南、海南、重庆、四川、云南、陕西、甘肃	安徽、广西、贵州、西藏

资料来源：借助 Excel 软件整理所得。

四、研究结论与启示

（一）研究结论

通过构建集农业产出水平、农业生产效率、产业发展水平、农民生活水平、农业生产条件、规模经营水平、农业科技水平与生态保护水平于一体的综合评价指标，发现全国 31 个省份 1993～2019 年农村基本经营制度实施情况总体得分的趋势变动，符合大多数学者所阐述的关于农村基本经营制度实际效能阶段的划分，说明本书所构建的综合指标体系符合客观真实性。通过此综合指标测度新时代农村基本经营制度改革绩效，得出如下结论：（1）综合评价得分的整体上升态势说明农村基本经营制度改革在实践中产生了积极促进效用。（2）全国整体得分水平均不超过 0.4，说明农村基本经营制度改革还存在进一步完善发展空间。（3）就要素参与贡献而言，在生态保护与农业科技推广方面得分较高，农业产出水平、农业生产条件、农民生活水平、规模经营水平与农业生产效率方面需进一步强化提高，产业发展方面还存在巨大提升空间。（4）就三大地区空间差异来说，东部地区得分最高，中部地区次之，西部地区得分最低，且地区差距随时间推移改善情况不明显。

（二）研究启示

通过本章建立评价指标体系对农村基本经营制度改革绩效进行综合测度

分析，可得如下启示。

（1）农业经营功能化分区，因地制宜振兴农业经济。现代化农业应当具备农产品生产加工的基础功能外的非商品性属性，借各自区位优势选择不同的农业经济发展模式。例如，对于地势险峻不易开展农业耕作的地区，往往发展观光农业是首选；对于地势平坦、耕地连片分布的地区，则重点以农作物生产加工为主业。

（2）依据地区间农业发展阶段与水平差异化，强化优势，补齐短板，针对地区发展优势与差距予以精准扶持。

（3）提高第一产业自身价值，加快产业融合发展。赋予各行各业市场参与主体同等机会，构筑城乡融合发展社会合作网络，提升农业附加值，促进农产品生产、加工和销售服务的有机衔接，实现一二三产业的融合发展。

（4）积极发挥集体组织统筹作用，继续探索统分有效结合的实现模式。构建新型农村集体组织，通过村集体对农业产业的统筹规划，连结村集体、种植大户和小农户之间共同利益接口，明确集体产业发展中的责任和利益分配关系，尽可能让小农户共享产业链收益。

第五章

农村基本经营制度改革
绩效：农民收入维度

本章接续前一章内容，继续对农村基本经营制度改革绩效进行实证分析。与前章进行综合性评价不同的是，本章开始从细分维度对农村基本经营制度改革绩效进行测度。具体而言，本章侧重于从农民收入维度考察农村基本经营制度的改革绩效，具体包括两部分内容：第一部分，主要考察土地经营权流转对农民收入的影响，并以劳动力转移作为中介变量验证"制度—行为—绩效"的基本逻辑。第二部分，主要考察农村土地确权对农民收入的影响，并检验土地确权通过产权激励、土地流转、家庭劳动力分工及经营权抵押贷款四个中介变量促进农民收入提高的传导机制。两部分内容分别对土地经营权流转和土地确权两项农村基本经营制度改革的典型性政策制度效果予以评价，凸显农村基本经营制度在促进农民收入增加方面的改革成效。

一、土地流转、非农就业与农户家庭收入
增长：理论分析与实证检验

新制度经济学认为，制度作为一种稀缺资源，不仅是重要的，而且是内生于经济增长和社会结构变迁之中的，它在长期经济增长的分析中至关重要（舒尔茨，1991）。如诺思和托马斯（1989）所言，制度提供了一种经济的刺激结构，随着该结构的演进，它规划了经济朝着增长、停滞或衰退变化的

方向。在这些经济学家看来，有效率的制度促进经济增长；反之，无效率的制度抑制甚至阻碍经济增长和发展（卢现祥，2004）。在制度分析中，中国的农村土地制度是中国农村乃至整个社会发展的决定性因素也可能是国际理论界最无争议的命题之一。作为中国特色社会主义经济制度体系中的基础性制度安排之一，尤其是改革开放后建构的以"集体＋个体"为核心特征的农村土地产权制度安排（黄少安，2018），因其在西方经典经济理论中找不到完美注解，而在国际区域经济发展实践中又具有开创性，从而成为国际范围内最受经济学家和政治家们关注的政策设计。2014 年末，中国进行的新一轮土地制度改革"三权分置"被视为是家庭联产承包责任制实施以来的一次伟大土地变革，为新时代中国农业现代化发展奠定制度条件。

我国农村土地基本经营制度经历了"两权—准三权—三权"的权利逐步完善健全的历史变迁过程。1978～1983 年地权高度集中时期：农村土地权利集中在农村集体经济组织手中，虽然农村基本经营制度逐步确立，理论上农村土地所有权和使用权分离，但政策上严格禁止各种形式土地流转，农村发展实践中农民也没有流转需求，所以实际上农村土地集体所有权和承包经营权未分离。1982 年，党中央在《全国农村工作会议纪要》中明确指出，社员承包的土地，不准买卖，不准出租，不准转化不准荒废，否则集体有权收回。同样，1982 年《宪法》也对农村土地流转进行了明确规定，任何组织或者个人不得侵占、买卖、出租或以其他形式非法转让土地。1984～1992 年两权逐步形成时期：1984 年，我国家庭联产承包责任制正式在全国范围内确立，集体拥有农村土地所有权，农民拥有集体土地的使用权。1984 年党中央在政策上开始允许土地流转，《中共中央关于一九八四年农村工作的通知》首次提出，鼓励土地逐步向种田能手集中。社员在承包期内，因无力耕种或转营他业而要求不包或少包土地的，可以将土地交给集体统一安排，也可以经集体同意，由社员自找对象协商转包。1986 年《土地管理法》出台，首次从国家立法的高度对农村土地流转进行肯定。1987 年国务院批复了某些沿海发达省市就土地适度规模经营进行试验，中国土地流转制度开始进入新的试验期。《宪法》（1988 年修正）规定，土地的使用权可以依照法律的规定转让。法律规定也从只有无偿流转形式逐步向有偿转让过渡，但土地流转不规范，土地使用权小规模流转。1993～2002 年，两权分离时期：集体拥有农村土地所有权，农民拥有集体土地的使用权。1992 年党的十四大确定市场经济体制改革方向，国家开始引导和支持农村剩余劳动力逐步向第二、第三产业自由流动，这直接导致以 1992 年为起点的"民工潮"。1993 年我国第一轮的土地承包经营权普遍到期，1994 年我国大部分地区普遍开始了第二轮土地承包。从 1993 年开始，中央政府允许少数经济比较发达地区进行农业规模化经营的试验，经济发达地区开始向企业出租集体土地或厂房。1993 年 11 月《中共中央　国务院关于当前农业和农村经济发展若干政策措施》提出，土地承包期"再延长三十年不变"，同时"经发包方同意，允许土地使用权依法有偿转让"。1993 年《农业法》提出，可以转让承包的权利与义务。1995 年国务院批转农业部《关于稳定和完善土地承包关系的意见》规定，在坚持土地集体所有和不改变土地用途的前提下，经发包人同意允许承包方在承包期内对承包土地依法转包、转让、互换、入股，其合法权益受法律保护。1999 年起，国土资源部开始在安徽芜湖、江苏苏州、河南安阳、广东顺德、浙江湖州以及上海等地广泛开展集体建设用地使用权流转试点；政府开始主动引导推动，政策鼓励、法律明确土地使用权流转，土地使用权流转稳步推进。但此时期全国整体上土地流转率仍然较低，不到 10%。[①] 2003～2013 年，准三权时期。2003 年后，劳动力大量转移，土地流转需求剧增，之后的政策文件和法律均将"土地使用权"表述变更为"承包经营权"，并出台多项文件，大力推动承包经营权流转。2003 年 3 月《农村土地承包法》实施，中国土地流转制度正式确立，其中第 39 条规定"承包方可以在一定期限内将部分或者全部土地承包经营权转包或者出租给第三方，承包方与发包方的承包关系不变"，即实际上将农村土地权利分为所有权、承包权、承包经营权。2004 年《中共中央　国务院关于促进农民增加收入若干政策的意见》提出，有条件的地方要以土地流转推动规模经营。2005 年，农业部专门出台了《农村土地承包经营权流转管理办法》，使农地流转在操作层面也实现了有法可依。2005 年 6 月 23 日，广东省政府发布《广东省集体建设用地使用权流转管理办法》，明确农村集体建设用地使用权可于 2005 年 10 月 1 日起上市流转，这意味着农村土地使用权流转进入了市场化的阶段。2006 年全面

---

① 历年《中国农村经营管理统计年报》。

取消农业税，土地流转活跃起来。2007 年出台的《物权法》将承包经营权明确为用益物权。2008 年 10 月中共十七届三中全会通过的《中共中央关于推进农村改革发展若干重大问题的决定》要求建立健全农村土地承包权流转市场。从 2008 年提出农地确权到 2013 年全面开展确权工作，激发了土地流转积极性。2009 年新农合新农保建立以来，土地流转更加频繁。2013 年党中央明确指出要"加快构建新型农业经营体系"，并鼓励承包经营权在公开市场上向新型农业经营主体流转。承包经营权流转市场逐步建立健全，流转机制不断完善，流转管理不断规范，流转面积迅速扩大。2014～2018 年，三权分置初步形成时期："三权分置"从作为政治语言提出，到成为一系列文件中使用的政策语言，明确农村集体土地的所有权、承包权、经营权分置并行，初步形成集体拥有所有权，农户拥有承包权，经营主体拥有经营权的格局。

（一）土地流转提高农民收入的数理论证与机理分析

借鉴戴宁格和金（Deininger and Jin，2005）提出的均衡模型，本章利用二元泰勒公式证明参与土地流转能提高农户的家庭收入水平。

1. 模型基本假定

假定农户家庭拥有的劳动力禀赋为 $\bar{l}$，土地禀赋为 $\bar{s}$，家庭农业生产函数为 $pa(i)f(l_a,s)$。其中，p 为农产品价格。$a(i)$ 为家庭生产效率函数，与家庭特征有关，$a(i)$ 越高，表示该家庭的农业生产效率越高。l_a 为家庭从事农业生产的劳动力，家庭劳动力 l 在农业生产劳动力 l_a 和非农劳动力 l_o 之间分配。s 为家庭实际耕作的土地面积。本章假定农业生产函数[①]$f(l_a,s)$ 满足：$f_{l_a}>0$，$f_s>o$，$f_{l_a l_a}<0$，$f_{ss}<0$，$f_{l_a s>0}$，且 $f_{l_a l_a}f_{ss}-f_{l_a}f_{l_a s}>0$。

2. 家庭均衡决策

（1）不参与土地经营权流转时家庭资源配置均衡条件。由于不参与土地经营权流转，所以家庭收入主要来源于农业生产收入和非农工资性收入两部

---

① 关于生产函数，本部分借鉴了戴宁格和金（2005）提出的关于生产函数的假定。

分。家庭劳动力主要在农业生产和非农务工之间分配，家庭实际耕种土地为家庭拥有的土地资源禀赋 $\bar{s}$。那么，此时家庭最大化其收入为：

$$\max y_0 = pa(i)f(l_a, \bar{s}) + \omega l_0 \tag{5-1}$$

$$s.t.\ l_a + l_0 = \bar{l}$$

假定内点解存在的情况下，则式（5-1）的一阶条件满足：

$$pa(i)f_{l_a}(l^*_{l_{a1}}, \bar{s}) = \omega \tag{5-2}$$

其中，$(l^*_{l_{a1}}, \bar{s})$ 为农户在不参与土地经营权流转情况下达到均衡时劳动力与土地的最优配置。

式（5-2）表示在均衡状态下，家庭农业劳动力的边际产出等于外出务工的工资水平。

如此，农户在不参与土地经营权流转情况下达到均衡时的家庭收入为：

$$y_0 = paf(l^*_{a1}, \bar{s}) + \omega l^*_{01} \tag{5-3}$$

（2）参与土地经营权流转时家庭资源配置均衡条件。在参与土地经营权流转情况下，对于转入农户需要支付土地租金；对于转出农户则可以获得租金收入。在这里我们假定土地经营权流转市场是成熟的，不存在交易成本。所以，在参与土地经营权流转情况下家庭最大化其收入为：

$$\max y_1 = pa(i)f(l_a, s) + (\bar{s} - s)t + \omega l_0 \tag{5-4}$$

$$s.t.\ l_a + l_0 = \bar{l}$$

假定内点解存在的情况下，则上式的一阶条件满足：

$$pa(i)f_{l_a}(l^*_{a2}, s^*) = \omega$$
$$pa(i)f(l^*_{a2}, s^*) = t \tag{5-5}$$

其中，(l^*_{a2}, s^*) 为农户在参与土地经营权流转情况下达到均衡时劳动力与土地的最优配置。

式（5-5）表明在均衡状态下，家庭农业劳动力的边际产出等于外出务工的工资水平，家庭单位土地投入的产出收益等于单位土地流转产生的租金水平。

如此，农户在参与土地经营权流转情况下达到均衡时的家庭收入为：

$$y_1 = paf(l_{a2}^*, s^*) + \omega l_{02}^* + t(\bar{s} - s^*) \tag{5-6}$$

3. 数理模型证明与理论分析

下面利用二元泰勒公式讨论参与土地流转时引起的家庭收入变化情况。在这里假定家庭农业生产效率 α、农产品价格 p 和非农务工工资水平 ω 保持不变。对于土地转出农户有 $\bar{s} - s > 0$；对于土地转入农户有 $\bar{s} - s < 0$。在本节，暂不考虑土地流转时的交易成本。当然可以证明，考虑土地流转时的交易成本不影响最后结论。

（1）数理模型建立。利用二元泰勒公式，将家庭农业生产函数 $f(l_a, s)$ 在 (l_{a2}^*, s^*) 处展开有：

$$\begin{aligned}
f(l_a, s) = & f(l_{a2}^*, s^*) + f_{la}(l_{a2}^*, s^*)(l_a - l_{a2}^*) + f(l_{a2}^*, s^*)(s - s^*) \\
& + \frac{1}{2}f_{lala}(l_{a2}^*, s^*)(l_a - l_{a2}^*)^2 + \frac{1}{2}f_{ss}(l_{a2}^*, s^*)(s - s^*)^2 \\
& + f_{sla}(l_{a2}^*, s^*)(l_a - l_{a2}^*)(s - s^*) \tag{5-7}
\end{aligned}$$

令 $l_a = l_{a1}^*$，$s = \bar{s}$ 可得：

$$\begin{aligned}
f(l_{a1}^*, \bar{s}) = & f(l_{a2}^*, s^*) + f_{la}(l_{a2}^*, s^*)(l_{a1}^* - l_{a2}^*) + f_s(l_{a2}^*, s^*)(\bar{s} - s^*) \\
& + \frac{1}{2}f_{lala}(l_{a2}^*, s^*)(l_{a1}^* - l_{a2}^*)^2 + \frac{1}{2}f_{ss}(l_{a2}^*, s^*)(\bar{s} - s^*)^2 \\
& + f_{sla}(l_{a2}^*, s^*)(l_{a1}^* - l_{a2}^*)(\bar{s} - s^*) \tag{5-8}
\end{aligned}$$

将上式两端同时乘以 pa，可得：

$$\begin{aligned}
paf(l_{a1}^*, \bar{s}) = & paf(l_{a2}^*, s^*) + paf_{la}(l_{a2}^*, s^*)(l_{a1}^* - l_{a2}^*) + paf_s(l_{a2}^*, s^*)(\bar{s} - s^*) \\
& + pa\left[\frac{1}{2}f_{lala}(l_{a2}^*, s^*)(l_{a1}^* - l_{a2}^*)^2 + \frac{1}{2}f_{ss}(l_{a2}^*, s^*)(\bar{s} - s^*)^2\right. \\
& \left. + f_{sla}(l_{a2}^*, s^*)(l_{a1}^* - l_{a2}^*)(\bar{s} - s^*)\right] \tag{5-9}
\end{aligned}$$

由一阶均衡条件可知：

$$\begin{aligned}
paf(l_{a1}^*, \bar{s}) = & paf(l_{a2}^*, s^*) + \omega(l_{a1}^* - l_{a2}^*) + \tau(\bar{s} - s^*) \\
& + pa\left[\frac{1}{2}f_{lala}(l_{a2}^*, s^*)(l_{a1}^* - l_{a2}^*)^2 + \frac{1}{2}f_{ss}(l_{a2}^*, s^*)(\bar{s} - s^*)^2\right.
\end{aligned}$$

$$+ f_{sla}(l_{a2}^*, s^*)(l_{a1}^* - l_{a2}^*)(\bar{s} - s^*) \Big] \tag{5-10}$$

进一步，上式可以写成：

$$paf(l_{a1}^*, \bar{s}) + \omega l_{01}^* = paf(l_{a2}^*, s^*) + \omega l_{02}^* + \tau(\bar{s} - s^*) + pa\Big[\frac{1}{2}f_{lala}(l_{a2}^*, s^*)$$

$$\times (l_{a1}^* - l_{a2}^*)^2 + \frac{1}{2}f_{ss}(l_{a2}^*, s^*)(\bar{s} - s^*)^2$$

$$+ f_{sla}(l_{a2}^*, s^*)(l_{a1}^* - l_{a2}^*)(\bar{s} - s^*) \Big] \tag{5-11}$$

由式（5-3）和式（5-6）可知：

$$y_1 - y_0 = \frac{1}{2}pa\Big[-f_{lala}(l_{a2}^*, s^*)(l_{a1}^* - l_{a2}^*)^2 - f_{ss}(l_{a2}^*, s^*)(\bar{s} - s^*)^2$$

$$- 2f_{sla}(l_{a2}^*, s^*)(l_{a1}^* - l_{a2}^*)(\bar{s} - s^*) \Big] \tag{5-12}$$

（2）土地流转与家庭收入情况。

①参与土地流转的家庭收入变化情况。对于参与土地流转的家庭，分为两种情况进行解释说明。

情况一：家庭生产效率保持不变。

理论上讲，对于参与土地流转的家庭，必定伴随着劳动力配置的变化。并且一般来讲，对于转入土地农户而言，需要投入比不参与土地流转时更多的劳动力，即有 $l_{a1}^* < l_{a2}^*$；对于转出土地农户，则需要投入比不参与土地流转时更少的劳动力，即有 $l_{a1}^* > l_{a2}^*$。所以，在假定家庭生产效率不变的情况下，无论是转入土地还是转出土地都满足：

$$(l_{a1}^* - l_{a2}^*)(\bar{s} - s) > 0 \tag{5-13}$$

在该情况下，对式（5-12）利用均值不等式有：

$$-f_{lala}(l_{a2}^*, s^*) = \Big[\sqrt{-f_{lala}(l_{a2}^*, s^*)}^2 \Big] \tag{5-14}$$

$$-f_{ss}(l_{a2}^*, s^*) = \Big[\sqrt{-f_{ss}(l_{a2}^*, s^*)}^2 \Big] \tag{5-15}$$

$$-f_{lala}(l_{a2}^*, s^*)(l_{a1}^* - l_{a2}^*)^2 - f_{ss}(l_{a2}^*, s^*)(\bar{s} - s^*)^2$$

$$\geq 2(l_{a1}^* - l_{a2}^*)(\bar{s} - s^*)\sqrt{-f_{lala}(l_{a2}^*, s^*)}\sqrt{-f_{ss}(l_{a2}^*, s^*)}$$

$$> 2(l_{a1}^* - l_{a2}^*)(\bar{s} - s^*)f_{las}(l_{a2}^*, s^*) \tag{5-16}$$

由此可以看出，在家庭生产率保持不变的情况下，参与土地流转时的家庭收入要高于不参与土地流转时的家庭收入水平，参与土地流转能提高家庭收入。

情况二：家庭生产效率得到提高。

对于转入土地的家庭来说，由于土地变得集中，土地规模化耕种，资本投入增加，使得家庭的生产效率得到很大提高。[1] 所以，在该种情况下，参与土地流转时的劳动力投入比不参与土地流转时的劳动力投入可能更少，即有 $l_{a1}^* > l_{a2}^*$。所以，此时对于转入土地家庭满足：

$$(l_{a1}^* - l_{a2}^*)(\bar{s} - s) < 0 \qquad (5-17)$$

在该种情况下，对于转入土地的家庭可以很容易看出式（5-12）是大于零的，即：

$$y_1 - y_0 = \frac{1}{2} pa\big[-f_{lala}(l_{a2}^*, s^*)(l_{a1}^* - l_{a2}^*)^2 - f_{ss}(l_{a2}^*, s^*)(\bar{s} - s^*)^2$$
$$- 2f_{sla}(l_{a2}^*, s^*)(l_{a1}^* - l_{a2}^*)(\bar{s} - s^*)\big] > 0 \qquad (5-18)$$

由于本章假定工资水平保持不变，所以在该种情况下我们暂不讨论土地转出的农户家庭收入变化情况。事实上，对于转出土地的家庭来说，家庭农业生产效率可能并不会提高，但是这部分家庭的收入可能会由于非农劳动生产效率的提高而得到增长。由于这部分家庭转出了土地，获得了租金收入，同时可以将更多的时间和精力投入到非农工作中，不断提高技能水平和专业性，从而提高工资水平，增加非农收入。

②自给自足的家庭收入变化情况。对于自给自足的家庭来说，并不会参与土地流转。所以，这类家庭耕种的土地面积始终为 $\bar{s}$。由式（5-3）和式（5-6）可知，自给自足的家庭收入水平并没有发生变化，即：

$$y_1 = y_0 = paf(l_{la}^*, \bar{s}) + \omega l_0^* \qquad (5-19)$$

根据上述的数理证明可知，无论是在家庭生产效率保持不变的情况下，还是在家庭生产效率提升的情况下，参与土地流转都能提高农户的家庭总收

---

[1] 这一结论得到刘玉梅等（Yumei Liu et al. , 2015）、钟甫宁和纪月清（2009）以及倪国华和蔡昉（2015）研究证实。

入。本章的家庭总收入主要指农业性收入和非农工资性收入之和。参与土地流转必然会引起家庭实际耕地面积的变化，耕地面积的变化也必然会引起家庭农业性收入的变化。参与土地转入会使得家庭实际耕地面积增加，从而提高家庭的农业性收入；参与土地转出会减少家庭的实际耕地面积，从而降低家庭的农业性收入。因此，土地流转对家庭农业性收入的影响是显而易见的。此外，已有部分学者对此进行了实证分析（韩啸等，2015；杨子等，2017）。式（5-12）指出，农户家庭收入增长的源泉主要来自家庭参与土地流转后对劳动力和土地资源的重新配置。土地流转必然引起家庭土地资源禀赋的变化，这是毋庸置疑的。因此，本章重点关注土地流转通过非农就业对家庭收入水平产生影响的作用机制。

家庭的非农就业是由家庭的非农劳动力与总劳动力数量决定的。一般来说，家庭总的劳动力在一段时间内是固定的，因此，家庭的非农就业主要取决于非农劳动力数量。参与土地流转的农户会因为家庭拥有的土地资源禀赋对劳动力产生释放或者吸纳，从而影响家庭的非农劳动力水平。对于参与土地转入的农户而言，这部分家庭可能更多的是农业生产效率较高的家庭。在从事农业生产时可以获得更高的农业生产性收入，而更高的农业生产效率也使得该类家庭在随着土地规模扩大的同时，愿意配置更多的农业劳动力，甚至产生非农劳动力向农业生产部门转移现象，从而形成家庭较低的非农就业。对于参与土地转出的农户而言，这部分家庭可能是农业生产效率较低，但是非农生产效率更有优势的家庭。该类家庭在从事非农业生产时，能够获得更高的非农业工资性收入。参与土地转出使得家庭拥有的耕地面积减少，使得部分劳动力从农业生产中释放出来，出于对更高的非农工资的追求，这部分劳动力向非农业生产部门转移，从而表现出家庭较高的非农就业。

因此，基于上述分析，提出如下假说：

假说 H1：参与土地流转能显著提高家庭的总收入。

假说 H2：土地转入对家庭的农业性收入产生正影响，对家庭的工资性收入产生负影响；土地转出对家庭农业性收入产生负影响，对家庭的工资性收入产生正影响。

假说 H3：土地流转行为会影响家庭的非农就业且土地转入对家庭的非

农就业存在负效应，土地转出对家庭的非农就业存在正效应。

家庭非农就业的高低直接受到家庭劳动力向非农部门转移数量的影响。在工业化、城镇化以及国家农业政策影响下，大量的农业劳动力向非农劳动力转移，直接促进了农民非农收入增长（李谷成，2018）。劳动力转移通过增加非农就业机会有效提高农民的工资性收入（Nguyen et al.，2015；Himanshu et al.，2013），是推动农民增收的重要途径（钟甫宁，何宁，2007）。农村劳动力向非农部门转移，也被认为是农民增收的长效机制。家庭非农就业的高低会对家庭的非农收入产生直接影响，这几乎已成定论。劳动力转移促进家庭非农收入增长的同时，会对农业产生"反哺"作用，对家庭的农业收入同样产生影响。家庭非农收入的提高，为农业生产提供必要资金，从而改善农业生产资料，提高农业生产技术水平，增加农业产出（郑祥江，杨锦秀，2015）。因此，家庭的非农就业不仅会影响家庭的非农收入，亦可对农业收入产生影响，最终影响家庭的收入水平。具体传导机制如图5-1所示。

基于上述论证，综合土地流转对家庭非农就业的影响，提出了需要进一步通过实证分析进行检验的假说。

假说H4：土地流转通过影响家庭的非农就业进而对家庭收入产生影响，即土地流转通过非农就业对家庭收入产生中介效应。

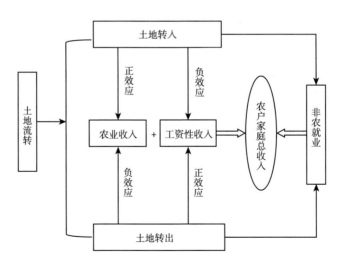

图5-1　土地流转、非农就业对家庭收入的作用机制

（二）数据来源与模型构建

1. 数据来源

本部分采用 2004 年和 2016 年两个时期的全国农村固定观察点数据。该数据是由农业部组织实施调查，具有较高的权威性和可信度。由于是固定观察点调查，所以数据前后稳定性好，便于捕捉农村土地权利配置的不同对家庭资源配置的影响。该调查数据包括全国 31 个省份（不含港澳台地区）的 23000 户家庭，数据覆盖面广，样本容量大，对于研究农村土地流转政策效应具有不可比拟的优势。

对于 2004 年数据在进行剔除缺失值和匹配后，我们保留了山西、吉林、浙江、福建、江西等 10 个省份的 3438 户家庭。这 10 个省份覆盖东北、东南、西南、东部、中部等全国大部分地区。虽然 2004 年样本量较少，但也基本覆盖全国大部分地区，能够体现跨地区之间的差异性。同样，2016 年数据在经过剔除缺失值和匹配后，我们保留了河北、吉林、内蒙古、山东、湖南、广西、甘肃等 31 个省份的 8751 户家庭数据。2016 年数据除了港澳台地区之外，囊括了全国所有省份数据。相较于 2004 年数据，更加丰富、全面。

2. 模型建立与变量选择

本部分构造了两个计量模型。第一个模型是利用平均处理效应（ATE）和受处理的平均处理效应（ATT）分析土地流转对家庭收入的影响，以回应数理模型的证明：参与土地流转确实能提高家庭收入。第二个模型是利用双重差分模型（DID）分析土地流转对家庭非农就业的影响，以探索土地流转影响家庭收入的内在逻辑。

（1）土地流转对家庭收入影响。

①土地流转对家庭收入的平均处理效应模型。

$$\ln Y_i = \alpha_0 + \alpha_1 D_i + X'_i \beta_1 + Z'_i \beta_2 + \varepsilon_i \qquad (5-20)$$

$$\ln Y_i = \alpha_0 + \alpha_1 D_i + X'_i \beta_1 + (X_i - \overline{X_i})' \gamma D_i + Z'_i \beta_2 + \varepsilon_i \qquad (5-21)$$

平均处理效应是政策评估中常用的实证分析方法。式（5-20）是未考虑家庭异质性的计量模型形式。式（5 - 21）是考虑了家庭异质性的计量模型形式，式中引入了干预变量与平均处理控制变量的交互项。

式（5 - 20）和式（5 - 21）中，$\ln Y_i$ 表示家庭总收入、家庭农业收入以及家庭工资性收入。D_i 表示土地流转的干预变量，其中 $D_i = 1$ 表示该家庭参与了土地流转；$D_i = 0$，表示该家庭并未参与土地流转。X_i 表示模型中控制的协变量，主要包括土地投入、资本投入、家庭劳动力、家庭平均受教育年限、家庭平均年龄、家庭受非农教育人数比例、家庭受农业教育人数比例以及户主特征。Z_i 是需要控制的地区虚拟变量，本部分按省份所处的地理区域划分为东部、中部、西部三个地区。

基于上述两种形式的计量模型，可以得到土地流转政策的平均处理效应。但是，在估计平均处理效应时，一个重要的假设前提是农户参与土地流转必须是随机的。然而，在现实中，农户参与土地流转是一种自选择行为，非随机的。所以，为消除由于农户自选择行为导致的估计偏误，本部分将利用倾向匹配法（PSM）识别参与土地流转的那部分家庭的平均处理效应。倾向匹配法的实质就是为参与土地流转的家庭，在未参与土地流转的家庭中寻找一个或几个特征相似的个体进行匹配，作为这些参与土地流转家庭在假定不参与土地流转情况下的"缺失值"。进一步，根据受处理的平均处理效应计算公式便可得到参与土地流转家庭的平均处理效应。一般来讲，受处理的平均处理效应有如下计算公式：

$$\hat{\tau}_{ATT} = \frac{1}{N_t} \sum_{i \,:\, D_i = 1} \left[Y_i - \sum_{j \in M_{j(i)}} \omega(i,j) Y_j \right] \qquad (5 - 22)$$

其中，N_t 表示参与土地流转家庭的个数。$\omega(i, j)$ 表示个体 i 的匹配集合中每个个体的权重。$M_{j(i)}$ 表示为干预组个体 i 在控制组匹配的所有个体集合。在后面的实证分析中，我们将应用倾向指数匹配和近邻匹配两种匹配方法计算干预组的平均处理效应。

②土地流转对家庭收入的中介效应模型。根据上述的理论分析，土地流转对家庭收入的影响存在中介效应。为此，本部分构建如下中介效应模型：

$$\ln Y_i = \alpha_0 + \alpha_1 D_i + X'_i \beta_1 + Z'_i \beta_2 + \varepsilon_i \qquad (5 - 23)$$

$$mig = \rho_0 + \rho_1 D_i + X'_i \beta_1 + Z'_i \beta_2 + \omega_i \qquad (5 - 24)$$

$$\ln Y_i = \kappa_0 + \kappa_1 D_i + \kappa_2 mig + X'_i \beta_1 + Z'_i \beta_2 + \nu_i \qquad (5-25)$$

其中：$\ln Y_i$ 表示家庭总收入、家庭农业收入以及家庭工资性收入；D_i 表示是否参与土地流转变量；mig 表示家庭的非农就业，是本部分研究的中介变量；X_i 和 Z_i 表示模型的控制变量；ε_i、ω_i 和 ν_i 为随机误差项。模型中 α_1 衡量了土地流转对家庭收入的总效应，κ_1 衡量了土地流转对家庭收入的直接效应，$\rho_1 \kappa_2$ 衡量了土地流转通过非农就业影响家庭收入的中介效应。为了衡量中介变量的解释率，本部分利用系数差异法（李会等，2019；史常亮，2020）计算，可知解释率表达式为 $\dfrac{\rho_1 \kappa_2}{\alpha_1}$。

（2）土地流转对家庭非农就业影响。

①土地流转与非农就业的模型构建。为识别土地流转影响家庭收入的内在机理，考察土地流转对家庭非农就业的影响程度，本部分构建了如下计量模型：

$$mig_i = \alpha_0 + \alpha_1 D_{1i} + \alpha_2 D_{2i} + X'_i \beta_1 + Z'_i \beta_2 + \varepsilon_i \qquad (5-26)$$

$$mig_i = \alpha_0 + \beta_0 T + \alpha_1 D_{1i} + \alpha_2 D_{2i} + \gamma_1 TD_{1i} + \gamma_2 TD_{2i} + X'_i \beta_1 + Z'_i \beta_2 + \varepsilon_i$$
$$(5-27)$$

理论上讲，土地转入对家庭的非农劳动力是负影响，土地转出对家庭非农劳动力是正影响。鉴于土地转入和转出对劳动力转移的影响作用相左，本部分将土地流转划分为土地转入和土地转出，构建式（5-26）和式（5-27）两种形式的计量模型来分析土地流转对家庭非农劳动力水平的影响。式（5-26）是一个简单的多元回归形式，式（5-27）是一个两期四组的二重差分形式。在式（5-26）和式（5-27）中，mig 代表家庭非农就业；T 表示时期虚拟变量；D_1 和 D_2 分别代表土地转入和土地转出干预变量；TD_1 和 TD_2 分别为土地转入和土地转出两个干预变量与时间虚拟变量的交互项；X_i 表示一系列控制变量；Z_i 表示地区虚拟变量。

与研究土地流转对家庭收入的影响时一样，考察土地流转对家庭非农就业的影响同样存在着农户的自选择问题。为克服农户的自选择行为，在实证分析中，除了利用二重差分以外，还将运用倾向匹配二重差分法（PSM-DID）进行分析，以减小由于自选择问题引起的偏误。

②变量设置与说明。

a. 家庭非农就业。该变量是式（5-26）和式（5-27）的被解释变量，衡量的是家庭中非农劳动配置情况。本部分借鉴钱龙（2016）的研究使用"非农劳动力数/家庭总劳动力数"来表示这一变量。

b. 土地转入和转出干预变量。这两个变量是本部分关注的关键解释变量。在式（5-26）中这两个变量是普通虚拟变量，参与土地转入或转出农户赋值为1；未参与农户赋值为0。在式（5-27）中将根据是否参与土地转入或转出将农户分为实验组1、实验组2和对照组。实验组1和实验组2农户赋值为1；对照组农户赋值为0。

c. 时期虚拟变量。土地流转政策实施前，赋值为0；土地流转政策实施后，赋值为1。2003年《农村土地承包法》中明确指出，国家保护承包方依法、自愿、有偿地进行土地承包经营权流转。从法律上正式明确农户作为流转主体，按照自己意愿自主决定是否参与土地流转，不受集体限制。但是，考虑到数据的可获得性以及政策初步实施参与土地流转农户较少，本部分暂将2004年样本数据中未参与土地流转的家庭作为DID分析的样本选择。[①]

d. 单位土地人均农业时间。目前农村普遍存在农民兼业行为。农忙时节，从事农业生产；农闲时节，从事非农生产。鉴于此，本部分构造了单位土地人均农业时间变量，即：

$$time = \frac{家庭总的农业劳动时间}{家庭土地数 \times 家庭劳动力数} \tag{5-28}$$

该变量一方面反映了农村普遍存在的农民兼业现象，利用农业劳动时间而不是家庭农业劳动力投入。高晶晶等（2019）在研究化肥使用量与农户施肥行为时，考虑到农民的兼业行为曾使用家庭劳动力流出时间比例代替家庭劳动力流出比例。另一方面单位土地人均农业劳动时间还间接反映了家庭的机械化水平，机械化水平越高，人均从事农业时间相对越少；机械化水平越低，人均从事农业时间相对越多。

---

① 国家正式实施土地流转政策是在2003年，但是2003年的非典疫情势必会对家庭劳动力外出造成影响。所以，本部分鉴于土地流转政策的初步实施和数据的可获得性，利用2004年数据中未参与土地流转的家庭作为DID分析时的样本选择。

e. 非农收入与种植业收入之比。家庭从事非农工作的决策，势必会比较非农工资水平与农业收入水平，以最大化其家庭收入。在土地经营权流转政策下，部分农户可能会租出土地，选择从事非农生产，这样就可以获得非农工资收入和租金收入。部分农户可能会选择租入土地，这样会增加其种植业收入和租金支出。所以，本部分以参与非农生产的净收入与参与农业生产的净收入之比作为衡量指标，即：

$$p = \frac{\text{非农工资收入} + \text{土地租金收入}}{\text{种植业收入} - \text{土地租金支出}} \tag{5-29}$$

f. 家庭特征。家庭中男女占比，家庭成员年龄结构，家庭成员受教育程度或者家庭受专业技术教育人数占比（智力投入），都可能会对家庭成员从事非农生产具有不同程度影响。为了刻画家庭特征，本部分引入家庭男性占比、家庭平均年龄、家庭平均受教育年限、家庭受非农教育人数比例、家庭受农业教育人数比例等变量。

g. 地区虚拟变量。不同省份可能会由于所处的地理环境、经济环境等特征造成家庭非农就业差异。所以，为了控制这一影响，本部分按省份所处的地理区域划为东部、中部、西部三个地区。有关变量的具体描述见表 5-1。

表 5-1　　　　　　　　　变量的定义与描述性统计

变量名称	简写	2004 年				2016 年			
		均值	标准差	最小值	最大值	均值	标准差	最小值	最大值
家庭非农就业	mig	0.519	0.284	0	1	0.490	0.335	0	1
是否参与土地转入	$D1$	0.170	0.376	0	1	0.151	0.358	0	1
是否参与土地转出	$D2$	0.073	0.261	0	1	0.188	0.391	0	1
非农收入与种植业收入之比（取对数）	$\ln p$	0.421	1.288	-4.765	6.397	1.091	1.585	-5.486	10.243
单位土地人均从事农业时间（取对数）	$\ln time$	4.317	0.780	1.806	8.202	3.694	1.071	-1.099	8.202
家庭男性占比	$bsex$	0.532	0.160	0	1	0.541	0.161	0	1
家庭平均受教育年限	edu	6.963	1.970	0	37	7.469	2.124	0	16
家庭平均年龄	age	39.59	6.864	20.33	70	46.218	8.429	26	70

变量名称	简写	2004 年				2016 年			
		均值	标准差	最小值	最大值	均值	标准差	最小值	最大值
家庭非农教育人数比例	pna	0.061	0.151	0	1	0.071	0.187	0	1
家庭农业教育人数比例	pa	0.034	0.146	0	1	0.114	0.261	0	1
地区虚拟变量	Z	—	—	—	—	—	—	—	—
观测值数量	N	2307	2307	2307	2307	6644	6644	6644	6644

资料来源：2004 年、2016 年两个时期的全国农村固定观察点调查数据。

（三）土地流转、非农就业对农户家庭收入影响的实证分析

1. 土地流转对家庭收入的影响

表 5 - 2 分别给出了 2004 年和 2016 年样本的估计结果。表 5 - 2 中的（3）列是考虑了家庭异质性后的参数估计结果；（1）列、（2）列给出的是未考虑家庭异质性的估计结果。分别利用 2004 年和 2016 年的两期数据研究土地流转对家庭收入的影响，主要是出于两个方面的考虑。一方面，两期数据跨期较长，此时外部的经济环境以及农村土地流转市场已经发生了很大变化，那么，土地流转对家庭收入的影响又是如何变化的？另一方面，通过应用两个时期的数据也可以验证估计结果的稳健性。检验在不同时期不同的样本数据下，土地流转是否依然显著正向影响家庭收入，从而较为全面细致地分析土地流转对家庭收入的影响。

表 5 - 2　　　　　　　　　土地流转与家庭总收入

解释变量	2004 年			2016 年		
	（1）	（2）	（3）	（1）	（2）	（3）
D	0.082 *** (0.031)	0.091 *** (0.031)	0.114 *** (0.032)	0.175 *** (0.0205)	0.169 *** (0.020)	0.169 *** (0.020)
lnS	0.148 *** (0.018)	0.152 *** (0.018)	0.171 *** (0.021)	0.136 *** (0.011)	0.124 *** (0.011)	0.154 *** (0.015)
lnL	0.785 *** (0.033)	0.632 *** (0.048)	0.635 *** (0.050)	0.889 *** (0.024)	0.703 *** (0.034)	0.724 *** (0.038)

续表

解释变量	2004 年			2016 年		
	（1）	（2）	（3）	（1）	（2）	（3）
ln$K$	0.243 ***	0.244 ***	0.252 ***	0.089 ***	0.089 ***	0.084 ***
	(0.014)	(0.014)	(0.015)	(0.009)	(0.009)	(0.011)
$dm-$ln$S$	—	—	−0.051	—	—	−0.062 ***
			(0.043)			(0.023)
$dm-$ln$L$	—	—	−0.048	—	—	−0.075
			(0.079)			(0.050)
$dm-$ln$K$	—	—	−0.044	—	—	0.014
			(0.037)			(0.020)
edu	—	0.053 ***	0.052 ***	—	0.057 ***	0.058 ***
		(0.012)	(0.012)		(0.007)	(0.007)
age	—	−0.010 ***	−0.010 ***	—	−0.012 ***	−0.012 ***
		(0.003)	(0.003)		(0.002)	(0.002)
pna	—	0.078	0.077	—	0.205 ***	0.205 ***
		(0.088)	(0.088)		(0.051)	(0.051)
pa	—	−0.057	−0.045	—	−0.046	−0.045
		(0.077)	(0.076)		(0.036)	(0.036)
hsex	—	−0.112 *	−0.116 *	—	0.057	0.059
		(0.064)	(0.064)		(0.042)	(0.042)
hage	—	0.004 *	0.004 *	—	−0.003 *	−0.003 *
		(0.002)	(0.002)		(0.002)	(0.002)
hedu	—	−0.016 *	−0.015 *	—	−0.007	−0.008
		(0.008)	(0.008)		(0.006)	(0.006)
Z	控制	控制	控制	控制	控制	控制
cons	6.200 ***	6.423 ***	6.344 ***	8.369 ***	8.819 ***	8.802 ***
	(0.090)	(0.149)	(0.153)	(0.071)	(0.111)	(0.112)
R^2	0.3296	0.3438	0.3455	0.2189	0.2574	0.2586
N	3438	3438	3438	8751	8751	8751

注：括号内的数值为标准误，*、**、*** 分别表示 10%、5%、1% 的显著性水平。表中 "$dm-$" 表示去均值后与干预变量的交互项。

资料来源：借助 Stata15 软件运算所得。

2004 年的估计结果显示，土地流转都显著正向影响家庭收入，参与土地流转能使家庭收入平均提高 10.03% 左右。同样，观察 2016 年的估计结果，会发现土地流转依然显著正向影响家庭收入，且能使家庭收入平均提高 18.65% 左右。所以，总的来看 2004 年和 2016 年的估计结果，会发现土地流转对家庭收入有显著的正向作用，假说 H1 得证。

对比 2004 年和 2016 年分样本的估计结果，会发现 2016 年土地流转对家庭收入的正向作用要高于 2004 年。2004 年，参与土地流转能使家庭收入平均提高 10.03% 左右。到 2016 年，土地流转对家庭收入的影响提高到 18.65%。造成这种作用差异，我们认为原因可能有两个：一是可能 2004 年参与土地流转的家庭比较少而且流转规模也比较小；二是可能来自外部经济环境的变化。我们研究的收入是家庭总收入，土地流转一方面会影响家庭农业经营性收入；另一方面也可能会通过家庭劳动力重新配置影响非农工资性收入。与 2004 年相比，2016 年的市场经济更为发达，提供了更多的非农就业机会。而 2004 年外部非农就业机会较少，土地流转政策刚刚起步实施，土地流转市场不活跃，流转成本高，家庭劳动力并未达到最优配置，可能会造成劳动力闲置。

总的来说，不管是总样本的估计结果还是分样本的估计结果，我们都能得出一致的结论：土地流转显著正向于家庭收入。参与土地流转的农户，家庭收入要显著高于未参与土地流转的农户。这一结论与薛凤蕊等（2011）和冒佩华等（2015）得出的结论一致。同时，也从实证方向验证了本部分给出的数理证明。

由于农户参与土地流转与否并不是随机的，而是农户的自选择行为，所以为解决土地流转中的自选择问题，降低估计偏误，我们进一步利用匹配的思想来识别土地流转对参与过土地流转的那部分农户家庭收入的影响。下面，我们将使用倾向指数匹配法和近邻匹配法分别对 2004 年和 2016 年样本进行估计分析。

表 5-3 给出了 2004 年和 2016 年 ATT 的估计结果。总的来看，ATT 的估计参数依然十分显著，土地流转对参与过土地流转的家庭具有显著正影响。分样本来看，2004 年的 ATT 估计结果要小于 2016 年的 ATT 估计结果。2004 年参与了土地流转的农户的家庭收入平均提高 13.1% 左右；2016 年

参与了土地流转的农户的家庭收入平均提高 20.38% 左右。与表 5 - 2 中给出的 ATE 估计结果对比，会发现 2004 年的 ATT 估计结果要高于之前的 ATE 结果（2004：ATE = 10.03%）；同样 2016 年的 ATT 估计结果也要高于之前的 ATE 结果（2016：ATE = 18.65%）。这说明参与过土地流转的农户的家庭收入增长幅度要高于任意农户参与土地流转带来的家庭收入的平均增长幅度。

表 5 - 3　　　　　　　　　　　　ATT 基本估计结果

匹配方法	2004 年		2016 年	
	系数值	Z 值	系数值	Z 值
ATT1（倾向指数匹配）	0.133 *** （0.042）	3.21	0.186 *** （0.027）	6.81
ATT2（近邻匹配）	0.113 *** （0.037）	3.06	0.185 *** （0.028）	6.64

注：括号内的数值为标准误，*** 表示 1% 的显著性水平。限于篇幅，表中未给出其他控制变量估计结果。如有需求，可向作者索要。

资料来源：借助 Stata15 软件运算所得。

总的来说，参与过土地流转的农户，土地流转对其家庭收入具有显著正影响，土地流转能使该部分农户的家庭收入显著提高。2004 年参与过土地流转的农户的家庭收入平均提高 13.1% 左右；2016 年参与过土地流转的农户的家庭收入平均提高 20.38% 左右。

在数理模型部分，本部分讨论了土地转入和转出对家庭收入可能存在的不同影响路径。为考察不同的土地流转行为对家庭的收入增长效应，表 5 - 4 和表 5 - 5 将土地流转细分为土地转入和转出，将家庭收入细分为家庭农业收入和家庭工资性收入。以此，考察不同的土地流转类型对不同的家庭收入的增长效应。考虑到 2016 年数据更丰富，更能反映当前全国的土地流转状况，表 5 - 4 和表 5 - 5 均以 2016 年数据为样本进行实证分析。表 5 - 4 的估计结果显示，土地转入能显著提高家庭农业收入，对家庭工资性收入存在显著负效应；土地转出能显著提高家庭工资性收入，对家庭农业收入存在显著负效应；土地转入和转出都能显著提高家庭总收入。同样，为了消除自选择问题，表 5 - 5 给出了土地转入和转出分别对家庭农业收入和工资性收入的 ATT 估计结果。结果显示，在两种匹配方式下，土地转入对家庭农业收入都存在显著正效应，参与土地转入平均能使家庭农业收入提高 31.68%；土地转出对家庭工资性收入都存在显著正效应，参与土地转出平均能使家庭工资性收入提高 8.14%。因此，可以有效说明不同的土地流转行为对家庭收入增长路径是不同的。土地转入主要通过土地规模增加，从而提高家庭农业收入；土地转出主要通过家庭劳动力向非农转移，从而提高家庭工资性收入，假说 H2 得证。

表 5 - 4　　　　　　　2016 年土地转入和转出对家庭收入的估计结果

解释变量	家庭总收入	家庭农业收入		家庭工资性收入	
$D1$	0.160 *** (0.026)	0.346 *** (0.0284)	0.235 *** (0.027)	−0.070 ** (0.031)	—
$D2$	0.166 *** (0.026)	−0.261 *** (0.025)	—	0.075 *** (0.028)	0.079 *** (0.030)
控制变量	是	是	是	是	是
R^2	0.258	0.526	0.595	0.229	0.188
N	8751	6478	5344	6626	3486

注：括号内的数值为标准误，** 、***分别表示5%、1%的显著性水平。
资料来源：借助 Stata15 软件运算所得。

表 5 - 5　　　　　　　2016 年转入和转出土地家庭的 ATT 估计结果

匹配方法	土地转入与农业收入		土地转出与工资性收入	
	系数值	Z 值	系数值	Z 值
ATT1（倾向指数匹配）	0.238 *** (0.039)	6.05	0.091 ** (0.045)	1.99
ATT2（近邻匹配）	0.396 *** (0.036)	11.02	0.072 * (0.041)	1.76

注：括号内的数值为标准误，* 、** 、***分别表示10%、5%、1%的显著性水平。
资料来源：借助 Stata15 软件运算所得。

2. 中介效应检验

表 5 - 6 和表 5 - 7 给出了借助 2016 年数据运用中介效应模型的估计结果。其中，表 5 - 6 给出的是中介效应基准模型的估计结果；表 5 - 7 给出的是引入中介变量后的估计结果。从表 5 - 6 和表 5 - 7 给出的估计结果来看，

α_1、ρ_1和κ_2均在1%的显著性水平上显著，这表明家庭的非农就业在土地流转影响家庭收入的过程中确实起到了中介作用，即土地流转通过影响家庭的非农就业进而影响了家庭收入。同时，κ_1在1%的显著性水平上显著，进而说明存在"部分"的中介效应，假说 H4 得证。此外，表 5 - 7 的估计结果同时也表明，土地流转无论是对家庭总收入，还是对家庭的农业收入和工资性收入都存在显著的部分中介效应，但是中介效应的大小又随收入类型的不同有所区别。

表 5 - 6　　　　　　　　　　土地流转与家庭收入关系

因变量	2016 年		
	家庭总收入	农业收入	工资性收入
土地流转	0.170 *** (0.020)	0.107 *** (0.017)	0.080 *** (0.017)
控制变量	是	是	是
R^2	0.258	0.638	0.593
N	8751	8598	6466

注：括号内的数值为标准误，*** 表示1%的显著性水平。
资料来源：借助 Stata15 软件运算所得。

表 5 - 7 的估计结果显示，在家庭总收入中，土地流转通过非农就业对收入影响的中介效应的总解释率为 9.88%；在家庭农业收入中，土地流转通过非农就业对收入影响的中介效应的总解释率为 6.80%，且家庭的土地流转对农业收入的影响存在显著的负中介效应，这也与现实情况较为符合，同时也证明本部分估计结果的可信度；在家庭工资性收入中，土地流转通过非农就业对收入影响的中介效应的总解释率为 10.94%。对比三者会发现，家庭工资性收入中的中介效应最强，家庭总收入次之，家庭农业收入最弱，出现该种现象也比较符合现实情况。土地流转影响了家庭的非农就业，非农就业最直接的影响就是家庭工资性收入，所以，土地流转对工资性收入影响的中介效应最强；在农业收入下，土地流转以同样的程度影响家庭非农就业，但是在农业机械化程度较高以及农业生产性服务较为发达的当下，劳动力得到释放，自然土地流转通过非农就业对农业收入影响的中介效应就会变弱；家庭总收入是家庭农业收入和工资性收入之和，所以土地流转通过非农就业对家庭总收入影响的中介效应介于两者之间也是较为合理的。

表 5 - 7　　　　　　　　　　　中介效应检验结果

因变量	家庭总收入（中介效应）		农业收入（中介效应）		工资性收入（中介效应）	
	非农就业	家庭总收入	非农就业	农业收入	非农就业	工资性收入
土地流转	0.025 *** (0.007)	0.153 *** (0.019)	0.025 *** (0.008)	0.114 *** (0.017)	0.038 *** (0.008)	0.071 *** (0.017)
非农就业	—	0.664 *** (0.027)	—	− 0.287 *** (0.024)	—	0.232 *** (0.027)
控制变量	是	是	是	是	是	是
中介变量解释率（%）	9.88		6.80		10.94	
R^2	0.183	0.305	0.183	0.644	0.258	0.597
N	8751	8751	8598	8598	6466	6466

注：括号内的数值为标准误，*** 表示 1% 的显著性水平。
资料来源：借助 Stata15 软件运算所得。

3. 土地流转对家庭非农就业的影响

表 5 - 8 给出了 2004 年和 2016 年的分样本估计结果。表 5 - 8 的第 2 列与第 4 列给出的是未控制家庭特征的估计结果；第 3 列与第 5 列给出了控制家庭特征以后的估计结果。总体上看，土地流转显著影响家庭的非农就业。土地转入显著负向于家庭的非农就业，土地转出显著正向于家庭的非农就业，符合现实情况和理论预期，而且与钱龙和洪明勇（2016）得出的结论一致。从分样本来看，考虑了家庭特征控制变量以后，土地流转对家庭非农就业的影响有了些许提高，虽然不是很大，但也说明在实证分析时考虑家庭特征变量是有必要的。对比 2004 年和 2016 年估计结果，会发现土地转入对家庭非农就业的影响一直保持比较稳定，始终保持在 3.3% 左右，即参与土地转入会使得家庭非农就业降低 3.3% 左右。而土地转出对家庭非农就业的影响由 2004 年的 3.66% 提高到 2016 年的 7.20% 左右。

表 5 - 8   非农就业估计结果

解释变量	2004 年		2016 年	
	（1）	（2）	（1）	（2）
D1	− 0.029 ** （0.015）	− 0.033 ** （0.015）	− 0.034 *** （0.010）	− 0.036 *** （0.010）
D2	0.025 （0.021）	0.037 * （0.020）	0.071 *** （0.009）	0.072 *** （0.010）
lntime	− 0.025 *** （0.008）	− 0.018 ** （0.008）	− 0.127 *** （0.004）	− 0.120 *** （0.004）
lnp	0.094 *** （0.005）	0.089 *** （0.005）	0.122 *** （0.002）	0.117 *** （0.003）
bsex	0.151 *** （0.034）	0.176 *** （0.033）	0.142 *** （0.021）	0.142 *** （0.021）
pna	—	0.148 *** （0.036）	—	0.094 *** （0.019）
pa	—	− 0.033 （0.037）	—	− 0.033 *** （0.013）
edu	—	0.003 （0.003）	—	0.004 ** （0.002）
age	—	− 0.006 *** （0.001）	—	− 0.002 *** （0.000）
Z	已控制	已控制	已控制	已控制
cons	0.489 *** （0.039）	0.657 *** （0.053）	0.701 *** （0.019）	0.737 *** （0.032）
R^2	0.179	0.209	0.327	0.334
N	2307	2307	6644	6644

注：括号内的数值为标准误，**、***分别表示 5%、1% 的显著性水平。

资料来源：借助 Stata15 软件运算所得。

　　表 5 - 8 中除了土地转入和土地转出关键解释变量高度显著外，会发现单位土地人均从事农业时间、非农收入与农业收入比、家庭男性人数占比等控制变量也都高度显著。单位土地人均从事农业时间显著负向于家庭非农就业，从事农业时间越少，意味着拥有更多的时间从事非农生产。非农收入与农业收入之比和家庭男性人数占比都显著正向于非农就业。非农生产带来的收益越高，家庭中男性占比越多，则家庭中的非农就业越高。此外，家庭受

非农教育人数占比和家庭成员平均年龄也都高度显著。家庭受非农教育人数占比显著为正，家庭成员平均年龄显著为负，这也与现实情况相符。因此，在研究土地转入和转出对非农就业的影响时，控制这些变量也是相当必要的。

考察土地流转对家庭非农就业的影响，同样存在着农户的自选择问题。所以，为解决土地流转中的自选择问题，降低估计偏误，我们进一步利用 PSM – DID 方法来识别土地流转对家庭非农就业的影响。

表 5 – 9 与表 5 – 10 是关于控制变量的平衡性检验，这对于验证应用 PSM – DID 方法的必要性以及应用 PSM – DID 方法估计结果的可靠性非常关键。通过观察表 5 – 9 与表 5 – 10，会发现在数据匹配前部分控制变量的实验组与控制组存在差异。匹配后，所有控制变量的实验组与控制组不再存在系统性差异。这说明匹配方法能较好地平衡控制变量的分布以及在识别土地转入和土地转出对非农就业的影响时应用 PSM – DID 方法是非常有必要。

表 5 – 9　　　　　　　　　treated1 匹配前后控制变量的平衡性检

| 变量 | 类型 | 均值 | | *Diff* | *t* 绝对值 | *P* 值 |
		控制组 $N2 = 429$	实验组 $N1 = 115$			
lntime	匹配前	4.345	4.401	0.055	0.65	0.5155
	匹配后	4.412	4.339	– 0.013	0.21	0.8376
lnp	匹配前	0.519	0.264	– 0.256	1.84	0.0669 *
	匹配后	0.303	0.228	– 0.075	0.71	0.4762
bsex	匹配前	0.519	0.526	0.006	0.32	0.7472
	匹配后	0.530	0.526	– 0.004	0.29	0.7751
edu	匹配前	7.186	6.712	– 0.474	1.91	0.0562 *
	匹配后	6.744	6.680	– 0.063	0.46	0.6449
age	匹配前	38.69	37.453	– 0.917	1.26	0.2075
	匹配后	37.607	37.487	– 0.120	0.24	0.8070
pna	匹配前	0.068	0.060	– 0.007	0.39	0.6985
	匹配后	0.061	0.061	0.000	0.00	0.9991
pa	匹配前	0.037	0.021	– 0.016	0.92	0.3602
	匹配后	0.018	0.021	0.003	0.30	0.7676

注：＊表示 10% 的显著性水平。
资料来源：借助 Stata15 软件运算所得。

表 5 - 10　　　　　　　treated2 匹配前后控制变量的平衡性检

| 变量 | 类型 | 均值 | | Diff | t 绝对值 | P 值 |
		控制组 N2 = 429	实验组 N1 = 115			
ln*time*	匹配前	4.350	4.365	0.015	0.21	0.8308
	匹配后	4.355	4.365	0.010	0.18	0.8543
ln*p*	匹配前	0.478	0.513	0.036	0.31	0.7603
	匹配后	0.488	0.513	0.025	0.28	0.7822
bsex	匹配前	0.518	0.530	0.012	0.74	0.4618
	匹配后	0.520	0.530	0.010	0.74	0.4583
edu	匹配前	7.117	7.143	0.025	0.12	0.9037
	匹配后	7.108	7.143	0.035	0.24	0.8079
age	匹配前	38.359	37.825	− 0.534	0.88	0.3790
	匹配后	38.014	37.825	− 0.189	0.38	0.7062
pna	匹配前	0.066	0.068	0.001	0.08	0.9356
	匹配后	0.066	0.068	0.002	0.14	0.8904
pa	匹配前	0.038	0.022	− 0.015	1.04	0.2984
	匹配后	0.021	0.022	0.001	0.13	0.9004

资料来源：借助 Stata15 软件运算所得。

表 5 - 11 给出了二重差分的估计结果。其中，第 2 行是采用 DID 方法的估计结果。结果显示，土地转入对家庭非农就业并不显著；土地转出对家庭非农就业具有显著的正效应。关于土地转入参数不显著的主要原因，可能来自数据本身存在系统性偏差，从表 5 - 9 我们也能看出部分控制变量匹配前的实验组和控制组存在显著差异。表 5 - 11 的后几行是利用 PSM - DID 方法的估计结果。在利用 PSM - DID 方法估计时，本部分采用的是核匹配方法。由于核匹配估计结果会受到带宽的影响，也为了验证估计结果的稳健性，我们选择了不同带宽进行匹配估计。估计结果显示，在四种带宽之下，土地转入和土地转出对家庭非农就业的影响都是显著的，而且估计结果稳定。土地转入和转出对家庭非农就业的正负效应与表 5 - 8 估计结果一致，与现实情况符合。总体来看，参与土地转入使得家庭非农就业降低 6.2% 左右，要显著高于表 5 - 8 中的估计结果。参与土地转出使得家庭非农就业提高 6.5% 左右，与先前估计结果接近。如果以家庭劳动力数 4 人计算，参与土地转入会

使得家庭非农就业人数减少 0. 25 个人；参与土地转出会使得家庭非农就业
人数增加 0. 26 个人。

表 5 – 11   DID 估计结果

二重差分		$T \times D1$	$T \times D2$
DID		− 0. 022 （0. 044）	0. 072 ** （0. 037）
PSM – DID	$bw = 0. 02$	− 0. 064 * （0. 034）	0. 068 ** （0. 034）
	$bw = 0. 04$	− 0. 062 * （0. 034）	0. 065 ** （0. 034）
	$bw = 0. 06$	− 0. 061 * （0. 034）	0. 065 ** （0. 034）
	$bw = 0. 08$	− 0. 057 * （0. 034）	0. 065 ** （0. 034）
N		1088	1088

注：括号内的数值为标准误，＊、＊＊分别表示 10%、5% 的显著性水平。
资料来源：借助 Stata15 软件运算所得。

无论是简单回归的估计结果还是 PSM – DID 方法的估计结果，可以得出
一致结论：土地流转显著影响家庭的非农就业。土地转入对家庭非农就业具
有显著的负效应；土地转出对家庭非农就业具有显著的正效应。因此，假说
H3 得证，不同土地流转行为对家庭非农就业确实存在不同效应。

（四）主要结论和启示

1. 主要结论

本部分利用二元泰勒公式证明了参与土地流转能显著提高家庭收入水
平，借助 2004 年和 2016 年全国农村固定观察点数据，实证分析了土地流转
对家庭收入的影响以及通过非农就业对家庭收入影响的中介效应和与家庭非
农就业的关系。关于土地流转对家庭收入的影响，实证结果显示，参与土地
流转能显著提高家庭收入水平，并且土地流转类型不同，家庭收入增长的路
径不同。土地转入能显著提高家庭农业收入；土地转出能显著提高家庭工资

性收入。2016 年估计结果显示土地流转能使任意家庭的收入水平提高18.65%；能使参与过土地流转的农户家庭收入提高20.38%。参与土地转入能使家庭农业收入平均提高31.68%；参与土地转出能使家庭工资性收入平均提高8.14%。土地流转确实可以通过非农就业中介效应部分地对家庭总收入、农业收入、工资性收入产生作用，且中介效应解释率分别为9.88%、6.80%和10.94%。关于土地流转对家庭非农就业的影响，估计结果显示，土地流转对家庭非农就业具有显著影响，土地转入对家庭非农就业具有显著负效应；土地转出对家庭非农就业具有显著正效应。参与土地转入使得家庭非农就业降低6.20%左右；参与土地转出使得家庭非农就业提高6.50%左右。

2. 研究启示

本部分的研究结论表明，当前推动土地经营权流转的政策具有明确的收入增长效应。但目前农村土地流转实践中的突出问题是土地流转的比例和规模仍然偏小，尤其是土地流转多为同集体内部农户间小规模、短期化、非正式流转，且理论研究者和农村工作实践界都认为当前的土地流转尚未根本改变我国土地细碎化的格局，规模化经营未取得预期性进展，这与国家的政策目标设计存在不小的偏差（钟文晶，罗必良，2014；杨子等，2019）。故如何拓展我国农村土地流转思路，丰富完善土地流转政策，更好契合农村土地制度改革目标，进一步推动土地规模流转、规范流转，提高流转效率乃当下之需。鉴此，下一步应着力实现土地流转政策的"四个转换"。

第一，工作抓手由单兵突破转换为多头协同。土地流转的工作抓手不能只盯住土地流转本身求单兵突破，还需同时关注就业、社保、户籍、交易市场、劳动力培训等诸多方面，多头协同，齐抓共进，创造更多的非农就业机会，为农业劳动力向非农就业劳动力转化提供条件。

第二，操作模式由一步到位转换为步骤推进。作为农村社会发展的规划者、引领者和指挥者，政府无力也无法做到短期内大规模实现土地流转。比较现实的考量是，步骤化推进土地流转，先勿罔论农村土地大规模向新型经营主体的流转，转而求其次，第一步先谋求农村集体内部的局部优化，例如扩大广东省清远市等地"土地置换整合"等类似土地整理的经验做法，在不触动当前"生不增、死不减"政策框线前提下，先解决单一农户家庭多地块的问题，实现土地耕作适度集中，为进一步土地规模流转奠定基础。

第三，动力机制由行政性推动转换为市场化引导。政府应调整治理思维，将土地流转的动力机制转换为市场化引导，发挥市场土地资源配置的决定性作用（杨宏力，2020）。土地流转政策制定实施力避机械化，体现制度温度和人文关怀，可逐步推广山东省等地农业主管部门在试点地区补贴农机合作社等专业平台的形式，提高农业生产机械化水平，助力农民养成规模化、机械化作业的习惯。

第四，主攻方向由供给侧刺激转换为需求侧发力。前期田野踏勘表明，受农村人口少子化、高龄化和农村土地配置代际结构性矛盾的影响，农户土地流出意愿趋于增强，土地流转交易率低迷关键在于土地需求不足。故应调整当前主攻土地流转供给侧的做法，转换为需求侧发力，将更多资源配置到培育新型农业经营主体，调动需求者土地流入积极性，畅通土地流转渠道方面。

二、农村土地确权对农民收入的影响

改革开放以来，家庭联产承包责任制的实施极大地促进了经济的发展和社会的进步。但随着时间的推移，宏观环境的改变，这项制度的红利正在逐渐流失，土地细碎化经营、农地资源不能高效配置、农业利润率偏低等固有弊端逐渐凸显，农村改革进入瓶颈期（许庆，2008）。此外，我国城镇化不断发展，大量农民进城务工，农村大量土地闲置。在这样的大背景下，国家围绕"三农"领域出台了一系列政策，从农地确权到三权分置，从承包经营权抵押贷款试点到"三块地"改革试点，从农业供给侧结构性改革到乡村振兴战略实施等政策来积极推动农村改革，完善农村土地制度。其中农村土地确权政策被视为重要改革内容之一。2013 年《中共中央 国务院关于加快发展现代农业进一步增强农村发展活力的若干意见》明确提出全面开展农地确权登记颁证工作，并要求用 5 年时间基本完成农地承包经营权确权工作。截至 2017 年 11 月，全国已有 28 个省份、2718 个县（区、市）进入了试点范围，确权面积达 11.1 亿亩，占二轮家庭承包耕地登记面积的 82%。到 2018 年底，除少数边疆地区之外，我国已基本完成农地确权工作。

长久以来，我国对于农地产权未有一个明确的法律规定。新一轮农村土地确权明晰了土地产权关系，在土地流转过程中可以发挥级差地租理论获取级差收入，这是农民增收的重要渠道。农村土地确权拓宽了农户增收的渠道，一方面维护了农民的财产权益，有效避免土地纠纷事件；另一方面有助于提高地权稳定性和安全性，增强农业激励，提高农业效率，推动农村金融事业的发展，为农民增收创造条件。本节以农民收入为落脚点，探索农地确权对农民收入的内在影响机理。基于全国劳动力动态调查（CLDS）2014 年和 2016 年的数据，采用中介效应模型通过农地流转、产权经济激励、家庭劳动分工及经营权抵押贷款四种中间传导机制，构建了"农地确权—中间传导机制—农民收入"的理论分析框架（见图 5-2），以此来研究农地确权对农民收入的内在影响机理。

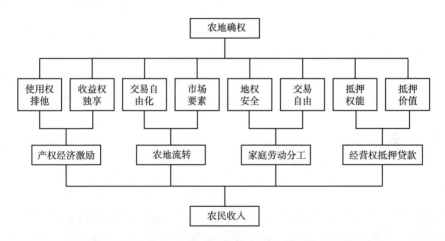

图 5-2 "农地确权—中间传导机制—农民收入"的理论框架

（一）农地确权对农民收入影响的机理分析

1. 农地确权、农地流转与农民收入

随着经济的发展与社会的进步，家庭联产承包责任制下土地"按人分配"的准则忽略了农户在农业生产能力上的异质性，造成了耕地与劳动力

资源之间配置的扭曲和低效率的损失（盖庆恩，2017）。农地确权通过影响农户的土地流转行为来影响耕地和劳动力资源的配置效率，从而影响农户的收入水平。具体而言，明确界定产权主体，促进了产权自由流转，强化了农户的地权安全性，降低了交易费用，同时保护了产权主体的流转收益，使得产权主体在产权约束范围内实现资源的最优配置（陈江龙等，2003）。

农地确权对农户农地流转的影响，一方面方向是不明确的；另一方面对农民收入的影响也是不确定的。一方面，安全、明晰的产权能够提高物品的市场价值并促进交易的达成，而不稳定的产权使得农户对自己使用的耕地缺乏长期预期，使得农户在一开始就减少对土地的投入。农地确权的实施增强了农户的地权安全性，使得农户所拥有的耕地资源受政策和法律的双重保护，保障了农地使用权的排他性，提高了农户对农地的投资意愿，促使农户倾向于转入农地减少农地的转出（林文声等，2017）。另一方面，农地确权政策通过对承包地进行统一登记，依托法律的保障，农户的承包经营权超越了村庄熟人圈子而得到了更广泛的社会认可，降低了土地流转过程中的交易费用。

虽然农地确权影响农地流转的方向是不确定的，但农地流转对农户的收益却是正向影响的。一方面，土地承包经营权明确后解决了那些外出务工意愿强烈农户的后顾之忧，使那些农业生产率低的农户安心将土地转出后外出务工，不仅优化了土地资源和劳动力资源的配置，而且增加流转双方的收入（付江涛等，2016）。另一方面，对于那些在农业人力资本和物质资本上有优势的农户，他们的农业生产率与农业经营技术也高于一般农户，他们就倾向于租入土地形成农业适度规模经营。通过土地流转使得耕地资源从生产率低的农户手中流向土地需求意愿和农业生产水平更高的农户手中，实现流转双方收益的共赢（冒佩华，2015）。此外，有效的土地流转有利于形成农地规模经营，不仅有利于降低农户的生产成本，而且也激励了农户引进更先进、更高效的农业生产技术、机械设备以及管理模式，从而促进收入的增加。

2. 农地确权、产权经济激励与农民收入

产权归根结底就是一种物质利益关系，产权主体都是基于利益最大化来行使产权权利。根据产权的经济激励功能,农地产权的模糊、不稳定性使得农民对于自己拥有的土地缺乏长期预期,农民没有信心在土地上投入大量专用性程度高的固定资产(米运生等,2019),因为土地不可预期的调整使得土地充满了不确定性,一旦土地作出调整,将会带走农户在土地上的中长期投资(姚洋,2000),所以不明晰的产权使得农户从一开始就减少了对土地的投资。农地确权政策的实施明晰了产权,提高了产权的稳定性,改善了产权主体的预期行为,激发农户对土地进行中长期投资,提高农户在农业生产经营和农业生产投资上的积极性,从而提高农业生产效率和促进农民收入的增加。一方面农地确权通过登记颁证将农户拥有的土地权能固化给了农户,明确了农户土地的空间地理位置和物权属性,有助于增强地权的排他能力。其次,能够降低农地被集体随意征用和农地被承租者占用的概率,减少农地纠纷,有效对抗其他人的侵权行为(程令国等,2016),有效保障农民的权益不受侵害,实现了农户收益权独享。另一方面赋予了农户自由交易的权力。农地确权明晰了产权,赋予了农户自由交易土地的权力,提升了农户在交易过程中的谈判主体地位,可以增强农民在未来收回现期投资的信心,同时也增强了农民在未来某时期可以收回土地的安全感。农民的安全感一旦得到保证,农民进行农业生产经营以及农业生产投资的积极性将大大提高,同时可能扩大生产规模形成适度经营,提高劳动生产率,最终农民收益得以提高。

3. 农地确权、家庭劳动分工与农民收入

农地确权政策不仅影响土地资源的利用方式和产出率,还影响农户的就业选择。2013 年我国出现人口红利转折点,据预测,2010~2020 年我国劳动人口将累计减少 2900 万人(蔡昉,2012),我国劳动年龄人口规模越来越小。中国社会科学院潘家华、魏后凯编写的《城市蓝皮书:中国城市发展报告 No. 8》中表示,到 2020 年我国城镇化水平将超过 60%,到 2030 年将达到 70% 左右。据国家统计局统计数据,截至 2018 年我国城镇化已达到 59.58%,到 2022 年末全国常住人口城镇化率为 65.22%。人口流动不仅提高了城镇化水平,还促进了人口红利的实现:大量剩余农村劳动力涌入城市,既有助于社会财富的积累,也有助于家庭收入的增加。但 2016 年我国

的流动人口相比于上一年减少了 171 万人，2017 年又比 2016 年减少 82 万人，国务院 2016 年 12 月 30 日印发的《国家人口发展规划（2016~2030 年）》显示，按照当前发展趋势，截至 2030 年我国流动人口将骤减到 1.5 亿~1.6 亿人。大量的农村剩余劳动力向第二、第三产业转移，这就特别需要农村资源的重新配置。农地确权可以促使拥有不同资源禀赋的农户发挥自身的比较优势，改善农民的收入水平，还能降低农户陷入贫困的相对概率（Janvry，2015）。一方面，土地确权强化了土地的承包经营权，增强了产权的安全性与稳定性，确保了农户的农地收益，农户不用再有长期租出土地而无法收回的担忧，解决了劳动力迁移的后顾之忧。另一方面，农地确权有助于土地从低生产力农户手中向专业水平较高的农户手中聚集，有助于实现农地规模化经营，进而可以通过追加短期投入、增加农业雇工、购买大型农机具等优化农业生产要素、提高农业生产效率，提高农民收入。

4. 农地确权、经营权抵押贷款与农民收入

新一轮农地确权明晰了农户的农地产权，保障了农地使用权排他，交易自由化和收益权独享，赋予了农地承包经营权抵押和担保权能，激励农户可以通过抵押贷款来强化农业投资能力。中共十八届三中全会明确提出，赋予农民对承包地占有、使用、收益、流转及承包经营权抵押、担保权能。确权一方面明晰了农地产权，使得农业经营主体获得相应的权利，同时也意味着农业经营主体不再受其他权力者（尤其是村集体）的束缚，可以自由处理自己手中的权力；另一方面确权明晰了产权，使得农地满足了作为抵押品"产权清晰无异议"的基本条件，让其可以成为农村金融机构真正认可的有效抵押物，激活了穷人"沉睡的资本"，解决了农户有效抵押物不足的问题，提高了农民进行农地抵押贷款的可能性，缓解了农户的信贷约束（杨丹，唐羽，2019）。因此农户可以利用土地承包经营权的抵押功能来缓解自身的信贷约束，改善农户的信贷需求，可以将生产性资源转变为财产性资源（李哲，2018），有效地缓解了农户在农业生产投入上的资金紧张问题，有效促进农户增加在农业生产经营上的资本投入，有利于进一步优化资源配置效率，提高劳动生产率，促进农民收入快速增长。

（二）模型的设定、数据来源与变量选择

1. 数据来源

本部分使用的数据来自中山大学社会科学调查中心在 2014 年以及 2016 年开展的全国劳动力动态调查（CLDS），该数据对我国城市和农村的家庭和个体进行两年一次的追踪调查，详细地监测村居的社会结构变化以及家庭、个体主要状况的变化。需要明确指出的是，该数据库在家庭层面上调查了是否确权（即是否已经领取《农村土地承包经营权证书》）的问题，并详细询问了家庭层面的信息包含家庭收入情况，从事农业劳动力的人数、年龄以及受教育程度，家庭承包耕地以及家庭土地流转情况等有效指标，这为我们的研究提供了可能。本部分主要基于全国劳动力动态调查 2014 年和 2016 年的家庭层面以及村居层面调查问卷的调查数据来研究农地确权政策对农民收入的影响。

2. 模型的设定[①]

（1）基础模型。基础模型的设定如下：

$$Y_i = a_0 + aRegist_i + b_iH_i + d_iK_i + \varepsilon_i \qquad (5-30)$$

其中，下标 i 代表农户；Y_i 为农户 i 的收入（即家庭总收入，具体包括农业性收入、工资性收入、财产性收入、转移性收入）。$Regist_i$ 表示农村土地确权情况；H_i 表示农户家庭特征变量；K_i 表示村庄层面特征变量；ε_i 为随机干扰项。

（2）中介效应模型。基于理论模型，农地确权可能通过土地流转、产权经济激励、家庭劳动分工、经营权抵押贷款四种中间传导机制对农户收入产生影响。因此，可以构建以下中介效应模型：

---

① 在全国劳动力动态调查数据中，由于农业投资（农业短期投资、农业长期投资）和农地流转变量的取值中存在大量 0 值和家庭劳动分工（即家庭务农人数占比）的取值限定在 0~1 之间，因此，采用 Tobit 模型估计式（5-32）；经营权抵押贷款变量（即是否从正规金融机构获得过生产性贷款）是二元选择变量，因此，本节采用 Probit 模型估计式（5-32）。

$$Y_i = a_0 + a_1 Regist_i + a_2 X_i + \varepsilon_1 \qquad (5-31)$$

$$Inter_i = b_0 + b_1 Regist_i + b_2 X_i + \varepsilon_2 \qquad (5-32)$$

$$Y_i = c_0 + c_1 Regist_i + c_2 Inter_i + c_3 X_i + \varepsilon_3 \qquad (5-33)$$

式（5-31）表示农地确权对农民收入的总效应，其中，a_1为农地确权影响第 i 个农户收入的总效应系数；式（5-32）表示农地确权对中介变量的影响效应，其中 b_1 为相关影响系数，$Inter_i$ 为中间传导机制（包括农地流转、产权经济激励、家庭劳动分工、经营权抵押贷款）；式（5-33）表示农地确权和中介变量对第 i 个农民收入的直接效应。将式（5-32）代入式（5-33）中，就可以得到中间传导机制的中介效应 $b_1 c_2$，即农地确权通过中间传导机制对农民收入的影响。其中，X_i 为影响农地确权、农民收入以及中介变量的其他控制变量；ε_1，ε_2，ε_3 为随机误差项。

本节采用中介效应方法中的 Bootstrap 来进行验证，步骤 1 解释变量 $Regist$ 对被解释变量 Y 回归，其中自变量系数 a_1 具有显著统计性；步骤 2 解释变量 $Regist$ 对中介变量 $Inter$ 回归，其中自变量系数 b_1 同样具有显著统计性；步骤 3 加入中介变量 $Inter$，解释变量 $Regist$ 和中介变量 $Inter$ 同时对被解释变量 Y 回归。如果中介变量系数 c_3 具有显著统计性，自变量系数比没有加入中介变量时小（即 $c_1 < a_1$），且自变量 c_1 具有统计显著性，则中介变量起部分中介作用；如果 $c_1 < a_1$，且自变量 c_1 不具有统计显著性，则中介变量起完全中介作用。

3. 变量的选择与描述性统计

（1）因变量。为了能够系统详细地说明农地确权政策对农民收入的各方面影响，本节不仅探究确权对农民收入数量的影响，而且还探究确权对农民收入结构的影响。因此，参考学界的经验，本节不仅选取了农民年总收入作为被解释变量，而且还引入了工资性收入、农业性收入、财产性收入、转移性收入作为被解释变量（宁静，2018），使之与不同的中间传导机制相对应。此处将各项收入指标均取对数后纳入回归模型。

（2）自变量。自变量为农地确权，采用调查问卷中的"目前，您家是否已经领到了《农村土地承包经营权证》"进行测度，本部分设置农地确权变量为二值变量，目前家庭中已经领到《农村土地承包经营权证》的设置为

1，没有为0。

（3）中介变量。借鉴已有文献（杨丹，2019；林文声，2018），本部分采用产权经济激励、农地流转、家庭劳动分工、经营权抵押贷款作为中介变量，农地确权政策通过这四个中介变量进行四种路径传导进而影响农民收入。其中，农地确权政策对农户的产权经济激励，实际表现为农户在农业生产行为上的激励，主要包括农户的农业短期投资和农业长期投资，分别采用调查问卷中的"去年您家农业经营的总成本（包括农、林、牧、副、渔）是__元"，以及"2015年以来购买拖拉机、大型农机具（如收割机、插秧机、播种机、大型联合收割机等）的总花费"来测度。目前学界已经清晰界定农户的农地流转行为，学者们在研究中多用农户家庭是否参与土地转出或土地转入来表示农户的农地流转行为，本部分中土地流转变量采用土地转入面积（取对数）为中介变量。因为土地只有流转给其他经营者才能产生租金等财产性收入以及流入方通过对流入土地进行农业生产活动增加农业性收入，而收入的多少与流入或流出土地的面积直接相关，所以本部分采取调查问卷中的"去年您家承包他人土地多少亩"来测度，并将流入土地面积取对数后纳入回归模型中。通过借鉴已有的文献（林文声，2017），稳定的产权可以减少劳动力转移的后顾之忧。劳动力转移之后，家庭中的工资性收入会增高，农业性收入可能相对减少，但两者之间的作用机制尚不明确。所以本部分采取调查问卷中"一年中家庭成员从事农业生产超过三个月的人数"与家庭总成员数量之比来测度家庭劳动分工。农地确权促使农地成为有效抵押物，农民可以将农地做抵押贷款来获取投资资金，从而能够提升农民收入。本部分采用调查问卷中的"2014年以来是否从正规金融机构获取过生产性贷款"来测度。

（4）控制变量。为更好地说明土地确权政策对农民收入的影响以及保障回归结果的可靠性，本部分在梳理相关文献后引入了一系列的控制变量，主要包括家庭层面特征变量、村庄层面特征变量（陈治国，2018）。具体而言，家庭层面特征主要分为两大方面：一是家庭人口特征，主要包括家庭劳动力数量、家庭劳动力平均年龄、家庭劳动力平均受教育年限以及男性劳动力占比和家庭务农人数。二是家庭资产特征，主要包括总耕地面积、家中是否有拖拉机。村庄层面特征主要引入了地理位置专用性、村庄人均年收入、村庄是否有第二和第三产业、是否有农业补贴四个变量（见表5-12）。

表 5 – 12 变量的选择、定义与赋值

变量		定义
因变量	农业性收入	家庭农林牧副渔业的毛收入（元），取自然对数值
	工资性收入	家庭工资性收入的总额（元），取自然对数值
	转移性收入	家庭中离退休金和领取的失业救助金、低保等（元），取自然对数值
	财产性收入	家庭财产性（基金、红利、土地租赁等）收入的总额（元），取自然对数值
	家庭总收入	家庭收入总和（元），取自然对数值
核心自变量	农地确权	目前农户是否领到了《农村土地承包经营权证》？是 = 1，否 = 0
控制变量	家庭劳动力数量	家庭中劳动力数量的总和
	家庭劳动力平均年龄	家庭中劳动力的平均年龄（年）
	家庭劳动力平均受教育年限*	家庭劳动力成员平均受教育年限（年）
	男性劳动力占比	男性劳动力占总劳动力数量比例（%）
	家庭务农人数	家庭中从事农业生产的人数
	总耕地面积	家庭承包的耕地的总面积（亩），取自然对数值
	家中是否有拖拉机	家中是否有拖拉机，是 = 1，否 = 0
	地理位置专用性	本村到最近乡镇政府/街道的距离（公里）
	村庄人均年收入	村庄人均年收入（元），取自然对数值
	是否有农业补贴	是否实施农业补贴政策，是 = 1，否 = 0
	村庄是否有第二和第三产业	村庄是否有第二、第三产业，是 = 1，否 = 0
中介变量	农地流转	转入土地面积（亩），取自然对数值
	产权经济激励	农业短期投资：一年中家庭农业经营的总成本（元），取自然对数值
		农业长期投资：2014 年以来购买拖拉机、大型农机具的总花费（元），取自然对数值
	家庭劳动分工	一年中家庭成员从事农业生产超过三个月的人数占比（%）
	经营权抵押贷款	2014 年以来是否从正规金融机构获取过生产性贷款？是 = 1，否 = 0

注：* CLDS 调查问卷询问了被调查者的受教育程度，为了更方便统计，本节将受教育程度转化为受教育年限，两者的对应关系如下：未上过学 = 0 年，小学 = 6 年，中学 = 9 年，高中 = 12 年，职业高中 = 12 年，技校 = 12 年，中专 = 12 年，大学专科 = 14 年，大学本科 = 16 年，硕士研究生 = 19 年，博士研究生 = 22 年。

　　表5-13对可能影响农地确权的变量进行了详细统计分析。统计结果表明，确权家庭与未确权家庭在家庭收入方面，农业性收入、工资性收入及总收入均在1%的统计水平上显著高于未确权组样本，工资性收入及财产性收入方面，两者之间并无显著差异。已确权家庭的务农人数在5%的统计水平上显著高于未确权家庭，同时，相比于未确权家庭，在家庭劳动分工方面，确权家庭中从事农业生产超过三个月的劳动力占比相对较高，这说明确权后的家庭更倾向于选择从事农业生产活动，减少非农生产活动。在土地流转方面，已确权家庭农户在1%的统计水平上显著高于未确权家庭样本，已确权农户家庭更倾向于转入土地来扩大经营规模。已确权农户家庭所拥有的耕地总面积在1%的统计水平上显著高于未确权农户，恰好也证明了这一点。此外，在大型农机具以及农业投资上，在1%的统计水平上已确权样本农户拥有的农机具显著高于未确权农户，同时，确权农户拥有拖拉机的比率显著高于未确权农户。由此可见，农地确权政策的实施不仅有助于促进农户对农地的短期投资，从长远看，农地确权也刺激农户加大了对土地的长期投资，通过增加家庭中大型农机具等措施来提高农业生产效率，进而增加农业收入。但具体相关性有待于进一步地计量检验。

表5-13　　　　　　　　　　　变量的描述性统计

变量		全部农户样本		确权组		未确权组	
		均值	标准差	均值	标准差	均值	标准差
因变量	农业性收入	7.047	3.825	7.410 ***	3.710	6.620	3.910
	工资性收入	4.520	5.042	4.360 *	4.990	4.700	5.100
	转移性收入	1.415	2.980	1.425	1.995	1.404	1.964
	财产性收入	0.259	3.120	1.130	3.110	1.100	3.130
	家庭总收入	9.666	1.921	9.710 **	1.850	9.610	2
核心自变量	农地确权	0.536	0.499	1	0	0	0
控制变量	家庭劳动力数量	3.603	1.523	3.540	1.470	3.680	1.580
	家庭劳动力平均年龄	41.95	8.354	42.03	8.320	41.87	8.400
	家庭劳动力平均受教育年限	9.742	2.860	9.690	2.810	9.800	2.920

变量		全部农户样本		确权组		未确权组	
		均值	标准差	均值	标准差	均值	标准差
控制变量	男性劳动力占比	0.523	0.168	0.520	0.170	0.530	0.170
	家庭务农人数	1.810	0.847	1.860**	0.860	1.750	0.830
	总耕地面积	6.351	7.155	7.340***	8.240	5.220	5.450
	家中是否有拖拉机	0.184	0.387	0.220*	0.410	0.140	0.350
	地理位置专用性	5.372	4.205	0.700	0.460	0.670	0.470
	村庄人均年收入	8.589	0.714	5.360	4.050	5.390	4.380
	是否有农业补贴	0.684	0.465	8.580**	0.710	8.600	0.710
	村庄是否有第二和第三产业	0.291	0.454	0.260	0.440	0.330	0.470
中介变量	农地流转	1.856	9.923	2.640***	12.74	0.950	4.830
	农业短期投资	7.364	2.098	7.610***	1.980	7.080	2.190
	农业长期投资	0.266	1.537	0.290*	1.620	0.230	1.430
	家庭劳动分工	0.541	0.260	0.560**	0.260	0.520	0.260
	经营权抵押贷款	0.166	0.372	0.180***	0.210	0.150	0.170

注：*、**、***分别表示10%、5%、1%的显著性水平。

资料来源：根据2014年、2016年全国劳动力动态调查数据整理。

（三）农地确权对农民收入影响的实证分析

1. 农地确权对农民收入的总体效应

表5-14的回归1~5分别为农地确权对家庭农业性收入、家庭工资性收入、家庭财产性收入、家庭转移性收入及家庭总收入的总效应模型。从表5-14所得到的结果来看：首先，从总体来看，农地确权对农户各项收入的系数均为正，其总体效应为0.103（见表5-14回归5），农地确权政策对增加农民总收入有促进作用。在各项收入中仅农业性收入通过了显著性检验，工资性收入、财产性收入和转移性收入均没有通过显著性检验。其次，家庭劳动力数量对家庭农业性收入、工资性收入及家庭总收入都有显著正向促进作用，但对于财产性收入和转移性收入未达到显著性水平，说明家庭劳动力数量的多少与家庭财产性收入和转移性收入无明显关系。家庭劳动力平

均受教育程度在各回归模型结果中系数均为正，仅对于农业性收入呈负相关关系，原因可能是一方面劳动力受教育水平越高，越倾向于从事非农业活动；另一方面是农地确权政策的实施增强地权稳定性，强化了土地的产权强度，使得农户更加放心将土地转出，转向非农岗位就业，从而获取更多的非农收入。此外，家庭总耕地面积在五个回归模型结果中均具有显著性作用，但对于农业性收入和家庭总收入具有显著正向作用；对于工资性收入、财产性收入及转移性收入均具有显著负向作用。家中农业生产性固定资产如家中是否有拖拉机，均在1%的统计水平下对于家庭农业性收入及家庭总收入有正向促进作用，这正好印证了拥有农业生产性固定资产越多的农户，越倾向于利用现代化农业机械提高农业生产效率和提高农业收入水平。

表 5 - 14　　　　　　　　农地确权对农民收入的整体效应

变量	回归 1	回归 2	回归 3	回归 4	回归 5
	家庭农业性收入	家庭工资性收入	家庭财产性收入	家庭转移性收入	家庭总收入
农地确权	0.400 ***	0.103	0.021	0.012	0.103 *
	(3.42)	(0.64)	(0.43)	(0.13)	(1.84)
控制变量	已控制	已控制	已控制	已控制	已控制
cons	7.853 ***	-1.268	-0.944 **	0.191	7.229 ***
	(8.71)	(-1.03)	(-2.54)	(0.26)	(16.70)
R^2	0.110	0.075	0.010	0.038	0.076

注：括号内的数值为标准误，*、**、*** 分别表示10%、5%、1%的显著性水平。
资料来源：借助 Stata15 软件运算所得。

分析结果还表明，村庄特征变量对于家庭总收入有显著影响。村庄地理位置负向影响农户家庭中各种收入的水平，这与预期假设相符。村庄是否拥有第二和第三产业对丁家庭工资性收入和家庭总收入有着显著正向影响作用，但对于农业性收入却有着显著的负向作用。村庄拥有第二和第三产业为农户提供了非农就业机会，第二和第三产业的繁荣增加新的非农劳动需求，农户倾向于退出农业生产并转向非农产业就业。

2. 农地确权对农民收入的作用机制检验

下面来讨论一下中介变量在农地确权影响农户收入中发挥的作用。中介效应的研究前提为自变量对因变量存在显著性作用，由表5－14可以清楚看到，农地确权仅对农民的总收入及农业性收入产生了影响。因此，下文主要讨论中介变量在农地确权影响农民总收入及农户农业性收入中的作用。

首先，表5－15为农地确权政策对中介变量的影响效应，其中自变量农地确权的估计系数与模型式（5－32）中的 b_1 相对应。根据表5－15我们可以看出，农地确权对于土地流转、农业短期投资及经营权抵押贷款有着显著的正向影响，确权对于土地流转的估计系数为0.528（见表5－15回归1），表明已经确权的农户家庭对于土地流入的意愿比没有确权的农户高出52.8%。同理，土地确权能够使促进农民对农业短期投资提升27.2%（见表5－15回归2），也会使经营权抵押贷款成功的概率提高8.4%（见表5－15回归5），并分别在1%和10%的统计水平上显著。

表5－15　　　　　　　　农地确权政策对中介变量的影响

变量	回归1	回归2	回归3	回归4	回归5
	土地流转	农业短期投资	农业长期投资	家庭劳动分工	经营权抵押贷款
农地确权	0.528 *	0.272 ***	－0.032	0.005	0.084 *
	(0.284)	(0.064)	(0.048)	(0.005)	(0.046)
家庭劳动力数量	－0.129	－0.046 **	0.003	－0.112 ***	－0.053 ***
	(0.101)	(0.023)	(0.017)	(0.002)	(0.016)
家庭劳动力平均年龄	－0.029	－0.010 **	－0.008 **	0.002 ***	0.013 ***
	(0.019)	(0.004)	(0.003)	(0.000)	(0.003)
家庭劳动力平均受教育程度	0.039	－0.016	－0.0001	－0.002 ***	－0.003
	(0.052)	(0.012)	(0.009)	(0.001)	(0.008)
男性劳动力占比	－0.250	－0.263	0.206	0.006	－0.095
	(0.841)	(0.190)	(0.142)	(0.014)	(0.139)
家庭务农人数	0.212	0.206 ***	－0.011	0.201 ***	－0.006
	(0.169)	(0.038)	(0.029)	(0.003)	(0.027)
总耕地面积	0.282 ***	0.062 ***	0.006	0.000	0.005
	(0.021)	(0.005)	(0.004)	(0.000)	(0.004)
家中是否有拖拉机	2.228 ***	0.537 ***	1.084 ***	0.004	0.066
	(0.385)	(0.087)	(0.065)	(0.006)	(0.063)

变量	回归1	回归2	回归3	回归4	回归5
	土地流转	农业短期投资	农业长期投资	家庭劳动分工	经营权抵押贷款
是否有农业补贴	-0.503	0.351 ***	0.014	0.008	0.128 ***
	(0.310)	(0.070)	(0.052)	(0.005)	(0.049)
地理位置专用性	0.013	-0.039 ***	-0.017 ***	0.000	-0.001
	(0.035)	(0.008)	(0.006)	(0.001)	(0.006)
村庄人均年收入	0.579 ***	0.071	-0.028	-0.014 ***	0.150 ***
	(0.200)	(0.045)	(0.034)	(0.003)	(0.033)
村庄是否有第二和第三产业	-0.129	-0.110	-0.044	-0.002	0.093 *
	(0.314)	(0.071)	(0.053)	(0.005)	(0.051)
_cons	-4.524 **	6.572 ***	0.604	0.611 ***	-0.978 ***
	(2.186)	(0.494)	(0.369)	(0.036)	(0.357)
伪对数似然比	-14078.996	-8227.8323	-7088.2896	2071.502	-2046.1444
样本量	4363	4363	4363	4363	4363

注：括号内的数值为标准误，＊、＊＊、＊＊＊分别表示10%、5%、1%的显著性水平。
资料来源：借助Stata15软件运算所得。

其次，农地确权能够通过增加农业短期投入来增加农民总收入。表5-16是农地确权、中介变量对农户总收入的直接效应，其中农地确权、中介变量的估计系数分别对应模型式（5-33）中的c_1和c_2。农地确权对于农业短期投入有着显著的正向影响（见表5-15回归2），同时增加农业短期投入对农民收入的增加显著且符号为正（见表5-16回归2）。此外，加入中介变量后农地确权对于农户家庭总收入的直接效应由原来的0.103（见表5-14回归5）变为0.073（见表5-16回归2），且显著性消失，根据中介效应模型原理可知，农地确权会刺激农民进行农业短期投资，进而对农民总收入产生正向影响。

表5-16　　　农地确权对农民总收入的影响（加入中介变量）

变量	回归1	回归2	回归3	回归4	回归5	回归6
农地确权	0.103 **	0.073	0.103 *	0.105 *	0.104 *	0.078
	(0.056)	(0.055)	(0.056)	(0.056)	(0.056)	(0.056)
农地流转	0.000					-0.001
	(0.003)					(0.003)

变量	回归1	回归2	回归3	回归4	回归5	回归6
农业短期投资		0.109 *** (0.014)				0.111 *** (0.014)
农业长期投资		0.000 (0.019)				0.001 (0.018)
家庭劳动分工				-0.442 ** (0.192)		-0.506 *** (0.191)
经营权抵押贷款					-0.151 (0.146)	-0.183 (0.145)
控制变量	已控制	已控制	已控制	已控制	已控制	已控制
_cons	7.230 *** (0.433)	6.501 *** (0.439)	7.229 *** (0.433)	7.496 *** (0.448)	7.253 *** (0.433)	6.813 *** (0.454)
N	4363	4363	4363	4363	4363	4363
R^2	0.076	0.090	0.076	0.074	0.076	0.10

注：括号内的数值为标准误，* 、** 、*** 分别表示10%、5%、1%的显著性水平。
资料来源：借助 Stata15 软件运算所得。

再次，农地确权能够促使农民进行农地流转、农业短期投入来提高农户农业性收入。农地确权对于农地流转、农业短期投入具有显著正向影响（见表5-15回归1）；农地确权对于农户农业性收入有显著的促进作用，其影响系数为0.400（见表5-14回归1），即农地确权政策的实施能够帮助农民农业性收入提高40%；在加入中介变量之后，农地确权对于农户农业性收入的总影响效应减弱（见表5-17回归2），但仍在1%的统计水平上显著。根据中介效应判断标准可知，中介变量在土地确权影响农户农业性收入中起到部分中介作用。

表 5-17　　农地确权对农民农业性收入的影响（加入中介变量）

变量	回归1	回归2	回归3	回归4	回归5	回归6
农地确权	0.405 *** (0.001)	0.246 ** (0.112)	0.399 *** (0.117)	0.393 *** (0.117)	0.400 *** (0.117)	0.246 ** (0.112)
农地流转	-0.001 (0.007)					-0.008 (0.006)

续表

变量	回归1	回归2	回归3	回归4	回归5	回归6
农业短期投资		0.553***				0.552***
		(0.028)				(0.028)
农业长期投资			−0.032			−0.032
			(0.039)			(0.037)
家庭劳动分工				1.486***		1.144***
				(0.400)		(0.382)
经营权抵押贷款					0.029	−0.187
					(0.302)	(0.288)
控制变量	已控制	已控制	已控制	已控制	已控制	已控制
cons	7.851	0.878***	7.872***	6.956***	7.848***	3.535***
	(0.902)	0.000	0.902	0.932	0.903	(0.906)
N	4363	4363	4363	4363	4363	4363
R^2	0.11	0.19	0.11	0.11	0.11	0.20

注：括号内的数值为标准误，**、*** 分别表示5%、1%的显著性水平。
资料来源：借助 Stata15 软件运算所得。

最后，农地确权不能够通过家庭劳动分工和经营权抵押贷款来促进农民增收。本部分认为可能的解释为：在一些发达地区农业机械化水平高且农业信息发达，家中的农地不会将家庭成员中青年劳动力束缚在农业劳动中，家中的老人可以照顾家中农地，这样合理分工，所以确权前后对家庭的分工以及家庭收入没有显著影响。农地确权不能通过经营权抵押贷款的传导机制对农民收入产生显著影响。对此可能的解释是：虽然农地确权被赋予了抵押和担保功能，但目前经营权抵押贷款服务仅在极少数试点地区开展，并且农地经营权抵押贷款政策实施的试行时间还不算很长，农民的思想受传统观念的影响也是原因之一，致使农地确权未能通过经营权抵押贷款来增加农民家庭收入。

但是需要明确一点，农地确权通过促进农户加大短期投资来增加农业性收入，但仍存在一定的局限性，即很难促使农户通过增加农业长期投资来更有效地增加农户的未来收益。其原因可能是农户在短期内通过追加化肥、农药、多灌溉农地来获得更多可预见的农业收入，但是长期资本农机具价格昂贵且具有资产专用性，农业长期投入若增加农机资产的拥有量，一方面要考虑家庭的经济能力，另一方面增加农机资产来提高农户收入往往存在滞后效应。

3. 稳健性检验

上文利用中介效应模型论证了农地确权与农民收入之间的传导机制，但这些结果仍需作进一步的检验来保证结果的稳健性。对此，本部分采用倾向得分匹配法（propensity score matching，PSM）与回归模型作对比来判断回归模型的估计是否稳定、可靠。如果倾向得分匹配法与回归模型参数系数在符号和显著性上保持一致，这说明模型具有稳健性。

我们常用 ATT 来表示已经进行农地确权农户的平均处理效应。

$$\hat{ATT} = \frac{1}{N_i} \sum_{i=1}^{n} (y_i - \hat{y}_{i0})^2 \qquad (5-34)$$

为了保证匹配的稳健性，在估计了确权农户和未确权农户的倾向得分之后，还需要检验一下倾向得分的取值范围，如图 5-3 所示。

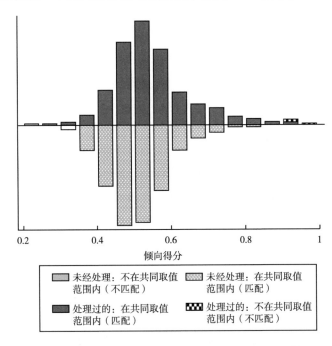

图 5-3 确权农户与未确权农户倾向得分共同取值范围

资料来源：借助 Stata15 软件运算所得。

图 5-3 分别表示以总收入（加入中介变量）为因变量时，确权农户（treated）与未确权农户（untreated）的共同取值范围。通过观察图 5-3，大部分观测值均在共同取值范围内（on support）内。表 5-18 为倾向得分匹配前后两组样本解释变量的平衡性检验结果。

表 5-18　　　　　　　倾向得分匹配前后解释变量的平衡性检验

因变量	匹配前后	Pseudo-R^2	LR 统计值（P 值）	标准化偏差
农民总收入	匹配前	0.028	149.49（0.000）	39.4
	匹配后	0.002	14.05（0.230）	11.7
农民总收入（加入中介变量）	匹配前	0.033	172.89（0.000）	42.4
	匹配后	0.001	8.13（0.945）	8.9

资料来源：借助 Stata15 软件运算所得。

表 5-18 显示，首先来分析未加入中介变量的样本，经过倾向得分匹配后，Pseudo-R^2 值从匹配之前的 0.028 下降到匹配之后的 0.002，解释变量的标准化偏差从 39.4% 下降到 11.7%，而且 P 值显示，在匹配之前 LR 统计值是统计显著的，而匹配之后变为不显著，表明匹配结果能较好地平衡两组样本的控制变量分布，平行假设得以验证（陈飞等，2015）。上述检验结果表明，对于未加入中介变量的样本来说，倾向得分估计和样本匹配是成功的。同样，加入中介变量后的被解释变量农民收入，它的倾向得分估计与样本匹配也是成功的。在获得有效的匹配样本之后，就可以进一步计算土地确权影响农民收入的平均处理效应。

为保证结果的稳健性，使用了近邻匹配的方法来估计样本的平均处理效应。表 5-19 倾向得分匹配的结果表明，工资性收入作为因变量时，进行过土地确权的平均处理效应为负。此外，财产性收入和转移性收入变量在倾向得分匹配法中 ATT 统计量不显著，最关键的农民总收入变量的参数系数和显著性上保持一致。由于在农民总收入中可以根据其他标准来进行分类，所以农业性收入、工资性收入、财产性收入和转移性收入具有可代替性，尽管财产性收入和转移性收入变量统计上不显著，但在农民总收入和农业性收入及工资性收入显著的情况下，仍然可以说明模型具有稳健性。

表5-19　农地确权对农民收入的影响的 PSM 检验（删除前后5%的样本）

因变量	农民总收入	农业性收入	工资性收入	财产性收入	转移性收入
ATT	0.123	0.840	-0.321	0.006	0.042
标准误	0.057	0.121	0.164	0.047	0.103
T 值	2.15	6.94	-1.96	0.12	0.41

资料来源：借助 Stata15 软件运算所得。

（四）研究结论与政策启示

1. 主要研究结论

本部分在产权经济激励、农地流转、家庭劳动分工及经营权抵押贷款四个中介传导机制的理论分析基础上，利用全国劳动力动态调查 2014 年与 2016 年的数据对农地确权是否影响农民收入这一观点进行了研究分析，得到以下三点研究结论：首先，从整体来看，农地确权在整体水平上能够提高农民总收入，其总体效应为 0.103；从收入结构来看，农地确权对于农民农业性收入实现了极为可观的增长，大约为 40%，但对于农户工资性收入、财产性收入及转移性收入没有显著影响。其次，农地确权能够通过促使农民进行农地流转、农业短期投入来提高农户农业性收入和总收入。最后，农地确权不能够通过家庭劳动分工和经营权抵押贷款来促进农民增收。

2. 研究启示

从本部分的研究结果来看，农地确权政策对于促进农民收入增长发挥了积极作用，但同时也要看到，政策工具和政策绩效之间梗阻因素仍然存在，导致农地确权政策作用发挥不充分、不均衡。基于前述理论分析和实证结论，结合乡村调查经验和农经主管人员座谈总结，我们关于优化农地确权政策的相关启示如下：

第一，打通土地权证持有与权证使用之间的通道，化理论可能为现实机遇。按照国家部署，2020 年农村土地确权工作正式收官，而进度较快的山东等省份 2016 年即已向中共中央、国务院报送了农村土地承包经营权确权登记颁证工作基本完成的情况报告，从统计角度来看，农村土地确权工作已经完成。但土地权证的持有只是为政策效能发挥提供了理论可能，前期调研证实，有大量获得土地权证的农户并未因此获得土地抵押贷款、劳动力非农转移、土地流转机会等方面的好处，一些学者的研究结论亦提供了旁证（张龙耀等，2015；于丽红等，2016；罗必良等，2020）。因此，农地确权工作尚在路上，确权只是政策手段而非目的，应将下一步工作重点从权证发放调整至权证使用，剖析"空确权"的症结，扩大土地权证的使用场域，锚定农地确权最终目标，切实发挥土地权证维权利、促流转、增收益的效能。

第二，强化农地确权政策配套，发挥政策组合协同效能。农地确权作为农村土地制度改革子项且在农村改革政策体系中位阶不高，目前只是政策上和理论界按照土地流转、农民维权和土地金融需要明晰的地权安排这一逻辑预判将其定位为土地流转的前置条件，而农村实践工作者对此一直持有不同看法，主要考虑便是上述政策目标实现需要群策发力，农地确权独木难成。如若缺乏相关政策协同，就确权而言确权，确权工作难有建树。因此，一方面，要修订完善相关法律文本，细化法律文本，增强指导性（杨宏力，2018），减少消除法律法规之间的不衔接、不协调；另一方面，关于农地确权的多项政策文件多由农业农村部、中央农村工作领导小组办公室、财政部、国土资源部、住房和城乡建设部等多部门联合印发，在政策实施监管、政策绩效评价、政策纠偏完善等方面亦需强化多部门协调，建立部际协调的固定长效机制。

第三，全面落实农地确权政策要求，均衡推进农地确权工作。此轮农村土地确权，从政策要求来看，按照《国土资源部　财政部　农业部关于加快推进农村集体土地确权登记发证工作的通知》文件精神，确权登记发证的范围包括农村集体土地所有权和集体土地使用权的确权登记颁证，而集体土地使用权又包括宅基地使用权和集体建设用地使用权。亦可以理解为，此次确权的原则是"能确尽确"，一切已使用、未使用的农村集体土地皆在此列。而从政策落地情况来看，承包地的确权工作在央地合力强力推动下已经接近尾声，而宅基地和集体建设用地使用权确权工作大部分地区因历史遗留问题多、群众关切大、利益关系难调和而进展迟缓，不少地区甚至尚未启动。因此，下一步应以全面落实党中央农地确权精神为目标，以宅基地和集体建设用地使用权确权为重点，强化地籍调查，统筹"房地一体"权籍调查，实施"房地一体"确权登记发证，依法妥善处理户宅匹配问题，着力纾解难题，推进农地确权政策系统落地。

第六章

农村基本经营制度改革
绩效：规模经营维度

本章从土地适度规模经营维度测度农村基本经营制度的改革绩效，具体包括两部分内容。一方面以新型农业经营主体为研究视角考察了土地规模经营与服务规模经营的互动效应，以期回答当下"土地规模经营"和"服务规模经营"两大阵营关于规模经营实现的争论。另一方面基于 2016 年全国农村固定观察点数据和实地调研数据，构建了超越对数模型和 ATT 因果模型，分别探讨了土地经营权流转对不同定义下农业适度规模经营实现程度的影响。研究结果表明：（1）不能笼统地判定土地经营权流转是否促进了农业适度规模经营实现，当从不同的角度定义农业适度规模经营时，二者之间的关系呈现不同变化特征。（2）若从生产率的角度来定义农业适度规模经营，则可发现当前土地经营规模下，土地流转并未促进农业适度规模经营实现，土地流转形成的土地规模的扩大与亩均粮食产量和收入存在反向关系。（3）从成本的角度来看，当前土地流转的规模经济性不高。无论是总体分析还是分作物类别看，土地流转带来的土地规模并以此产生的规模经济并未凸显。从成本类别看，参与土地流转可使单位产量的总成本、化肥成本、农药成本分别提高 24.84%、9.39%、16.95%，使机械成本降低 10.47%。从分作物类别看，土地流转能显著提高小麦和水稻的农药成本，对化肥成本和机械成本不存在显著影响，能显著降低玉米的化肥成本、农药成本和机械成本。（4）若从细碎化的角度来定义农业适度规模经营，则可发现土地流转甚至一定程度上提高了土地的细碎化程度，因而没有促进农业的适度规模经营。

一、土地规模经营与服务规模经营的互动效应：新型农业经营主体的视角

发展农业适度规模经营、实现农业农村现代化是事关我国农村发展的一项重要安排，2016 年中共中央、国务院印发的《关于落实发展新理念加快农业现代化实现全面小康目标的若干意见》明确指出，要充分发挥多种形式的适度规模经营，包括了土地规模经营和服务规模经营。2017 年党的十九大再次指出，开展农业适度规模经营要重点培育新型农业经营主体，健全农业社会化服务体系。2018 年和 2019 年中共中央、国务院颁布的《中共中央 国务院关于实施乡村振兴战略的意见》《中共中央 国务院关于坚持农业农村优先发展做好"三农"工作的若干意见》进一步强调，农业适度规模经营是党中央在经济发展进入新常态的现实背景下对乡村振兴和"三农"工作作出的重要部署。2019 年《中共中央 国务院关于坚持农业农村优先发展做好"三农"工作的若干意见》指出，"三农"有必须完成的硬性任务，要保证农业农村优先发展，继续实施乡村振兴战略并以此作为农业总抓手，继续推进农村土地流转。2020 年农业农村部印发《新型农业经营主体和服务主体高质量发展规划（2020～2022 年）》，详细阐述了土地规模化与服务规模化的协调发展对于推进农业供给侧结构性改革、促进小农户和现代农业有机衔接的重要意义。随着工业化和城镇化的快速推进，农业适度规模经营已然成为推动农业发展的关键所在。

当前，农村发展步入新的阶段，农村劳动力大量外流，农村农户呈"老龄化"的特点，经营主体开始从传统小规模小农户向规模化、集约化、专业化、社会化的新型农业经营主体发生转变，土地流转市场迅速发展，同时，劳动力的短缺也使得对农业机械作业的需求日益增加（卢千文等，2019）。土地规模经营与服务规模经营作为实现农业适度规模经营的两种主要模式（蔡键，黄颖，2020），二者的协调发展关系到实现农业现代化的目标（谢地，李梓旗，2021）。因此，理顺土地规模经营与服务规模经营之间的关系将为加快推进农业现代化提供重要参考和科学依据。土地、劳动、资

本三大要素将不同的农业经营主体紧密联系在一起，新型农业经营主体在各经营主体之间协调发展中扮演着重要角色，新型农业经营主体与小农户的衔接发展成为推进现代化农业的关键所在（孔祥智，2020）。因此，本部分立足于新型农业经营主体，探讨土地规模经营与服务规模经营之间的关系以及推进新型农业经营主体发展的对策方案，具有非常重要的研究价值和现实意义。

此外，关于土地规模经营和服务规模经营之间关系的研究，长期以来，小农户一直作为农业的主力军，造成了大多数研究基于农户层面展开探讨的局面，针对新型农业经营主体相关研究较为鲜见。因此，在研究视角上，实证类文献的考察大多以农户为视角，在对新型农业经营主体进行研究时是否会产生同样的结论还有待系统全面地分析；在研究方法上，较少文献考虑到土地规模经营与服务规模经营之间相互影响的内生性问题。鉴于此，本部分利用 2015 年中国小微企业调查（CMES）中对新型农业经营主体生产经营的调查数据，构建联立方程分析土地规模经营和服务规模经营之间的关系，以获得精准的估计结果。研究结果有助于厘清两种生产要素需求的互动关系，对发展农业适度规模经营和实现农业农村现代化具有指导意义，在对新型农业经营主体的培育方面也起到关键性作用。

（一）研究基础

文献梳理发现，目前学术界单独针对农村土地规模经营或者单独针对服务规模经营的研究，成果丰富且方法多样，但是国内外都很少有学者关注这两者之间的作用关系，但恰恰处理好土地流转与社会化服务之间的关系是实现适度规模经营的关键一步，必须踩稳踩实。在此问题上，即使已有文献的数量不多，但也分为不同的阵营：既有学者认为土地规模化和服务规模化二者缺一不可，必须坚持协调发展，培育新型经营主体提高土地利用效率，培育新型服务主体为小农户提供全方位服务，才能加快中国特色农业现代化的速度（席晓剑，2016）；也有学者认为基于土地流转的农业适度规模经营仅仅是农业生产效率提升的充分不必要条件，而基于农业社会化服务的适度规模经营才是农业生产效率提升的充要条件（钟真，2019），因此农业领域可以通过社会化服务的规模经营来替代土地的规模经营（谢琳，钟文晶，

2016）。还有一些文献研究了农业社会化服务对土地经营规模的影响，杨子等（2019）和钱龙等（2021）分别实证研究了家庭自有农机、购买农机服务对农户土地转入决策的显著促进效应。刘成等（2021）通过探究农机服务投入对粮食生产技术效率的影响，得出服务规模化不能完全代替生产规模化，土地规模反而会影响农机服务的作用效果的结论。于是我们可以得出，农业社会化服务可以有效缓解土地流转正在面临的困境，这一点得到了众多学者的认同，也在实证方面得到了验证，认为农业社会化服务对农户土地适度规模经营（刘强，杨万江，2016）、农户土地转入政策（杨子，饶芳萍等，2019）具有显著的正向影响。而关于土地流转对农业社会化服务的影响，学术界的意见褒贬不一，例如，杜涛、滕永忠等（2019）认为土地转出意愿对小农户的合作生产具有正向影响；韩旭东、杨慧莲等（2020）则认为只有当转入土地有利于规模化经营、农业基础设施较好时才能呈现出显著促进的效果，由此产生了是否应该坚持土地流转政策、是否应该推行土地规模化和服务规模化协调发展这一重要问题，解决它并提出有效建议也是本书的主要目的之一。综上所述，已有文献为深入探讨农村土地规模经营与农业社会化服务之间的关系奠定了基础，其中理论分析的比重占大部分且内容都较为浅显，缺乏具体详细的整理和经济学原理的支撑；再加上已有文献数量不多，导致实证分析的切入角度、研究方法以及变量选择都存在缺漏和不足。尤其要指出的是，由于农村土地适度经营规模与农业社会化服务发展水平难以量化，几乎没有文献可以直接从正面考察二者的因果关系，大部分还是只能细化到某一项服务内容会产生什么影响或者某一项服务内容会受到什么影响，因此迫切需要更多研究来补充与完善。

（二）土地规模经营与服务规模经营互动效应机理分析

本部分主要从新型农业经营主体转入土地的行为决策和农业社会化服务购买决策视角，探索土地规模经营和服务规模经营的相互影响效应。做此安排的主要理由是：在中国现行农地制度框架下，土地规模经营需要依靠土地流转实现，即新型农业经营主体转入土地的行为逻辑决定了土地规模经营能否实现，购买农机服务的行为决定了服务规模经营能否实现。因此，本部分基于新型农业经营主体转入土地和购买农机服务的行为视角，考察农业适度规模经营的实现问题。土地规模经营与服务规模经营相互影响的基本内涵，实质上是实现农业利润最大化目标前提下生产要素的最优组合，即土地规模经营下的土地、劳动要素与服务规模经营下资本、技术要素的协调性。

1. 以服务规模经营带动土地规模经营

农业社会化服务的出现使得农业生产经营方式发生了重要变化。农业社会化服务放松了资源禀赋的限制条件，进而缓解了实现土地规模经营的约束。农业生产成本高、收益低、风险大导致农户种田积极性不高、规模经营意愿不强（张红宇，2005），农业科技的发展和应用成为提高农业收益、实现农业现代化的关键之一。但由于公共农业技术推广资源有限，大多数农户难以直接获得技术支持（佟大建，黄武，2018）。因此，小农户可将土地经营权入股给提供农机服务的新型农业经营主体，这将有利于提高农业生产效率，实现对资源的充分利用，优化调整农业生产要素组合。小农户以入股形式提供土地，新型农业经营主体提供农机服务，降低了小农户从外部获得农机服务的交易成本，新型农业经营主体也可以因此获得扩大土地规模的机会，这样小农户与新型农业经营主体就形成了一种风险共担、利益共享的经营模式。当然，这种情况仅适用于资金相对雄厚的新型农业经营主体，对于农业生产的产前、产中和产后环节都可以实现自行购买农机。

另一种情况则是，现实生活中，大多数新型农业经营主体并没有那么优厚的资金条件，此时资金成为影响土地规模经营的重要因素。土地经营规模的不断扩大使农业生产仅依靠人力难以完成，需要农业机械投入，而农业生产不同环节使用的农业机械均有差别。若新型农业经营主体购买各环节所需的农业机械，高额的资金投入就会增加新型农业经营主体的负担，限制其扩大经营规模。农业社会化服务使得一些新型农业经营主体能够便利地获得农业机械服务，节省了新型农业经营主体自行购买农业机械所需的大量资金，从而有利于新型农业经营主体扩大土地经营规模。

2. 以土地规模经营带动服务规模经营

随着农村土地"三权分置"产权制度安排的不断推进，土地经营权的流转促使家庭农场、专业大户、农民合作社以及农业龙头企业等诸多形式的新型农业经营主体出现。根据《新型农业经营主体土地流转调查报告（2018）》数据显示，截至 2017 年，新型农业经营主体经营的农村土地面积占农村土地总面积的 27.28%。不同区域不同类型的新型农业经营主体的农村土地经营面积都远超小农户，土地生产经营呈现出较高规模化水平，这为在同一区域内集中种植同种类别农作物的机械化生产提供了现实基础，他们选择购买农机服务能够有效降低生产成本。较高水平的土地规模经营会刺激服务规模经营水平逐步提高，这将有利于培育和发展服务规模经营组织，进而实现不同农业生产要素的优化配置，提高二者的协调性。随着服务规模经营组织的发展壮大，新型农业经营主体的土地规模经营面积也会相应增加。但随着经营土地面积越来越大，新型农业经营主体购买农机服务过程中的交易成本也将提高。当交易成本高到一定水平，新型农业经营主体就会在购买农机服务与直接购买农业机械之间进行权衡，当降低的生产成本带来的正向影响大于提高交易成本的负向影响时，他们会选择直接购买农机服务。反之，他们则可能会选择自己购买农业机械，在满足自身需求的同时，也会向其他小农户或者新型农业经营主体提供农机服务，实现新型农业经营主体由农机服务"需求者"向农机服务"供给者"的角色转变，并促进不同农业生产要素的动态优化调整，实现二者的协调发展。

（三）模型设定与数据描述性统计

1. 数据来源

本部分所用数据来自西南财经大学中国家庭金融调查与研究中心在 2015 年进行的中国小微企业调查，调查区域涉及全国 28 个省份（不含新疆、西藏、青海、港澳台地区），调查对象包含农民合作社和农业企业这两类新型农业经营主体。且问卷中显示农民合作社的成员包含家庭农场、专业大户、农业企业和其他成员，问卷数据具有广泛代表性。问卷保留了农业生产经营的新型农业经营主体相关数据，剔除掉遗漏关键信息以及存在严重异常值的样本，最终获得了 331 个新型农业经营主体有效样本。

2. 模型的设定

理论分析表明土地规模经营决策和服务规模经营决策是相互影响的，因此，模型设定如下：

$$Service_i = \alpha_0 + \delta_1 Landtrans_i + \alpha_1 Cooperative_i + \alpha_2 Capital_i + \sum_{j=0}^{11} \alpha_{sj}s_{ji} + \mu_i$$

$$(6-1)$$

$$Landtrans_i = \beta_0 + \delta_2 Service_i + \beta_1 Cost_i + \sum_{j=0}^{11} \beta_{sj}s_{ji} + \upsilon_i \qquad (6-2)$$

其中，$Service_i$代表新型农业经营主体的服务规模经营决策行为，以是否购买农机服务表征；$Landtrans_i$代表新型农业经营主体的土地流转行为，以是否转入土地表征；下标 i 和 j 分别代表第 i 个新型农业经营主体和第 j 个变量；$Cooperative_i$代表是否加入农民合作社；$Capital_i$代表新型农业经营主体的资本量大小；$Cost_i$代表每亩土地平均投入成本；s_{ji}代表新型农业经营主体及主要负责人特征；δ_1、δ_2代表主要的待估系数；μ_i、υ_i代表随机误差项。

本部分中农户土地规模经营的决策与购买农业社会化服务的决策存在相互影响。为此，此处采用似不相关 Biprobit 联立模型（seemingly unrelated bivariate probit，Biprobit）估计具有联立性的二元分类变量的系统方程，得到一致且无偏的估计结果。为了考察估计结果的稳健性，本部分采用三阶段最小二乘法（three stage least square，3SLS）对方程进行估计。3SLS 考虑了不同方程的扰动项可能存在相关性，可作为 Biprobit 模型的参考（陈强，2014）。

在估计之前需要考虑联立方程组的识别问题，联立方程组需要满足阶条件，即方程中所排斥的外生变量个数应大于该方程中包含的内生变量个数。本部分的联立方程模型中共有两个内生变量，即土地规模经营决策变量和农业社会化服务购买决策变量，在土地规模经营决策方程中排斥的外生变量为每亩土地平均投入成本，农业社会化服务购买决策方程排斥的外生变量为拥有的资本量和是否加入农民合作社，即联立方程模型的秩条件和阶条件成立，可以进行估计。

3. 变量的选择与描述性统计

（1）变量设置。

①被解释变量。本部分的内生变量包含两个：农机服务购买行为和土地流转行为。

②土地规模经营决策方程的解释变量。土地规模经营决策方程主要考察农业社会化服务对农户土地转入决策的影响。亩均成本即平均每亩土地生产经营的投入成本，在权衡投入和产出的过程中，亩均成本是影响土地转入的重要因素，本部分选取亩均成本的对数形式作为亩均成本变量。

③农业社会化服务决策方程的解释变量。农业社会化服务购买决策方程需要选择区别于土地规模经营决策方程的变量。企业拥有的资本量大小在很大程度上决定了企业的一系列生产经营行为，也体现了企业承担风险的能力，资本比较雄厚的新型农业经营主体更愿意且能够支付农业各生产环节的农机服务购买费用。社会资本是成员在社会网络中通过人际交往获得资源的能力（Portes，1976），是个人拥有的社会结构资源的总和（Coleman，1988），能够在资源获取、交易和配置等行动中获取便利。中国农村被认为是一个传统的人情关系社会，由社会化关系网络构成的社会资本在日常生产、生活中发挥着重要的作用。已有的实证研究表明，社会资本能够有效传递信息、降低搜寻成本，对农业社会化服务购买决策具有显著的影响，本部分选取是否加入农民合作社作为新型农业经营主体的社会资本变量。

④控制变量。本部分引入了新型农业经营主体的主要负责人特征和主体特征这两类作为控制变量。新型农业经营主体的主要负责人特征主要包含主要负责人的性别、年龄、教育状况和负责人参与管理年限4个变量。新型农业经营主体的主体特征包括工商部门登记注册情况、自由农业机械情况、农产品品牌、农产品种植类型、网络销售和农业生产补贴6个变量。

（2）描述性统计本部分主要变量的描述性统计见表6-1。

表 6 - 1　　　　　　　　　　**变量定义和描述性统计**

变量名称	变量定义	均值	最小值	最大值
	内生变量			
农业社会化服务决策变量	是否进行农机服务购买：是 = 1，否 = 0	0.5377	0	1
土地规模经营决策变量	是否转入土地：是 = 1，否 = 0	0.7432	0	1
	外生变量			
企业资本	经营主体拥有的资本量大小（万元，取对数）	5.2706	1.6094	10.5966
社会资本	是否加入农民合作社：是 = 1，否 = 0	0.4804	0	1
亩均成本	生产总成本/用于生产土地面积（元，取对数）	7.5296	- 3.1841	15.2888
	主体特征			
性别	男 = 1，女 = 0	0.9063	0	1
年龄	岁	45.2447	23	78
教育程度	没上过学 = 1，小学 = 2，初中 = 3，高中 = 4，中专/职高 = 5，大专/高职 = 6，大学本科 = 7，硕士研究生 = 8	4.0060	1	8
负责人管理年限	年	8.8233	0	45
是否工商部门登记注册	是 = 1，否 = 0	0.9789	0	1
是否自有农机	是否拥有农业机械：是 = 1，否 = 0	0.7644	0	1
是否有农产品品牌	是 = 1，否 = 0	0.2508	0	1
农产品种植类型	经济作物 = 1，非经济作物 = 0	0.5387	0	1
是否网络销售	有在网络销售 = 1，没有在网络销售 = 0	0.0665	0	1
是否获得农业生产补贴	是 = 1，否 = 0	0.2689	0	1

资料来源：根据 2015 年中国小微企业调查数据整理所得。

（四）土地规模经营与服务规模经营关系的实证检验

模型估计结果如表 6 - 2 所示。其中，表 6 - 2 中汇报了似不相关 Biprobit

估计结果。估计结果发现，农户土地转入对其农业社会化服务的购买行为具有显著正向影响，且农机购买行为对土地流转行为也具有显著的正向影响，因此可以说明农业社会化服务购买与土地转入两种决策间存在双向反馈效应。

表6-2 联立方程估计结果

变量	农业社会化服务决策变量	土地规模经营决策变量
土地规模经营决策变量	1.8608 *** (0.1496)	
服务规模经营决策变量		1.8647 *** (0.1137)
企业资本	-0.0000 (0.0018)	
社会资本	0.0033 (0.0691)	
亩均成本		-0.0010 (0.0215)
主要负责人性别	0.1148 (0.2225)	-0.1135 (0.2236)
主要负责人年龄	-0.0154 * (0.0082)	0.0155 * (0.0083)
主要负责人教育状况	-0.0138 (0.0482)	0.0139 (0.0481)
主要负责人参与管理年限	0.0317 *** (0.0091)	-0.0318 *** (0.0092)
是否工商部门登记注册	0.1793 (0.4604)	-0.1774 (0.4621)
是否自有农机	-0.2367 (0.1528)	0.2375 (0.1515)
是否有农产品品牌	-0.0164 (0.1631)	0.0171 (0.1634)
农产品种植类型	0.2913 ** (0.1372)	-0.2889 ** (0.1393)

变量	农业社会化服务决策变量	土地规模经营决策变量
是否网络销售	−0.4119 (0.2652)	0.4129 (0.2659)
是否获得农业生产补贴	−0.0876 (0.1520)	0.0931 (0.1657)
样本量	331	331

注：括号内的数值为标准误，＊、＊＊、＊＊＊分别表示10%、5%、1%的显著性水平。
资料来源：借助Stata15软件运算所得。

表6−2报告了土地规模经营方程及农业社会化服务方程解释变量的估计系数。本部分重点考察农业社会化服务与农户土地转入的双向作用效应，在双向效应成立的情况，继续分析单个方程的作用机理。土地规模经营方程的估计结果显示，农业社会化服务决策变量在1%水平上通过了显著性检验，且系数为正，表明农户购买农业社会化服务对其土地转入决策有显著的正向影响，验证了前文的理论研究，其内在的作用机理是农户购买农业社会化服务能够有效缓解土地规模经营面临的劳动力、技术及资金约束。土地规模经营方程的外生变量亩均成本在土地规模经营决策方程中影响不显著，与预期中成本造成的影响不同，可能的原因是，在衡量成本的作用效果时还应当考虑产量和亩均收入的影响。

农业社会化服务决策方程中的外生变量企业资本的估计结果不显著，且系数为负，造成这种情况的原因或许是对于资本量比较高的企业反而可能会选择直接购买农业机械，在此基础上还可以提供给其他农户或新型农业经营主体农机服务。农业社会化服务方程中另一个外生变量是否加入农民合作社的估计结果虽不显著但系数为正，也能表明社会资本对新型农业经营主体农业社会化服务决策有正向影响。加入农民合作社就能够降低购买农机服务的搜寻成本，甚至会降低交易成本。

表6−2还汇报了控制变量的估计系数。在主要负责人特征中，主要负责人的年龄对新型农业经营主体农业社会化服务决策有显著负向影响，这说明，年龄较大的负责人对于农业社会化服务缺乏足够的认知，对劳动力的依赖程度较高，因此不愿意进行农机服务的购买。其次，主要负责人的年龄对新型农业经营主体土地流转决策有显著正向影响，充分证明，年纪较大的人

更看重传统生产要素，如劳动力、土地等，而对技术这一生产要素不太认可。农业决策者参与管理年限对新型农业经营主体农业社会化服务决策有显著正向影响，这说明参与管理的时间越久，越了解市场的发展趋势，能够看清形势，且对专业化、现代化程度高的农业社会化服务更容易接受。农业决策者参与管理年限对新型农业经营主体土地流转决策有显著负向影响，由此可知，管理者更多地把成本用在技术这一要素上，他们认为，与扩大规模相比，技术层面的提高带来的好处更多，也可能是因为企业本身的土地经营规模已达到较高水平，所以才会把更多资金放在农业社会化水平上。

在新型农业经营主体的主体特征中，农产品种植类型对农业社会化服务决策具有显著正向影响，种植经济作物的经营者对于农机服务的接受程度更高；而农产品种植类型对土地流转决策具有显著负向影响，可能是因为经济作物对技术层面的要求更高，经营者会选择将更多的投入放入技术层面，因此对土地等其他要素的投入会相对较少。家庭农机资产对新型农业经营主体土地流转决策正向影响，对新型农业经营主体农机购买决策负向影响，这与我们前文的理论解释相一致，在新型农业经营主体自有农机的条件下，不仅对农机服务购买的需求大大降低，还提高了社会的农机服务供给。

（五）研究结论与启示

本部分基于新型农业经营主体转入土地的行为决策和农业社会化服务购买决策视角，探究了土地规模经营与服务规模经营相互影响的内在机理，借助联立方程计量模型并采用 2015 年中国小微企业调查数据考察了土地规模经营与服务规模经营存在的互动效应，得出以下几点结论：（1）农户购买农业社会化服务对其土地转入存在显著的正影响，可能的原因解释是购买农业社会服务能够有效缓解农户土地规模经营面临的要素约束；（2）土地规模经营对农户的农业社会化服务购买同样存在显著的正影响，可能的解释是相对于自购农机，农户认为购买外部服务更能节约成本，减少大额资金投入的机会成本。农业社会化服务与土地规模经营存在相互促进，土地规模化经营与服务规模化经营不是割裂的个体，两者共同对农业的规模化经营实现发挥作用。因此，未来需要两头重视农业的规模化经营，发挥两条腿走路。一方面继续推进土地流转，重视土地的规模化集中流转；另一方面，加快培育新型农业经营主体，建立农业社会化服务体系。

二、土地流转促进农业适度规模经营实现了吗：
基于适度规模经营的三个维度

现阶段，发展农业适度规模经营已成为决策层、学界和农村实务工作者的高度共识。理论意义层面，小规模经营抗风险能力差、投入能力差、农户交易成本高且议价能力差，无法对接现代化农业，而规模经营具有规模经济性、分工专业化等诸多优势；政策要求层面，小规模经营边际收益低，治理成本高，而规模经营有利于促进农民持续增收，保障国家粮食安全；实践操作层面，农业人口非农化、农地功能去保障化为规模经营提供了现实条件，农业劳动力弱质化，工业化、城市化趋势不可逆转亦对规模经营形成了倒逼情势，因而，农业适度规模经营问题已经成为一个亟待深入研究的重大理论和实践命题。从 1984 年《中共中央关于一九八四年农村工作的通知》提出"鼓励土地逐步向种田能手集中"开始，发展农业适度规模经营一直是我国农业政策的重要内容之一，而土地流转作为最重要的政策任务和要求持续被强化。近年尤其是三权分置实施以来，我国土地流转速度不断加快，流转面积显著增加，然而经验感知和研究表明，当前克服土地细碎化的市场化和行政化模式并没有产生预期效果（罗必良等，2018；朱道林等，2020），生产率天花板难以突破，农业生产的分工与专业化水平并未显著提高，农业的适度规模经营似乎并未很好实现，甚至还在一定程度造成了粮食减产、农地"非粮化"、农户的经营主体地位被替代以及社会矛盾激增等社会性后果（周娟，2017），宏观环境和微观基础发生变化的情况下，新的人地关系尚未显出雏形。农业适度规模经营是土地流转的重要政策目标，但当前学界关于土地流转与土地规模经营问题的研究，主要集中研究土地流转和土地生产效率之间的关系（朱建军等，2011；陈杰等，2017），适度规模经营往往被作为中介变量使用，或者是直接研究土地规模与生产率之间的效率关联（辛良杰等，2009），鲜有关注土地流转和适度规模经营之间影响关系及其关联程度的成果。这种适度规模经营的理论描述和政策勾画与实践面貌之间的显著差异引发学界、实务工作者反思：适度规模经营应有的理论定义是什么？土地流转对不同定义的适度规模经营具体影响几何？当前的土地流转促进适度规模经营实现了吗？精准定义不同维度的农业适度规模经营，进而揭示土地经营权流转影响不同定义下农业适度规模经营的机理，并测算土地流转与适度规模经营间的数量关联，有助于系统回答"土地经营权流转是否促进了农业适度规模经营"这一问题，以更好地指导我国农业适度规模经营发展实践。

（一）农业适度规模经营：共识与争论

第一点共识是农业适度规模经营具有必要性。虽然仍在小农经营好还是规模经营优问题上有些许纠结，但无论是技术效率派还是制度环境派都认可农业经营的适度规模特征（范红忠等，2014），而且从各国农业发展经验来看，只有在适度规模下经营才能有效增加农业总产量（陆文荣等，2014）。无论是粮食作物还是经济作物，规模经营均存在适度问题（陆文荣等，2009）。第二点共识是农业适度规模的"适度"具体判定标准是多元的。这是由于农业适度规模经营具有动态性、区域性、层次性、差异性、多样性、阶段性等特征（田伟等，2016；宋小亮等，2016）。目前的主流标准是产出标准和收入标准，即将能使得经营主体获得最高的土地生产率或劳动生产率和获得最高的生产经营收益相应的面积规模定义为适度规模（吴振方，2019；陈秧分等，2015）。第三点共识是农业适度规模经营不等同于土地适度规模经营。在早期的一些研究和实践中人们往往将"土地流转"等同于"规模经营"。但随着土地托管等农业适度规模经营实践路径不断创新，更多的人认识到，农业适度规模经营并非土地适度规模经营，土地经营权流转对规模经营的重要性毋庸置疑，但是经营权流转不是实现规模经营的唯一途径（李琴等，2019），二者亦不可等同。

争论之一是以什么方法来判断适度规模的"最优值"。诸多研究者采用定量化的各类数学模型进行判断，但农业生产中的许多技术问题无法在数学模型中设置参数变量（陆文荣等，2014），因此通过数学模型得到"适度规模"的解释力十分有限。另一些学者基于定性的逻辑分析进行理论推理但明显科学性不足。还有些学者指出，适度规模问题不仅不是个纯粹技术问题，也不是个纯粹经济问题，要纳入社会学、政治学乃至于伦理学的视角下全面考察（黄河清，1986；曾福生，1995；刘同山等，2013）。甚至有学者直言，确切的最优规模和最优模式压根不存在（曹东勃，2013）。争论之二是适度规模经营的具体实现形式或路径。从生产的组织形式来看，土地集中型、合作经营型和社会服务型三种形式，形成了农业适度规模经营的主要实现方式（李琴等，2019）。其中通过土地经营权流转和集中的方式实现规模经营的农地流转规模经营和以统一、集中的社会化服务实现规模经营效应的农业服务规模经营最受推崇（李文明等，2015）。至于哪种路径最佳，则方家各表。争论之三是土地流转对农业适度规模经营的影响。一些学者坚信土地流转有利于缓解细碎化，促进机械设备使用，有助于主体获得社会化服务（程秋萍，2017）等诸多助益，因而土地流转是我国农业现代化发展的必由之路（刘凤芹，2003），是实现适度规模经营的前提和基础（韩鹏云，2020），是破解土地细碎化难题，进而实现规模经营、优化要素配置的根本途径（司瑞石等，2018）。而另一些研究则显示，并非所有的土地流转必然推动农业规模经营，尤其是农户间自发的土地流转甚至会抑制农业适度规模经营（韩俊，2018；拜茹，2019）。

（二）农业适度规模经营：定义及其假说

由于理论上和实践中对"适度规模"均具有不同的解读维度，从单一维度评估农业生产的最优规模，很难反映当下中国的农业生产状况（韩旭东等，2020），所以不可能给出农业适度规模经营的确切定义。从政策表述来看，一方面，我国的农业适度规模经营政策目标不是单一的，其至少具有土地产出和劳动效率提高以及农民收入增加三个直接目标，并最终导向另一个更为综合性的农业现代化目标。另一方面，农业适度规模经营的实现形式也不是单一的，主流即有土地集中型、合作经营型和社会服务型三种形式，实践中还有农田托管、集中连片等一些区域性创新形式。农业适度规模经营政策目标的多元化和实现形式的多样化导致其测度标准的多元化，从单一维度讨论农业适度规模经营问题，既难以完整涵盖其主要内容，亦不利于把握其关键环节。基于这种考虑，本部分广泛借鉴吸收既有研究成果，结合我国农业适度规模经营发展实际，基于生产率标准、成本标准、细碎化标准，尝试分别给出对应的适度规模经营定义，并揭示不同定义下土地流转与农业适度规模经营之间的逻辑关系，作为进一步实证检验土地经营权流转对农业适度规模经营综合影响的理论基础。

1. 适度规模经营 I （土地生产率标准）

定义 I：农业适度规模经营即在土地生产率提高意义上，在土地经营权流转的情况下，土地流入主体由于新技术采用，大型化智能化设备应用，管理更加科学化精细化，生产经营过程分工深化等因素推动的内部规模化达到农业生产的规模经济，土地的单位面积产出增加，土地单位面积收入提高，生产效率提升，农业适度规模经营实现。

土地经营权的流转是否有利于提高土地生产率是土地经营规模和土地产出效率关系的等价问题，国内外农经界对于二者的反向关系（IR）也基本得出一致结论。单位面积产量为什么会随着土地规模的扩大而呈现下降趋势？答案可能是：存在最优规模。在现有的生产力水平下，土地规模与亩均产量存在一个最优解，在这个最优规模以前，两者存在反向关系。超过这个临界值，两者即存在同向关系。倪国华等（2015）得出结论，当种植面积超过616～619 亩的拐点后，"规模报酬递增"才开始显现，亩均粮食产量随面积增加而呈现递增趋势。但是，当前我国农业生产的主导形式仍然是分散的农户经营，除东北等极个别地区外，绝大部分地区的农户种植规模距"最优规模"尚有较大差距，土地大规模集中经营将是一个漫长的过程，可以预见，"反向关系"规律未来仍将主导我国的土地规模集中过程。据此，提出假说 H1：

假说 H1：从土地生产率标准来看，土地经营权流转与亩均粮食产量和收入存在反向关系。

2. 适度规模经营 II （成本标准）

定义 II：农业适度规模经营即在规模经营带来成本节约意义上，在以农户家庭经营为基础，发生土地经营权流转的情况下，农业经营主体借助于农业生产组织形式和经营方式创新、生产过程标准化、劳动力专业化、生产资料采购使用集约化、生产工具大型化，以农业产前、产中、产后农资供应，技术管理，加工销售，金融保险等服务活动联结推动的外部规模化达到规模经济以及单位生产成本和市场交易成本降低，组织效率提高，农业适度规模经营得以实现。

从成本角度考察适度规模经营主要源于土地经营权流转扩大了土地经营规模，有利于降低单位生产成本形成规模经济。土地流转促进规模化经营，从而克服农地小规模经营的弊端，获得规模经济效益。土地规模扩大使得土地、资本、劳动力等生产要素配置趋向合理，生产经营活动高效化。这一点已被学者在研究中证实（张建等，2017），并且指出土地规模经营主要通过降低机械成本和化肥成本产生规模经济。但是，在考察土地流转是否带来规模经济时，也要考虑到亩均作物产量的变化情况。一方面，随着土地规模的扩大，国内外农经界基本得出一个事实：单位面积产量随农地经营规模增加而呈现下降趋势，即"反向关系"规律。这意味着土地规模与单位面积产量的反向关系可能会抑制规模经济的实现。判定土地流转是否能够实现规模经济，取决于土地流转带来的单位产量生产成本下降速率和土地流转带来土地规模扩大进而可能导致亩均产量下降速率二者的对比。另一方面，需要指出的是规模经济的实现也可能因作物类别存在异质性。例如许庆（2011）发现随着土地规模扩大，小麦和玉米存在规模经济，而王嫚嫚等（2017）和李文明等（2015）却发现水稻不存在规模经济，此外，亦可能会因成本类别产生异质性。总生产成本主要包括土地成本、劳动成本和物资服务成本，土地流转形成的土地归集能够带来部分成本的降低，但不能降低所有分项成本。因为相较于不参与土地流转农户而言，参与土地流转可能会增强土地细碎化程度，地块的增加会提高单位产量的化肥成本、劳动成本投入和机械成本（Bardhan，1973；任治君，1995）。还有一个因素需纳入考量，土地转出农户一般选择地理位置和土地质量并不占优的耕地进行流转，因而小可能增加转入农户的"皮鞋成本"、化肥等物资投入。据此，提出假说 H2：

假说 H2：从成本标准来看，土地经营权流转对单位产量生产成本的影响存在不确定性，但会因作物特点和成本类别产生异质性效应。

3. 适度规模经营Ⅲ（细碎化标准）

定义Ⅲ：农业适度规模经营即在土地细碎化程度降低意义上，在以农户家庭经营为基础，发生土地经营权流转的情况下，由于实施土地连片流转、土地重划、土地连片整治等行为，降低了土地细碎化引致的效率损失，田埂占地面积减少，果木等适宜成片种植作物得以种植，大型机械耕作、收割、播种，无人机喷药等变得可行，工人节约了地块间奔波的"皮鞋成本"，农业生产的成本降低，农业适度规模经营实现。

土地经营权流转既可能降低也可能提高土地的细碎化率，关键看土地经营权以何种形式进行流转[①]。如果仅仅是农户间分散地块的小规模流转，只发生"权利交易"而无地块重组，则在整体上会加剧土地的细碎化率；只有土地经营权的集中连片流转，即不仅发生"权利交易"，而且发生地块数量降低的地块重组，才会显著降低土地的细碎化程度。土地细碎化的产生既有产权制度因素，也与我国的地理环境以及人多地少的国情有关。我国的人地矛盾突出，家庭联产承包责任制实施以后，平均主义导向的分配机制加剧了土地细碎化程度。国家推动土地经营权流转的初衷是降低细碎化程度，发展规模经营。但我国的土地规模化流转仍面临一系列约束条件（万广华，1996）。

（1）地理条件约束。平原地区有利于机械化作业、田间管理，土地集中连片流转具有较强的现实可行性。而对于山地、丘陵等地区，不利于机械化作业展开，规模化连片流转存在地理条件和技术条件的限制。

（2）土地依赖性依然较强。现阶段，对于多数农民来说土地的社会保障功能仍然存在，劳动力转移和兼业化背景下虽然农户的土地依赖性有所降低，但总体来说，人地结合度仍然较紧密。即使家庭的非农收入远远高于农业收入，缺乏稳定医疗养老保障预期的农民也不愿放弃土地。再者，中国农民"地即是命"的生存伦理改变了人们对于土地的认知取向，理性经济人假设很多情况下并不能很好地解释农民对于土地的执念。

（3）地块属性。土地集中连片流转多实行统一价格，但不同地块级差地租无法较好实现，对于那些自身地块在肥力、交通便利度、位置等方面占据优势的农户，统一价格无法满足他们的价格预期，从而限制了土地的集中流

---

① 土地经营权的流转涉及土地转出者和转入者两方，若基于转出者考虑问题，则土地经营权的转出一般意味着土地细碎化程度的降低；当前的学术研究中，土地经营权流转相关问题的分析一般围绕土地转入者转入土地后的行为及其结果展开，故本部分中的分析亦基于转入者角度分析问题。

转。土地属性差异即使能通过货币补偿，但是土地质量如何衡量，应该补偿多少目前仍然缺乏标准化操作方案，使得双方难以达成一致。

（4）高额协调成本。土地是否流转是每个家庭的微观决策，每个家庭在收入主要来源、资源禀赋等方面存在差异。集中连片流转涉及多个农户家庭，人均一亩三分、户均不过十亩的情态下，当前农村的低组织化使得多个农户家庭达成共识的协调成本超高，这直接加剧了土地集中流转的难度。

除以上因素，其他因素如缺乏信任机制等同样也会抑制土地的集中流转，限于篇幅本部分只论证了以上四个主要因素。基于上述分析可知，目前的土地流转仍以农户间非正规分散流转为主，土地经营权的流转在总体上是不利于农业适度规模经营实现的。据此，提出假说 H3：

假说 H3：从细碎化标准来看，土地经营权流转加剧了当前农户的细碎化程度。

（三）模型构建与数据描述统计

如上文所述，农业适度规模经营基于不同的标准可以赋予不同的定义，具有不同的理论内涵，因此应有不同的农业适度规模经营政策目标。因而笼统地判定土地经营权流转与农业适度规模经营之间的关系并不科学，或者说，忽视农业适度规模经营定义的复杂性特征仅仅去粗线条描述土地经营权流转与规模经营的总体关联，对于实践中指导发展农业规模经营似乎价值不大。所以我们需要相对科学地确定不同农业适度规模经营相应的衡量指标，分类测度不同农业适度规模经营定义下土地经营权的流转对农业适度规模经营产生的影响，并最终给出二者关系的一个整体性判断。

1. 模型构建

为了充分检验三个维度下土地流转是否促进了适度规模经营的实现，本部分基于 2016 年全国农村固定观察点数据和本课题组 2020 年实地调研数据，借鉴已有研究分别构建了土地生产率、成本和土地细碎化模型（张建等，2017；李文明等，2015）。

（1）土地生产效率模型。该模型是从生产效率角度出发，并借鉴超越对数生产函数形式，在模型中引入土地流转变量，以此来考察土地流转对亩均粮食产量和收入的影响。具体的计量模型为：

$$\ln Y_i = \alpha_0 + \beta_0 D + \sum_{i=1}^{n} \ln X_i + \frac{1}{2} \sum_{i=1}^{n} \sum_{j=1}^{n} \gamma_{ij} \ln X_i + \beta_\kappa Z + \varepsilon_i \quad (6-3)$$

其中，Y 表示从生产效率角度衡量的适度规模经营，分别代表家庭粮食作物的亩均产量和收入。D 表示是否参与土地转入，参与赋值为 1，否则赋值为 0。X_i 表示土地、劳动、资本等生产要素。其中，土地指的是当年实际的粮食播种面积（亩）；劳动指的是家庭成员总的投工天数，以"标准劳动日"为计量单位；资本指的是在生产过程中实际发生的现金和实物支出，主要包括化肥、农药、种子、机械费等。Z 表示其他控制变量，主要包括表征家庭特征、户主特征和地域特征的一些变量。

（2）生产成本模型。为了分析土地流转对生产成本的影响，本部分用单位产量生产成本作为被解释变量，借鉴超越对数成本函数，在模型中引入土地流转变量，以此考察土地流转是否产生规模经济效应。具体模型如下：

$$\ln PC = \alpha_0 + \beta_0 D + \beta_y \ln Y + \sum_{i=1}^{n} \alpha_i \ln P_i + \frac{1}{2} \sum_{i=1}^{n} \sum_{j=1}^{n} \gamma_{ij} \ln P_i \ln P_j + \beta_\kappa Z + \varepsilon_i$$

$$(6-4)$$

其中，PC 表示亩均总生产成本或剔除租金成本的亩均总生产成本。D 表示是否参与土地转入，参与赋值为 1，否则赋值为 0。Y 主要指农户农业收入，用以代理超越对数成本函数中的各类生产要素信息，减少模型中的变量数目。在超越对数模型中，P_i 表示土地、劳动等要素价格。限于数据，本部分引入单位土地人均农业劳动时间和亩均粮食产量分别作为土地和劳动要素价格的代理指标；理论上讲，两者都显著影响农业成本投入。单位土地人均投入农业劳动时间越多，则意味着劳动成本投入越高。亩均粮食产量越高，意味着土地越肥沃，相应的土地租金也就越高。Z 表示其他控制变量，主要包括表征家庭特征、户主特征和地域特征的一些变量。

（3）土地细碎化模型。目前衡量细碎化的指标有很多，例如地块数量、块均面积、平均地块距离和辛普森指数。在这 4 种指标中，由于辛普森指数综合考虑到地块数量和地块面积，所以成为衡量土地细碎化最常用指标。本部分在使用辛普森指数的同时，为了克服其无法衡量单纯由于地块数量增加引起的细碎化程度加大的缺陷，构建了新的土地细碎化指标"土地均衡度"。在热力学中，熵是一个衡量分子无序程度的指标，本部分此处将其引申至土地细碎化程度的度量中，构造了"土地熵"指标，进而由土地熵计算出土地均衡度。土地均衡度值越大意味着土地细碎化程度越高。

土地均衡度的计算步骤如下：

第一步：计算每块耕地面积在家庭总耕地面积中的占比。

$$p_i = a_i/s \sum_{i=1}^{n} a_i = s \qquad (6-5)$$

第二步：借鉴信息熵计算公式，计算土地熵。

$$H = -\sum_{i=1}^{n} p_i \ln p_i \qquad (6-6)$$

第三步：计算土地均衡度。

$$E = H/\ln m \qquad (6-7)$$

均衡度表示土地熵与最大土地熵 $\ln m$ 的比值，m 表示地块数量。E 介于 $0 \sim 1$ 之间，其值越大，意味着土地细碎化程度越深。

具体的计量模型如下：

$$SI \text{ 或 } E = \alpha_0 + \beta_0 D + \sum_{i=1}^{n} \alpha_i \ln X_i + \beta_\kappa Z \qquad (6-8)$$

其中，SI 和 E 分别表示土地细碎化的衡量指标辛普森指数和土地均衡度；D 表示是否参与土地流转；X_i 表示土地、劳动、资本等生产要素；Z 表示其他控制变量。该模型中各指标的释义与上文相同。

2. 数据描述性统计

本部分的数据来源于两部分：一是农业部组织调查的 2016 年全国农村固定观察点数据；二是来自本课题组的实地调查数据。土地生产率和生产成本模型利用了 2016 年全国农村固定观察点数据；土地细碎化模型利用了实地调研数据。

全国农村固定观察点数据是由农业部组织实施调查，具有较高的权威性和可信度。该调查数据包括全国 31 个省份（不含港澳台地区）的 23000 个农户，数据覆盖面广，样本容量大，用于研究农村土地经营权流转对适度规模经营的政策效应检验具有不可比拟的优势。虽然固定观察点数据总量较大，但是各样本户种植具体作物之间存在差别，调查数据缺失较多以及存在异常值，所以本部分在数据处理时，对这些农户进行了剔除。具体的样本量及数据统计特征见表6-3。

表6-3　　　　　　　模型1、2中变量的描述性统计

变量名称	小麦			玉米			水稻		
	均值	最小值	最大值	均值	最小值	最大值	均值	最小值	最大值
亩均粮食产量（对数）	406.005	20	1888.89	526.620	37.142	2027.02	519.509	40	2200
亩均粮食收入（对数）	873.834	62.5	1720	794.697	38.593	3000	1408.57	34.52	3240
亩均成本（对数）	6.462	3.973	8.629	6.103	0.446	9.258	6.354	2.494	9.474
是否参与土地流转	0.0402	0	1	0.096	0	1	0.095	0	1
家庭特征									
土地投入（对数）	1.328	-1.609	11.191	1.580	-2.302	7.313	1.216	-2.303	6.131
劳动投入（对数）	3.344	0.693	6.109	3.628	0.405	6.815	3.847	1.098	8.962
资本投入（对数）	7.288	3.807	11.71	7.345	1.609	11.837	7.383	3.466	12.434
土地投入平方项	2.442	0.011	29.43	4.388	0.009	53.483	2.599	0.009	37.591
劳动投入平方项	11.914	0.480	37.323	14.073	0.164	46.452	15.733	1.207	80.315
资本投入平方项	53.954	14.491	137.127	56.214	2.590	140.119	55.937	12.011	154.599
土地与劳动交互项	4.849	-4.128	43.781	6.543	-6.897	34.241	5.377	-6.897	42.883
土地与资本交互项	10.322	-6.767	90.120	13.585	-10.945	69.239	10.143	-16.325	75.744
劳动与资本交互项	24.836	3.937	61.539	27.511	1.679	77.181	29.132	6.638	92.041
是否受过农业技术教育	0.089	0	1	0.077	0	1	0.069	0	1
是否受过农业培训	0.173	0	1	0.167	0	1	0.140	0	1
家庭受农业教育人数比例	0.130	0	1	0.119	0	1	0.098	0	1
家庭受非农教育人数比例	0.065	0	1	0.073	0	1	0.063	0	1
平均受教育年限	7.278	0	14	7.323	1	14	7.231	0	15.5
家庭平均年龄	47.073	23	70	47.311	23	70	47.136	27.667	70

续表

变量名称	小麦			玉米			水稻		
	均值	最小值	最大值	均值	最小值	最大值	均值	最小值	最大值
户主特征									
户主性别	0.955	0	1	0.947	0	1	0.942	0	1
户主年龄	55.162	19	70	54.333	18	70	56.021	21	70
户主受教育程度	7.220	0	17	7.202	0	16	6.936	0	15
地域特征									
东部	0.512	0	1	0.559	0	1	0.374	0	1
中部	0.310	0	1	0.309	0	1	0.473	0	1
西部	参照组			参照组			参照组		

资料来源：根据实地调研数据整理所得。

调研数据源自本课题支持下开展的实地调研。其中共发放 500 份问卷，最终收回 405 份有效问卷，有效率达到 81%。调查数据涉及山东、河南和贵州 3 个不同省份，分属东部、中部、西部地区，具有一定的代表性。具体的样本量及数据统计特征见表 6-4。

表 6-4　　　　模型 3 中变量的定义与描述性统计

变量	变量含义	均值	最小值	最大值
辛普森指数	衡量土地细碎化指标	0.4210	0	0.833
土地均衡度		0.6506	0	1
是否参与土地转入	参与赋值为 1，否则为 0	0.2452	0	1
家庭特征				
家庭是否有农业补贴	有补贴赋值为 1，否则为 0	0.5670	0	1
经营耕地面积（亩）	家庭年末实际经营的耕地面积	6.7098	0.2	200
家庭成员是否有党员	家庭成员有党员赋值为 1，否则为 0	0.1341	0	1
所属地形	平原 =1，其他 =0	0.7165	0	1
户主特征				
户主性别	男 =1，女 =0	0.7854	0	1
户主年龄	户主年龄（岁）	43.6322	38	89
户主受教育年限	户主受教育年限（年）	6.3185	0	16

资料来源：根据实地调研数据整理所得。

（四）土地流转促进农业适度规模经营的实证检验

1. 土地流转与亩均粮食产量和收入

表6-5和6-6给出的分别是以亩均粮食产量和亩均粮食收入作为适度规模经营衡量指标的估计结果。亩均粮食产量和亩均粮食收入作为农户适度规模经营衡量指标，实际是一个问题的两个方面，当然亦可验证实证结果的稳健性。亩均粮食产量与亩均粮食收入两者只差一个价格系数，所以，理论上土地流转对两者的影响应是同向的。

表6-5　　　　　　　　　土地流转与亩均粮食产量

因变量	亩均粮食产量		
	小麦	玉米	水稻
是否参与土地转入	- 0. 1125 *** (0. 0404)	- 0. 2155 *** (0. 0263)	- 0. 1701 *** (0. 0247)
土地投入	- 0. 4877 *** (0. 1506)	- 0. 7980 *** (0. 1146)	- 0. 4398 ** (0. 1909)
劳动时间投入	0. 9944 *** (0. 1764)	0. 1084 (0. 1168)	0. 3775 *** (0. 1181)
资本投入	- 0. 4782 *** (0. 1792)	0. 5053 *** (0. 1262)	- 0. 4850 *** (0. 1645)
土地投入平方	- 0. 0653 *** (0. 0052)	- 0. 0871 *** (0. 0091)	- 0. 0909 *** (0. 0181)
劳动时间投入平方	- 0. 0092 (0. 0113)	- 0. 0221 *** (0. 0082)	- 0. 0189 *** (0. 0058)
资本投入平方	0. 0951 *** (0. 0156)	- 0. 0128 (0. 0115)	0. 0667 *** (0. 0136)
资本与土地交互项	- 0. 0256 (0. 0233)	0. 0797 *** (0. 0175)	- 0. 0036 (0. 0286)
资本与劳动时间交互项	- 0. 1586 *** (0. 0314)	0. 0000 (0. 0191)	- 0. 0549 *** (0. 0187)
土地与劳动时间交互项	0. 1616 *** (0. 0328)	0. 0360 * (0. 0219)	0. 1089 *** (0. 0206)

续表

因变量	亩均粮食产量		
	小麦	玉米	水稻
是否受过农业技术教育	0.2036 *** (0.0345)	0.0761 *** (0.0287)	0.0515 * (0.0295)
是否受过农业培训	− 0.1598 *** (0.0340)	0.0718 ** (0.0330)	− 0.0457 (0.0307)
家庭受农业教育人数比例	− 0.1231 ** (0.0542)	− 0.2691 *** (0.0464)	0.0265 (0.0468)
家庭受非农教育人数比例	0.0880 ** (0.0463)	0.0701 ** (0.0366)	− 0.0004 (0.0367)
平均受教育年限	0.0012 (0.0057)	0.0062 (0.0052)	− 0.0093 ** (0.0045)
家庭平均年龄	0.0041 *** (0.0013)	0.0057 *** (0.0010)	− 0.0004 (0.0010)
户主特征	控制	控制	控制
地域特征	控制	控制	控制
常数项	4.9649 *** (0.6553)	3.0951 *** (0.4272)	6.684 *** (0.572)
N	1638	3375	1788
R^2	0.5111	0.3673	0.2486

注：括号内的数值为标准误，* 、** 、*** 分别表示10%、5%、1%的显著性水平。
资料来源：借助 Stata15 软件运算所得。

表6−6　　　　　　　　　**土地流转与亩均粮食收入**

因变量	亩均粮食收入		
	小麦	玉米	水稻
是否参与土地转入	− 0.4029 *** (0.0469)	− 0.4403 *** (0.0278)	− 0.2415 *** (0.0298)
常数项	7.7834 *** (0.7607)	4.1273 *** (0.4507)	9.5589 *** (0.6895)
地域特征	控制	控制	控制
N	1638	3375	1788
R^2	0.511	0.336	0.197

注：括号内的数值为标准误，*** 表示1%的显著性水平。
资料来源：借助 Stata15 软件运算所得。

回归结果显示，土地流转对亩均粮食产量和亩均粮食收入均存在显著的负影响。这意味着，随着土地规模的扩大，亩均粮食产量和收入会降低，再次印证学术界关于亩均粮食产量与耕地规模存在的反向关系，且与国内学者倪国华等（2015）得出的结论一致。从系数大小来看，以亩均粮食产量为例，参与土地流转可使亩均小麦产量降低11.25%；亩均玉米产量降低21.55%；亩均水稻产量降低17.01%。三种粮食作物相比较而言，土地流转使玉米亩均产量减少最大；水稻次之；小麦降低最少。至此，假说H1得证。

除此处考察的关键解释变量外，其他部分控制变量也较显著且符合现实理论。例如是否受过农业技术教育对亩均粮食产量和收入均存在显著的正影响，农业技术教育培训能提高农户的农业技术水平从而提高粮食产量和收入。表征户主特征的户主年龄对亩均粮食产量和收入均存在显著负影响，户主受教育年限对亩均粮食产量和收入均存在显著正影响，这意味着户主年龄越小，受教育年限越长，农户的亩均粮食产量和收入越高。

2. 土地流转与生产成本

表6-7汇报了土地流转对单位产量的总成本、化肥成本、农药成本、机械成本的估计结果。估计结果显示，除了机械成本外，土地流转对总成本、化肥成本和农药成本均存在显著的正影响，表明参与土地流转的农户会增加总成本、化肥成本和农药成本，但是会降低机械成本。原因可能是中国目前土地流转规模不大，依然局限于农户之间的小规模流转，小农户在农资采购方面并没有绝对的议价能力，所以并没有带来成本下降，加之土地流转与产量存在反向作用，使得单位产量成本增加。机械成本降低，可能是土地规模扩大有利于机械化生产，在机械服务价格方面农户占有议价优势，从而降低机械费用。从估计参数来看，参与土地流转可以使得总成本、化肥成本、农药成本分别提高24.84%、9.39%、16.95%；参与土地流转可以使机械成本降低10.47%。

除了土地流转解释变量外，单位土地人均农业劳动时间对亩均成本存在显著正效应，这意味着单位土地人均农业劳动时间越多，劳动力成本投入越大，从而增加总成本；表征土地成本的亩均粮食产量对单位产品成本有显著负影

表6－7　　　　　　　　　　　土地流转与生产成本

因变量	单位产量总成本	单位产量化肥成本	单位产量农药成本	单位产量机械成本
是否参与土地转入	0.2484 *** (0.0372)	0.0939 *** (0.0365)	0.1695 *** (0.0625)	-0.1047 *** (0.0391)
种植面积	-0.0058 *** (0.0007)	-0.0059 *** (0.0007)	-0.0119 *** (0.0013)	-0.0077 *** (0.0008)
单位土地人均农业劳动时间 （作为劳动价格）	0.0007 *** (0.0003)	0.0013 *** (0.0002)	0.0036 *** (0.0006)	0.0006 * (0.0004)
亩均粮食作物产量 （作为土地价格）	-0.00052 *** (0.0000)	-0.0006 *** (0.0000)	-0.0009 *** 0.0001)	-0.0003 *** (0.0000)
地块数量	0.0050 *** (0.0018)	0.0122 *** (0.0018)	0.0209 *** (0.0031)	0.0049 ** (0.0021)
是否受过农业技术教育	0.1662 *** (0.0533)	0.0974 * (0.0522)	0.0358 (0.0893)	-0.2272 *** (0.0566)
是否受过农业培训	0.0114 *** (0.0591)	0.0820 (0.0579)	0.0649 (0.1004)	0.0398 (0.0636)
家庭受非农教育人数比例	0.0679 (0.0703)	0.0187 (0.0690)	0.0507 (0.1175)	-0.1220 * (0.0747)
家庭受农业教育人数比例	0.2718 *** (0.0872)	0.2336 *** (0.0854)	0.5300 *** (0.1491)	0.3651 *** (0.0926)
户主性别	0.0568 (0.0555)	0.0095 (0.0544)	0.0109 (0.0984)	-0.1355 ** (0.0626)
户主年龄	0.0025 ** (0.0014)	0.0027 ** (0.0013)	0.0036 (0.0023)	0.0058 *** (0.0015)
户主受教育年限	0.0116 ** (0.0055)	0.0173 *** (0.0054)	0.0042 (0.0096)	0.0191 *** (0.0060)
常数项	0.4743 *** (0.1110)	-0.6616 *** (0.1089)	-2.1196 *** (0.1937)	-1.8922 *** (0.1209)
地域特征	控制	控制	控制	控制
N	4482	4482	4482	4482
R^2	0.1509	0.1384	0.1274	0.0834

注：括号内的数值为标准误。＊、＊＊、＊＊＊分别表示10%、5%、1%的显著性水平。
资料来源：借助Stata15软件运算所得。

响，即亩均粮食产量越高，意味着土地产出越多，从而使得单位产品成本越低；表征土地细碎化的地块数量对亩均成本存在显著的正影响，即土地细碎化程度越高,越会提高单位产品成本。可能的原因是土地细碎化越严重,土地越不集中,越不利于机械化作业,越可能会增加交通运输成本,从而提高生产成本。

为考察土地流转的异质性影响,表6-8分别给出了土地流转对小麦、玉米和水稻三种作物单位产品成本的估计结果。估计结果显示,对于总成本而言,参与土地流转能显著增加三种作物成本。原因除了土地流转与作物产量存在反向关系外,另一原因可能是租金成本的关系。在我国当前的土地流转市场中,租金成本在总成本中占有较大比例。诸培新等(2015)调研江苏省北部地区发现,农户主导下的土地流转租金为每亩568元,如果按亩均成本1000元计算,流转租金占比超过了50%。更有学者(林善浪,2000)根据《全国农村固定观察点调查数据汇编(2005~2015)》的统计数据发现,在2005~2015年,土地流转租金平均每年上涨24.6%。租金成本的存在,导致土地流转并没有带来规模经济。分作物分成本来看,土地流转能显著提高小麦和水稻的农药成本,对化肥成本和机械成本不存在显著影响,这与王嫚嫚等(2017)得出结论一致;能显著降低玉米的化肥成本、农药成本和机械成本,这与许庆(2017)得出结论一致。因此,土地流转对农作物单位产品成本存在异质性效应,会因作物特点产生不同影响,亦会因成本类别不同造成不同影响,假说H2得证。

表6-8 分作物种类考虑成本变化

因变量	总成本	化肥成本	农药成本	机械成本
作物1	小麦			
是否参与土地转入	0.2188 *** (0.0718)	0.0121 (0.0685)	0.3175 *** (0.1239)	-0.0644 (0.1020)
种植面积	0.0034 * (0.0020)	0.0016 (0.0022)	-0.0051 (0.0041)	-0.0057 * (0.0034)
N	1292	1292	1292	1292
R^2	0.1562	0.1495	0.0943	0.1232
作物2	玉米			
是否参与土地转入	0.2570 *** (0.0352)	-0.0752 ** (0.0406)	-0.4216 *** (0.0662)	-0.2212 *** (0.0620)
种植面积	-0.0036 *** (0.0005)	-0.0050 *** (0.0006)	-0.0103 *** (0.0009)	-0.0022 ** (0.0009)

续表

因变量	总成本	化肥成本	农药成本	机械成本
N	3318	3318	3318	3318
R^2	0.1850	0.1150	0.1387	0.0785
作物 3	水稻			
是否参与土地转入	0.2416 *** (0.0423)	-0.0341 (0.0492)	0.1055 * (0.0702)	-0.0681 (0.0691)
种植面积	-0.0008 (0.0010)	-0.0031 *** (0.0012)	-0.0001 (0.0017)	-0.0025 * (0.0016)
N	1695	1695	1695	1695
R^2	0.0808	0.1185	0.0891	0.0754

注：括号内的数值为标准误，＊、＊＊、＊＊＊分别表示10%、5%、1%的显著性水平。
资料来源：借助 Stata15 软件运算所得。

3. 土地流转与土地细碎化

表6-9 汇报的是土地流转对土地细碎化程度的影响。总的来看，无论是采用辛普森指数还是土地均衡度衡量土地细碎化，参与土地流转均能造成土地细碎化程度提高。其中，在辛普森指数衡量指标下，参与土地流转可使土地细碎化程度提高0.1495 个单位；在土地均衡度衡量指标下，参与土地流转可使土地细碎化程度提高0.1762 个单位。因此，在当前的土地流转情形下，普通农户之间的小规模土地流转并未使得土地变得更集中，土地流转只是使得单个家庭拥有土地总体规模扩大，并未形成土地连片规模的扩大。这与钟甫宁等（2010）通过调研发现土地流转对降低土地细碎化作用不显著以及杨丹等（2011）通过实证分析得出土地租入能显著提高 SI 指数加大土地细碎化程度结果一致。全此，假说 H3 得证。

表6-9　　　　　　　　　　土地流转与土地细碎化

因变量	辛普森指数（SI）	土地均衡度（E）
是否参与土地转入	0.1495 *** (0.0418)	0.1762 *** (0.0593)
家庭是否有农业补贴	0.2069 *** (0.0379)	0.2807 *** (0.0518)

续表

因变量	辛普森指数（SI）	土地均衡度（E）
承包地面积（亩）	0.0091 *** （0.0038）	0.0055 （0.0052）
家庭成员是否有党员	−0.1019 ** （0.0530）	−0.1471 ** （0.0747）
本村地形特征	−0.0230 （0.0413）	−0.0134 （0.0569）
户主特征	控制	控制
N	328	328
R^2	0.2071	0.1536

注：括号内的数值为标准误，** 、*** 分别表示5% 、1% 的显著性水平。
资料来源：借助 Stata15 软件运算所得。

除了土地流转变量以外，家庭是否有农业补贴对土地细碎化有显著正影响。可能的原因是，农业补贴抑制了家庭土地的转出，促进土地的转入，增加地块数量，从而加剧细碎化程度。家庭成员是否有党员对土地细碎化存在显著的负效应。家庭成员中有党员，对土地政策解读更深，对国家政策更熟知，更懂得土地集中带来的益处。本村地形特征虽然不显著，但作用方向符合现实情况，平原地区细碎化程度较低，山地丘陵地区细碎化程度更高。

考虑到参与土地流转可能存在自选择问题从而造成内生性偏误，本部分进一步采用匹配估计方法来识别土地流转对土地细碎化的影响。表6－10分别汇报了倾向指数匹配和近邻匹配的估计结果。从估计结果来看，参与土地流转依然对土地细碎化具有显著正影响，土地流转会加剧土地细碎化程度。平均来看，在辛普森指数指标下，参与土地流转使得土地细碎化程度提高0.1479个单位；在土地均衡度指标下，参与土地流转使得土地细碎化程度提高0.2246个单位。

表6－10   土地流转对土地细碎化影响的 ATT 估计结果

匹配方法	辛普森指数		土地均衡度	
	系数值	Z 值	系数值	Z 值
ATT1（倾向指数匹配）	0.1449 ** （0.0650）	2.23	0.2189 ** （0.0589）	3.72
ATT2（近邻匹配）	0.1510 *** （0.0601）	2.52	0.2302 *** （0.0560）	3.87

注：括号内的数值为标准误，** 、*** 分别表示5% 、1% 的显著性水平。
资料来源：借助 Stata15 软件运算所得。

综上可知，无论是采用辛普森指数还是土地均衡度作为土地细碎化衡量指标，参与土地流转均能显著加剧土地细碎化程度。当前的土地流转依然是小农户之间的分散化流转，土地流转增加农户经营规模的同时也增加了地块数量，并未削弱当前的土地细碎化程度。所以，未来应当积极推动集中连片形式的土地流转，创新流转形式，切实实现农户的规模化经营。

（五）结论与启示

1. 研究结论

本章基于 2016 年全国农村固定观察点数据和实地调研数据，构建了超越对数模型和 ATT 因果模型，分别探讨了土地经营权流转对不同定义下农业适度规模经营实现程度的影响。研究结果表明：（1）不能笼统地判定土地经营权流转是否促进了农业适度规模经营实现，当从不同的角度定义农业适度规模经营时，二者之间的关系呈现不同变化特征。（2）若从生产率的角度来定义农业适度规模经营，则可发现当前土地经营规模下，土地流转并未促进农业适度规模经营实现，土地流转形成的土地规模的扩大与亩均粮食产量和收入存在反向关系。（3）从成本的角度来看，当前土地流转的规模经济性不高。无论是总体分析还是分作物类别看，土地流转带来的土地规模并以此产生的规模经济并未凸显。从成本类别看，参与土地流转可使单位产量的总成本、化肥成本、农药成本分别提高 24.84%、9.39%、16.95%，使机械成本降低 10.47%。从分作物类别看，土地流转能显著提高小麦和水稻的农药成本，对化肥成本和机械成本不存在显著影响，能显著降低玉米的化肥成本、农药成本和机械成本。（4）若从细碎化的角度来定义农业适度规模经营，则可发现土地流转甚至一定程度上提高了土地的细碎化程度，因而没有促进农业的适度规模经营。

综合上述实证分析结果可知，土地经营权流转不必然等于土地适度规模经营程度提高，土地经营权流转可能促进土地适度规模经营，也可能降低土地适度规模经营程度，关键取决于适度规模经营基于的研究维度以及土地经营权流转实现的政策目标函数。

2. 研究启示

一系列证据表明，农户间自发型非正式的土地经营权流转，由于只是增加了流入者的经营总规模而没有有效提高土地的集中连片程度，在提高农业适度规模经营效率方面绩效不彰，故应在推动土地经营权流转时着力提升流转质量。

（1）实施"迂回式补贴"。[1] 当前涉农补贴的发放主要是政府行政化推动，市场手段应用不足，补贴资金的使用效率并不高。在农业适度规模经营问题上，多地将土地经营权流转面积作为考核指标纳入地方考评体系，使得地方以各种方式给予土地流转补贴推动工作加速。多项研究表明，生产性服务水平提高的确可促进规模经营（林善浪，2000）。因而，从促进农业适度规模经营的角度来说，要把资本市场避之不及、视之大恶的杠杆效应适度引进农业补贴领域，政府投入少量资金，利用市场机制的力量，撬动大量社会资本共同发力农业。具体来看，建议政府不再以直接补贴流转面积的方式推动土地流转，而是采取补贴农业社会化服务组织的形式，提高农业生产社会化服务水平，从而节约劳动用工的"迂回式补贴"，降低单位土地的劳动力需求，推动土地流转，引导规模化经营。

（2）倡行"内卷式流转"。本部分借鉴引申吉尔茨的"内卷化"定义，相对于有着正式或非正式土地经营权流转协议的一般意义上的土地流转，将那种村集体适度介入或牵头组织，不经过微观主体之间大量土地经营权交易行为却实现了农户地块适度集中的"土地整治""土地重划"等称作"内卷式流转"。经过40年的土壤改良和精耕细作，各地区域内土地肥瘦程度已经差别不大，可以实施"内卷式流转"，即土地整体规模基本不变情况下的土地整理工程，小块并大块；在当前的约束条件下，可能内卷式流转更具有可行性和推广价值。通过内卷式流转，不但有助于推动适度规模经营，而且在整理并块过程中一般还因为地块边梗的减少、沟洼利用等会有一定面积的土地增加，生产条件改善等这些附带收益。

---

[1] 区别于直接针对土地流转的补贴，本书所倡导的补贴与土地流转行为没有直接关联，而是对生产性服务行为进行补贴，并因为生产性服务的水平提高而降低土地流转的成本，提高土地流转的意愿和便利性而间接促进土地流转。故谓之迂回式补贴。

（3）规避"土地规模陷阱"。如上文分析，如果单纯从经营土地面积的角度来看，农户间小规模地块的经营权易手对于土地流入者而言也意味着生产规模的扩大。但是，如果从效率的角度来看，这种靠地块数量而"攒"在一起的规模化是显见低于单位地块规模扩大形式的规模化的，故称之为"土地规模陷阱"。虽然在定义上分析规模化有多种理解，现实中有多种路径，但显然，经济学理论家们论说的和国家政策引导的是那种伴随着土地细碎化率降低而提高的适度规模化。因此，土地流转中必须注重规模土地的连片，避免仅是地块的增多造成的土地细碎化导致"土地规模陷阱"。

第七章

农村基本经营制度改革绩效
测度：粮食安全维度

本章基于粮食安全维度测度农村基本经营制度改革绩效，共分为两个部分。一方面，揭示了劳动力转移、土地流转和溢出效应对农户种植结构的影响机理，并利用 2016 年全国农村固定观察点数据构建联立方程和中介效应模型检验了其具体影响，得出了以下几点主要结论：（1）土地流转形成的不同土地规模对农户种植结构存在动态影响，分散化土地流转形成的土地规模较小会降低农户的粮食作物种植面积和占比，规模化土地流转形成的土地规模较大会提高粮食作物种植面积和占比；（2）劳动力转移、土地流转和溢出效应对农户种植结构的影响存在明显的地区异质性；（3）对于分散化土地流转农户，土地流转租金亦会促进农户种植结构"非粮化"，且能通过种植结构中介变量影响家庭的粮食作物和经济作物净收益。另一方面，分别在家庭土地经营规模不变和经营规模可变两种情形下构建了收入最大化函数，从数理上证实了外包服务能显著促进粮食生产，并采用 2011～2019 年 30 个省份的面板数据，利用固定效应面板模型工具变量法实证分析了农业生产外包服务对粮食生产的影响，并进一步借助门槛效应模型和中介效应模型检验了外包服务影响粮食生产中可能存在的门槛效应和中介效应。研究结果表明：（1）农业生产外包服务水平能显著促进粮食生产且地形条件对服务外包影响粮食生产存在调节效应；（2）外包服务对粮食生产存在显著的以土地流转率作为门槛变量的双重门槛效应，省份的土地流转率处于越高门槛区间，外包服务对粮食生产的促进作用越强；（3）外包服务水平可以通过土地流转率和参与土地流转农户占比中介变量"部分地"促进粮食生产。

一、劳动力转移、土地流转和溢出效应
对农户种植结构的影响

国家粮食安全问题一直备受各国关注。近年来，世情、国情和农情发生重大变化，如何把饭碗牢牢端在中国人自己手中开始从政治家们的隐忧转变为现实问题。尤其是当前中美博弈进入新阶段，中美贸易关系恶化态势不减，粮食安全问题更引发国人严重关切。虽然我国的国际开放水平很高，国际粮食市场成为我们保障粮食安全的重要组成部分。但是，也必须考虑和认识到，在地区冲突频发的当今世界百年未有之大变局中，粮食供应有可能存在供应链阻断、粮食市场秩序紊乱及粮食危机爆发的风险。因此，习近平总书记提出"把中国人的饭碗牢牢端在自己手中"，"十四五"规划和2021年《中共中央　国务院关于全面推进乡村振兴加快农业农村现代化的意见》均提出"实施粮食安全战略"，这无不体现了党和国家对粮食安全的重视。粮食安全关乎国家安全，也关乎国家稳定。正所谓"粮食足，天下安"，粮食等生活必需品的丰裕富足，是国家安全稳定的"压舱石"。农户种植结构与国家粮食安全具有直接关联，种植结构"趋粮化"更有利于保障粮食安全；种植结构的"非粮化"则不利于保障粮食安全。厘清劳动力转移、土地流转和溢出效应对农户种植结构的影响机理及其具体效应，有助于加强政策调适从而保障国家粮食安全。

（一）农户种植结构调整的理论分析

本部分主要关注劳动力转移、土地流转和溢出效应对农户种植结构的影响，因此，分别从这三个方面展开论证，分析其对农户种植结构的影响机理。

1. 劳动力转移与农户种植结构

劳动力转移实质上是家庭劳动力资源的重新配置。劳动力转移对种植结构的影响可以从两方面进行论证。一方面劳动力转移增强了劳动力供给约束。家庭经营决策出于收入最大化的目标，在家庭分工决策时，一般青壮年劳动力被分工至外出务工从事非农经营活动。如此一来，外出务工势必造成农业劳动力供给减少，不仅在数量上而且在质量上。众多研究者也指出农村普遍存在农业劳动力老龄化、女性化现象。因此，面对劳动力供给的减少，农户会选择种植劳动时间投入较少的粮食作物。另一方面劳动力转移缓解了家庭流动性约束。相较于农业劳动，非农劳动对家庭增收效果更显著。面对劳动力缺失，农户会选择技术替代增加机械费用投入，改变家庭面临的劳动力约束。相较于经济作物，粮食作物更易于机械耕种，劳动时间投入更少，所以，农户出于理性经济人的假设选择增加粮食种植比例。

劳动力转移会影响农户种植结构。但反之，劳动力分工决策时亦会考虑家庭的农作物种植结构，考虑家庭农业生产对劳动时间需求。亦有学者发现，在不同的种植结构下，农地调整对劳动力转移的激励作用不同（仇童伟等，2017），这也从侧面说明种植结构对劳动力转移也存在影响。

因此，基于上述分析，本书有理由认为劳动力转移与种植结构存在相互影响。

2. 土地流转与农户种植结构

自 2003 年《农村土地承包法》实施以来，中国的土地流转市场得到快速发育，在一定程度上促进了土地集中和农村土地规模化经营。土地流转会改变家庭的土地要素禀赋，从而改变要素配置结构，进而影响农业种植结构（张宗毅等，2015；徐志刚等，2017；钱龙等，2018）。农户在种植结构上的调整无非两种路径：一是随土地规模的扩大增加粮食作物种植比例；二是随土地规模的扩大出于比较效益增加经济作物的种植规模。但是，本书认为种植结构不但会随土地流转而调整，亦与土地流转形成的土地规模有关。对于参与土地流转农户而言，分散化土地流转形成的土地规模较小，出于租金成本压力和比较收益，农户会增加利润更高的经济作物种植面积，表现出"非粮化"。规模化土地流转形成的土地规模较大，农户会选择易于机械替代，便于管理的粮食作物，表现出"趋粮化"。随着土地规模扩大农户"趋粮化"的另一个原因可能是，土地规模扩大形成规模经济（仇童伟等，2017），使得农户种粮利润可观。

农户种植结构随土地规模的变化而进行动态调整，原因在于经济作物和粮食作物的不同特点。随着土地规模的扩大，农户会因经济作物特点受到约束，使其不能总在经济效益驱动力下不断扩大经济作物种植面积。这种约束的形成主要源于经济作物的两大特点。（1）经济作物的时间投入更多。粮食作物属于土地密集型产品，而经济作物属于劳动密集型产品，所以相对来说经济作物的投工量更多。有数据显示，2018 年小麦、玉米、水稻三种粮食作物的每亩平均用工天数为 4.81 天，而经济作物每亩棉花平均用工量是 13.45 天、烟草 25.99 天、蔬菜 33.95 天、蚕桑 40.75 天（张宗毅等，2015），经济作物的投工量是粮食作物的 3~5 倍。（2）经济作物的机械化水平较低。经济作物由于自身特点，对机械化技术要求更复杂，使得经济作物的机械化装备缺乏或不成熟，从而造成经济作物在耕、种、收三个环节的机械化水平均较低。有学者测算过八大作物的耕、种、收三个环节的综合机械化水平，发现小麦、玉米、水稻等主要粮食作物的机械化水平平均达到 82.2%，然而经济作物像油菜、马铃薯、花生、棉花的平均机械化水平只为 47.01%（陈巧敏等，2017）。更有学者发现在三个环节的关键机收环节，油菜、马铃薯、花生的机械化水平只在 20% 左右，棉花的机械化水平甚至不足 10%（钱龙等，2018）。

由于经济作物在投工量和机械化水平方面不同于粮食作物，使得农户的种植结构随着土地规模的扩大而进行动态调整。因此，基于上述分析，本部分提出以下两个假说：

假说 H1：土地流转实现的土地规模较小时，与粮食作物种植面积和占比负相关。

假说 H2：土地流转实现的土地规模较大时，与粮食作物种植面积和占比正相关。

3. 溢出效应与农户种植结构

农村是一个网络化的社会组织，农户之间存在较多联系，家庭组织决策也会受到其他农户的影响。因此，农户的种植结构除了受到经济理性人的支配，还受到社会网络的影响。

　　像农村这样依傍土地资源聚居在一起的群体网络组织，网络中群体式种植农作物的行为会产生溢出效应，对其他个体农户种植结构形成影响。以经济作物为例，分析溢出效应的产生机理为：一是技术外溢。当村落中部分个体种植某类经济作物时，关联个体经常性地进行管理经验的交流互动，从而使选种、育苗、施肥等一系列成熟的种植技术会无成本地在地缘网络和亲缘网络间扩散，降低了网络间个体农户种植该作物的成本。二是经济外溢。当村落中作物种植形成规模后，常常会吸引大量采购商上门收购，这种销售便利可以有效节约运输成本、时间成本，有利于带动更多的农户参与该作物的种植。三是生产社会化服务规模化收益。某类作物的规模化种植使得无人机病虫害防治、大型农机具作业等成为可能，农户可以享受的社会化服务项目更多，单位产品生产的成本更低，这种生产的便利化和成本的节约吸引了更多的农户从事该作物的种植。

　　图7-1展示了溢出效应和种植结构的关系。[①] 关于图7-1中 MFC、MEB 曲线，下面给予说明。

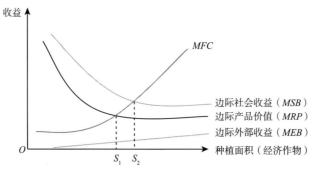

图7-1　溢出效应与种植结构

　　（1）边际要素成本（MFC）。假定农户的总成本函数满足：

$$TC = C_0 + wL(Q) + tS(Q) + rK(Q) \tag{7-1}$$

---

　　① 以经济作物为例，当不考虑溢出效应时，全村经济作物的种植面积为 MFC 与 MRP 的交点，此时经济作物的种植面积是 S_1；当考虑溢出效应时，全村经济作物的种植面积为 MFC 与 MSB 的交点，此时经济作物的种植面积是 S_2。从图中可以发现 $S_1 < S_2$，因此，相较于不考虑溢出效应，全村经济作物的种植面积有所增长，进而说明家庭的种植结构受到其他农户种植结构的影响。

其中，工资（w）、租金（t）、利率（r）均为常数。

对式（7-1）求导数有：

$$MC = \frac{\mathrm{d}TC}{dQ} = w\frac{\mathrm{d}L(Q)}{dQ} + t\frac{\mathrm{d}S(Q)}{dQ} + r\frac{\mathrm{d}K(Q)}{dQ}$$

$$= w\frac{1}{MP_L} + t\frac{1}{MP_S} + r\frac{1}{MP_K} \qquad (7-2)$$

根据土地的边际要素成本的定义有：

$$MFC_S = \frac{\mathrm{d}TC}{\mathrm{d}S} = \frac{\mathrm{d}TC}{\mathrm{d}Q} \times \frac{\mathrm{d}Q}{\mathrm{d}S} = MC \times MP_S = MP_S \times \left[w\frac{1}{MP_L} + t\frac{1}{MP_S} + r\frac{1}{MP_K} \right]$$

$$= t + w\frac{MP_S}{MP_L} + r\frac{MP_S}{MP_K} = t + w\frac{1}{\dfrac{MP_L}{MP_S}} + r\frac{1}{\dfrac{MP_K}{MP_S}} \qquad (7-3)$$

由边际技术替代率递减规律可知，MP_L/MP_S，MP_K/MP_S 是递减的，所以 MP_S/MP_L，MP_S/MP_K 是递增的，从而可知边际要素成本曲线是递增的。

（2）边际外部收益（MEB）。边际外部收益主要源于技术外溢、经济外溢和农业社会化服务规模化产生的收益。以经济作物为例，当本村落较少农户种植经济作物时，并没有吸引其他农户"追随"，从而产生的外部收益较少。当本村落规模化种植经济作物时，增强了对其他农户的吸引力，经济作物种植面积增加，从而产生更多的外部收益。因此，本部分假定边际外部收益曲线是递增的。但是，正外部性带来的外部收益相较于土地带来的边际产品价值较小，所以，本部分假定边际外部收益的递增速率小于土地的边际产品价值递减速率，从而使 $MSB = MRP + MEB$ 仍然是递减的，只是相较于 MRP 下降的速度变缓。

此外，除从外部性角度考察对农户种植结构的影响，还可运用"参考群体""羊群效应"等行为经济学理论分析农户种植结构的溢出效应。参考群体理论认为，个体投资者在无法全面、系统地搜集和处理相关信息时，往往寻求和追随外部线索如参考群体作为决策的参照点，以求节约认知成本并且减少内心恐惧（谢晶晶等，2019）。农村是一个熟人的社会，农户之间"比邻而居"。当农户认为盲目改变种植结构会产生较大的农业风险，短期内又无法搜寻到有效的信息作出有效的决定，常常会将村集体的其他成员作为参考群体，效仿他户的种植行为。羊群效应是一个来源于行为金融学的概念，有时也称为"从众效应"。在信息比较封闭、农民受教育程度普遍较低的农村，农户对作物种植选择时，无法在短期内形成确切的认知和评价，可能易受到逐利性的驱使以及风险规避表现出"随大流"。

基于上述的外部性理论和行为经济学理论的分析，本部分认为在农村这样由村户组成的密切交织的网络组织，家庭农作物种植结构易受到外部环境的影响。据此，本部分提出以下两个假说：

假说 H3：他户经济作物种植面积对被观察农户粮食作物种植面积和占比产生负影响。

假说 H4：他户粮食作物种植面积对被观察农户粮食作物种植面积和占比产生正影响。

如上分析，劳动力转移、土地流转和溢出效应对农户种植结构的影响机理如图 7-2 所示。

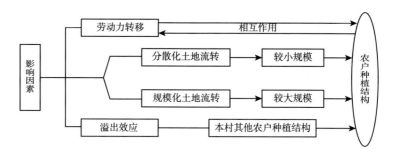

图 7-2　环境对种植结构的影响机理

（二）模型设定与数据描述

1. 模型设定

由于劳动力转移与农户种植结构之间可能存在相互影响，所以本部分构建如下联立方程：

$$\begin{cases} Structure = \alpha_0 + \varphi_1 Mig(Pftime) + \gamma_1 D + \delta_1 X_1 + \delta_2 X_2 + \sum \alpha_i Z_i + \varepsilon_i \\ Mig(Pftime) = \beta_0 + \varphi_2 Structure + \beta_1 Cost + \beta_2 Avtime + \sum \beta_i M_i + v_i \end{cases}$$

$$(7-4)$$

其中，*Structure* 表示农户种植结构，本部分用 3 种主要粮食作物种植面积和 3 种主要粮食作物种植面积占总播种面积比例表征；*Mig* 和 *Pftime* 表示家庭的劳动力转移比例，用外出务工劳动力与家庭总劳动力之比或非农劳动力时间与家庭总的劳动时间之比表征（高晶晶等，2019）；*D* 表示家庭是否参与土地转入，参与土地转入为 1，否则为 0；X_1 和 X_2 是衡量溢出效应的变量，其中，X_1 表示本村其他农户种植的粮食作物面积，X_2 表示本村其他农户种植的经济作物面积；*Cost* 和 *Avtime* 分别表示机械费用投入和单位土地人均农业劳动时间投入；*Z* 和 *M* 表示地域特征、户主特征和家庭特征等其他控制变量。

此外，根据前文的机制分析，本部分要验证土地流转实现的不同土地规模对种植结构的影响。为此，本部分根据耕地面积的大小分为 0 ~ 10 亩、10 ~ 20 亩和大于 20 亩三个类别用以衡量农户的耕地规模，并以 10 ~ 20 亩作为参照组。由于考虑到在模型中同时引入土地流转虚拟变量、耕地规模虚拟变量以及两者的交互项容易产生共线性问题，所以本部分将耕地规模虚拟变量舍去，仅考虑土地转入和交互项。引入土地规模变量后，上述联立方程调整如下：

$$\begin{cases} Structure = \alpha_0 + \phi_1 Mig(Pftime) + \varphi_0 D + \varphi_1 H_1 D + \varphi_2 H_2 D \\ \qquad\qquad + \delta_1 X_1 + \delta_2 X_2 + \sum \alpha_i Z_i + \varepsilon_i \\ Mig(Pftime) = \beta_0 + \phi_2 Structure + \beta_1 Cost + \beta_2 Avtime + \sum \beta_i M_i + v_i \end{cases}$$

$$(7-5)$$

其中，$H_1 D$ 和 $H_2 D$ 表示土地流转与土地规模的交互项；其他解释变量与式（7-4）定义相同。

2. 数据与描述性统计

本部分采用 2016 年全国农村固定观察点数据。该调查数据包含全国 31 个省份（不含港澳台地区）的 23000 个样本，数据覆盖面广，样本容量大，用以研究种植结构具有不可比拟的优势。经过处理后，本部分保留了 5554 个样本量。此处模型涉及的主要变量说明和描述性统计见表 7-1。

表7-1   变量定义和描述性统计

变量名称	变量定义	均值	最小值	最大值
种植结构	3种粮食作物播种面积（取对数，亩）	1.8228	-2.303	6.5641
	3种粮食作物播种面积与总播种面积之比	0.7784	0	1
劳动力转移	非农劳动力/家庭总劳动力	0.2881	0	1
	非农劳动时间/家庭总劳动时间	0.3269	0	1
土地流转	参与为1，否则为0	0.1718	0	1
溢出效应	本村他户粮食作物种植面积（千亩）	0.5715	0	7.158
	本村他户经济作物种植面积（千亩）	0.1509	0	3.566
土地规模	1~10亩赋值为1，否则为0	0.7169	0	1
	10~20亩（参照组）	—	—	—
	大于20亩赋值为1，否则为0	0.1088	0	1
非农收入与农业收入之比（对数）	家庭非农收入/家庭农业收入	0.9534	-6.1112	10.2435
单位土地人均农业劳动时间（对数）	家庭总的农业劳动时间/（劳动力数量×土地数量）	1.9827	-4.1190	6.4576
机械费用（对数）	元	6.4103	1.6094	10.7139
家庭特征				
劳动力投入	16~70岁健康状况良好成员	3.3962	1	9
土地投入	亩	10.8305	0.1	556
土地细碎化	地块数量（块）	5.2992	0	175
户主是否受过农业技术教育培训	是=1，否=0	0.1820	0	1
受过农业技术教育培训人数比例	家庭受过农业技术培训人数/家庭劳动力数量	0.0977	0	1
户主是否受过非农技术教育培训	是=1，否=0	0.0861	0	1
受过非农技术教育培训人数比例	家庭受过非农技术培训人数/家庭劳动力数量	0.0719	0	1

变量名称	变量定义	均值	最小值	最大值
家庭是否有 70 岁以上老人	是 =1，否 =0	0.1725	0	1
是否有儿童	是 =1，否 =0	0.2602	0	1
是否有在校学生	是 =1，否 =0	0.4726	0	1
家庭平均年龄	岁	41.5780	15	81.5
家庭受教育程度	年	7.1461	0	15
户主特征				
户主性别	男 =1，女 =0	0.9546	0	1
户主年龄	岁	55.4627	0	91
户主受教育程度	年	7.1331	0	17
地域特征				
东部	东部 =1，否则为 0	0.4721	0	1
中部	中部 =1，否则为 0	0.3614	0	1
西部	参照组	—	—	—

资料来源：根据 2016 年全国农村固定观察点数据整理。

（三）劳动力转移、土地流转和溢出效应对农户种植结构的实证分析

1. 基本回归结果

劳动力转移有不同的衡量标准，本部分拟从外出务工劳动力占比和外出务工劳动时间占比两个维度分析三因素对农户种植结构的影响。

（1）外出务工劳动力占比维度。联立方程的估计方法一般分为单方程估计法和系统估计法，单方程估计法忽略了不同方程扰动项可能存在的相关性，而系统估计法将所有方程当作一个整体来估计，更有效率。因此，本部分采用 3SLS 对联立方程进行系统估计。表 7-2 估计结果显示，无论是粮食作物种植面积还是粮食作物种植面积占比，外出务工劳动力占比对农户种植结构均存在显著的正影响，表明外出务工比例越高，农户越会选择增加粮食作物种植面积，这与钟甫宁等的研究结论一致（钟甫宁等，2016）。此外，从表 7-2 还可以发现农户种植结构亦会影响外出务工劳动力占比，表明劳

动力转移与农户种植结构存在相互作用。

表 7-2　　　　　　　　　　基本回归结果：外出务工劳动力占比

变量	(1)		(2)	
	粮食作物种植面积	外出务工劳动力占比	粮食作物种植面积占比	外出务工劳动力占比
外出务工劳动力占比	8.2418 *** (0.7337)		1.6510 *** (0.1717)	
粮食作物种植面积或粮食作物种植面积占比		0.0195 * (0.0106)		-0.1441 *** (0.0290)
是否参与土地转入	0.0753 *** (0.0299)		-0.0289 ** (0.0126)	
本村他户粮食作物种植面积	0.2655 *** (0.0391)		0.1492 *** (0.0094)	
本村他户经济作物种植面积	-0.0867 *** (0.0335)		-0.1993 *** (0.0151)	
非农收入与农业收入之比（取对数）	-0.8203 *** (0.0573)	0.0869 *** (0.0033)	-0.0686 *** (0.0125)	0.0872 *** (0.0030)
单位土地人均农业劳动时间（取对数）		-0.0163 *** (0.0032)		-0.0340 *** (0.0027)
劳动力投入	0.0097 (0.0097)		-0.0406 *** (0.0050)	
土地投入	0.0034 *** (0.0008)		-0.0034 *** (0.0003)	
机械费用（取对数）		0.0329 *** (0.0057)		0.0386 *** (0.0029)
地块数量	0.0133 *** (0.0034)		0.0048 *** (0.0008)	
家庭受农业教育和培训人数占比	-0.0337 (0.0745)		0.0062 (0.0355)	
户主是否受过农业教育培训	-0.0218 (0.0456)		-0.0305 (0.0208)	

续表

变量	(1)		(2)	
	粮食作物 种植面积	外出务工劳 动力占比	粮食作物种植 面积占比	外出务工劳 动力占比
家庭受非农教育和培训人数占比		0.0045 (0.0127)		0.0134 (0.0192)
户主是否受过非农教育培训		-0.0065 (0.0058)		0.0029 (0.0099)
家庭是否有儿童	0.2025 ** (0.0953)	-0.0385 *** (0.0079)	0.0785 *** (0.0235)	-0.0480 *** (0.0078)
家庭是否有学生	-0.3682 *** (0.0652)	0.0417 *** (0.0070)	-0.0804 *** (0.0163)	0.0403 *** (0.0067)
家庭是否有 70 岁以上老人	0.1888 *** (0.0710)	-0.0241 *** (0.0078)	0.0344 ** (0.0168)	-0.0253 *** (0.0075)
家庭成员平均年龄	-0.0069 * (0.0042)		-0.0007 (0.0011)	
家庭平均受教育年限	-0.0053 (0.0068)		-0.0215 *** (0.0032)	
户主特征	控制	控制	控制	控制
常数项	-0.4283 (0.3659)	0.0604 * (0.0332)	0.4002 *** (0.0884)	0.1924 *** (0.0355)
地区变量	控制	控制	控制	控制
N	5554			
χ^2	2729.26	1691.97	880.71	1471.18

注：括号内的数值为标准误，＊、＊＊、＊＊＊分别表示10%、5%、1%的显著性水平。
资料来源：借助 Stata15 软件运算所得。

关于土地流转对种植结构的影响，表 7 - 2 的估计结果显示，土地转入对粮食作物种植面积存在显著的正影响，对粮食作物种植面积占比存在显著的负影响。出现该种现象的原因可能是土地转入能同时增加粮食作物和经济作物种植面积，但是经济作物面积增长超过了粮食作物面积，从而出现土地流转导致粮食作物种植面积增加但占比下降现象。关于溢出效应，表 7 - 2 的估计结果显示，本村他户粮食作物种植面积对被观察农户粮食作物种植面积和占比存在显著的正影响，表明其他农户规模化种植粮食作物，被观察农户亦会增加粮食作物种植面积；本村他户经济作物种植面积对被观察农户的粮食作物种植面积和占比存在显著的负影响，表明其他农户规模化种植经济作物，被观察农户会减少家庭粮食作物种植面积。至此，表 7-2 估计结果证实了假说 H3 和假说 H4，表明在农村这样的网络化组织中的确存在农户种植行为溢出效应。

除上述关键解释变量，其他控制变量对粮食作物种植面积和占比也存在显著影响且符合理论预期。例如，家庭是否有儿童和是否有 70 岁以上老人对粮食作物种植面积和占比存在显著的正影响，这主要是因为对于有儿童和老人需要照顾的家庭，会大大减少农业劳动时间投入，促使农户倾向于增加时间投入较少的粮食作物种植面积。家庭是否有学生对粮食作物种植面积和占比存在显著的负影响，这或许是学生的教育花费对家庭而言是一笔不小的开支，粮食作物相对效益较低，所以农户会选择种植利润更高的经济作物。家庭平均受教育年限对粮食作物种植面积存在显著的负影响，即家庭成员平均受教育程度越高，农户的粮食作物种植面积越小。

（2）外出务工劳动时间占比维度。表 7-3 给出的是以外出务工劳动时间占比作为劳动力转移衡量指标的估计结果。从劳动时间角度出发主要是两方面的考虑：一是稳健性检验；二是以外出务工劳动力比例作为劳动力转移的衡量指标，暗含假设是外出劳动力对家庭农业生产不存在任何贡献。然而，由于农业生产的季节性，在现实中许多劳动力存在兼业现象，农闲时外出务工，农忙时从事农业生产。

表 7-3　　　　　　　　　　基本回归结果：外出务工劳动时间占比

变量	(1)		(2)	
	粮食作物种植面积	外出务工劳动时间占比	粮食作物种植面积占比	外出务工劳动时间占比
外出务工劳动时间占比	9.5189 *** (0.8190)		2.2126 *** (0.1813)	
粮食作物种植面积或粮食作物种植面积占比		-0.0527 *** (0.0109)		-0.1602 *** (0.0256)

续表

变量	(1)		(2)	
	粮食作物种植面积	外出务工劳动时间占比	粮食作物种植面积占比	外出务工劳动时间占比
是否参与土地转入	0.1194 *** (0.0376)		-0.0354 *** (0.0128)	
本村他户粮食作物种植面积	0.4805 *** (0.0364)		0.1606 *** (0.0092)	
本村他户经济作物种植面积	-0.2025 *** (0.0470)		-0.2209 *** (0.0150)	
其他变量	控制	控制	控制	控制
N	5554			
χ^2	1368.67	1624.96	795.12	1635.27

注：括号内的数值为标准误，*** 表示1%的显著性水平。囿于篇幅，表中仅报告了主要解释变量的估计结果，如有需要，可向作者索要。

资料来源：借助 Stata15 软件运算所得。

表7-3估计结果与表7-2各变量估计结果的显著性和正负效应基本相同。外出务工劳动时间占比对粮食作物种植面积和占比依然是显著的正影响；土地流转对粮食作物种植面积依然是显著的正影响，对粮食作物种植面积占比依然是显著的负影响。表征溢出效应的本村他户粮食作物种植面积和本村他户经济作物种植面积依然分别是显著的正影响和负影响，这表明估计结果是稳健的。对于系数而言，相较于表7-2，表7-3的估计结果总体略大，这说明考虑兼业现象对种植结构的影响是有必要的。

2. 不同地区间的异质性检验

为了说明劳动力转移、土地流转和溢出效应对农户种植结构影响的地区差异，本部分根据东、中、西三大经济带①进行了分区域检验。表7-4的估计结果显示，本部分的估计结果是稳健的，但也存在一定的地区差异。

---

① 东部地区包括：河北、山东、北京、天津、辽宁、江苏、浙江、上海、广东、广西、福建、海南；中部地区包括：湖北、湖南、内蒙古、吉林、黑龙江、山西、江西、河南、安徽；西部地区包括：贵州、云南、重庆、四川、陕西、宁夏、甘肃、青海、新疆、西藏。

表7-4 分地区异质性检验结果

变量	粮食作物种植面积		粮食作物种植面积占比	
东部地区				
外出务工劳动力占比	7.6747 *** (1.3528)		1.4032 *** (0.3063)	
外出务工劳动时间占比		7.8853 *** (0.8932)		1.8474 *** (0.2347)
是否参与土地转入	0.1571 *** (0.0562)	0.1441 ** (0.0627)	-0.0493 *** (0.0189)	-0.0529 *** (0.0182)
本村他户粮食作物 种植面积	0.5919 *** (0.0594)	0.6681 *** (0.0594)	0.2004 *** (0.0132)	0.1900 *** (0.0157)
本村他户经济作物 种植面积	-1.1604 *** (0.2320)	-1.0738 *** (0.1417)	-0.9175 *** (0.0531)	-0.7832 *** (0.0464)
N	1736			
χ^2		596.87	633.23	749.25
中部地区				
外出务工劳动力占比	7.2717 *** (0.7512)		1.1319 *** (0.1573)	
外出务工劳动时间占比		9.4772 *** (1.2661)		1.6648 *** (0.2449)
是否参与土地转入	0.0844 * (0.0525)	0.1289 *** (0.0509)	-0.0469 *** (0.0172)	-0.0487 *** (0.0164)
本村他户粮食作物 种植面积	0.2036 *** (0.0457)	0.3423 *** (0.0503)	0.0845 *** (0.0106)	0.0881 *** (0.0109)
本村他户经济作物 种植面积	-0.0667 * (0.0376)	-0.1301 * (0.0734)	-0.1166 *** (0.0149)	-0.1358 *** (0.0188)
N	2289			
χ^2	1344.34	960.26	266.57	236.40
西部地区				
外出务工劳动力占比	5.9289 *** (1.0713)		1.2504 *** (0.2035)	
外出务工劳动时间占比		5.6014 *** (1.1260)		1.0092 *** (0.2088)
是否参与土地转入	-0.0852 (0.0699)	-0.0765 (0.0622)	-0.0542 ** (0.0232)	-0.0478 ** (0.0220)

续表

变量	粮食作物种植面积		粮食作物种植面积占比	
本村他户粮食作物 种植面积	1.2285 *** (0.1276)	1.1854 *** (0.1131)	0.4369 *** (0.0324)	0.3998 *** (0.0265)
本村他户经济作物 种植面积	−0.6599 *** (0.2183)	−0.6328 *** (0.1526)	−0.3665 *** (0.0399)	−0.3493 *** (0.0332)
N	1515			
χ^2	434.49	338.43	590.78	691.61

注：括号内的数值为标准误，*、**、*** 分别表示 10%、5%、1% 的显著性水平。囿于篇幅，表中未给出种植结构对劳动力转移方程的估计结果。

资料来源：借助 Stata15 软件运算所得。

从劳动力转移变量看，东中部地区劳动力转移对粮食作物种植面积和占比的影响效应比较接近且明显高于西部地区。可能的原因有二：一是东中部地区劳动力非农化转移程度较高，剩余农业劳动力基本以女性、老年人为主。因此，在家庭农业劳动力低质量化的背景下，更加刺激农户增加粮食作物种植面积。二是与地形及区位特点有关。较西部地区，东中部地区经济发达，交通便利，灌溉设施完善，为降低价格变动的市场风险，增加粮食作物种植面积不失为一种理性选择（吴清华等，2015）。此外，西部地区海拔较高，不利于粮食作物种植，且地形多以高原、山地丘陵为主，这种地形特点会削弱劳动力转移对粮食作物种植面积的促进作用（钟甫宁等，2016）。从土地流转变量看，东中部地区参与土地转入农户依然会显著增加粮食作物种植面积；西部地区对粮食作物种植面积却不存在显著影响。这主要是因为西部地区的地形特点不适宜大规模种植粮食作物，即使土地流转带来经营规模扩大，农户也不会选择增加粮食作物种植面积。从衡量溢出效应的变量看，东部和西部地区的种植结构受外部农户的影响比中部地区更强，且外部效应存在明显的地区差异性。东部地区，外部农户种植经济作物对观察农户种植结构产生的负效应强于粮食作物产生的正效应；而西部地区，则截然相反。这主要可能是东部地区的耕地更丰裕集中，农民受教育程度更高，农户更注重经济效益，所以更容易受到外部农户种植经济作物的影响。而西部地区，市场发育程度和交通便利度相对较低，土地比较分散，农户受教育程度较低，外部农户种植粮食作物时，自身如果选择经济作物，会增加面临的市场风险。此外，亦可能是西部地区经济作物种植比较普遍，所以农户受到外部影响相对更小。

3. 土地流转形成的土地规模对种植结构的影响

表 7-5 给出了土地流转实现的耕地规模对粮食作物种植面积和占比影响的估计结果。为了更好地说明，本部分以 0~10 亩代表较小土地规模；以大于 20 亩代表较大土地规模。表 7-5 中（1）的估计结果显示，无论是用劳动力还是用劳动时间衡量劳动力转移水平，土地流转与土地规模的交互项都显著影响粮食作物种植面积。土地流转与较小土地规模的交互项对粮食作物种植面积存在显著的负影响；土地流转与较大土地规模的交互项对粮食作物种植面积存在显著的正影响。从估计系数来看，较 10~20 亩的土地规模而言，参与土地流转实现的土地规模小于 10 亩时，平均使粮食作物种植面积减少 0.1617 亩 [exp（-0.1764）-1]；参与土地流转实现的土地规模大于20 亩时，平均使粮食作物种植面积增加 0.1672 亩 [exp（0.1546）-1]。表 7-5 中（2）的估计结果显示，土地流转实现的较大土地规模对粮食作物种植面积占比依然是显著的正影响。虽然，较小土地规模对粮食作物种植面积占比的影响不显著，但依然是负效应。至此，假说 H1 和假说 H2 得证。

表 7-5　　　　　土地流转形成的土地规模对粮食种植面积的影响

变量	(1)		(2)	
	粮食作物种植面积		粮食作物种植面积占比	
土地流转×土地规模（小于 10 亩）	-0.1192 **	-0.2335 ***	0.0110	-0.0013
	(0.0534)	(0.0727)	(0.0254)	(0.0260)
土地流转×土地规模（大于 20 亩）	0.1177 **	0.1916 **	0.0957 ***	0.0905 ***
	(0.0615)	(0.0861)	(0.0292)	(0.0300)
是否参与土地转入	0.1131 ***	0.1985 ***	-0.0567 ***	-0.0552 ***
	(0.0452)	(0.0607)	(0.0216)	(0.0219)
外出务工劳动力占比	8.1403 ***		1.6389 ***	
	(0.7185)		(0.1686)	
外出务工劳动时间占比		9.4253 ***		2.1896 ***
		(0.8062)		(0.1792)
N	5554			
χ^2	2670.54	1399.68	894.97	816.77

注：括号内的数值为标准误，** 、*** 分别表示5%、1%的显著性水平。

资料来源：借助 Stata15 软件运算所得。

4. 内生性说明与稳健性检验

内生性问题的影响，本部分已经充分考虑并尽力削弱。采用联立方程正是出于劳动力转移与种植结构之间可能存在的相互作用造成内生性的考虑。在实证分析中，将有关变量的替代变量引入模型，尽可能考虑变量之间的交互作用，同样有助于降低内生性的影响。

为了检验上述结果的稳健性，本部分将模型中衡量溢出效应的变量分别调整为"平均每户粮食作物种植面积（亩）""平均每户经济作物种植面积（亩）"以及替代变量"本村他户经济作物与粮食作物种植面积之比"。表7－6估计结果显示，劳动力转移对粮食作物种植面积和占比依然是显著的正影响；衡量土地规模效应的变量对种植结构依然存在动态影响；表征溢出效应的平均每户粮食作物种植面积和平均每户经济作物种植面积对粮食作物种植面积和占比依然分别是显著的正效应和负效应。替代变量"本村他户经济作物与粮食作物种植面积之比"对被观察农户粮食作物种植面积或占比存在显著负影响，即本村其他农户种植的经济作物面积越多，被观察农户种植的粮食作物面积越少，依然可以证实前述假说。

因此，综上可知本部分的回归结果是稳健的，模型设定是合理的。

表7－6　　　　　　　农户种植结构的稳健性检验：替代变量法

变量	替代变量1				替代变量2			
	粮食作物种植面积		粮食作物种植面积占比		粮食作物种植面积		粮食作物种植面积占比	
外出务工劳动力占比	8.0855 *** (0.7421)		1.5330 *** (0.1698)		8.4590 *** (0.7693)		2.0855 *** (0.2142)	
外出务工劳动时间占比		9.0882 *** (0.7857)		2.0594 *** (0.1731)		10.2472 *** (0.9009)		2.5843 *** (0.2309)
土地流转×土地规模（小于10亩）	-0.1358 *** (0.0519)	-0.2786 *** (0.0724)	-0.0013 (0.0244)	-0.0146 (0.0254)	-0.0994 * (0.0547)	-0.1788 *** (0.0631)	-0.0285 (0.0273)	-0.0175 (0.0235)
土地流转×土地规模（大于20亩）	0.0934 * (0.0525)	0.1569 *** (0.0850)	0.0739 *** (0.0280)	0.0694 *** (0.0294)	0.0795 * (0.0412)	0.1076 * (0.0701)	0.1335 *** (0.0320)	0.1087 *** (0.0279)
是否参与土地转入	0.1359 *** (0.0452)	0.2510 *** (0.0608)	-0.0373 * (0.0207)	-0.0358 * (0.0213)	0.0914 ** (0.0453)	0.1347 *** (0.0516)	-0.0794 *** (0.0236)	-0.0651 *** (0.0201)

续表

变量	替代变量1				替代变量2			
	粮食作物种植面积		粮食作物种植面积占比		粮食作物种植面积		粮食作物种植面积占比	
平均每户粮食作物种植面积	0.0190 *** (0.0029)	0.0348 *** (0.0025)	0.0106 *** (0.0007)	0.0115 *** (0.0006)				
平均每户经济作物种植面积	−0.0050 *** (0.0020)	−0.0121 *** (0.0029)	−0.0108 *** (0.0008)	−0.0122 *** (0.0008)				
本村他户经济作物与粮食作物种植面积之比					−0.0623 *** (0.0099)	−0.0958 *** (0.0103)	−0.0053 *** (0.0004)	−0.0044 *** (0.0004)
N	5344							
χ^2	2803.68	1437.99	950.86	872.81	2624.61	1481.64	667.17	677.17

注：括号内的数值为标准误，* 、** 、*** 分别表示10%、5%、1%的显著性水平。
资料来源：借助 Stata15 软件运算所得。

5. 溢出效应拓展分析

家庭特征因素是否会削弱或增强农户种植结构中的溢出效应？为此，本部分进一步选择了家庭平均受教育年限、户主是否受过农业教育培训、是否为年轻化家庭组织等家庭特征变量来识别对溢出效应的调节作用。[①]

农户对种植结构的调整是一个家庭决策问题，因此，影响家庭决策的某些家庭特征可能会对家庭的种植结构产生影响。为识别家庭特征因素对种植结构中溢出效应的调节作用，本部分在模型中分别引入溢出效应与"家庭平均受教育年限""户主是否受过农业教育培训""是否为年轻化家庭组织"的交互项。表7-7中（1）和（3）显示，家庭平均受教育年限和是否为年轻化家庭组织会不同程度地削弱溢出效应。可能的原因有二：一是家庭平均受教育年限越长，家庭组织越年轻化，家庭成员拥有的知识越丰富，思想越开阔，在种植结构的决策上越有主见。二是一般来讲受教育年限较长、年轻化的家庭组织，更无意从事农业生产，家庭经营以非农为主，因而受其他农

---

① 出于简便以及篇幅的考虑，此处采用"本村他户经济作物与粮食作物种植面积之比"作为衡量溢出效应变量。

户的影响较小。表7-7中（2）显示，户主是否受过农业教育培训会增强溢出效应。因为受过农业教育培训的户主家庭一般是以农业生产为主，相对于没有受过培训的户主而言，更懂得经济作物的增收效果和利用溢出效应。综合上述分析，家庭平均受教育年限和是否为年轻化家庭组织对溢出效应具有负向调节作用，户主是否受过农业教育培训对溢出效应具有正向调节作用。

表7-7   家庭特征的调节效应

变量	粮食作物种植面积					
	(1)		(2)		(3)	
本村他户经济作物与粮食作物种植面积之比	−0.0934*** (0.0222)	−0.1374*** (0.0231)	−0.0402*** (0.0091)	−0.0742*** (0.0086)	−0.1110*** (0.0233)	−0.1927*** (0.0222)
家庭平均受教育年限	−0.0136** (0.0070)	−0.0258** (0.0133)				
本村他户经济作物与粮食作物种植面积之比×家庭平均受教育年限	0.0042* (0.0023)	0.0055** (0.0025)				
户主是否受过农业教育培训			0.0067 (0.0361)	−0.0294 (0.0477)		
本村他户经济作物与粮食作物种植面积之比×户主是否受过农业教育培训			−0.0548*** (0.0157)	−0.0993*** (0.0154)		
是否为年轻化家庭组织					−0.0623*** (0.0543)	−0.1011*** (0.0373)
本村他户经济作物与粮食作物种植面积之比×是否为年轻化家庭组织					0.0663*** (0.0194)	0.1221*** (0.0176)
N	5103					
χ^2	2648.03	1478.06	3458.24	1521.68	3185.72	1667.03

注：括号内的数值为标准误，*、**、***分别表示10%、5%、1%的显著性水平。
资料来源：借助Stata15软件运算所得。

（四）关于土地流转租金对农户种植结构影响的进一步拓展分析

1. 土地流转租金对种植结构的影响

前述分析已证实分散化土地流转形成的土地规模较小，农户会选择降低粮食作物种植面积，提高经济作物种植比例。农户种植结构的这种理性选择源于农户关注的是农业生产的最终净收益，获得利润最大化。进一步的问题是：对于分散化土地转入农户，是否会在土地流转租金成本压力下通过调整种植结构实现收益最大化？土地流转租金成本的高低会直接影响家庭农业生产成本，侵占农业经营主体收益。在土地流转租金成本的倒逼之下，农户的策略选择之一就是调整种植结构实现收益最大化。粮食作物收益较低，土地流转租金成本会对农户减少粮食作物种植面积形成推力；经济作物收益存在比较优势，土地流转租金成本会对农户提高经济作物种植面积形成拉力。因此，基于上述分析本部分选择土地流转租金变量来检验对种植结构的影响以及是否会通过种植结构调整对农户净收益产生作用。

表7-8给出了利用上文的联立方程检验土地流转租金对农户种植结构影响的估计结果。从表7-8的估计结果可以发现，土地流转租金会对农户粮食作物种植面积和占比产生负影响。土地流转租金成本升高会降低家庭粮食作物种植面积和占比，这与王善高等（2019）和韩国莹等（2020）研究结论一致。从系数大小看，土地流转租金成本每提高1%，粮食作物种植面积平均下降14.83%；粮食作物种植面积占比平均下降0.0748个单位。由此可以说明，土地流转租金会影响农户种植结构，降低粮食作物种植面积，促进种植结构"非粮化"。

表7-8 土地流转租金对农户种植结构的影响

变量	粮食作物种植面积		粮食作物种植面积占比	
土地流转租金（对数）	-0.1095 * （0.0655）	-0.1872 ** （0.0985）	-0.0605 *** （0.0238）	-0.0891 *** （0.0300）
外出务工劳动力占比	4.5368 *** （1.2091）	—	1.9844 *** （0.4684）	—

变量	粮食作物种植面积		粮食作物种植面积占比	
外出务工劳动时间占比	—	10.1113 *** (2.9779)	—	5.4687 *** (1.0483)
N	912			
χ^2	214.14	139.62	113.27	106.94

注：括号内的数值为标准误，＊、＊＊、＊＊＊分别表示10%、5%、1%的显著性水平。
资料来源：借助 Stata15 软件运算所得。

2. 种植结构的中介效应检验

为了考察土地流转租金通过种植结构调整对农户收益的影响，本部分借鉴已有研究成果，参照温忠麟等（2014）中介效应检验方法，构建如下计量模型：

$$\begin{cases} Y = \lambda_0 + \lambda_1 ST + \sum \lambda_i Z_i + \varepsilon_i \\ Structure = \kappa_0 + \kappa_1 ST + \sum \kappa_i Z_i + \varepsilon_i \\ Y = \eta_0 + \eta_1 ST + \eta_2 Structure + \sum \eta_i Z_i + \varepsilon_i \end{cases} \quad (7-6)$$

其中，Y 表示家庭种植业收入、粮食作物净收益和经济作物净收益；ST 表示土地流转租金，用土地流转价格表征；$Structure$ 表示农户种植结构，用 3 种主要粮食作物种植面积占比表征；Z 表示家庭特征、户主特征和地域特征等控制变量。

表 7-9 至表 7-11 分别给出的是土地流转租金通过粮食作物种植面积占比中介变量对种植业收入、粮食作物净收益、经济作物净收益的检验结果。表 7-9 的估计结果显示，土地流转租金和粮食作物种植面积占比变量均在 1% 的水平上显著，说明存在中介效应且为"部分"的中介效应。其中，中介效应占总效应的比重为 15.51%。这表明土地流转租金对种植业收入的作用中，15.51% 是通过降低粮食作物占比的中介作用实现的。因此，可以得出结论：在土地流转租金的压力和利润最大化的目标下，理性农户会调整种植结构。

表 7 – 9   **土地流转租金对种植业收入的中介效应检验结果**

变量	（1） 种植业收入	（2） 粮食作物种植面积占比	（3） 种植业收入
土地流转租金（对数）	0.2674 *** （0.0376）	− 0.0711 *** （0.0199）	0.2259 *** （0.0367）
粮食作物种植面积占比			− 0.5832 *** （0.1136）
其他变量	控制	控制	控制
常数项	6.7036 *** （0.4758）	1.0522 *** （0.2520）	7.3171 *** （0.4689）
中介效应强度（部分中介效应）（%）	15.51		
N	768		
R^2	0.7816	0.6027	0.8016

注：括号内的数值为标准误，*** 表示 1% 的显著性水平。
资料来源：借助 Stata15 软件运算所得。

表 7 – 10   **土地流转租金对粮食作物净收益的中介效应检验结果**

变量	（1） 粮食作物净收益	（2） 粮食作物种植面积占比	（3） 粮食作物净收益
土地流转租金（对数）	− 0.1757 *** （0.0597）	− 0.0316 ** （0.0160）	− 0.1159 ** （0.0518）
粮食作物种植面积占比			1.8924 *** （0.1707）
其他变量	控制	控制	控制
常数项	8.0123 *** （0.7306）	0.8926 *** （0.1960）	6.3231 *** （0.6485）
中介效应强度（部分中介效应）（%）	34.04		
N	756		
R^2	0.3855	0.5147	0.5426

注：括号内的数值为标准误，** 、*** 分别表示 5% 、1% 的显著性水平。
资料来源：借助 Stata15 软件运算所得。

表7-11　　　　土地流转租金对经济作物净收益的中介效应检验结果

变量	(1) 经济作物净收益	(2) 粮食作物种植面积占比	(3) 经济作物净收益
土地流转租金（对数）	0. 2398 *** (0. 1003)	-0. 0631 *** (0. 0183)	0. 0534 (0. 0900)
粮食作物种植面积占比			-2. 9525 *** (0. 2926)
其他变量	控制	控制	控制
常数项	4. 4718 *** (1. 3844)	0. 6349 *** (0. 2450)	6. 3464 *** (1. 1971)
中介效应强度（完全 中介效应）（%）	77. 69		
N	592		
R^2	0. 5916	0. 6151	0. 7021

注：括号内的数值为标准误，*** 表示1%的显著性水平。
资料来源：借助 Stata15 软件运算所得。

表7-10 给出的是土地流转租金对粮食作物净收益的中介效应检验结果。表7-10 的估计结果显示，土地流转租金和粮食作物种植面积占比变量均在1%水平上显著，说明土地流转租金通过粮食作物种植面积占比对粮食作物净收益存在中介效应且为"部分"的中介效应。其中，中介效应的总解释率为34.04%。表7-10 中（1）列和（2）列显示土地流转租金对粮食作物净收益和粮食作物种植面积占比均存在显著负影响，说明土地流转租金会通过降低粮食作物种植面积占比降低粮食作物净收益。表7-11 给出的是土地流转租金对经济作物净收益的中介效应检验结果。表7-11 中（1）列和（2）列显示土地流转租金对经济作物净收益和粮食作物种植面积占比均在1%水平上显著；（3）列显示土地流转租金对经济作物净收益不存在显著影响，这表明土地流转租金通过粮食作物种植面积占比对经济作物净收益存在完全中介效应，且通过计算可知中介效应的总解释率达到77.69%。此外，土地流转租金对经济作物净收益存在显著正影响，对粮食作物种植面积占比存在显著负影响，说明土地流转租金能通过降低粮食作物种植面积占比，增加经济作物面积，提高经济作物净收益。

综合上述分析可知，对于土地转入农户而言，为了抵消土地租金成本影响，出于收益最大化的目标，农户会通过减少粮食作物种植面积，增加经济作物种植面积，进而降低粮食作物净收益，提高经济作物净收益，实现增收。此外，上述分析也反映出农户调整种植结构决策行为是基于粮食作物和经济作物的比较收益作出的。

（五）研究结论与启示

本部分研究结论揭示了劳动力转移、土地流转和溢出效应对农户种植结构的影响机理，并利用 2016 年全国农村固定观察点数据构建联立方程和中介效应模型检验了其具体影响，得出了以下几点主要结论：（1）家庭劳动力转移对粮食作物种植面积和占比存在显著的正影响，且与农户种植结构存在相互作用；（2）土地流转形成的不同土地规模对农户种植结构存在动态影响，分散化土地流转形成的土地规模较小会降低农户的粮食作物种植面积和占比，规模化土地流转形成的土地规模较大会提高粮食作物种植面积和占比；（3）农户的种植结构易受其他农户种植行为的影响，农户的种植行为存在明显的溢出效应，家庭特征因素对农户种植结构中的溢出效应具有调节作用，家庭平均受教育年限和是否为年轻化家庭组织对溢出效应具有负向调节作用，户主是否受过农业教育培训对溢出效应具有正向调节作用；（4）劳动力转移、土地流转和溢出效应对农户种植结构的影响存在明显的地区异质性；（5）对于分散化土地流转农户，土地流转租金亦会促进农户种植结构"非粮化"，且能通过种植结构中介变量影响家庭的粮食作物和经济作物净收益。

基于上述研究结论，为切实保障国家粮食安全，本部分研究可得如下启示：（1）在当前的背景下，虽然农村劳动力已基本实现了非农转移，但仍须进一步挖掘，加大劳动力培训教育，引导那些缺乏必要技术的劳动力完成转移。（2）当前土地流转面积虽然增长较快，但仍然以小规模流转为主，因此未来必须着力推动规模化的土地流转。在推动土地规模化流转中，建议发挥村集体作用，积极引导土地向年轻化和知识化的农业达人及新型经营主体手中流转（杨宏力，2020）。（3）政府要因势利导，合理利用种植结构中的溢出效应，以阶梯补贴等形式引导农户尤其是新型经营主体搞规模化粮食种植，发挥规模经营主体带头作用，以扩大粮食种植，保障粮食安全。（4）政府应加强农地流转市场监管，建立土地流转市场化平台，拓宽土地流转市场信息获取渠道，降低土地流转价格，减轻农民租金成本压力。

二、农业生产外包服务水平能否提高粮食生产

粮食安全问题始终是治国安邦的头等大事（韩长赋，2018），不仅事关国计民生和社会政治稳定，更是事关国家经济发展战略和国家安全战略。暴雨等重大自然灾害频发，国内国际形势发生巨变等不断加剧对我国粮食安全的冲击和挑战，未来我国面临的粮食安全隐患仍然不容忽视。"十四五"规划和2021年《中共中央　国务院关于全面推进乡村振兴加快农业农村现代化的意见》提出加快农业现代化，提升粮食和重要农产品供给保障能力。因此，如何提高粮食生产，加大自有供给，减少外部依赖，将饭碗牢牢端在自己手中是当下我国需要解决的重大问题。

党的十九大报告提出，健全农业社会化服务体系，实现小农户和现代农业发展有机衔接。[①] 随着新型农业技术的不断应用，我国已初步形成了多元化市场主体广泛参与的农业社会化服务体系。现实中，农民可以参与专业合作社享受生产性服务，也可购买农业企业及个体农户提供的生产服务。农民通过资本购买服务以机械化替代劳动力，从传统的家庭内部的精耕细作转变为市场化的服务外包，那么我国的粮食生产是否因此受到影响？回答这一问题，将对保障国家粮食安全、端牢手中饭碗具有重要意义。

（一）理论分析与研究假说

1. 理论分析

城镇化以及工业化的快速推进，推动我国大量优质青壮年劳动力向非农产业转移，造成农业劳动力供给结构发生显著变化，具体呈现出农业劳动力

---

① 全国人民代表大会. 决胜全面建成小康社会 夺取新时代中国特色社会主义伟大胜利 ［Z］. 2017 – 10 – 28.

老龄化和女性化。农业劳动力的弱质化（老龄化和女性化）造成劳动投入短缺，供给约束不断增强。但从现实层面看，在劳动力转移背景下中国的粮食生产已经实现了"十七连丰"，连续六年保持在1.3万亿斤以上，劳动力转移并未对农业生产造成实质性伤害。不少学者甚至发出疑问，是什么因素调节了劳动力转移和弱质化对粮食生产的影响？究其原因，主要得益于农业机械化快速推进和社会化服务体系不断完善，外包服务的存在使得劳动力老龄化和劳动力转移并未对粮食生产产生负向影响（李俊鹏等，2018；杨万江等，2018）。

农业社会化服务的出现改变了农业经营方式，突破了家庭资源禀赋的限制，改变农业生产中的要素配置，进而影响农户的种植结构。具体可从以下两个方面进行论证：

（1）缓解家庭要素资源禀赋。在农业劳动力"质"和"量"不断弱化的背景下，服务外包成为许多农户的迫切需求。一方面，农业生产服务外包充当了人力资本和知识资本的传送器，为农业生产中两种资本的导入提供了有效路径（杨子等，2019），有效缓解了农业经营中的劳动力约束和技术约束，弥补了当下农业生产的劳动力不足。另一方面，在农业生产中采用服务外包可以进一步最大化最有效释放农业劳动力向非农产业转移，提高家庭的工资性收入。非农工资收入对农业生产具有"反哺"作用，进一步刺激了农户购买外包服务的可能性。农户购买外包服务的实质是资本对劳动要素的替代，服务外包缓解了原有资源禀赋的限制，提高了农业生产技术效率，改变了家庭的要素结构，要素结构的变化最终体现在农户种植结构的决策过程，即农户对种植结构的调整。相较于经济作物，粮食作物的劳动力需求投入更少且在种植的各环节更易于实现服务外包，从而使得粮食作物在种植结构调整中更具优势。再者，农业机械具有专用性和不可分性，外包服务供给主体以提供标准化的服务为主，而粮食作物种植农艺相较于经济作物更加"标准化"，适宜机械规模化作业展开，进而激励农户提高粮食作物种植比例。此外，现实中的粮食作物服务深度和广度比经济作物程度更高，粮食作物的综合机耕化率远高于经济作物，从而促使农户选择种植机械化替代程度更高的粮食作物，导致农户种植结构的"趋粮化"，进而提高粮食生产。

（2）分工带来服务规模经济。实践中农业生产的多数农艺与活动环节是可分离的，例如粮食作物的生产环节可以分为整地、播种、灌溉、植保、收割等环节。农艺环节的可分性为农业生产领域分工的形成提供现实基础，为不同的服务主体进入农业生产提供了可能性空间。随着农业生产技术的不断开发利用，农业外包服务市场得到快速发展，农业生产呈现出纵向分工状态，用资本替代劳动也已成为农业生产的必然趋势（罗必良等，2018）。中国的农业生产模式已从"互帮互助式"的低生产效率模式以及"雇工式"的高成本模式向"服务外包"模式转变。在"三权分置"背景下，农户的"服务外包"模式在法理上可视为土地经营权的进一步细分，农户将经营权的细分环节发包给其他生产经营主体，形成多样化的委托代理关系。专业化服务组织作为代理人为农业生产环节提供"管理知识"抑或"专业生产"等中间服务，对于委托人农户而言，则可在不直接使用新要素的情况下通过购买服务的迂回方式将新要素与新技术引入经营之中。细分环节的服务外包使得农户生产经营活动卷入到社会化分工，从而内生出服务规模经济（罗必良，2017；Yang et al.，2003）。以往学者认为的由于农业产业特征无法实现规模经济最终得以通过外包服务分工带来规模经济效应（杨进等，2019）。在农业生产的分工经济下，生产服务外包带来先进技术和服务，产生规模经济效应，提高了粮食生产效率（Yang et al.，2013；Zhang et al.，2017），从而增加了农业收入，使得粮食作物比较优势凸显，提升农户种粮的可能性，进一步推动种植结构"趋粮化"，提高粮食生产。

外包服务的实质是对生产要素的替代，而地形条件会影响要素替代难度和农业生产过程中机械对人力的替代程度（徐志刚等，2017）。总体来讲，平原地区更有利于机械化作业展开，而丘陵山区机械化作业难度较大（郑旭媛，2015）。一方面，丘陵山区人均耕地资源匮乏、耕地多为坡地，机械替代劳动难度大，农业机械的实际应用水平较低，对缓解家庭劳动力约束作用有限，所以外包服务水平对粮食生产的促进作用可能会在某种程度上被削弱。另一方面，丘陵山区的生产性服务供给较少，机械化规模生产难度大，农业生产基本以小型机械生产为主且生产的多个环节也以自耕为主。因此，在这种以自耕自种的传统生产模式下，农户大概率会提高经济作物的种植比例以增加家庭收入。此外，地形阻隔效应的存在会降低农机田间可达性和作业便利性进而提高农机服务成本（周晶等，2013），成本的上升会抑制农户购买外包服务的积极性，从而减弱对粮食生产的促进作用。

综合上述分析，本部分提出以下两个需要进一步借助实证检验的研究假说：

假说 H5：农业生产外包服务水平对粮食生产存在促进作用。

假说 H6：农业生产外包服务水平对粮食生产的促进作用会受到地形条件的影响。其中，丘陵山区会削弱外包服务水平对粮食生产的促进作用。

2. 数理论证

本部分以农户收入最大化为目标构建数理模型。此外，因土地流转政策的实施，农户的土地经营规模存在可变性，所以，此处区别土地经营规模不变和土地规模经营可变两种情况分别进行讨论。

（1）土地经营规模不变。假设农户生产两种农作物，分别是粮食作物和经济作物，粮食作物和经济作物的单产收入分别为 P_1 和 P_2。λ 为农业生产外包服务水平，其值越大表明农户采用的外包服务程度越深。$\alpha(\lambda)$ 为种植结构，用粮食作物种植面积与农作物总播种面积之比表征，并假定其为外包服务水平 λ 的函数。家庭总的劳动力为 $\bar{L}$，$L_s(\lambda)$ 为家庭在农业生产上的劳动力投入。假定非农市场的工资率为 ω_f，则农户在非农市场的工资收入为 $\omega_f[\bar{L} - L_s(\lambda)]$。农户采用外包服务需要支付的服务成本函数为 $C(\lambda)$，$C(\lambda)$ 为外包服务水平 λ 的增函数，即采用的外包服务越多，支付的服务成本越高。基于上述假定，在家庭土地规模不变情况下，农户采用服务外包所面临的收入最大化满足下式：

$$\max Y = P_1 \bar{s} \alpha(\lambda) + P_2 \bar{s}[1 - \alpha(\lambda)] + \omega_f[\bar{L} - L_s(\lambda)] - C(\lambda) \quad (7-7)$$
$$\text{s. t. } 0 \leq L_s(\lambda) \leq \bar{L}$$
$$0 \leq \alpha(\lambda) \leq 1$$

对 λ 求一阶偏导，得到收入最大化的一阶条件：

$$P_1 \bar{s} \alpha'(\lambda) - P_2 \bar{s} \alpha'(\lambda) = \omega_f L_s'(\lambda) + C'(\lambda) \quad (7-8)$$

进一步整理可得：

$$\alpha'(\lambda) = \frac{\omega_f L'(\lambda) + C'(\lambda)}{(P_1 - P_2)\bar{s}} = \frac{-\omega_f L'(\lambda) - C'(\lambda)}{(P_2 - P_1)\bar{s}} \quad (7-9)$$

外包服务对农业生产劳动力投入具有替代作用，因此家庭的农业劳动力投入应为外包服务水平的减函数，即 $L_s'(\lambda)<0$。式（7-9）中的 $\omega_f L_s'(\lambda)$ 可以看作外包服务水平增加一个单位所节省的农业劳动力在非农市场的工资性收入；$C'(\lambda)$ 可以看作外包服务水平增加一个单位所需要支付的外包服务费用，即外包农业生产工资率。一般来讲，非农工资率高于外包农业生产工资率（刘家成等，2019），所以本部分认为 $-\omega_f L_s'(\lambda)>C'(\lambda)$ 也是合理的。经济作物单产收入 P_2 一般高于粮食作物单产收入 P_1。因此，综上可知，式（7-9）是大于0的 $[\alpha'(\lambda)>0]$，即随着外包服务水平的提高农户会增加粮食作物种植比重。

（2）土地经营规模可变。农业生产外包服务缓解了农业经营的劳动力约束、技术约束和资金约束，突破了原有资源禀赋对土地经营规模的限制（康晨等，2020）。服务外包会降低农户转出土地的可能性，提高农户转入土地的可能性（洪炜杰等，2019），从而扩大土地经营规模。因此，放松土地经营规模不变的假定符合现实认知，基于此，本部分尝试构建如下收入最大化函数：

$$\max Y = P_1 s(\lambda)\alpha(\lambda) + P_2 s(\lambda)[1-\alpha(\lambda)]$$
$$+ \omega_f[\bar{L}-L_s(\lambda)] + t[\bar{s}-s(\lambda)] - C(\lambda) \qquad (7-10)$$
$$\text{s. t. } 0 \leqslant s(\lambda) \leqslant \bar{L}$$
$$0 \leqslant \alpha(\lambda) \leqslant 1$$

其中，$s(\lambda)$ 为家庭投入的土地经营规模，假定其为外包服务水平 λ 的函数；t 表示土地租金水平；其他变量与式（7-7）中的含义相同。

式（7-10）对 λ 求一阶偏导，得到收入最大化的一阶条件：

$$P_1 s\alpha'(\lambda) + P_1 s'\alpha(\lambda) + P_2 s'[1-\alpha(\lambda)] - P_2 s\alpha'(\lambda) - ts' = \omega_f L_s'(\lambda) + C'(\lambda)$$
$$(7-11)$$

进一步整理可得：

$$\alpha'(\lambda) = \frac{-P_1 s'\alpha(\lambda) - P_2 s'[1-\alpha(\lambda)] + ts' + \omega_f L_s'(\lambda) + C'(\lambda)}{(P_1-P_2)s}$$

$$= \frac{\{P_1\alpha(\lambda) + P_2[1 - \alpha(\lambda)] - t\}s' + [-\omega_f L'_s(\lambda) - C'(\lambda)]}{(P_2 - P_1)s}$$

$$(7-12)$$

式（7-12）中的 $P_1\alpha(\lambda) + P_2[1 - \alpha(\lambda)]$ 可以看作粮食作物与经济作物分别以权重 $\alpha(\lambda)$ 和 $[1 - \alpha(\lambda)]$ 的加权单产收入，一般来讲该加权收入是大于土地租金水平的。$s'(\lambda)$ 即 $\dfrac{\mathrm{d}s}{\mathrm{d}\lambda}$ 是大于 0 的，因为外包服务水平对土地经营规模存在正影响（万晶晶等，2020）。由此，结合式（7-9）的论证依然可得式（7-12）是大于 0 的，即外包服务水平会增加农户的粮食作物种植比重，提高粮食生产。

（二）模型、变量及数据描述性统计

1. 模型设定

为识别外包服务水平对粮食生产的影响，本部分构建面板模型如下：

$$Y_{it} = \alpha + \beta os_{it} + \lambda X_{it} + \mu_i + \varepsilon_{it} \qquad (7-13)$$

其中，Y_{it} 表示各省的粮食生产情况；os_{it} 是省份 i 在 t 年的外包服务水平，为本部分的关键解释变量；X_{it} 为一系列影响粮食生产的控制变量，具体包括土地流转率、城乡收入对比、劳动力转移比率、人均承包地面积、有效灌溉面积、农业机械总动力等；α、β、λ 为待估系数；μ_i 为省际效应；ε_{it} 为随机干扰项。

另外，根据前文的论证，外包服务水平对粮食生产的影响会受到地理条件的约束，为此本部分用地形特征 T 来代理外包服务水平对生产要素的替代难易程度，并在式（7-13）的基础上引入交互项 $os_{it} \times T$，通过判断交互项的显著性来识别约束条件对外包服务水平影响粮食生产的调节作用。调整后的模型形式如下：

$$Y_{it} = \alpha + \beta_1 os_{it} + \beta_2 os_{it} \times T_i + \lambda X_{it} + \mu_i + \varepsilon_{it} \qquad (7-14)$$

其中，T_i 表示省份 i 主要的地形特征，其他变量与式（7-13）相同。

2. 变量定义

（1）粮食生产。本部分采用粮食作物种植面积与农作物播种面积之比表征。虽然粮食产量同时还受到粮食单位面积产量的影响，但是总体趋势而言，粮食产量是随种植面积的增加而增加的，且该指标在已有文献中使用频率最高。

（2）外包服务水平。在本部分的研究中，外包服务水平利用省农作物生产各环节外包面积的平均值与省农作物播种总面积之比表征（万晶晶等，2020）。具体的指标构建如下：

$$os = \frac{1}{n} \frac{\sum_{i=1}^{n} x_i}{s}, \ n = 5 \qquad (7-15)$$

其中，os 为各省的外包服务水平，取值范围在 0 ~ 100%；x_i 为农作物在耕地、播种、灌溉、植保以及收割 5 个环节的外包服务面积；s 为各省的农作物播种总面积。

（3）地形特征。对于一个省份来讲，由于省域跨越较大，地形地貌较为复杂，所以无法明确定义该省份的具体地形特征。本部分的做法是将该省份平原面积占比超过 30% 以上[①]的赋值为 0，否则赋值为 1。

（4）控制变量。在上述核心变量的基础上，本部分进一步控制了其他变量的影响。例如劳动力转移变量借鉴已有研究（李谷成等，2018），利用农业劳动力数量与从业人员总数量的比重作为劳动力转移水平的衡量指标，其中农业劳动力数量用第一产业从业人数代替；地区资源禀赋，用人均承包地面积表征；地区发展水平及差异性，采用第一产业产值占比、人均工资收入、工资占收入比重、城乡收入对比等指标衡量；农业基础设施，采用有效灌溉面积、农村人均用电量分别作为水利、电力的衡量指标；省域人口特征变量，用少年抚养比、老年抚养比、性别比表征；为避免遗漏变量产生估计偏误，进一步控制了农业机械总动力和农用柴油使用量。

---

① 平原面积占比 30% 以上省份：北京、天津、河北、内蒙古、辽宁、吉林、黑龙江、上海、江苏、安徽、山东、河南、宁夏、新疆。

3. 数据来源

本部分选取全国 30 个省份（不含西藏、港澳台地区）2011～2019 年的面板数据作为实证分析数据。其中，外包服务水平指标数据源自《农业机械工业年鉴》；农业机械总动力、有效灌溉面积、农用柴油使用量数据来自国家统计局；城乡收入对比、工资收入占比、人均工资收入、第一产业产值占比、劳动力转移量、少年抚养比、老年抚养比、性别比等指标数据源自各省份统计年鉴，以及《中国农村统计年鉴》《中国农业年鉴》《中国人口与就业统计年鉴》；土地流转率、人均承包地面积等指标数据源自《中国农村经营管理统计年鉴》；地形特征数据源自各省份第一次全国地理国情普查公报。各主要变量的描述性统计见表 7－12。

表 7－12　　　　　　　　　　主要变量的描述性统计分析

变量	均值	标准差	最小值	最大值
外包服务水平	0.4590	0.1645	0.0677	0.7949
土地流转率	0.3101	0.1605	0.0335	0.8734
城乡收入对比（农村为 1）	2.6586	0.4359	1.85	3.98
第一产业产值占比（%）	9.82	5.3711	0.3	36.6
劳动力转移（第一产业人数与从业人数之比）	0.337	0.1428	0.0296	0.666
人均承包地面积（亩）	2.6187	1.981	0.588	10.617
农村人均用电量（万千瓦）	0.2222	0.5597	0.0133	3.8804
农业机械总动力（对数，万千瓦）	7.6808	1.1109	4.5430	9.4995
有效灌溉面积（对数，千顷）	7.2799	1.0410	4.6935	8.7287
农用柴油使用量（对数，万吨）	3.8224	1.0515	0.5878	5.6838
人均工资收入（对数，元）	8.3535	0.6411	6.6905	9.9700
工资占收入比重	0.4055	0.1367	0.136	0.776
少年抚养比	0.2629	0.0794	0.0626	0.4318
老年抚养比	0.1693	0.0542	0.0705	0.3949
性别比（女性为 1）	1.0640	0.0412	0.9395	1.2628
地形特征	0.5333	0.4998	0	1

资料来源：《中国农村统计年鉴》《中国农业年鉴》《中国人口与就业统计年鉴》《中国农村经营管理统计年鉴》以及各省份统计年鉴与第一次全国地理国情普查公报。

4. 内生性说明

虽然本部分已经尽可能多地控制一些变量，但是不可避免外包服务水平变量存在内生性问题。外包服务水平会影响种植结构，但反过来种植结构也可能影响外包服务水平，两者可能存在反向因果关系。因而有效解决内生性问题，才能正确识别外包服务水平对粮食生产的影响。本部分借鉴倪鹏飞等（2014）使用解释变量滞后项作为工具变量的研究方法，将滞后一期的外包服务水平作为工具变量，虽然这样依然不能完全消除内生性，但会在一定程度上减轻该问题。此外，为了证实工具变量的有效性，本部分进行了一系列检验（见表 7 – 13）。通过检验表明，滞后一期的外包服务水平作为工具变量是有效的。2SLS 法第一阶段中工具变量的参数估计结果为 0.6747，且在 1% 水平上显著，说明前期的外包服务水平对当期的外包服务水平存在显著影响。工具变量不可识别的 LM 检验值为 87.768，1% 水平上显著拒绝原假设；弱工具变量的 $Wald - F$ 检验值为 140.019 远大于 10，说明工具变量有效且不存在低劣工具变量问题。

表 7 – 13　　　　　　　外包服务水平对粮食生产影响的估计结果

变量	粮食作物种植面积占比		
	RE – OLS （1）	FE – OLS （2）	FE – IV （3）
外包服务水平	0.2802 *** (0.0468)	0.2142 *** (0.0481)	0.2421 *** (0.0737)
土地流转率	0.2238 *** (0.0309)	0.2175 *** (0.0300)	0.1895 *** (0.0324)
城乡收入对比 （农村为 1）	− 0.0356 *** (0.0111)	0.0374 *** (0.0103)	− 0.0330 *** (0.0106)
第一产业产值占比	0.0004 (0.0008)	0.0004 (0.0008)	− 0.0000 (0.0007)
劳动力转移（第一产业人数与从业人数之比）	0.0168 (0.0803)	0.0481 (0.0900)	0.0100 (0.0929)
人均承包地面积	− 0.0000 (0.0041)	− 0.0058 (0.0045)	− 0.0057 (0.0048)

续表

变量	粮食作物种植面积占比		
	RE – OLS（1）	FE – OLS（2）	FE – IV（3）
农村人均用电量	– 0. 0209 *** （0. 0069）	– 0. 0164 *** （0. 0065）	– 0. 0198 *** （0. 0076）
农业机械总动力（对数）	0. 0061 （0. 0095）	0. 0058 （0. 0092）	0. 0042 （0. 0096）
有效灌溉面积（对数）	0. 0658 *** （0. 0147）	0. 1107 *** （0. 0186）	0. 1225 *** （0. 0219）
农用柴油使用量（对数）	– 0. 0241 *** （0. 0068）	– 0. 0249 *** （0. 0065）	– 0. 0245 *** （0. 0063）
人均工资收入（对数）	– 0. 1417 *** （0. 0136）	– 0. 1303 *** （0. 0137）	– 0. 1392 *** （0. 0151）
工资占收入比重	0. 3157 *** （0. 0498）	0. 2662 *** （0. 0496）	0. 2716 *** （0. 0542）
少年抚养比	0. 0577 （0. 0748）	0. 0592 （0. 0748）	0. 0639 （0. 0772）
老年抚养比	0. 2142 *** （0. 0722）	0. 1982 *** （0. 0683）	0. 1993 *** （0. 0675）
性别比（女性为1）	0. 0687 * （0. 0431）	0. 0672 * （0. 0400）	0. 0629 * （0. 0406）
常数项	1. 0890 *** （0. 1483）	0. 6974 *** （0. 1845）	0. 7019 *** （0. 2108）
不可识别（LM）			87. 768 ***
弱工具变量（Wald – F）			140. 019 ***
Hausman 检验	52. 31 ***		
		82. 83 ***	
样本量	270		240

注：括号内数值为标准误，*、***分别表示10%、1%的显著性水平。

资料来源：借助 Stata15 软件运算所得。

（三）实证分析

1. 基本回归

表7-13报告了外包服务水平对粮食作物种植面积占比影响的估计结果。其中，（1）列给出了随机效应的 OLS 法（RE-OLS）估计结果；（2）列给出了固定效应的 OLS 法（FE-OLS）估计结果；（3）列给出了固定效应的工具变量法（FE-IV）估计结果。从整体来看，所有模型的关键解释变量估计结果都较为显著，模型总体拟合较好。

关于固定效应和随机效应模型选择，表7-13给出了 Hausman 检验结果，Hausman 检验值为52.31，且在1%的水平上显著，表明应该选择固定效应模型进行结果分析。在此基础上，对固定效应模型 OLS 法估计结果和固定效应模型工具变量法估计结果是否存在显著性差异进行 Hausman 检验，结果显示卡方统计量为82.83，且在1%的水平上显著，表明模型中确实存在内生性问题，本部分应当采用固定效应模型工具变量法进行参数估计，因此，后文关于估计结果的解释将以固定效应模型工具变量法下的估计结果为主。

从关键解释变量外包服务水平的估计系数来看，固定效应模型工具变量法估计结果要大于固定效应模型 OLS 法估计结果，且在1%的水平上显著，说明识别外包服务水平对粮食生产的影响时考虑内生性影响是必要的。参数估计结果表明，外包服务水平对粮食作物种植面积占比存在显著的正影响，表明省域外包服务水平越高，粮食作物种植面积越大。至此，假说 H5 得证。从系数大小看，参数估计值为0.2421，表明外包服务水平每提高10个百分点，粮食作物种植面积占比提高2.421%。

关于其他控制变量的估计结果也较为显著且符合理论预期。其中，土地流转率对粮食作物种植面积占比存在显著的正影响，表明该省份总体土地流转面积比例越高，省域粮食作物种植面积占比越高，这与钱龙等（2018）的研究结果土地转入会提高粮食作物种植面积一致。工资占收入比重对粮食作物种植面积占比存在显著的正影响，意味着以非农为主的家庭更愿意种植劳动时间投入较少的粮食作物。老年抚养比对粮食作物种植面积占比存在显著正影响，意味着老年抚养比例更高的省份，投入农业的时间相对更少，主要以种植粮食作物为主。

2. 粮食产区分组检验

为了考察外包服务水平在粮食主产区[①]、非粮食主产区对粮食生产是否存在显著性差异，本部分将样本分为粮食主产区与非粮食主产区两个子样本进行回归分析。表7-14汇报了粮食主产区和非粮食主产区的外包服务水平对粮食生产的估计结果。表7-14的估计结果显示，无论是粮食主产区还是非粮食主产区，外包服务水平对粮食作物种植面积占比均存在显著的正影响，依然可以证实外包服务水平能够提高粮食生产的假说。从参数大小看，粮食主产区外包服务水平每提高10%，粮食作物种植面积占比会增加2.741%；非粮食主产区外包服务水平每提高10%，粮食作物种植面积占比会增加2.437%。与非粮食主产区相比，外包服务水平对粮食主产区的粮食生产影响相对更大。因此，即使外包服务水平能提高粮食生产，但也会因是否为粮食主产区略有差异。

表7-14　外包服务水平对粮食生产的影响：粮食产区分组估计结果

变量	粮食主产区		非粮食主产区	
	FE-OLS	FE-IV	FE-OLS	FE-IV
外包服务水平	0.1804 ** (0.0750)	0.2741 * (0.1656)	0.2375 *** (0.0663)	0.2437 *** (0.0931)
控制变量	控制	控制	控制	控制
常数项	0.7763 *** (0.2968)	0.6938 * (0.3883)	0.3905 * (0.2521)	0.5325 ** (0.2662)
F检验值	5.57 ***	3.53 ***	15.78 ***	15.11 ***
样本量	117	104	153	136

注：括号内数值为标准误，*、**、*** 分别表示10%、5%、1%的显著性水平。囿于篇幅，表中仅报告了关键变量的估计结果，如有需要可向作者索要。

资料来源：借助Stata15软件运算所得。

---

① 2003年12月财政部印发了《关于改革和完善农业综合开发若干政策措施的意见》，其中将包括河北、内蒙古、辽宁、吉林、黑龙江、山东、河南、江苏、安徽、江西、湖北、湖南、四川13个省份确定为中国粮食主产区。

3. 地形特征调节效应

表 7-15 汇报了省域地形特征对外包服务水平影响粮食生产的调节效应。其中，（1）列给出的是固定效应 OLS 法估计结果；（2）列给出的是以滞后一期外包服务水平作为工具变量的固定效应工具变量法估计结果；（3）列给出的是以滞后二期外包服务水平作为工具变量的固定效应工具变量法估计结果。整体来看，外包服务水平对粮食作物种植面积占比依然是显著正影响；外包服务水平与丘陵山地的交互项对粮食作物种植面积占比存在显著的负效应。这说明，相对于平原地区，丘陵山地由于地形特征原因不适宜机械服务作业，替代劳动力较为困难，所以会削弱外包服务水平对粮食生产的促进作用。从系数大小看，在平原地区，外包服务水平每提高 10%，粮食作物种植面积占比会增加 4.773%；在丘陵山区，外包服务水平每提高 10%，粮食作物种植面积占比会增加 0.902%。由于削弱效应小于外包服务水平对粮食作物种植面积的促进作用，所以丘陵山区的外包服务水平对粮食生产的总体效应依然为正。上述结果表明，外包服务水平促进粮食生产与地形特征条件密切相关，劳动力替代程度越难的地区，服务外包对粮食生产的促进作用越弱。至此，假说 H6 得证。

表 7-15　　地形特征对外包服务水平影响粮食生产的调节效应

变量	FE - OLS （1）	FE - IV（滞后一期） （2）	FE - IV（滞后二期） （3）
外包服务水平	0.3680 *** （0.0551）	0.4773 *** （0.1069）	0.4300 *** （0.0984）
外包服务水平 × 丘陵山区	- 0.3185 *** （0.0635）	- 0.3871 *** （0.0932）	- 0.3935 *** （0.0945）
控制变量	控制	控制	控制
常数项	0.8727 *** （0.1788）	1.0365 *** （0.2259）	0.5615 ** （0.2809）
F 检验值	18.92 ***	15.54 ***	12.40 ***
样本量	270	240	210

注：括号内数值为标准误，**、*** 分别表示 5%、1% 的显著性水平。
资料来源：借助 Stata15 软件运算所得。

4. 稳健性检验

（1）稳健性检验一：替代被解释变量。为了验证外包服务水平对粮食生产影响的稳健性，本部分借鉴钱龙等（2018）研究中衡量粮食生产的指标设计，采用替代变量法将被解释变量分别替换为"小麦种植面积占比""玉米种植面积占比""水稻种植面积占比"。表7-16汇报了外包服务水平对3种粮食作物种植面积占比影响的估计结果。从估计结果的显著性看，外包服务水平能显著提高小麦、玉米、水稻3种粮食作物的种植面积占比。从估计参数大小看，外包服务水平每提高10%，分别使小麦、玉米、水稻种植面积占比增加0.675%、1.544%、0.773%。外包服务水平对玉米种植面积的促进作用最强，对水稻和小麦促进作用接近。综上可知，即使替换被解释变量本部分依然可以得出外包服务水平能够显著促进粮食生产的结论，印证了本部分估计结果的稳健性和可信度。

表7-16　　外包服务水平对粮食生产影响的估计结果：替代被解释变量

变量	小麦种植比例 – IV	玉米种植比例 – IV	水稻种植比例 – IV
外包服务水平	0.0675 * （0.0403）	0.1544 ** （0.0725）	0.0773 * （0.0462）
控制变量	控制	控制	控制
常数项	– 0.0356 （0.1133）	0.7633 *** （0.2016）	0.1647 （0.1315）
F 检验值	12.71 ***	5.08 ***	5.75 ***
样本量		240	

注：括号内数值为标准误，*、**、***分别表示10%、5%、1%的显著性水平。
资料来源：借助 Stata15 软件运算所得。

（2）稳健性检验二：分地区检验。不同地区的外包服务市场化程度存在显著差异，为了进一步检验外包服务水平对粮食生产促进作用的稳健性以及存在的地区差异性，本部分根据东、中、西三大经济带①进行了分区域估计。

——————————

① 东部地区包括：河北、山东、北京、天津、辽宁、江苏、浙江、上海、广东、广西、福建、海南；中部地区包括：湖北、湖南、内蒙古、吉林、黑龙江、山西、江西、河南、安徽；西部地区包括：贵州、云南、重庆、四川、陕西、宁夏、甘肃、青海、新疆、西藏。

表7－17汇报了外包服务水平对粮食生产影响的分地区估计结果，总体来看，外包服务水平对粮食生产的促进作用是稳健的，但也的确存在一定的地区差异。其中，东部地区的外包服务水平对粮食生产不存在显著影响，中西部地区外包服务水平能显著提高粮食生产。这可能主要是因为相对于中西部地区，东部地区经济发达，农业剩余劳动力被吸收得较为彻底，从事农业生产的劳动力基本以弱质劳动力为主，基本上形成了"年轻人务工，老年人务农""男性务工，女性务农"的稳定家庭状态，因此导致在种植结构上也相对稳定。购买外包服务更多的是享受闲暇，而不是调整种植结构释放劳动力。另外，东部地区外包服务市场发达，市场上外包服务供给不仅仅以粮食作物为主，经济作物的外包服务同样具有深度和广度，从而致使外包服务对粮食作物生产的促进作用不明显。从参数大小看，中部地区外包服务水平每提高10%，粮食作物种植面积占比增加4.143%；西部地区外包服务水平每提高10%，粮食作物种植面积占比增加1.571%；中部地区外包服务水平对粮食生产的促进作用远远强于西部地区。综上可知，外包服务水平对粮食生产的促进作用总体稳健，但也存在地区差异性。

表7－17　　外包服务水平对粮食生产影响的估计结果：分地区检验

变量	东部		中部		西部	
	FE－OLS	FE－IV	FE－OLS	FE－IV	FE－OLS	FE－IV
外包服务水平	0.0944 (0.0857)	0.0461 (0.1569)	0.2142*** (0.0481)	0.4143*** (0.2015)	0.1230* (0.0653)	0.1571* (0.1017)
控制变量	控制	控制	控制	控制	控制	控制
常数项	0.0858 (0.4801)	0.1744 (0.4586)	0.6974*** (0.1845)	0.5711 (0.6216)	0.0889 (0.2635)	0.3174 (0.3183)
F检验值	9.40***	9.91***	16.72***	4.76***	24.53***	17.77***
样本量	108	96	81	72	81	72

注：括号内数值为标准误，*、***分别表示10%、1%的显著性水平。
资料来源：借助Stata15软件运算所得。

（四）外包服务水平对粮食生产影响的进一步分析

目前，学术界关于农业规模经营形成了两大派别。其中，"土地规模经营"倡导通过农地流转实现土地集中；"服务规模经营"主张通过农户经营权的产权细分及分工交易实现服务的规模经济。从保障粮食安全角度看，两者是否存在内部关联，服务规模对粮食生产的促进作用能否通过土地规模实现增强抑或服务规模能否通过土地规模对粮食生产存在间接促进作用？基于此疑问，本部分将对外包服务水平在保障粮食安全方面作进一步分析探讨。

1. 门槛效应检验

外包服务水平对粮食生产的影响并不一定是简单的线性关系，可能会随着土地流转规模的变化而呈现非线性关系。为了进一步识别外包服务水平对粮食生产影响的门槛效应，本部分以土地流转率作为门槛变量，构建如下面板门槛模型：

$$Y_{it} = \alpha + \beta_1 os_{it} \times I(st_{it} \leq \gamma) + \beta_2 os_{it} \times I(st_{it} > \gamma) + \lambda X_{it} + \mu_i + \varepsilon_{it}$$

$$(7-16)$$

其中，st_{it} 为门槛变量，以土地流转率表征。衡量省域的土地流转水平可从两个角度予以刻画：一是用本省参与土地流转的农户数量与总的农户数量之比表征；二是用本省参与土地流转的面积与家庭承包耕地总面积之比表征。由于此处主要考察土地流转导致的土地规模的变化从而引起外包服务水平对粮食生产存在的非线性影响，所以采用后一种指标更为合适。γ 为待估计门槛值。$I(\cdot)$ 为示性函数，当满足相应条件时取值为 1，否则为 0。其他变量含义与式（7-13）相同。式（7-16）为单门槛模型，但现实中可能存在多个门槛，因此在式（7-16）的基础上继续构建了双门槛模型，多门槛模型可按照类似方法依次得到。具体双门槛模型构建如下：

$$Y_{it} = \alpha + \beta_1 os_{it} \times I(st_{it} \leq \gamma_1) + \beta_2 os_{it} \times I(\gamma_1 < st_{it} \leq \gamma_2)$$
$$+ \beta_3 os_{it} \times I(st_{it} > \gamma_2) + \lambda X_{it} + \mu_i + \varepsilon_{it} \qquad (7-17)$$

其中，γ_1、γ_2 为待估的门槛值；其他变量含义与式（7-16）相同。

本部分首先进行了门槛效应检验，以确定是否存在门槛效应以及门槛数量，检验结果如表 7-18 所示。表 7-18 中的 F 统计量以及采用 Bootstrap 方法得到的 P 值可知，单一门槛和双重门槛均通过了 1% 的显著水平，但是，三重门槛并未通过显著性检验。因此，可以确定模型中存在两个门槛值，所以接下来将利用双门槛模型进行实证分析。

表 7 - 18　　　　　　　　　　门槛效应检验结果

门槛	F 值	P 值	Bootstrap 次数	临界值		
				1%	5%	10%
单一门槛	51.56	0.0067	300	46.3265	33.2357	28.375
双重门槛	48.77	0.0000	300	29.9934	23.4088	20.2306
三重门槛	26.23	0.4000	300	52.658	43.3825	38.1905

资料来源：借助 Stata15 软件运算所得。

门槛效应检验后，需要进一步进行门槛值的识别检验。表 7 - 19 给出了两个门槛估计值及其对应的 95% 置信区间。通过似然比检验[1]发现，当门槛值处于相应的门槛区间时，LR 统计量均小于 5% 显著水平上的临界值 7.35，可知两个门槛值与实际门槛值相等。因此，根据识别出的两个门槛值大小可以将省份划分为三个区域：低土地流转率区域（土地流转率≤0.2745）、中等土地流转率区域（0.2745 < 土地流转率≤0.4439）、高土地流转率区域（土地流转率 >0.4439）。关于具体的区域划分见表 7 - 20。

表 7 - 19　　　　　　　　门槛估计值及置信区间

门槛	估计值	95% 置信区间
第一门槛	0.2745	[0.2707, 0.2757]
第二门槛	0.4439	[0.4320, 0.4458]

表 7 - 20　　　　　2011 年和 2019 年各省土地流转率分布格局

分组依据	2011 年	2019 年
低土地流转率区域（土地流转率≤0.2745）	天津、河北、山西、内蒙古、辽宁、吉林、安徽、福建、江西、山东、河南、湖北、湖南、广东、广西、海南、四川、贵州、云南、陕西、甘肃、青海、宁夏、新疆	山西、广西、海南、贵州、云南、陕西、甘肃、青海、宁夏
中等土地流转率区域（0.2745 < 土地流转率≤0.4439）	黑龙江、江苏、浙江、重庆	河北、内蒙古、辽宁、吉林、福建、山东、河南、湖北、广东、四川、新疆
高土地流转率区域（土地流转率 >0.4439）	北京、上海	北京、天津、黑龙江、上海、江苏、浙江、安徽、江西、湖南、重庆

资料来源：借助 Stata15 软件运算所得。

---

①　囿于篇幅，本书未给出相应的似然比和门槛值关系图，如有需要可向作者索要。

在确定存在两个门槛的情况下，本部分利用双重门槛模型进行了参数估计，具体如表 7 - 21 所示。表 7 - 21 的估计结果显示，在门槛模型下外包服务水平变量均通过了 1% 的显著性检验，说明在研究外包服务水平对粮食生产的影响时不能忽视门槛效应。由表 7 - 21 可知，当土地流转率处于不同的门槛区间时，外包服务水平对粮食生产影响的估计参数存在显著不同。外包服务水平对粮食生产的促进作用随着土地流转率的提高而呈现出明显的门槛效应，从而证实了土地规模经营与服务规模经营存在内部关联，土地规模经营能够显著增强外包服务对粮食生产的促进作用。具体来看，当土地流转率低于第一门槛值时（土地流转率≤0.2745），外包服务水平对粮食生产的影响系数为 0.1828，说明在该区间内外包服务水平每提高 10%，粮食作物种植面积占比增加 1.828%；当土地流转率介于第一门槛值和第二门槛值之间时（0.2745 < 土地流转率≤0.4439），外包服务水平对粮食生产的影响系数提高为 0.2326，说明在该区间内外包服务水平对粮食生产的促进作用相比于第一门槛区间有了提高；当土地流转率高于第二门槛值时（土地流转率 > 0.4439），外包服务水平对粮食生产的影响系数进一步提高为 0.2894，说明在该区间外包服务水平促进粮食生产效应得到进一步增强。由此可见，外包服务水平促进粮食生产的作用要受到土地流转率的制约。省域内的土地流转率水平越高，外包服务水平对粮食生产的促进作用越强。究其原因，主要是土地流转有助于促进土地归集，扩大土地经营规模，增强农户购买外部服务的积极性，提高粮食作物种植面积，增加粮食生产。

表 7 - 21　　　　　　　　　　门槛模型参数估计结果

变量	系数	标准误	t 值	P 值
外包服务水平 × I （土地流转率≤0.2745）	0.1828 ***	0.0465	3.93	0.000
外包服务水平 × I （0.2745 < 土地流转率≤0.4439）	0.2326 ***	0.0455	5.11	0.000
外包服务水平 × I （土地流转率 > 0.4439）	0.2894 ***	0.0461	6.27	0.000
控制变量	控制	控制	控制	控制
常数项	0.7517 ***	0.1760	4.27	0.000

注：*** 表示 1% 的显著性水平。
资料来源：借助 Stata15 软件运算所得。

2. 中介效应检验

前述实证分析表明，一方面，外包服务水平确能提高粮食生产，但已有研究也发现外包服务也会对土地流转产生影响。例如康晨等（2020）发现外包服务水平会改变土地流转市场供求关系，增加规模经营农户的土地转入；万晶晶等（2020）发现农业生产服务外包会抑制农地转出，促进农地转入。另一方面，土地流转会促进土地归集，改变家庭的土地要素禀赋，对粮食生产产生影响（钱龙等，2018；李克乐等，2021）。因此，进一步讨论外包服务水平是否会通过土地流转中介变量对粮食生产产生间接效应成为最直接的问题。

为了考察外包服务水平通过土地流转对粮食生产的影响，本部分借鉴已有研究成果，参照温忠麟等（2014）中介效应检验方法，构建如下计量模型：

$$\begin{cases} Y_{it} = \alpha_0 + \alpha_1 os_{it} + \lambda X_{it} + \mu_i + \varepsilon_{it} \\ ST_{it} = \beta_0 + \beta_1 os_{it} + \lambda X_{it} + \mu_i + \varepsilon_{it} \\ Y_{it} = \alpha'_0 + \alpha'_1 os_{it} + \gamma_2 ST_{it} + \lambda X_{it} + \mu_i + \varepsilon_{it} \end{cases} \quad (7-18)$$

其中，Y_{it}表示粮食作物种植面积占比；os_{it}表示外包服务水平；ST_{it}表示土地流转率或参与土地流转农户占比；X_{it}表示其他控制变量。关于变量的含义与前述模型变量含义相同。

由于衡量一省份的土地流转水平可以从面积和农户数量两个角度出发，所以本部分分别以土地流转率和参与土地流转农户占比作为中介变量进行分析。其中，表7-22汇报了土地流转率作为中介变量的外包服务水平对粮食生产影响的估计结果；表7-23汇报了参与土地流转农户占比作为中介变量的外包服务水平对粮食生产影响的估计结果。表7-22中（1）列的估计结果显示，外包服务水平在1%水平上显著且估计系数为0.2771，表明外包服务水平每提高一个单位对粮食生产的总效应为27.71%；（2）列显示外包服务水平对土地流转率存在显著正影响；（3）列中的外包服务水平和土地流转率变量均显著，表明在控制了外包服务水平后，中介变量土地流转率依然能够对粮食生产产生影响。由于α_1、β_1、γ_2均显著，且$\beta_1\gamma_2$与α'_1同号，这表明土地流转率的中介效应是存在的。此外，因为（3）列中的外包服务水平变量显著，所以存在"部分的"中介效应，非完全中介效应。其中，中介效应占总效应比重为9.47%。这说明外包服务水平对粮食生产的促进作用中，有9.47%是通过土地流转率变量中介作用实现的。表7-23中（1）列、（2）列、（3）列的各变量均在1%水平上显著，说明同样存在中介效应。由于（3）列中的外包服务水平变量显著，所以同样存在"部分的"中介效应。其中，中介效应占总效应比重为35.08%。因此，综合上述分析可知，外包服务水平可以直接促进粮食生产，也可通过土地流转率中介变量"部分地"促进粮食生产。

表7-22　　　外包服务水平对粮食生产的中介效应检验结果：土地流转率

变量	粮食作物种植面积占比（1）	土地流转率（2）	粮食作物种植面积占比（3）
外包服务水平	0.2771 *** （0.0773）	0.1951 * （0.1060）	0.2523 *** （0.0723）
土地流转率			0.1345 *** （0.0368）
控制变量	YES	YES	YES
常数项	0.0413 （0.2832）	− 1.5559 *** （0.3962）	0.0454 * （0.0282）
中介效应强度（部分）	9.47%　（0.1951 × 0.1345/0.2771）		
样本量	270		

注：内生变量选取滞后1~2阶作为工具变量。括号内的数值为标准误，*、*** 分别表示10%、1%的显著性水平。

资料来源：借助Stata15软件运算所得。

表7-23　　　　　外包服务水平对粮食生产的中介效应检验结果：

参与土地流转农户占比

变量	粮食作物种植面积占比（1）	参与土地流转农户占比（2）	粮食作物种植面积占比（3）
外包服务水平	0.2771 *** （0.0773）	0.3733 *** （0.0910）	0.2147 *** （0.0728）
参与土地流转农户占比			0.2604 *** （0.0446）

续表

变量	粮食作物种植面积占比（1）	参与土地流转农户占比（2）	粮食作物种植面积占比（3）
控制变量	YES	YES	YES
常数项	0.0413 （0.2832）	−1.0944*** （0.3401）	0.7618*** （0.2762）
中介效应强度（部分）	35.08%（0.3733×0.2604/0.2771）		
样本量	270		

注：括号内的数值为标准误，*** 表示1%的显著性水平。
资料来源：借助 Stata15 软件运算所得。

（五）研究结论与启示

本部分分别在家庭土地经营规模不变和经营规模可变两种情形下构建了收入最大化函数，从数理上证实了外包服务水平能显著促进粮食生产。采用2011～2019年全国30个省份（不含西藏、港澳台地区）的面板数据，利用固定效应面板模型工具变量法实证分析了农业生产外包服务水平对粮食生产的影响，并进一步借助门槛效应模型和中介效应模型检验了外包服务水平影响粮食生产中可能存在的门槛效应和中介效应。研究结果表明：（1）农业生产外包服务水平能显著促进粮食生产且地形条件对外包服务水平影响粮食生产存在调节效应，其中，丘陵山区会削弱外包服务水平对粮食生产的促进作用；（2）外包服务水平对粮食生产存在显著的以土地流转率作为门槛变量的双重门槛效应，省份的土地流转率处于越高门槛区间，外包服务水平对粮食生产的促进作用越强；（3）外包服务水平可以通过土地流转率和参与土地流转农户占比中介变量"部分地"促进粮食生产。

基十以上结论，本部分研究可得如下政策启示：

第一，坚持走服务规模经营道路，大力发展农业社会化服务，完善农业生产社会化服务体系，健全外包服务市场功能，缓解农户生产环节中的资本、技术和劳动力约束，鼓励家庭农场、合作社等新型农业经营主体扩大服务半径和业务范围、提高生产服务质量，满足农户生产的各环节服务需求，努力实现小农户与现代农业的有效衔接。

第二，继续积极推动省域土地流转，完善土地流转市场化程度，建立省域土地流转交易平台,减少信息不对称,降低农户的交易成本和市场搜寻成本,积极培育新型农业经营主体,推动土地规模化流转和集中连片流转,不断提高省域土地流转率。

第三,继续推动和落实农机购置补贴政策,尤其是强化市场服务供给短缺的新型农机具补贴力度,降低市场化服务成本,提高农户购买外包服务积极性。考虑到农业机械具有专用性和农业生产短周期性所决定的低利用频率必将导致投资锁定与沉淀成本,为减轻服务组织购买农机设备资金压力,所以应当完善配套金融服务,对市场化服务供给组织提供低息甚至免息贷款。

第四,面对地形特征带来的要素替代约束,政府应因地制宜采取适当政策和措施尽力破除所面临的约束。应当积极推动新型农业机械的研究和开发,对适应丘陵山区作业的机械研发企业给予政策优惠,推动丘陵山区的外包服务市场供给,激发农户购买外包服务积极性。

第八章

农村基本经营制度改革绩效测度：
农业生产社会化服务维度

巩固完善农村基本经营制度，不断完善统分结合的双层经营体制是题中应有之义。生产力发展的阶段性决定了一定时期内我国农业生产双层经营体制中分散经营的形式仍将存在，这要求我们不断健全农业专业化社会化服务体系，为小农户和现代农业发展相衔接创造条件。农业生产机械化程度提高有助于促进农村劳动力转移，进而推动土地经营权流转，提高农业绩效。因而，推动以农业机械化为重要内容的农业生产服务社会化深化发展，一直是农业农村主管部门的重要工作，为此印发了《关于进一步支持农业生产社会化服务工作的通知》等文件，出台了《农业农村部关于加快发展农业社会化服务的指导意见》等系列政策，实施了农机购买补贴等支持性制度安排。本章阐述了"农业机械化服务→土地经营权流转→农业生产效率提高"的传导机理，从农业机械化的维度实证检验了农机服务通过促进土地经营权流转而对农业生产效率提高发挥的作用。运用数据包络法（DEA）测算 2016 年全国农业生产效率水平，探究农机服务对农业生产效率的影响贡献，继而构建中介效应模型与调节模型进一步探究影响路径与内在联系。结果显示：（1）农机服务提高农户农业生产效率，土地规模化流转对于农机服务影响农业生产效率的提高起了部分中介效应。（2）农户自有农业机械正向促进农机服务对于农户农业生产效率的提升作用。（3）相较于平原地区，山地丘陵地形负向削弱农机服务对于农户农业生产效率的提升作用，但削弱力度小于农机服务的促进作用。

粮食安全既是经济问题也是政治问题，是国家发展的"定海神针"。在18亿亩耕地红线的硬性约束和既定生产力水平下，要想保证粮食和重要农产品的生产供应，在"十四五"时期继续保持粮食产量1.3万亿斤[①]的高位连增，在有限的要素禀赋条件下进一步提振农业产出，首要出路便是提高农业综合生产效率。"藏粮于地、藏粮于技"的八字箴言要求我们深化农业科技与农业生产效率之间的内在联系，没有农业机械化，就没有农业农村现代化。提升农机装备利用水平，推动农业科技成果沉入田间地头，是提升农业生产效率、保障农业农村稳定发展的初始动力，进而推动实现乡村振兴战略，带动农民共同富裕。

通过对农业机械化方面重要政策文件的梳理（见图8-1）可知，2004～2010年国家大力推进农业机械化建设并取得显著成效，对农业机械化发展的要求进入更高层次。进入新时代以来，多年的中央一号文件提出"全过程机械化"的要求，农机发展部署也主要围绕转型升级展开。在农业机械化水平实现普遍提升的前提下，自2017年农业机械化的发展进入精准施策阶段，国家开始重视丘陵山区地区农机的推进进程。据农业农村部官方数据统计显示，截至2020年底，农作物耕种收综合机械化率达到71%，农业机械总动力超过10.56亿千瓦时，大中型拖拉机数量477万台，配套农机具459万部，

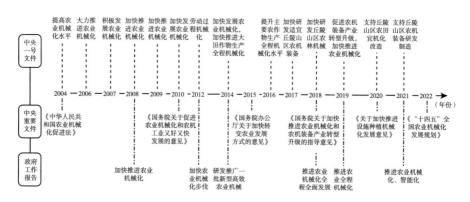

图8-1 关于"农业机械化"相关表述的政策梳理

---

① 中国共产党第十九届中央委员会第五次全体会议. 中共中央关于制定国民经济和社会发展第十四个五年规划和二〇三五年远景目标的建议［Z］. 2020 - 10 - 29.

小型拖拉机数量 1727 万台。农业机械化对于种植业总产值增量的贡献占一半以上（吕雍琪等，2021）。我国农业机械化在最近的 10 年内得到飞跃式发展，无论是制度供给还是技术支撑，都表明我国已进入农业机械化发展的高级阶段（匡远配等，2021），实现农业现代化的现实条件已基本具备。

　　然而我国相对分散的耕地分布、多样化的复杂地形结构以及农业产业的弱质属性使得农户对农业机械的类型选择和需求偏好都具有异质性，采用农机服务则是破解这一困境的主要出路。农机作业广泛存在于农业生产的各个过程，从单个环节到全部过程机械化，农机服务成为影响粮食生产效率的一个重要原因（张丽，2020）。随着农机水平的整体提升，农机作业服务的供给量自进入 2012 年便取得快速跃增（见图 8 - 2），截至 2019 年底，农机作业服务组织机构数已突破 19 万个。① 因此，研究好农机服务对农业生产效率的作用效果，以及农机服务影响农业生产效率的内在机制，对于激发农机服务提振农业发展潜力来说意义重大。

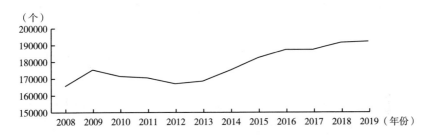

图 8 - 2　2008 ~ 2019 年农机作业服务组织年末机构数

资料来源：历年《中国农业工业机械年鉴》。

一、研究回顾

　　乡村振兴战略是实现我国社会主义现代化强国目标的关键部署，而提高农业生产效率不但是促进农村产业兴旺的根本动力，更是推动农业高质量发

---

① 历年《中国农业工业机械年鉴》。

展的内在要求（洪银兴等，2018）。近些年，由于我国城镇化和工业化的发展带动，土地、劳动力等农业生产要素持续从乡到城进行转移，而市场对农产品的需求却不减反增，提高农业生产效率成为保障农产品长期稳定供给的唯一途径（蔡昉，2008；李翔等，2018）。高维龙（2021）采用 DEA - Malmquist 指数法测算显示 1999~2018 年我国粮食全要素生产率整体上表现为下降态势。自 2004 年国家开始出台政策法规更加重视农业机械化的发展以来，农机社会化服务在我国得到迅速发展，在农作物生产过程中发挥着难以替代的作用（张宗毅等，2018）。农业机械装备的推广应用使农业生产规模不变的条件下减少所投入的劳动力要素数量与质量，有助于将优质劳动力从农业生产中释放出来（陈江华等，2021），解决家庭劳动力数量短缺、能力不足等问题，大大减少了农业生产投入要素的需求量，提高了劳动生产率和资源利用率（彭代彦，2013；张宗毅等，2014；罗锡文等，2016），成为农业生产效率现实提升的关键路径（姜长云，2010；王欧等，2016；罗必良，2017；武舜臣，2021）。农业社会化服务体系对于促进农业生产效率的提高、保障乡村振兴战略的落实推进、加快小农户融入农业现代化步伐等方面发挥重要作用（孙顶强等，2016）。

张丽（2021）借助变系数随机前沿模型，运用系统 GMM 方法实证发现，农机服务通过促进农业生产分工进而提升粮食全要素生产率。在此基础之上，杨思雨（2020）构建数据包络分析法的非径向 SBM 模型，采用 Tobit 模型和分位数模型论证农机作业服务提高粮食生产效率的内部机制还在于劳动替代与技术引入。除此之外，张丽（2020）还实证分析了农机服务与化肥之间的互补关系对农业生产效率的影响；薛超（2020）采用 Malmquist 生产率指数，运用 OLS 方法发现在农业机械化发展的不同阶段农业生产效率提升路径不同，初级阶段主要依靠技术进步提升种植业全要素生产率，中高级阶段则主要通过技术效率提高提升种植业全要素生产率。机械化服务对于农业生产效率的促进作用得到主流学者的广泛认同（胡祎，2018；虞松波，2019），而孙新华（2013）则持相反观点，他认为农机服务实质上就是雇工劳动，不同于家庭自用工的高度自觉，存在低效率、难监督等机会主义成本，可能加剧农业生产成本效率的损失，进而不利于农业生产效率的提升。

农机社会化服务负向抑制农户土地转出，而正向促进土地转入（徐晶，

2021），增加农业经营规模扩大的可能性，有利于发挥生产性服务业对生产效率的促进作用（顾晟景，2021；张丽，2021）。在农业机械化普遍提高的现实背景下，机械作业形式也不再单一，可以运用自有农机，也可以选择农机服务，还可以二者兼用，武舜臣发现（2021）机械化外包程度越高，其对粮食生产效率的正向促进作用越弱。而持有农业机械可以增强农机服务对农业生产效率的提升，两种方式各具特点且相互补充（彭超，2020）。此外，生产区域的地形地貌差异也是农机社会化服务作用异质的重要因素（徐晶，2021），相较于平原地区，丘陵山区农机发展得较为缓慢（杨敏丽等，2010），其农作物耕种收机械化率不到40%，综合机械化水平仅有10% ~ 20%，严重削弱农业机械作业的整体效率（湛小梅等，2020）。

现有文献大多聚焦于以单一方面研究农机服务对农业生产效率的影响，在当前急需保障粮食安全的严峻形势下，未能系统把握农机服务与农业生产效率之间复杂立体的内在关系。本部分通过全国性微观调查数据，立足于土地流转这一传导机制，进一步探究地形差异与农机作业形式的调节作用，构建农机服务影响农业生产效率的内在逻辑架构。

二、理论分析与研究假说

国家对于农业的补贴与政策倾斜、工业化水平整体提升以及科技研发能力增强等外部因素使得农机服务的广泛提供成为可能，农户自身势单力薄致使抗风险能力不足，以及生产要素成本的日趋增加导致可用于农业生产的投入减少等内部因素促使农户诉诸农机服务。农户生产过程中的内部意愿通过供给侧的助推转变成现实需求，内外合力共助农业生产效率的提高。在健全的土地交易市场以及完善的土地权利保障机制下，土地流转依照其政策初衷显著促进农业生产的提升（史常亮等，2020），但是不成规模的土地流转不但不能达到政策期许，反而会加剧土地细碎化程度，进而限制农业生产效率的提升（韩旭东等，2020；刘成等，2021），土地规模化流转将分散耕地连块成片，使得农户经营的土地处于适度经营规模区间之内，借助先进的农机资源条件，促使农业生产效率达到最优水平（鄢姣等，2018；张瑞娟等，

2020）。因此，农机服务对于农业生产率的影响沿着"农业机械化服务推广→土地规模化流转（扩大经营规模）→农业生产效率提高"的因果链展开（见图8-3）。

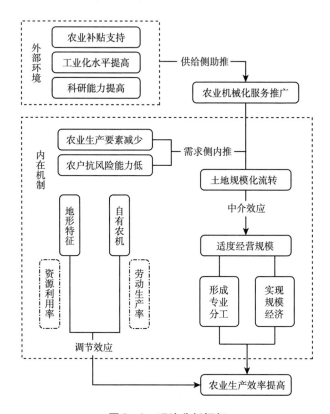

图8-3 理论分析框架

（一）农业机械化服务对农户农业生产效率的影响分析

农机服务促进农户土地流转行为的发生（姜松等，2016；杨子等，2019），推动土地适度规模经营的实现，由此引起农业专业化分工的形成以及规模经济的实现，进而提高农业生产效率。

农机服务的推广使得农业机械下沉到农户的日常生产活动当中，解放劳动生产强度，优化农业劳动条件（徐晶等，2021），理性农户会比较获取农机服务的总成本与应用农机服务后的产出收益进行决策，对于从事农业生产活动欲望强烈的农户来讲，农机服务显著降低农业经营的生产成本，激励其转入土地扩大经营（李宁等，2020）。土地流转通过纠正劳动力错配，促进农户经营规模的扩大。新古典经济学认为实现规模经济会推动经济增长，适度规模经营提高农机设备的利用效率，减少人员监督成本，扩大农业生产能人的作用半径，实现较少投入得到较高产出的规模经济。而且，农机服务对于小农户粮食生产全要素生产率的提升是以农业分工为前提条件（张丽等，2021），适度规模经营的实现使得农业生产趋向产业化，有利于形成区域分工与专业化分工。由此，提出研究假说：

假说 H1：农机服务能够有效提高农户农业生产效率。

（二）地形特征与农户自有农业机械对农户农业生产效率的影响分析

购置农机的自我服务与租赁农机的外包服务是目前农业机械化运用的两种主要形式，随着我国机械化水平的普遍提高与国家对于农业生产的扶持，提供农机服务的组织越来越多，采用农机服务在生产过程中随处可见。但是由于丘陵山地地区地势条件限制，大型机械化设备难以进入耕作区域，既选择农机服务又个人持有小型农机具的农业生产模式较为常见。对于提升农业生产效率来说，自有农机与农机服务这两种方式各具特点又相互补充（武舜臣，2021）。由此，提出研究假说：

假说 H2：农户自有农机正向促进农机服务对于农户农业生产效率的提升作用。

假说 H3：相较于平原地区，山地丘陵地形负向削弱农机服务对于农户农业生产效率的提升作用。

三、数据来源与模型构建

（一）数据来源与处理

本部分所使用的实证数据来自 2016 年全国农村固定观察点数据。该调查系统自 1986 年经中共中央书记处批准后运行至今，采用全面调查的方法进行统计，样本覆盖 31 个省份、300 多个行政村以及 2 万多个农户。调查内容包含了农户个体微观特质、家庭土地承包情况、固定资产情况、生产经营情况、全年收支情况以及村庄发展水平等详细信息。本部分暂不予考虑香港、澳门以及台湾地区的特殊情况，研究样本包含 31 个省份。

将全国农村固定观察点 2016 年农户表调查问卷数据与村庄特征数据进行匹配后，删除具有不合理缺失值的样本，对某些变量重新赋值和取对数使其符合实证操作要求，对于初步整理的数据按照一定的逻辑关系筛选，通过对数据进行清洗后，最终进行计量运算的有效数据样本量为 9734 份。

（二）模型设定

1. 农业生产效率的测算

农户农业生产效率测算运用数据包络分析法。本部分采用数据包络分析法对农户农业生产效率进行测算，并选择投入导向下的 BCC 模型，通过 Deap 2.1 软件测算综合效率。模型为：

$$\max \alpha \qquad\qquad (8-1)$$

$$\text{s. t.} \quad \sum_{j=1}^{n} \lambda_j x_j + s^- = x_0$$

$$\sum_{j=1}^{n} \lambda_j y_j - s^+ = \alpha y_0$$

$$\sum_{j=1}^{n} \lambda_j = 1$$

$$s^+ \geqslant 0, s^- \geqslant 0, \lambda_j \geqslant 0, j = 1,2,3,\cdots,n$$

其中，α 为决策单元 DMU 的相对效率衡量指标，其值越大表示决策单元越有效；λ_j 为根据第 j 个决策单元构造一个有效 DMU 组合时第 j 个决策单元的组合比例；x_j、y_j 分别为第 j 个决策单元的投入、产出向量；s^- 与 s^+ 分别表示输入和输出的松弛变量；x_0 与 y_0 分别为决策单元的投入产出。

2. 基准回归模型

为检验农户购买农机服务对农业生产效率的影响，本部分设定如下模型进行考察：

$$efficiency = \alpha_0 + \alpha_i service + \sum_{i=1}^{11} \lambda_i Z_i + \varepsilon_i \qquad (8-2)$$

其中，*efficiency*表示综合农业生产效率，*service* 表示农户采用农机服务的行为，Z_i表示第 i 个控制变量，α_0、α_i、λ_i为估计系数，ε_i为随机扰动项。

3. 中介效应模型

本部分运用中介效应模型探寻农户购买农机服务对农业生产效率影响的内在传导路径，在模型（8-2）的基础上进一步构建如下模型：

$$transfer = \alpha_0 + \theta_i service + \sum_{i=1}^{11} \lambda_i Z_i + \varepsilon_i \qquad (8-3)$$

$$efficiency = \alpha_0 + \beta_i transfer + \tau_i service + \sum_{i=1}^{11} \lambda_i Z_i + \varepsilon_i \qquad (8-4)$$

其中，*transfer*表示土地规模化流转情况，以土地转入面积表征。本部分研究土地流转的直接目的是形成适度规模经营，由于土地转出不能直接反映适度规模化经营，故运用土地转入的实际面积表示土地流转。θ_i、β_i、τ_i为估计系数，其余变量含义同前文定义。

4. 调节效应模型

农户农机的自有情况与地形因素势必对农机服务影响农业生产效率产生调节作用，本部分在基准回归模型（8-2）中引入交叉项分别设定调节效应模型（8-5）和模型（8-6）进行考察。

$$efficiency = \alpha_0 + m_i service + k_i service \times machine + \sum_{i=1}^{11} \lambda_i Z_i + \delta_i$$
$$(8-5)$$

$$efficiency = \alpha_0 + h_i service + d_i service \times terrain + \sum_{i=1}^{11} \lambda_i Z_i + \delta_i$$
$$(8-6)$$

其中，*machine* 代表农户自有农机情况；*terrain* 代表不同地形；其余变量含义同前文定义。

（三）变量选择与描述性统计

（1）被解释变量。将通过式（8-1）计算得到的农业生产效率作为被解释变量。投入指标包括农业生产总成本、农业生产总播种面积、农业生产总天数，产出指标包括农业生产总收入、农业生产总产量，测算包括小麦、稻谷、玉米、大豆、薯类、棉花、油料、糖料、麻料、烟草、桑蚕、蔬菜在内的综合农业生产效率。整体来看综合农业生产效率为0.224，仍有提升空间。农作物的投入产出情况以及投入产出之间的相关系数分别见表8-1、表8-2。

表8-1　　　　　　　　　　样本农户农业生产投入产出基本情况

投入产出变量	人均成本（元）	人均播种面积（亩）	人均投工日（天）	人均收入（元）	人均产量（千克）	样本量（份）
全部作物	9504.30	16.60	130.22	20490.19	10542.69	9734

资料来源：借助Stata15软件运算所得。

表8-2　　　　　　　　　　投入产出的 Pearson 相关系数

投入产出指标		投入变量		
		人均投工日（天）	人均总成本（元）	人均耕地面积（亩）
产出变量	人均收入（元）	0.4950 *** (0.000)	0.8577 *** (0.000)	0.5838 *** (0.000)
	人均产量（千克）	0.2541 *** (0.000)	0.5848 *** (0.000)	0.7168 *** (0.000)

注：*** 表示在1%水平（双侧）上显著相关；括号内为显著性（双侧）检验 P 值。
资料来源：借助 Stata15 软件运算所得。

（2）核心解释变量。将农户购买农机服务费用取对数后的结果作为本部分核心解释变量，样本范围内98%以上的农户在农业生产过程中均购买了农机服务。

（3）控制变量。设置11项包含农户特征、家庭特征以及村庄特征的指标作为控制变量。

（4）中介变量。依照上述理论分析，将土地规模化流转作为农机服务影响农业生产效率的内在机制，因此选取土地转入的实际面积作为中介变量。

（5）调节变量。本部分选取了两个调节变量：一是自有农机，由于农户持有的农机可以用于自我服务也可用于对外提供服务，因此"农户持有的各类农业机械总价值"无法准确衡量自有农机的实际用途，故本部分选取农户机械总动力表征自有农机变量；二是地形，用虚拟变量 0 和 1 分别表征平原地区与丘陵山地地区。

为了降低异方差带来的波动，对购买机械化服务、存款、年末常住人口、村人均收入以及自有农机等变量作取对数处理。各变量描述性统计如表 8 - 3 所示。

表 8 - 3　　　　　　　　　　变量及描述性统计

变量		变量说明	均值
被解释变量	农业生产效率（*efficiency*）	运用 DEA 测算所得全部农作物综合农业生产效率均值	0.224
核心解释变量	购买农机服务（*service*）	购买农机服务费用对数	6.520
控制变量	农户特征	性别	男 = 1；女 = 0	0.516
		年龄	取 2016 年实际年龄	46.913
		文化水平	取 2016 年实际受教育年限	7.599
		健康状况	优 = 1；良 = 2；中 = 3；差 = 4；丧失劳动能力 = 5	1.574
		互联网接入	接入互联网 = 1；未接入互联网 = 0	0.392
		农业培训	接受过农业培训 = 1；未接受农业培训 = 0	0.037
	家庭特征	家庭劳动力结构	家庭劳动力总数/家庭人口总数	0.698
		存款	家庭实际存款对数	10.681
	村庄特征	年末常住人口	2016 年末村实际人口数对数	7.343
		村人均收入	村人均收入对数	9.233
		硬化道路比例	硬化道路所占比重	83.837
中介变量	土地规模化流转（*transfer*）	土地转入实际面积	2.102
调节变量	地形（*terrain*）	平原 = 0；丘陵山地 = 1	0.510
	农户自有农机（*machine*）	农户机械总动力取对数	1.028

资料来源：根据 2016 年全国农村固定观察点数据整理所得。

四、实证结果与分析

（一）农业机械化服务对农业生产效率的影响

1. 回归结果及分析

上述式（8-2）、式（8-5）、式（8-6）的基准回归模型以及调节效应模型结果见表8-4，由于方差膨胀因子均小于10，说明变量间不存在显著的多重共线性（赵和楠等，2021）。通过回归结果（1）可知，在未引入控制变量之前，购买农机服务在1%水平上显著促进综合农业生产效率的提高，在控制了农户特征、家庭特征以及村庄特征之后，如回归结果（2）所示，购买农机服务依然在1%水平上显著正向促进综合农业生产效率，并且加入控制变量后系数并未发生明显波动，一定程度上说明核心自变量对于被解释变量影响是较为稳健的。引入调节变量后，回归结果（3）显示，购买农机服务与自有农机交乘项在1%水平上显著正向影响农业生产效率，说明自有农机与农机作业服务的交互影响有助于农业生产效率的提升，农户自有农机正向调节购买农机服务对于农业生产效率提高的程度。对于回归结果（4），地形与购买农机服务的交乘在1%水平上显著负向影响农业生产效率，说明丘陵山地地形削弱购买农机服务对于农业生产效率的促进作用，但是购买农机服务显著促进农业生产效率的程度更大，丘陵山地地形的削弱力度远小于购买农机服务的促进作用。至此，上述假说均被验证。

表8-4 基础回归模型以及调节效应模型结果

变量	（1）	（2）	（3）	（4）
购买农机服务	0.00856*** (0.00114)	0.00796*** (0.00112)	0.000867 (0.00111)	0.00823*** (0.00111)
购买农机服务×自有农机	—	—	0.00220*** (0.000141)	
购买农机服务×地形	—	—		-0.00316*** (0.000516)

续表

变量	(1)	(2)	(3)	(4)
性别	—	− 0. 00551 * (0. 00291)	− 0. 00593 ** (0. 00287)	− 0. 00555 * (0. 0029)
年龄	—	0. 000248 * (0. 000130)	0. 000363 *** (0. 000128)	0. 000230 * (0. 000130)
文化水平	—	0. 00248 *** (0. 000562)	0. 00298 *** (0. 000555)	0. 00250 *** (0. 000558)
健康状况	—	0. 00385 ** (0. 00186)	0. 00381 ** (0. 00183)	0. 00466 ** (0. 00186)
互联网接入	—	0. 0113 *** (0. 00301)	0. 0114 *** (0. 00295)	0. 0117 *** (0. 00300)
农业培训	—	0. 0581 *** (0. 0104)	0. 0521 *** (0. 0100)	0. 0614 *** (0. 0102)
家庭劳动力结构	—	0. 00677 (0. 00654)	0. 0103 (0. 00640)	0. 00720 (0. 00653)
存款	—	− 0. 00617 *** (0. 00140)	− 0. 00626 *** (0. 00139)	− 0. 00636 *** (0. 00139)
年末常住人口	—	− 0. 00336 (0. 00228)	− 0. 00144 (0. 00223)	− 0. 00360 (0. 00230)
村人均收入	—	0. 0258 *** (0. 00357)	0. 0241 *** (0. 00348)	0. 0234 *** (0. 00354)
硬化道路比例	—	− 0. 000438 *** (7. 54e − 05)	− 5. 40e − 05 (7. 41e − 05)	− 0. 000391 *** (7. 46e − 05)
省份固定效应	控制	控制	控制	控制
常数项	0. 195 *** (0. 00787)	0. 0434 (0. 0391)	0. 0223 (0. 0387)	0. 0657 * (0. 0385)
vif	1. 05	1. 19	1. 22	1. 19

注：括号内数值为标准误，*、**、*** 分别表示10%、5%、1%的显著性水平。
资料来源：借助 Stata15 软件运算所得。

此外，教育年限、互联网接入、农业培训、村庄收入水平均在1%水平上显著促进农业生产效率，说明延长教育年限、普及互联网接入、接受农业培训、提高村庄收入水平有利于农业生产效率的提高。

2. 稳健性检验

由于农业生产效率的提高会导致农户增强购买农机服务以扩大再生产的事实,将存在双向因果的内生性问题,本部分通过构造工具变量进行解决。此外,由于因变量为农业生产效率,其取值范围集中在 $0 \sim 1$,属于因变量取值受限类型,因而采用 Tobit 模型检验回归结果的可靠性(陈江华等,2021)。

(1)工具变量法。此处采用两阶段最小二乘法进行稳健性检验,借鉴陈江华(2021)的思路构造"购买农机服务"的工具变量。首先,同一村庄内农户选择的农业生产方式具有趋同性,率先采纳省时省力方式的农户,对其他农户形成示范作用,因而村庄内其他农户购买农机服务行为会正向带动某一农户购买农机服务,使工具变量满足相关性要求;其次,农户选择购买农机服务取决于种植农作物的属性以及决策成本收益的衡量,与村庄其他农户是否购买农机服务这一行为并无直接关系,满足工具变量的外生性要求。因此,假设样本村庄 n 共有 j 个被调查农户,则第 k_i 个被调查农户购买农机服务的工具变量计算方法如式(8-7)所示,其中,nk_i 表示第 n 个村庄第 k_i 个农户的决策行为,$service\_V_{nk_i}$ 表示"购买农机服务"的工具变量,"购买农机服务"与工具变量"村内其他农户购买农机服务"的相关系数(见表8-5)为 0.7525,且在 1% 水平上显著,满足工具变量构造要求。

$$service\_V_{nk_i} = \frac{\sum_{k \neq k_i}^{j} service_k}{j-1} \qquad (8-7)$$

表 8-5 工具变量相关系数

变量	购买农机服务	村内其他农户购买农机服务
购买农机服务	1.0000	—
村内其他农户购买农机服务	0.7525 (0.0000)	1.0000

注:括号内为显著性(双侧)检验 P 值。
资料来源:借助 Stata15 软件运算所得。

运用村内其他农户购买农机服务替换购买农机服务变量的两阶段最小二

乘法（2SLS）估计结果见表 8-6。弱工具变量检验的 F 统计值概率值为 0.000，说明不存在弱工具变量问题；Hausman 的外生性检验在 1% 统计水平上显著，表明农户购买农机服务为内生变量，的确存在外生性问题，采用工具变量法进行估计是恰当的。第（2）列显示在解决内生性问题的基础上，农户购买农机服务对于农业生产效率在 1% 的统计水平上显著为正，并且农户购买农机服务行为每增加 1 单位，农业生产效率可能提升 1.78%，与基准回归 OLS 模型相比，不考虑内生性问题将低估购买农机服务对农业生产效率的影响。实证结果证明，农户购买农机服务正向促进农业生产效率的提高，与预期一致。

表 8-6　　　　　　　　　　　　工具变量替代结果

变量	购买机械化服务		农业生产效率	
	OLS（1）		2SLS（2）	
	系数	稳健标准误	系数	稳健标准误
购买农机服务	—	—	0.0178 ***	0.00147
村内其他农户购买农机服务	1.045 ***	0.0210	—	—
控制变量	控制	控制	控制	控制
省份固定效应	控制	控制	控制	控制
常数项	-2.033 ***	0.417	-0.0206	0.0388

注：*** 表示 1% 的显著性水平。
资料来源：借助 Stata15 软件运算所得。

（2）截尾回归模型。为保证上述 OLS 回归结果的稳健性，使用截尾回归模型（Tobit 模型）作进一步检验（见表 8-7），通过对比基准回归 OLS 模型与 Tobit 模型结果发现，两个模型的回归结果均在 1% 统计水平上通过显著性检验，且回归系数高度相似，表明 OLS 模型结果较为稳健。

表 8-7　　　　　　　　　　　　Tobit 回归结果

变量	Tobit		OLS	
	（1）	（2）	（1）	（2）
购买农机服务	0.0086 *** (0.00098)	0.00796 *** (0.00098)	0.00856 *** (0.00114)	0.00796 *** (0.00112)
控制变量	—	控制	—	控制

续表

变量	Tobit		OLS	
	(1)	(2)	(1)	(2)
省份固定效应	—	控制	—	控制
常数项	0.019 *** (0.00805)	−0.0434 (0.0381)	0.195 *** (0.00787)	0.0434 (0.0391)

注：括号内数值为标准误，*** 表示 1% 的显著性水平。
资料来源：借助 Stata15 软件运算所得。

（二）农机服务影响农业生产效率关系的路径探索

表 8-8 的 （1） 列显示购买农机服务与土地规模化流转的交乘项在 1% 水平上显著提高农业生产效率，说明土地转入有利于正向强化购买农机服务对农业生产效率的促进作用，初步证明土地规模化流转对于农户购买农机服务影响农业生产效率具有一定的促进作用。

表 8-8　农机服务与农业生产效率模型内在影响路径的联立估计结果

变量	农业生产效率				土地规模化流转	
	OLS (1)	OLS (2)	OLS (3)	2SLS (4)	OLS (5)	2SLS (6)
土地规模化流转	—	0.00120 *** (0.000139)	0.000930 *** (0.000180)	0.00123 ** (0.000480)	—	
购买农机服务 × 土地规模化流转	0.000128 *** (1.62e−05)	—	—	—	—	
购买农机服务	—	0.00352 (0.00297)	0.0189 *** (0.00672)	0.0217 *** (0.00719)	5.217 *** (0.644)	7.655 *** (0.888)
控制变量	控制	控制	控制	控制	控制	控制
省份固定效应	控制	控制	控制	控制	控制	控制
常数项	0.0751 * (0.0405)	−0.113 (0.126)	−0.179 (0.253)	−0.264 (0.178)	34.29 (34.89)	−5.269 (30.60)
样本量	982	982	686	686	982	982

注：括号内数值为标准误，* 、 ** 、 *** 分别表示 10%、5%、1% 的显著性水平。
资料来源：借助 Stata15 软件运算所得。

为进一步说明土地规模化流转的中介作用，表 8-8 的 （2） 列、（3） 列、（5） 列按照式 （8-2）、式 （8-3）、式 （8-4） 中介效应检验步骤进行分析。通过结果 （2） 发现，虽然土地转入也在 1% 水平上显著促进农业生产效率的提高，但购买农机服务并未显著影响土地转入。猜测可能是由于土地流转未达到适度规模化，基于此，对土地流转规模≥3亩的样本进行实证分析，回归结果（3）显示，土地流转与购买农机服务均在1%水平上显著正向影响农业生产效率，说明土地流转规模≥3亩的农户，购买农机服务有利于农业生产效率的提升。由于解释变量 service 对被解释变量 efficiency 的影响显著，且式（8-3）、式（8-4）中解释变量 service 的系数都显著，同时式（8-4）中中介变量 transfer 的系数显著，因此可以初步判断土地规模化流转（≥3亩）对于农机服务影响农业生产效率具有部分中介效应。

由于土地流转会对该地区农户的生产效率水平产生影响，反过来农户的生产效率水平也决定了其自身对土地流转市场的参与以及该地区的土地流转水平，因此土地流转与农业生产效率之间可能存在相互影响的关系。Hausman 检验1%水平上显著拒绝原假设，证明确实存在内生性问题。为解决土地流转与农业生产效率以及购买农机服务于土地流转解决两组由双向因果导致的内生性问题，本部分借鉴陈斌开（2020）的思路，运用村层面所有农户年末流转入土地面积除以总土地面积计算的"村级土地流转率"作为土地规模化流转工具变量，弱工具变量检验 F 统计值为77，P 值为0，证明不存在弱工具变量问题，工具变量法可以解决内生性问题。延续上文运用"村内其他农户农机服务水平"作为"购买农机服务"的工具变量，继续运用2SLS对方程作进一步估计，结果显示，即便是消除内生性的影响，土地流转对农业生产效率以及购买农机服务对土地流转的影响均是显著的。至此，可以证明土地规模化流转对于农户购买农机服务影响农业生产效率的部分中介作用。

五、研究结论与启示

农机服务作为劳动力替代与农业生产扩张的手段，是小农户融入农业现代化生产的重要桥梁。本部分利用2016年全国农村固定观察点调查数据，研究农机服务对于提升农业生产效率的作用机理，结果支持了本部分提出的假说：（1）农机服务提高农户农业生产效率，土地规模化流转对于农机服务影响农业生产效率的提高起了部分中介效应。（2）农户自有农机正向促进农机服务对于农户农业生产效率的提升作用。（3）相较于平原地区，山地丘陵地形负向削弱农机服务对于农户农业生产效率的提升作用，但削弱力度小于农机服务的促进作用。本部分研究结论还可以反映：延长教育年限、普及互联网接人、接受农业培训、提高村庄收入水平有利于农业生产效率的提高。

本部分研究得出的启示在于：第一，深化土地制度改革，在坚持承包地"三权分置"的前提下，促进土地规模化流转，促进土地的规模化经营，为农业机械化的开展进一步创造条件，有利于小农户与现代农业相衔接。第二，探索农村集体经济发展的多种有效实现形式，强化村集体组织"统"层面的经济服务与指导治理职能，改善村庄软硬件设施水平，提高村民人力资本条件。第三，完善关于农机服务的制度供给，健全与丰富农机服务组织体系与服务提供形式，在村庄设立定点机构常年提供相关咨询与业务服务。大力支持农业机械科研工作，根据地形地貌特征研发相应机械设备，推进不同规模类型的农机服务。第四，进一步落实个人农机具购置补贴，发挥自有农机与农机服务对于农业生产效率的共同促进作用。

第九章

农地权利配置对农村基本经营
制度改革绩效的影响

本部分意在综合考察土地权利配置是否以及能够在多大程度上对农村基本经营制度改革的绩效带来影响，以便通过分析为后续在土地权利配置维度提出农村基本经营制度进一步改革的建议提供学理和数据支撑。本部分采取间接法和直接法两种方法协同进行分析。一方面，考虑到政策评价一直是社科研究的难题之一，难以直接研究权利配置对农村基本经营制度实施绩效的影响，故本部分借鉴相关研究成果的做法，采取一种迂回的方式，基于对1993～2020年的土地权利配置格局阶段划分方法，将不同阶段的农村土地权利配置作为背景，考察农村基本经营制度实施绩效的差异，探明化肥、劳动力、土地投入以及农业机械总动力等要素在不同权利配置格局下对农业产值的动态贡献大小，由此间接反映出由农村土地权利配置变迁引起的农村基本经营制度实施绩效的变化情况。另一方面，将土地流转权、抵押权和土地是否确权合成为农地权利配置指标，从农地产权的要素配置效应、激励效应和成本效应三个方面展开分析农地权利配置对农业绩效的机理，并进一步采用1993～2020年30个省份的面板数据，借助动态面板模型尝试直接实证考察农地权利配置对农业绩效的影响。

一、农地权利配置对农村基本经营制度
实施绩效的影响：间接法

习近平总书记明确指出，农村基本经营制度是乡村振兴的制度基础。[①]
2013 年《中共中央　国务院关于加快发展现代农业进一步增强农村发展活
力的若干意见》强调要充分发挥农村基本经营制度的优越性，此后历年中央
一号文件均对巩固与完善农村基本经营制度予以明确要求。回顾农村基本经
营制度的变迁历程，其改革重点以土地产权为核心，完善路径基本上沿着权
利细化与权能激活而展开。1993 年《宪法修正案》提出家庭联产承包为主
的责任制，农村基本经营制度初步赋予农户家庭边界模糊但具有一定自主性
的权利形态。1999 年以"农村集体经济组织实行家庭承包经营为基础、统
分结合的双层经营体制"通过《宪法修正案》，农村基本经营制度政策表述
基本定型，权利配置细化为集体的所有权与农户家庭的承包经营权，在相当
长的一段时间里对农业农村发展持续贡献强大能量。随着我国城镇化与工业
化进入快速推进阶段，人口城乡转移规模不断扩大，农业生产能力不断提
高，催生了农村内部人口空心化现实情况与产业多样化市场要求的矛盾局
面，农村基本经营制度改革进入集体所有权、农户承包权、经营者承包经营
权"准三权"时期。进入新时代以来，为更好地适应国情农情变化，加快推
动农业农村现代化进程，党中央又推动实施农村土地所有权、承包权、经营
权"三权分置"。

只有将权利主体与土地关系予以明确界定并妥善处理，各方合法权益才
能够得到有效保障，农村社会稳定持续发展才能够有所保障（韩长赋，
2019）。权利配置沿着直接与间接两条路径影响农村基本经营制度实施绩效
变化，一方面，权利细化的相关政策规定直接导致经营主体实际决策行为的
改变，使得农业生产投入要素结构与数量发生相应调整；另一方面，权利配
置的演进导致农业经营环境发生改变，使得投入要素在新的运作机制下产量

---

① 习近平. 论坚持全面深化改革 [M]. 北京：中央文献出版社，2018：397.

输出发生变化（黄少安等，2005）。由于权利配置对于农村基本经营制度实施绩效的影响难以准确把握，直接衡量权利配置难免存在疏漏导致研究缺乏系统全面性，因此，较为科学的做法是，将农村基本经营制度提出与发展进程置于权利束变革演进的不同阶段，比较并探索不同权利配置格局下影响农村基本经营制度实施绩效因素的变化情况（黄少安等，2005）。本部分依据农村土地权利配置格局特点将 1993～2020 年超长时间跨度划分为三个阶段，研究决定农业生产效率的投入因素的相应变化以及投入产出要素之间的影响关系，进而分析出权利配置对农村基本经营制度实施绩效的影响情况。

目前，学术界关于农村基本经营制度产生与发展阶段划分的观点丰富多样，依据不同视角各具其合理性。从集体与家庭角色主导地位的视角，分为以土地农民私有为基础的家庭经营制、农业合作化运动催生的合作制、以人民公社为载体的集体经营制、改革开放后的双层经营体制以及 21 世纪以来双层经营体制的创新拓展五个阶段（周振，2019）；从土地经营方式的视角，将新中国成立 70 年来的农业经营制度划分为家庭经营基础上的合作经营、集体所有制下的集体经营、家庭经营基础上的双层经营和家庭经营基础上的多元经营四个阶段（郑淋议，2020）；从农村基本经营制度确立的视角，划分为 20 世纪 70 年代末至 80 年代中后期的初步形成阶段、20 世纪 80 年代末至 90 年代末的正式确立阶段以及 21 世纪初至今的发展完善阶段（王骏等，2018）。

我们把以农村土地核心权利配置为主的农村基本经营制度变迁作为主线，根据党中央政策制度下达与乡野实践推进情况，大体上将 1993～2020 年划分为以下三个典型阶段：1993～2002 年集体所有权、农民使用权"两权"分离时期；2003～2012 年集体所有权、农户承包权、经营者承包经营权"准三权"时期；2013～2020 年农地产权所有权、承包权、经营权"二权分置"的土地使用权强权赋能时期。

由于难以直接研究权利配置对农村基本经营制度实施绩效的影响，故本部分采取一种迂回的方式，基于上文中对 1993～2020 年的土地权利配置格局的阶段划分方法，将不同阶段的农村土地权利配置作为背景，考察农村基本经营制度实施绩效的差异，探明化肥、劳动力、土地投入以及农业机械总动力等要素在不同权利配置格局下对农业产值的动态贡献大小，由此间接反映出由农村土地权利配置变迁引起的农村基本经营制度实施绩效的变化情况。

（一）1993～2020 年农村基本经营制度实施绩效测度

深化农村改革要求妥善解决人地矛盾，处理好各个权利主体与土地的关系，实质上是界定各个权利主体的权利边界，明确所享有的权利范围，以维护各方合法权益（韩长赋，2019），农村基本经营制度实施绩效归根结底是农业生产经营者在不同权利配置格局下通过优化投入要素结构以增加产出的结果。农业生产效率提升不仅是现阶段党中央政策的强烈号召，更是保障我国粮食安全的根本保证，成为衡量农村基本经营制度改革与完善绩效的重要依据。因此，本部分以农业生产效率衡量农村基本经营制度实施绩效。

数据包络分析（DEA）是一种线性规划方法，该方法的原理是根据决策单元的投入和产出数据判断决策单元是否位于生产前沿面上，是否技术有效率（佟光霁等，2022），适合评价具有多个投入、产出的决策单元间的相对有效性。因此，本部分采用非参数的数据包络分析方法对农户农业生产效率进行测算，并选择投入导向下的 BCC 模型，通过 Deap 2.1 软件测算综合效率。模型为：

$$\max\alpha \tag{9-1}$$

$$\text{s. t.} \quad \sum_{j=1}^{n} \lambda_j x_j + s^- = x_0$$

$$\sum_{j=1}^{n} \lambda_j y_j - s^+ = \alpha y_0$$

$$\sum_{j=1}^{n} \lambda_j = 1$$

$$s^+ \geq 0, s^- \geq 0, \lambda_j \geq 0, j = 1,2,3,\cdots,n$$

其中，α 为决策单元 DMU 的相对效率衡量指标，其值越大表示决策单元越有效；λ_j 为根据第 j 个决策单元构造一个有效 DMU 组合时第 j 个决策单元的组合比例；x_j、y_j 分别为第 j 个决策单元的投入、产出向量；s^- 与 s^+ 分别表示输入和输出的松弛变量；x_0 与 y_0 分别为决策单元的投入产出。

农业产出变量以农业生产总值衡量，农业投入变量包括农作物播种面积、化肥施用量、农村人口数、农业机械总动力。运用式（9－1）对除西藏、港澳台地区以外的 30 个省份 1993～2020 年农业生产效率进行测度，各省份农业生产效率结果与分阶段全国农业生产效率变化走势分别见表 9－1、图 9－1。

表 9－1　　　　　1993～2020 年全国及各省份农业生产效率值

省份	1993 年	1994 年	1995 年	1996 年	1997 年	1998 年	1999 年	2000 年	2001 年	2002 年
北京	0.769	0.915	0.903	0.877	0.843	0.854	0.913	0.937	0.963	1
天津	0.941	1	1	0.951	0.914	0.901	0.925	0.823	0.823	0.814
河北	0.383	0.474	0.570	0.539	0.558	0.554	0.582	0.549	0.569	0.574
山西	0.323	0.357	0.397	0.423	0.393	0.379	0.350	0.359	0.320	0.363
内蒙古	0.634	0.698	0.662	0.746	0.680	0.686	0.723	0.692	0.655	0.685
辽宁	0.621	0.621	0.696	0.746	0.684	0.689	0.811	0.732	0.759	0.814
吉林	0.599	0.782	0.731	0.794	0.653	0.634	0.754	0.577	0.693	0.718
黑龙江	0.583	0.785	0.798	0.877	0.852	0.842	0.683	0.617	0.650	0.675
上海	0.558	0.696	0.779	0.842	0.981	0.928	0.871	0.903	0.967	1
江苏	0.537	0.672	1	0.725	0.723	0.725	0.744	0.725	0.744	0.755
浙江	0.685	0.777	0.803	0.803	0.785	0.835	0.838	0.863	0.880	0.883
安徽	0.475	0.524	0.529	0.497	1	0.497	0.504	0.464	0.454	0.465
福建	0.551	0.617	0.657	0.668	0.665	0.659	0.714	0.683	0.705	0.711
江西	0.618	0.707	0.725	0.761	0.705	0.672	0.626	0.595	0.558	0.528
山东	0.399	0.413	0.511	0.557	0.059	0.290	0.625	0.632	0.662	0.670
河南	0.378	0.399	0.466	0.530	0.525	0.515	0.571	0.559	0.569	0.566
湖北	0.541	0.699	0.755	0.747	0.748	0.726	0.649	0.587	0.597	0.578
湖南	0.496	0.575	0.575	0.579	1	0.554	0.523	0.516	0.527	0.526
广东	0.751	0.800	0.786	0.808	0.788	0.857	0.882	0.807	0.752	0.778
广西	0.473	0.489	0.539	0.553	0.577	0.546	0.473	0.419	0.414	0.424
海南	0.775	0.885	0.775	0.806	0.799	0.796	1	1	0.954	1
重庆	0	0	0	0	0.791	0.715	0.624	0.574	0.544	0.543
四川	0.732	0.757	0.805	0.837	0.794	0.735	0.685	0.640	0.599	0.606
贵州	0.713	0.828	0.857	0.851	0.853	0.806	0.706	0.630	0.597	0.570
云南	0.485	0.511	0.529	0.555	0.540	0.546	0.630	0.531	0.503	0.504

续表

省份	1993年	1994年	1995年	1996年	1997年	1998年	1999年	2000年	2001年	2002年
陕西	0.496	0.477	0.479	0.548	0.492	0.468	0.452	0.433	0.440	0.460
甘肃	0.474	0.623	0.599	0.593	0.520	0.503	0.540	0.518	0.524	0.503
青海	0.493	0.580	0.581	0.605	0.574	0.582	0.529	0.442	0.500	0.367
宁夏	0.364	0.419	0.387	0.438	0.428	0.366	0.377	0.356	0.359	0.339
新疆	0.751	0.988	1	0.935	0.993	0.980	0.906	0.931	0.866	0.810
全国	0.452	0.518	0.548	0.563	0.558	0.556	0.569	0.544	0.551	0.562
省份	2003年	2004年	2005年	2006年	2007年	2008年	2009年	2010年	2011年	2012年
北京	0.794	0.765	0.783	0.846	0.880	0.884	0.961	0.988	0.981	1
天津	0.562	0.515	0.505	0.550	0.626	0.614	0.657	0.740	0.725	0.764
河北	0.383	0.420	0.437	0.511	0.558	0.561	0.614	0.730	0.762	0.833
山西	0.282	0.295	0.269	0.293	0.286	0.298	0.452	0.494	0.522	0.563
内蒙古	0.450	0.485	0.504	0.530	0.552	0.559	0.554	0.656	0.725	0.801
辽宁	0.475	0.536	0.533	0.646	0.685	0.683	0.683	0.793	0.845	0.982
吉林	0.505	0.489	0.501	0.567	0.549	0.573	0.570	0.580	0.612	0.684
黑龙江	0.492	0.526	0.568	0.591	0.647	0.699	0.694	0.704	0.827	1
上海	0.833	0.905	0.938	0.998	0.961	0.974	1	1	0.970	1
江苏	0.411	0.485	0.482	0.530	0.545	0.572	0.640	0.730	0.805	0.903
浙江	0.630	0.655	0.685	0.717	0.739	0.754	0.808	0.910	0.936	1
安徽	0.247	0.316	0.290	0.354	0.380	0.404	0.436	0.494	0.505	0.541
福建	0.603	0.629	0.661	0.702	0.754	0.760	0.798	0.874	0.924	1
江西	0.351	0.378	0.360	0.393	0.408	0.426	0.447	0.458	0.348	0.525
山东	0.469	0.515	0.523	0.590	0.635	0.676	0.758	0.813	0.795	0.807
河南	0.288	0.371	0.389	0.449	0.465	0.479	0.521	0.606	0.577	0.633
湖北	0.399	0.442	0.406	0.476	0.484	0.528	0.555	0.657	0.721	0.771
湖南	0.362	0.408	0.412	0.466	0.524	0.568	0.618	0.733	0.789	0.853
广东	0.573	0.609	0.678	0.735	0.768	0.758	0.772	0.798	0.841	0.880
广西	0.291	0.326	0.349	0.428	0.463	0.490	0.497	0.558	0.616	0.644
海南	0.623	0.672	0.693	0.751	0.746	0.782	0.850	0.865	0.923	1
重庆	0.393	0.426	0.422	0.409	0.440	0.468	0.523	0.589	0.654	0.726

续表

省份	2003 年	2004 年	2005 年	2006 年	2007 年	2008 年	2009 年	2010 年	2011 年	2012 年
四川	0.415	0.456	0.436	0.414	0.461	0.523	0.584	0.64	0.705	0.781
贵州	0.375	0.406	0.419	0.388	0.389	0.423	0.438	0.482	0.457	0.571
云南	0.341	0.386	0.358	0.387	0.380	0.391	0.422	0.416	0.455	0.549
陕西	0.285	0.324	0.344	0.380	0.414	0.466	0.477	0.591	0.661	0.735
甘肃	0.403	0.435	0.437	0.454	0.474	0.504	0.554	0.684	0.704	0.781
青海	0.437	0.492	0.475	0.465	0.525	0.550	0.579	0.742	0.814	0.808
宁夏	0.254	0.298	0.303	0.347	0.384	0.419	0.466	0.566	0.602	0.626
新疆	0.787	0.743	0.786	0.684	0.726	0.654	0.715	1	0.924	1
全国	0.356	0.395	0.404	0.470	0.494	0.517	0.558	0.645	0.672	0.733

省份	2013 年	2014 年	2015 年	2016 年	2017 年	2018 年	2019 年	2020 年
北京	0.601	0.645	0.712	0.729	0.763	0.759	0.624	0.769
天津	0.428	0.461	0.503	0.515	0.432	0.474	0.501	0.585
河北	0.478	0.469	0.474	0.480	0.396	0.421	0.435	0.502
山西	0.334	0.346	0.343	0.388	0.407	0.392	0.389	0.433
内蒙古	0.497	0.519	0.520	0.541	0.525	0.532	0.551	0.635
辽宁	0.547	0.554	0.663	0.600	0.506	0.534	0.587	0.678
吉林	0.433	0.454	0.468	0.415	0.290	0.313	0.320	0.460
黑龙江	0.698	0.725	0.700	0.679	0.783	0.791	0.855	1
上海	1	0.964	0.920	0.828	0.792	0.970	0.923	0.865
江苏	0.515	0.548	0.621	0.625	0.620	0.605	0.627	0.700
浙江	0.653	0.688	0.724	0.778	0.771	0.792	0.863	0.884
安徽	0.296	0.308	0.319	0.333	0.329	0.325	0.348	0.392
福建	0.716	0.770	0.807	0.952	0.821	0.861	0.902	0.905
江西	0.378	0.386	0.434	0.475	0.471	0.489	0.511	0.531
山东	0.465	0.496	0.525	0.500	0.471	0.499	0.537	0.583
河南	0.352	0.380	0.399	0.401	0.391	0.422	0.463	0.542
湖北	0.470	0.484	0.492	0.526	0.520	0.521	0.556	0.627
湖南	0.455	0.482	0.517	0.553	0.431	0.435	0.512	0.590
广东	0.066	0.681	0.712	0.880	0.780	0.799	0.889	0.939

续表

省份	2013 年	2014 年	2015 年	2016 年	2017 年	2018 年	2019 年	2020 年
广西	0.390	0.392	0.400	0.461	0.462	0.471	0.535	0.580
海南	0.681	0.767	0.838	0.929	0.826	0.829	0.893	1
重庆	0.529	0.539	0.553	0.600	0.572	0.602	0.642	0.733
四川	0.546	0.563	0.595	0.663	0.685	0.683	0.724	0.786
贵州	0.401	0.493	0.637	0.758	0.802	0.838	0.917	1
云南	0.382	0.394	0.389	0.395	0.385	0.526	0.617	0.655
陕西	0.495	0.515	0.504	0.644	0.620	0.623	0.664	0.775
甘肃	0.456	0.472	0.508	0.558	0.456	0.485	0.545	0.635
青海	0.507	0.511	0.500	0.572	0.579	0.598	0.831	0.971
宁夏	0.360	0.371	0.430	0.456	0.439	0.475	0.452	0.583
新疆	0.652	0.696	0.702	0.746	1	0.809	0.820	0.960
全国	0.412	0.430	0.455	0.468	0.449	0.473	0.520	0.590

资料来源：借助 Deap 软件运算所得。

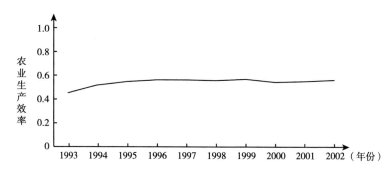

（a）1993～2002 年

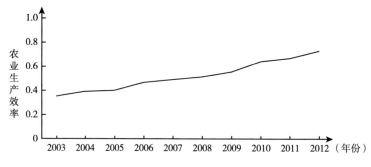

（b）2003～2012 年

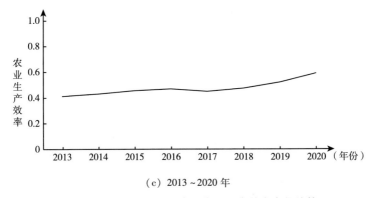

（c）2013～2020 年

图 9 - 1　1993～2020 年全国农业生产效率变化趋势

资料来源：借助 Excel 软件整理所得。

通过对农业生产效率整体上的观察可以发现，随着权利配置格局由两权分离的创新性提出与实践到三权分置的进一步深入细分与赋能，农业生产效率整体上呈现攀升势头，说明国家对于农村土地权利配置的大政方针是科学准确的；从三个阶段具体变化走势来看，农业生产效率均呈现上升趋势，说明权利配置不断优化所营造的产权格局是利于农业发展的。结合顶层设计与现实绩效来看，农村基本经营制度的正式确立是一项典型的自下而上诱制性制度变迁与自上而下强制性制度变迁结合的产物（罗必良等，2014），早在1991 年提出双层经营的农村基本经营制度之前，"统""分"结合经营便在乡野实践中广泛应用（余展等，1992），1993 年土地集体所有权与农户使用权分离构想终以政策语言形式写入《宪法修正案》，"两权"分离的改革绩效已处于政策红利释放的中后期。因此，1993～2002 年这一阶段农业生产效率的"三年增、六年稳"走势恰符合"两权"分离的实际效果；2003 年《农村土地承包法》正式通过法律形式将农村土地承包期限以 30 年规定下来，标志着中国土地流转制度正式确立，土地承包权和经营权已开始进入分离的摸索阶段。2008 年《中共中央　国务院关于切实加强农业基础建设进一步促进农业发展农民增收的若干意见》提出"确保农村土地承包经营权证到户"，农户的土地产权结构逐渐明晰完整（米运生等，2015）。因此，2003～2012 年这一时期农业生产效率在三权分离信号释放的作用下取得高水平提升。2013 年习近平总书记考察湖北时讲话指出，要深化农村改革，完善农村基本经营制度，要好好研究农村土地所有权、承包权、经营权三者之间的关系，首次进行关于农村土地三权分置的部署。2014 年中共中央、国务院《关于全面深化农村改革加快推进农业现代化的若干意见》首次正式部署农村土地"三权分置"改革，2016 年中共中央办公厅、国务院办公厅《关于完善农村土地所有权承包权经营权分置办法的意见》颁布，土地"三权分置"政策最终落地（苑鹏，2017）。在中央一系列分权赋能政策的推动下，自 2013年以来，农村土地所有权、承包权、经营权三权分置所带来的政策实施绩效进一步深化，农业生产效率保持高水平稳步提升。依据上述农村土地权利配置格局演进、农业生产效率测算结果走势以及农业农村实际取得进步的关联互促发展脉络，一定程度上说明本部分运用农业生产效率反映农村基本经营制度实施绩效是合理的，权利配置格局划分阶段也符合政策逻辑与现实效果。

（二）不同阶段农业要素投入对农业产出影响的差异分析

农业生产投入要素之间存在很强的互补性，直接决定产出水平（高辰颖，2020）。为把握不同权利配置时期决定农业生产效率变化的因素，以 1993～2020 年超长时间跨度的投入指标对产出指标的贡献变化为主体构建面板回归模型。承接上文 DEA 模型测算农业生产效率的投入产出变量，以农业生产总值为因变量，以农作物播种面积、化肥施用量、农村人口数、农业机械总动力为核心解释变量，考虑到数据连续性与稳定性原则，选取灌溉指数与产业结构为控制变量，分别反映基础设施水平以及产业发展对于农业产出的影响。

1. 模型设定

借鉴黄少安（2005）构建面板数据回归模型的思想，本部分构造的具体方程如下：

$$y_{it} = \beta_1 + \beta_2 fer_{it} + \beta_3 mac_{it} + \beta_4 lab_{it} + \beta_5 lan_{it} + \sum_{i=1}^{n} \beta_i con_{it} + \mu_i + \varepsilon_{it}$$

$$(9-2)$$

其中，μ_i 为各省份的个体效应；ε_{it} 为随机扰动项。y_{it} 表示各省份相应年份的农业生产总值，为消除由于时间引起的干扰，对农业生产总值以 1978 年为基期进行平减。fer_{it} 表示各省份相应年份的化肥施用量；mac_{it} 表示各省份相应年份的农业机械总动力；lan_{it}表示各省份相应年份的土地要素投入，用农作物总播种面积衡量。

2. 数据来源

本部分分析数据以及实证数据，均来自《中国农村统计资料》《中国农业统计资料汇编》《中国统计年鉴》等，由于西藏地区多个年份数据缺失，此处以不包括西藏、港澳台地区在内的全国30个省份为研究对象。

3. 要素投入产出分析

1993～2020年全国投入产出变量与效率值见表9-2。为了便于观察和分析，依据投入产出数据计算出不同时间段，也就是不同产权状态下的要素投入年增长率和农业产出年增长率（见表9-3）以及相应变化走势（见图9-2），总产出年增长率以1978年为基期运用GDP平减指数剔除时间相关因素干扰。

表 9 - 2　　　　　　1993～2020 年全国投入产出变量与效率值

年份	农业总产值 （亿元）	化肥 （千吨）	动力 （万千瓦时）	劳动 （万人）	土地 （千公顷）	效率值
1993	2727.14	31519	31816.6	91333.5	147740.7	0.580
1994	3140.14	31519	33802.5	91526.2	148240.6	0.814
1995	3579.71	35937	36118.1	91674.6	149879.3	0.932
1996	3834.46	38279	38546.9	91941.0	152380.6	1
1997	3864.81	39807	42015.6	91524.7	153969.2	0.996
1998	3899.59	40856	45207.7	91960.1	155705.7	0.975
1999	4015.43	41243	48996.1	92216.3	156372.8	0.984
2000	3867.74	41464	52573.6	92819.7	156299.8	0.963
2001	3949.43	42538	55172.1	93382.9	155707.9	0.983
2002	4051.97	43394	5792.9	93502.5	154635.5	1
2003	3931.81	44116	60386.5	93750.6	152415.0	0.510
2004	4483.04	46366	64027.9	94253.7	153552.5	0.595
2005	4662.09	47662	68397.8	94907.5	155487.7	0.605
2006	4926.63	49277	72522.1	73742.0	157020.6	0.631

续表

年份	农业总产值 （亿元）	化肥 （千吨）	动力 （万千瓦时）	劳动 （万人）	土地 （千公顷）	效率值
2007	5228.80	51078	76589.6	72750	153463.9	0.688
2008	5516.13	52390	82190.4	72135	156265.7	0.733
2009	6017.52	54044	87496.1	71288	158639.3	0.754
2010	6820.73	55617	92780.5	66281	160674.8	0.864
2011	7172.63	57042	97734.7	65656	162283.2	0.936
2012	7836.48	58388	102559.0	64222	163415.7	1
2013	8414.61	58388	103906.8	62961	164626.9	0.722
2014	8858.40	59959	108056.6	61866	165446.2	0.766
2015	9321.66	60226	111728.1	60346	166373.8	0.803
2016	9455.79	59841	97245.6	58973	166649.5	0.892
2017	8884.44	58594	98783.3	57661	166331.9	0.859
2018	9085.25	56534	100371.7	56401	165902.4	0.897
2019	9615.27	54036	102758.3	55162	165930.7	0.944
2020	10407.30	52507	105622.1	50979	167487.1	1

资料来源：《中国农村统计资料》《中国农业统计资料汇编》《中国统计年鉴》以及各地区农业统计年鉴。

表9-3　　　　不同时间段的年平均要素投入增长率和产出增长率　　单位:%

土地权利配置阶段	要素投入增长率				总产出增长率
1993～2002年	化肥：2.737	动力：4.508	劳动：0.232	土地：0.446	3.270
2003～2012年	化肥：2.444	动力：4.112	劳动：-4.598	土地：0.673	4.983
2013～2020年	化肥：-1.400	动力：0.203	劳动：-2.938	土地：0.214	2.394

资料来源：数据运算整理所得。

通过对表9-2、表9-3以及图9-2的观察与分析可知：

（1）1993～2002年农业要素投入平稳增长，农业总产出显著提高。化肥投入年增长率2.737%，劳动力投入年增长率0.232%，农业机械化动力投入年增长率4.508%，土地投入年增长率0.446%，1993～1996年农业总产值迅猛提升，使得1993～2002年实现3.27%的年平均增长率。这一时期，两权分离使得农户获得极大的农业生产积极性，人力、物力投入均增加，是权利禁锢解除后典型的高投入高产出阶段。

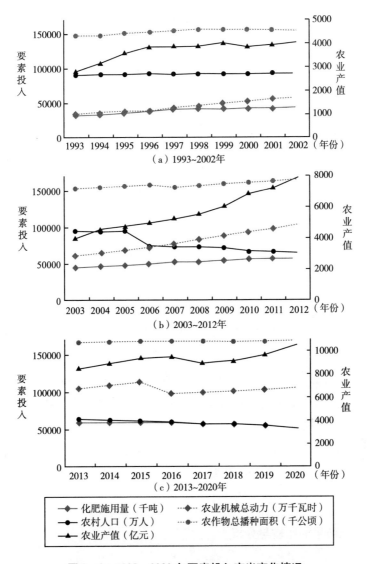

（a）1993~2002年

（b）2003~2012年

（c）2013~2020年

化肥施用量（千吨） ········ 农业机械总动力（万千瓦时）

农村人口（万人） ········ 农作物总播种面积（千公顷）

农业产值（亿元）

图 9 - 2 1993~2020 年要素投入产出变化情况

资料来源：借助 Excel 软件整理所得。

（2）2003~2012 年劳动力投入大幅减少，其余要素投入量保持增长势头，年均产出保持高位连增。化肥投入增长率保持 2.444% 的增长率，2005年开始农村人口进入下降态势，劳动力投入年均减少 4.598%，农业机械化动力投入年增长率 4.112%，土地投入年增长率 0.673%，带来 4.983% 的农业总产值年增长。这一时期，承包经营权确定了土地流转的合法性，激发了土地流转市场化活力，土地要素的需求攀升，乘农业机械化发展的浪潮，借助农村土地集体所有，家庭承包经营为基础，合作与联合为纽带、社会化服务为支撑的立体式复合型的现代农业经营体系，劳动力被资本密集型的农业机械所替代，农业产出在农业转型过程中实现高位增长。

（3）2013～2020年要素投入量整体呈下降态势，年平均总产出保持增长态势。化肥投入减少1.4%，农业机械化动力投入年增长率0.203%，劳动力投入减少2.938%，土地投入年增长率0.214%，实现2.394%的农业总产值年增长。这一阶段，日渐清晰的土地权利配置格局赋予农业实际经营者更大权能，科学的农业生产理念以及先进的农机设备外移了生产可能性曲线，逐渐瓦解高投入高产出的传统小农生产思维，在现代化农业经营模式与思路下，农业生产经营模式逐渐转向集约化与现代化，化肥与劳动力投入双双减少，而农业产值仍保持增长态势。

通过比较要素投入量与要素产出量的变化可以发现，1993～2002年"两权"分离赋予农户经营主体性与主动权，激发农户生产积极性，表现为劳动力、化肥、土地、农业机械总动力等要素投入量均不同程度的提高，高投入导向下拉动较高产出；2003～2012年"准三权"阶段承包经营权激活了土地权能，依据农户的比较优势通过土地流转实现土地经营的最优配置，在保证产出的前提下极大地解放了劳动力；2013～2020年"三权分置"将经营权从承包经营权中细化分离出来，延承扩大土地流转以实现规模经营的政策初衷，进一步深化权利赋能，化肥、土地、劳动力投入均减少，而农业产值仍保持增长，实现了农业集约化生产。

4. 实证结果的比较与分析

对方程（9-2）的实证估计结果见表9-4，各个权利配置阶段回归模型R^2均较高，分别为0.8773、0.7705、0.8097，说明样本回归模型对总体回归模型的代表性较强，回归拟合较好。在所有阶段的回归估计中，农业机械总动力均通过显著性检验，且对农业产值的增加起正向促进作用，每增加1单位农业机械总动力投入，分别对农业产值产生0.0112、0.0464、0.0227单位贡献，虽然影响程度较小，但作用效果呈持续性稳健输出；化肥施用量在1993～2002年与2013～2020年均显著正向促进农业产出，影响程度较大，每增加 1 单位化肥投入，分别对农业产值产生 0.673、0.316 单位贡献，2003 ~ 2012 年未通过显著性检验且抑制农业产出的提高，说明相较于"准三权"的非正式界定，土地权利政策的官方规定有助于稳定农户农业经营的心理预期，增加化肥等的农业投资；劳动力投入在 1993 ~ 2002 年未通过显著性检验，但系数符号为正，而在 2003 ~ 2012 年以及 2013 ~ 2020 年对于农业产出的影响为显著抑制效应，即每增加 1 单位农村劳动力投入，分别对农业产值产生 0.0187、0.00241 单位的削弱作用，说明劳动力投入要素迫切需要进行

表 9 - 4　　　　　　　　　　　　　实证结果

时间段	样本数	自变量	系数	P 值	稳健标准差	拟合优度
1993 ~ 2002 年	300	化肥施用量	0.673 ***	0.000	0.0388	0.8773
		农业机械总动力	0.0112 **	0.042	0.00551	
		农村人口	0.00271	0.268	0.00244	
		农作物总播种面积	- 0.00105	0.589	0.00194	
		灌溉指数	5.146 **	0.038	2.474	
		产业结构	- 0.424 *	0.078	0.241	
		常数项	47.57 **	0.017	19.97	
2003 ~ 2012 年	300	化肥施用量	- 0.0300	0.335	0.0311	0.7705
		农业机械总动力	0.0464 ***	0.000	0.00698	
		农村人口	- 0.0187 ***	0.000	0.00494	
		农作物总播种面积	0.0159 **	0.037	0.00761	
		灌溉指数	15.65	0.562	26.97	
		产业结构	- 0.309 ***	0.00	0.0628	
		常数项	46.17 **	0.030	21.32	
2013 ~ 2020 年	240	化肥施用量	0.316 *	0.054	0.164	0.8097
		农业机械总动力	0.0227 ***	0.000	0.00338	
		农村人口	- 0.00241 ***	0.000	0.000110	
		农作物总播种面积	0.0180 **	0.013	0.00726	
		灌溉指数	1.867	0.963	40.61	
		产业结构	0.523 ***	0.000	0.101	
		常数项	66.65 ***	0.009	25.41	

注：*、**、*** 分别表示 10%、5%、1% 的显著性水平。
资料来源：借助 Stata15 软件整理所得。

结构调整，传统小农户生产经营模式以劳动密集型为主的模式不再符合农业发展潮流，随着土地权利束的分割与赋权、农业机械的研发与推广、农业科技的突破与普及等外生因素推动，基于劳动力的老龄化与妇女化发展趋势状况，资本密集型农业生产环节开始并迅速成为农业经营的较优选择，大批从事农业生产的低素质劳动力或将成为农地规模化集聚与农业现代化经营的障碍；土地要素在 1993~2002 年未通过显著性检验且负向影响农业产出，而在 2003~2012 年与 2013~2020 年均显著正向影响农业产出，即农作物播种面积每增加 1 单位，农业产出分别增加 0.0159、0.0180，对于农作物播种面积对农业产出影响的阶段性差异，可以从土地权利配置与农户能力关系的视角进行解读，"两权"分离实现土地所有权与承包权的独立，使农户获得自主从事农业生产权利，虽然极大地激发了农户生产积极性，但并未考虑农户经营能力的问题，而"三权"分置所细化出的经营权赋予农户土地流转权利，激活了土地的权利效能，使农业生产主体基于自身能力选择转入或转出承包土地，在追求家庭效用最大化的过程中，多措并举增加产出，提高农业生产效率，进而提升农业产值。综上所述，权利配置格局的阶段性调整升级对于劳动力、化肥、土地投入产生异质影响，通过要素之间结构发生良性调配，促使农业产值保持正向增长。

（三）研究结论与启示

1. 主要结论

本部分以除西藏、港澳台地区以外的 30 个省份 1993~2020 年土地权利配置对于农业生产投入影响产出情况为研究对象进行分析，发现土地权利配置格局的阶段性调整对于各要素投入量以及影响农业产出产生异质影响。权利配置对农业机械总动力促进农业产出的正向促进方向始终保持不变，主要体现在投入量的差异，而对于化肥、劳动力以及土地投入影响农业产出则随阶段不同呈现较为明显差别。具体来看，在 1993~2002 年"两权"分离阶段，土地、化肥、农业动力以及劳动力要素投入量均大幅增加，农业总产出显著提高，化肥与农业动力显著正向促进农业产值的提高；2003~2012 年"准三权"阶段，劳动力投入量显著减少，其余要素投入量保持增长势头，年均产出保持高位连增，农业机械总动力与农作物播种面积显著正向促进农业产值的增加，而劳动力因素成为制约农业产出的约束；2013～2020 年"三权分置"阶段，要素投入量整体呈下降态势，而年平均总产出却实现增长，化肥、农机总动力以及农作物播种面积均正向提高农业产值，劳动力要素抑制农业产出提升。

通过对不同土地产权结构阶段的比较，可以发现我国农村土地权利配置与农村经济发展存在高度相关性，权利束的分割与界定影响农业经营主体对于土地、化肥、农业机械总动力以及劳动力要素投入结构的调整，进而导致农业产出的相应变化，引发农业生产效率的波动。

2. 研究启示

第一，持续深化土地产权改革，优化土地权利配置。牢牢坚持农村基本经营制度，进一步落实集体所有权，在保证家庭经营合法地位的基础上，稳定农户承包权，放活土地经营权。在坚持"三权分置"的前提下，探索权利配置格局结构优化，因地制宜的创新权利赋能的多种实现形式，使土地权利配置朝着促进农业集约化方向完善与发展。

第二，积极引导农业经营主体要素投入结构优化，妥善解决谁来种地问题。转变农户传统小农耕作观念，组织农户参加农业与非农就业培训，依据自身比较优势进行职业规划，积极引导农户参与土地流转，提高农户农业投资心理预期，守住 18 亿亩耕地红线并进一步提高农作物播种面积。

第三，深入探索农业生产支持政策，加快推进农业现代化建设。调整农业机械购置补贴对象向农机服务组织与农业经营大户倾斜，加大政策落实实际执行力度，继续发挥现代农业要素对于农业产出的提升作用。

二、农地权利配置对农村基本经营制度 实施绩效的影响：直接法

2014 年中共中央、国务院《关于全面深化农村改革加快推进农业现代化的若干意见》正式提出，"在落实农村土地集体所有权的基础上，稳定农

户承包权、放活土地经营权",这标志着我国"三权"分置制度正式拉开了序幕,成为继家庭联产承包责任制后的又一次制度创新和变革,我国的农地产权制度也正式从"两权"时代进入"三权"时代。2017年10月,党的十九大报告指出,巩固和完善农村基本经营制度,深化农村土地制度改革,完善承包地"三权"分置制度。保持土地承包关系稳定并长久不变,第二轮土地承包到期后再延长30年。这为农民土地承包关系保持长久不变,保障农民承包收益权的稳定性吃了一颗定心丸。"十四五"规划指出,"健全城乡融合发展体制机制,完善农村承包地所有权、承包权和经营权分置制度,进一步放活经营权",再次强调"三权"分置制度以及土地经营权,彰显党中央对深化农村土地制度改革的重视。党中央推行的一系列农地产权制度改革的直接目的是通过产权优化推动农地要素的高效配置,提高农业生产要素效率,促进农业现代化转型和发展,从而增加农业绩效和农民收入。但是目前关于农地权利配置与农业绩效关系的研究涉及较少,现有研究在探索两者之间的机理时也略显不足,从而为本部分的进一步分析探索留有空间。因此,在国家实施乡村振兴战略和农业现代化的大背景下,本部分深入考察农地权利配置影响农业绩效的内在机理,实证分析农地权利对农业绩效的影响,对促进农地产权深化改革和丰富产权实践具有重要意义。

(一) 机理分析与研究假说

农地产权结构具体包括农地使用权、收益权和处分权(张五常等,2002;李宁等,2017)。本部分主要讨论土地流转权、抵押权和土地是否确权对农业绩效的影响,土地流转权和抵押权象征的是权利主体对土地经营权的处分权利;土地确权能够增强土地承包权的稳定性,进而增强农户处置流转权和抵押权的自由度,提高农地处分权利的排他性。故本部分从权利属性上看,属于农地处分权相关范畴的分析。2015年中共中央办公厅、国务院办公厅发布《深化农村改革综合性实施方案》,旨在通过深化农村土地制度改革,推动农地生产要素高效配置,实现农业现代化转型和发展,最终达到提高农民收入的目标。那么,关于农地权利配置影响农业绩效的逻辑是什么?本部分将进一步通过农地产权产生的要素配置效应、激励效应和成本效应三个方面予以展开分析。

1. 要素配置效应

农地权利配置的主要目标是提高农民的收入水平，增加农业绩效，而农业绩效增加的实现最终取决于农业生产中诸多要素的配置效率（速水佑次郎，2002）。由此可知，农地权利配置对农业绩效发挥作用的实质是通过影响土地、劳动力、资本等生产要素配置效率实现的。以土地经营流转权为例，土地流转对家庭的劳动力转移具有显著影响，其中土地转入对家庭劳动力的非农就业存在显著负影响；土地转出对家庭劳动力非农就业存在显著正影响（杨宏力等，2021）。对于土地转出家庭而言，土地流转会通过提高非农劳动生产效率提高家庭绩效；对于土地转入家庭而言，土地流转会通过提高农业劳动生产效率提高家庭绩效（冒佩华等，2015）。同样对于农地抵押权而言，农户将抵押贷款资金用于农业生产，扩大土地经营规模，提高农业生产投资水平，优化农业生产中的资本与劳动力要素配置，提升农业生产效率，从而增加农业绩效（梁虎等2017；梁虎等，2019）。关于土地确权，一方面，土地确权能够优化农村劳动力资源的配置（张国林等，2021）。土地确权能够通过降低土地转出后的失地风险，提高农民向非农部门或城市就业的概率（许庆等，2017）。另一方面，土地确权能够提高产权安全性，促进农户参与土地流转和抵押。土地确权通过降低土地流转的交易成本以及土地流转交易的安全性促进土地流转（Deininger，2008；Holden，2011；丁玲、钟涨宝等，2017），通过提高获得贷款概率和农户参与意愿促进农户抵押（Alston et al.，1996；姜美善等，2020），即土地确权能够通过促进土地流转和抵押强化农业生产要素配置效应。因此，总体来讲农地权利的要素配置效应实质是通过影响权利主体的行为决策，从而影响家庭的要素配置，进而影响家庭农业绩效。

2. 激励效应

产权细分及稳定性具有重要的行为激励作用（诺斯，1994），因此，有效的农地权利配置能够对权利主体产生激励效应。在市场经济活动中，产权关系就是为了保证权利主体的利益关系，离开了利益关系，也就无所谓产权关系了。明晰了产权边界，权利主体的利益关系也就得到了肯定和保证，则主体也就产生了行为动力。家庭联产承包责任制就是一个鲜明的例证，土地产权由人民公社时期的集体所有权细分出土地承包权，农民获得了依法占有、使用土地和获得农地收益的权利，权利边界进一步明晰，利益主体进一步明确，激发了农户农业生产的积极性，对明晰产权能够激励被赋予权利的主体是一个有力的证明。同样，可从激励效应视角分析土地确权、土地流转权和土地抵押权：（1）土地确权是明晰了土地承包经营权的主体，保障权利主体利益以及为土地流转和抵押的利益相关者提供安全性保障。土地确权通过提高土地产权安全性，对农户参与土地流转、抵押产生促进（张国林等，2021），通过确保产权的稳定性和保障农民收益的稳定性，对农户参与农业生产经营和提高农业投资意愿产生激励（胡雯等，2020；公茂刚等，2020）；（2）土地流转权是赋予土地承包经营主体参与土地流转的权利，土地转入主体获得农地收益，转出主体获得相应的租金，流转主体双方利益得到保证。对于农业生产效率较高家庭，土地流转权激发农户扩大生产经营规模，获得规模经济效应。对于农业生产效率较低家庭，土地流转权赋予农户转出土地，促进劳动力向非农就业转移。（3）土地抵押权是赋予土地经营权金融属性，权利主体以土地经营权向金融机构抵押获得融资的权利（李超等，2021）。权利主体获得资金使用价值，金融机构在农地担保的情形下获得利息降低了风险，抵押主体与金融机构双方利益得到满足。土地抵押权盘活了"沉睡"资本，缓解了农户的融资约束，提高了贷款可得性，增强农户尤其是规模性经营农户的农业生产投资意愿，促进农业现代化发展。因此，完善的产权制度和明晰的产权细分能够激发农业生产要素流动活力，激励农业经营主体积极性，进而增加农业绩效。

3. 成本效应

产权明晰和稳定降低权利交易主体的交易成本。制度经济学派认为，产权的稳定和明晰有利于减少交易的不可预见性，降低交易成本（王光海等，2022）。"三权分置"明晰了土地所有权、承包权和经营权三权的权利边界和权利主体，为降低市场机制中的土地交易成本提供了客观条件。土地确权政策的实施对稳固地权和强化农户产权权能发挥了重要作用，为降低市场交易中的不确定性和经营权的交易创造了条件。在土地流转市场，清晰的产权界定，明确了权利交易双方责任，促进了土地流转市场交易合同的规范化、流转期限的长期化和交易频次的最优化，有效降低了包含监督成本和搜寻成本在内的交易成本。地权的稳定为农地抵押贷款的可获得性和利率优惠奠定了基础，从而降低了农户的信息搜集成本和利息成本。

产权细分促进规模经营实现规模经济，降低生产成本。所有权与承包权的分离可视为第一次产权细分，本次细分主要是通过公平分配土地带动农民的生产积极性，从而提高农业生产效率。但是随着经济社会的发展，家庭承包责任制的局限性开始逐渐显现，严重制约了农业集中化、规模化生产以及现代生产技术的应用（林毅夫，2010），阻碍了农业经济发展和现代农业实现。"三权分置"实现了承包权与经营权的第二次产权细分。第二次细分强调了土地的财产功能，盘活了农民手中的土地资产。土地经营权流转有效解决了"人动地不动"的要素不匹配问题，实现了土地向生产效率更高的规模化经营主体集中。土地抵押贷款激活了土地的资产属性，缓解了经营主体的资金约束问题，从而进一步促进了土地的规模化生产。土地的规模化生产有助于生产要素的合理配置，实现生产的集约化，形成规模经济降低生产成本。许庆等（2011）发现扩大土地经营规模对单位产量生产总成本存在显著负影响；唐轲等（2017）通过研究粮食作物发现土地规模经营能够显著降低亩均生产成本；彭继权（2021）发现土地转入比未流转更能显著降低农业生产成本。因此，权利的细分能够通过规模化经营实现规模经济，从而降低生产成本，提高农业绩效。

综合上述分析，本部分提出进一步借助实证检验的假说：

假说 H1：农地权利配置能够提高农业绩效。

假说 H2：农地权利配置能够提高农业生产效率，包括劳动生产率和土地生产率。

（二）模型设定与数据描述性统计

1. 模型设定

对于宏观变量很难做到绝对外生，变量之间或多或少存在相互影响。动态面板模型允许模型中内生变量的存在，所以在处理内生性问题方面要优于其他计量模型。鉴于此，为考察农地权利配置与农业绩效之间的关系，本部分构建如下动态面板模型：

$$\ln Y_{it} = \alpha + \sum_{n} \rho_n \ln Y_{it-n} + \beta_1 right_{it} + \beta_2 labor_{it} + \beta_3 land_{it} + \lambda X'_{it} + \mu_i + \varepsilon_{it}$$

$$(9-3)$$

其中，$\ln Y_{it}$ 表示农业绩效；$\ln Y_{it-n}$ 表示滞后 n 期的农业绩效；$right_{it}$ 表示农地权利配置变量，为本部分的关键解释变量；$labor_{it}$ 和 $land_{it}$ 分别表示省份 i 在第 t 年的劳动力要素投入和土地要素投入；X'_{it} 为一系列影响农业绩效控制变量，具体包括有效灌溉面积、化肥投入、农业机械总动力、老年抚养比、少年抚养比等；ρ_n、α、β_1、β_2、β_3、λ 为待估系数，μ_i 为省际效应，ε_{it} 为随机干扰项。

关于动态面板而言，目前主要存在系统矩估计（system GMM）和差分矩估计（difference GMM）两种估计方法。与差分 GMM 相比，系统 GMM 相当于将差分方程和水平方程作为一个方程系统进行 GMM 估计。所以，系统 GMM 能很好修正差分 GMM 中存在的弱工具变量、个体异质性以及遗漏变量引起的偏误等问题，有效提高估计效率和精度。因此，鉴于系统 GMM 诸多的优越性，本部分将采用系统 GMM 进行回归分析。

2. 变量的含义

（1）农业绩效。农业绩效为本部分的被解释变量，分别选取农林牧渔总产值、农业产值和农村居民人均可支配收入表征。农业产值即狭义上的农业，以种植农业总产值表征，是被解释变量的主要衡量指标。因为从权利变量看，制度因素影响最大的就是家庭的种植农业，对其他林、牧、渔等农业类型可能影响较小。选取农林牧渔总产值和农村居民人均可支配收入作为衡量指标主要是基于权利配置会影响劳动力、土地、资本等要素变化，进而对家庭从事的农业产业类型和家庭非农收入产生影响。

（2）农地权利配置。本部分的农地权利配置是一个合成指标。具体看，农地权利包括土地流转权、土地抵押权和土地确权三项权利。本部分的样本时间范围为 1993~2020 年，所以将土地流转权的时间段划分为 1993~2002 年和 2003~2020 年，分别赋值为 0 和 1；将土地抵押权的时间段划分为 1993~

2014 年和 2015～2020 年，分别赋值为 0 和 1；将土地确权的时间段划分为 1993～2010 年和 2011～2020 年，分别赋值为 0 和 1。最后，运用熵权法对三项权利分别赋权，并计算出农地权利配置综合指标。

（3）劳动力要素投入。本部分选用第一产业从业人数作为劳动力要素投入指标。因被解释变量为狭义上的农业，所以运用农业劳动力人数表征劳动力要素投入更为合理。但是时间跨度较大，在实际的数据搜集过程中发现从事农业劳动力人数指标的统计口径前后存在不一致，因此，为了避免造成偏误，本部分选择了第一产业从业人数指标。

（4）土地要素投入。土地要素是农业生产的载体，是影响农业产出的关键要素。目前学术界关于土地要素投入指标，主要采用农作物播种总面积、年末耕地总面积等指标进行表征。在具体的选择上，本部分借鉴李宁等（2017）的研究，选择年末耕地面积作为土地要素投入衡量指标。

（5）控制变量。在上述核心变量的基础上，进一步控制了其他可能影响农业绩效的解释变量。①流动资本投入，分别选取化肥投入和农药投入表征，化肥农药是农业生产的基本生产资料，与农业产出息息相关。②机械投入，选取农业机械总动力表征，一般来讲农业机械化会提高农业生产效率，从而提高农业产值。③有效灌溉面积，水利是农业的命脉，有效灌溉可以保证农作物良好生长，提高农作物产量，从而增加农业产出。④省域特征，为了进一步控制地区存在的部分差异，分别选取各省份的老人抚养比和少年抚养比作为衡量省域特征的变量。

3. 数据来源与描述性统计

在数据搜集整理过程中发现西藏与重庆的早些年份数据存在严重缺失，所以本部分选取全国 29 个省份（不含西藏、重庆、港澳台地区）1993～2020 年的面板数据作为实证分析数据。其中，农林牧渔总产值、农业产值、农村居民人均可支配收入、年末耕地总面积、化肥投入、农药投入、有效灌溉面积数据均来自《中国农村统计年鉴》；第一产业从业人数数据源自各省份统计年鉴；老年抚养比和少年抚养比数据源自《中国人口与就业统计年鉴》。各主要变量的描述性统计详见表 9－5。

表9－5　　　　　　　　　　　主要变量的描述性统计分析

	变量	变量含义（单位）	均值	最小值	最大值
被解释变量	农业绩效	农林牧渔总产值（亿元，对数）	6.9256	3.4339	9.2292
		种植业产值（亿元，对数）	6.3334	2.7199	8.7395
		农村居民人均可支配收入（元，对数）	8.3978	6.3114	10.4613
解释变量	农地权利配置	熵权法计算	0.4442	0	1
控制变量	劳动力投入	第一产业从业人员数（万人，对数）	6.4942	3.2958	8.1786
	土地要素投入	年末耕地总面积（千公顷，对数）	7.9725	5.2364	9.6718
	化肥投入	亿吨	0.0164	0.0005	0.0716
	农业机械总动力	亿千瓦时	0.2517	0.0094	1.3353
	有效灌溉面积	千公顷，对数	7.1995	3.0301	8.7286
	老年抚养比	%	13.2809	4.97	39.85
	少年抚养比	%	29.9636	6.26	57.56

资料来源：《中国农村统计年鉴》《中国人口与就业统计年鉴》以及各省份统计年鉴。

（三）实证分析

1. 基本回归

为了检验农地权利配置对农业绩效的影响，表9－6分别给出了普通面板回归和动态面板估计结果，其中，（1）列、（2）列分别为随机效应和固定效应的估计结果；（3）列为动态面板估计结果。表9－6显示，随机效应和固定效应面板模型下，农地权利配置对农业绩效的影响参数分别为0.4898和0.5564，且在1%的水平上显著，表明农地权利配置对农业绩效存在显著的正影响，权利配置在某种程度上促进了农业产值增长，假说H1得证。为了缓解内生性造成的估计偏误和提高估计精度，（3）列运用系统GMM方法对动态面板进行了参数估计。运用动态面板进行回归分析前，首先要确定被解释变量的滞后阶数，本部分运用"向下检验法"确定了农业绩效的最优滞后阶数为2阶。表9－6中（3）列的估计结果显示，AR和Hansen Test均通过了检验，说明扰动项不存在二阶自相关且工具变量是可靠的，由此可知模型设定是合理的，估计结果是有效的。关于参数估计结果表明，在动态面板系统 GMM 方法下农地权利配置变量的参数估计结果在 1% 的水平上通过显著性检验，同样证明农地权利配置对农业绩效存在显著作用，证实了土地确权、土地流转权和土地抵押权对促进农业发展是有效的，对提高农民收入水平发挥了重要作用。

表 9 - 6　　　　　农地权利配置对农业绩效影响的 GMM 回归结果

变量	农业产值—RE (1)	农业产值—FE (2)	农业产值—GMM (3)
农业产值 (一阶滞后项)			0.9063 *** (0.1821)
农业产值 (二阶滞后项)			- 0.3190 ** (0.1600)
农地权利配置	0.4898 *** (0.0604)	0.5564 *** (0.0572)	0.5236 *** (0.0952)
劳动力要素	0.1981 ** (0.0935)	0.1724 *** (0.0646)	0.2898 *** (0.0849)
土地要素	0.4557 *** (0.0842)	0.3156 *** (0.0638)	0.1372 * (0.0808)
有效灌溉面积	0.3007 *** (0.0616)	0.2776 *** (0.0561)	0.0837 (0.0809)
化肥投入	7.4461 * (4.5490)	9.1340 ** (4.1476)	- 17.8479 * (10.8403)
农业机械总动力	0.5699 *** (0.1806)	0.4503 *** (0.1724)	0.4861 * (0.2927)
老年抚养比	0.0195 *** (0.0050)	0.0296 *** (0.0046)	- 0.0014 (0.0062)
少年抚养比	- 0.0221 *** (0.0025)	- 0.0204 *** (0.0024)	- 0.0105 *** (0.0043)
常数	1.7419 ** (0.7874)	0.4062 (0.3737)	- 0.6648 ** (0.3347)
AR (1)			- 2.75 *** (0.006)
AR (2)			- 0.24 (0.813)
Hansen Test			25.57 (0.257)

注：括号内数值为标准误，* 、** 、*** 分别表示 10%、5%、1% 的显著性水平。
资料来源：借助 Stata15 软件运算所得。

除了关键解释变量，其他控制变量对农业绩效同样存在重要影响。例如劳动力要素和土地要素均通过了显著性检验，对农业绩效存在显著的正影响，表明土地和劳动力要素投入有利于农业产值增加，这与李宁等（2017）的研究结论一致。农业机械总动力在 10% 的水平上通过了显著性检验，同样对农业绩效存在正向作用，即农业机械化水平提高能够促进农业产值增长。少年抚养比在 5% 的水平上通过了检验且对农业绩效存在负影响，表明省域的少年抚养比例越高，越不利于农业产业发展，一方面，可能的原因是抚养时间挤占了农业生产时间，从而拉低了农业产值；另一方面，可能是面对较高的抚养支出，农民更多的选择从事非农劳动，减少农业劳动投入，从而造成农业产值下降。

2. 农地权利配置对农业生产效率的影响

农业产值增长的背后是效率的提高。"两权"时期通过平均分配土地提高了农民积极性，主要以提高劳动生产效率促进农业产值增长。"三权"时期通过土地的规模化、集约化以及机械化同时促进了劳动生产效率和土地生产效率，进而促进了农业产值增加。因此，本部分有必要考察农地权利配置对农业生产效率的影响，予以强化权利配置能够促进农业绩效的证明。表9－7分别给出了农地权利配置对劳动生产效率和土地生产效率的参数估计结果。整体来看，参数估计结果较为显著，AR 和 Hansen Test 均通过了检验，不存在二阶自相关和工具变量不可靠问题。具体从模型的估计结果来看，农地权利配置对劳动生产效率和土地生产效率的估计参数均通过了显著性检验并且显著为正，表明农地权利配置的确能够促进劳动生产效率和土地生产效率提高。从参数大小看，农地权利配置对土地生产效率的影响参数为0.8657，对劳动生产效率的影响参数为 0.7502，对土地生产效率的促进作用要高于劳动生产效率。这种现象的原因可能有两个：一是农地确权、农地流转权和农地抵押权三项权利最直接的作用对象是土地要素，对土地要素发挥直接效应，促进了土地的规模化、集约化生产，从而提高了单位土地的农业产值；二是在"人多地少"的背景下，土地作为一种稀缺要素决定了农地权利配置对单位土地生产要素的农业产值的促进作用要高于单位劳动力要素。

表 9 – 7　　　　农地权利配置对农业生产效率影响的 GMM 回归结果

变量	劳动生产效率—农业产值	土地生产效率—农业产值
农业产值 （一阶滞后项）	1. 2655 *** （0. 2514）	0. 4945 *** （0. 1046）
农业产值 （二阶滞后项）	− 0. 8782 *** （0. 1759）	− 0. 2294 *** （0. 0593）
农地权利配置	0. 7502 ** （0. 3142）	0. 8657 *** （0. 1496）
劳动力要素	− 0. 6455 ** （0. 2981）	0. 3758 *** （0. 1006）
土地要素	0. 5956 *** （0. 1812）	− 0. 4865 *** （0. 0901）
控制变量	YES	YES
常数	− 2. 4970 ** （1. 2666）	5. 7276 *** （0. 7688）
AR（1）	− 2. 96 *** （0. 003）	− 2. 62 *** （0. 009）
AR（2）	1. 63 （0. 103）	− 0. 51 （0. 613）
Hansen Test	25. 68 （0. 481）	27. 14 （0. 206）

注：括号内数值为标准误，** 、*** 分别表示 5% 、1% 的显著性水平。
资料来源：借助 Stata15 软件运算所得。

3. 地区异质性检验

为考察区域因素导致的农地权利配置对农业绩效的影响差异性，本部分将样本划分为东部和中西部地区两个子样本，分别进行回归分析。表 9 – 8 分别给出了农地权利配置对农业绩效的地域检验结果。总体来看，东部、中西部地区的 AR 和 Hansen Test 均通过了检验，表明模型估计整体较好。农地权利配置对农业绩效均存在显著正影响且在 1% 的水平上显著，假说 H1 得到再次验证。具体从参数大小看，东部地区农地权利配置变量的估计参数为 1.0286，中西部地区则为 0.4606，东部地区的农地权利配置对农业绩效的影响要远远大于中西部地区。产生该种现象的原因可能是农地权利配置在东部地区产生的要素配置效应、激励效应和成本效应要强于中西部地区。相较于中西部地区，东部地区的经济发展水平更高，就业机会更多，农地权利配置导致的要素流动更为便利，从而使得要素在农业以及非农业之间的配置更优。再者，东部地区的农业劳动力素质和农业机械化水平相对更高，从而使得土地规模化经营更容易实现，进而提高农业生产效率增加农业产值。因此，总的来说农地权利配置对农业绩效的影响存在地区异质性，并且东部地区的这种促进作用要远远强于中西部地区。

表 9 - 8　　　　　　农地权利配置对农业绩效影响的地区异质性检验

变量	东部地区	中西部地区
农业产值 （一阶滞后项）	0.7889 *** （0.1600）	1.1599 *** （0.0725）
农业产值 （二阶滞后项）	- 0.2704 *** （0.0941）	- 0.4893 *** （0.0495）
农地权利配置	1.0286 *** （0.2684）	0.4606 *** （0.0778）
劳动力要素	0.5520 *** （0.2061）	0.1954 *** （0.0567）
土地要素	0.1286 （0.2834）	0.2099 *** （0.0661）
控制变量	YES	YES
常数	- 1.3048 *** （0.4889）	- 1.3276 ** （0.5724）
AR（1）	- 2.13 ** （0.033）	- 2.52 *** （0.012）
AR（2）	- 0.32 （0.748）	- 1.51 （0.132）
Hansen Test	35.25 （0.106）	13.12 （0.983）

注：括号内数值为标准误，** 、*** 分别表示 5%、1% 的显著性水平。
资料来源：借助 Stata15 软件运算所得。

4. 稳健性检验

为考察农地权利配置对农业绩效影响的稳健性，本部分选择替代变量法予以检验分析。此处的做法是将衡量农业绩效的被解释变量分别替换为"农林牧渔总产值"和"农村居民人均可支配收入"。从指标选取看，农林牧渔总产值包含本部分使用的狭义的农业产值，农地权利配置不仅会对农业部门产生影响，也可对林业、渔业等部门发挥作用；而且，农地权利配置能够提高农业生产效率，对劳动力等要素实现最优配置，从而增加农民收入，并且国家进行农地产权改革的直接目的就是提高农民收入。因此，此处选取"农林牧渔总产值"和"农村居民人均可支配收入"替代指标同样可以较合理地表征农业绩效。表9-9分别给出了农地权利配置对农林牧渔总产值和农村居民可支配收入的参数估计结果。参数估计结果显示，农地权利配置同样对两变量存在显著正影响且在1%的水平上通过了显著性检验，假说H1再次得到验证，即农地权利配置对农业绩效存在促进作用的假说是稳健可靠的。农地权利配置确实起到了增加农业产值的作用，符合国家深化农地产权改革的目标，所以，国家下一步应当继续在农地产权优化和深化改革方面下功夫，不断完善农地产权结构体系，真正发挥权利影响行为进而影响绩效的作用。

表9-9 农地权利配置对农业绩效影响的稳健性检验

变量	农林牧渔总产值	农村居民人均可支配收入
农业产值 （一阶滞后项）	1.1045 *** （0.0979）	1.0684 *** （0.1081）
农业产值 （二阶滞后项）	-0.5172 *** （0.0577）	-0.3699 *** （0.0706）
农地权利配置	0.3496 *** （0.0837）	0.4090 *** （0.0555）
劳动力要素	0.3158 *** （0.0981）	-0.0378 * （0.0216）
土地要素	0.1064 ** （0.0444）	0.0210 （0.0176）

变量	农林牧渔总产值	农村居民人均可支配收入
控制变量	YES	YES
常数	0.7931 * (0.4688)	2.6352 *** (0.3794)
AR (1)	− 2.88 *** (0.004)	− 2.57 *** (0.010)
AR (2)	1.59 (0.113)	0.75 (0.454)
Hansen Test	20.26 (0.261)	24.97 (0.126)

注：括号内数值为标准误，＊、＊＊、＊＊＊分别表示 10%、5%、1% 的显著性水平。

资料来源：借助 Stata15 软件运算所得。

（四）研究结论与启示

制度是经济增长的真实驱动力，制度决定了主体行为进而影响农业绩效。农地产权制度的优劣关系到农业产业的发展，对农业产值和农民收入提高有着重要影响。鉴于此，本部分从权利的要素配置效应、激励效应和成本效应三个方面对农地权利配置作用农业绩效的机理进行了分析论证，并进一步采用 1993~2020 年 29 个省份的面板数据，运用动态面板模型实证分析了农地权利配置对农业绩效的影响。研究结果表明：（1）农地权利配置对农业绩效存在显著的正向影响，能够促进农业产业发展；（2）农地权利配置同样能够促进土地生产效率和劳动生产效率，提高农业生产效率；（3）农地权利配置对农业绩效的促进作用存在地区异质性，这种促进作用表现出东部地区要远远强于中西部地区。

基于以上研究结论，本部分给出以下政策启示：

第一，继续深化农地产权制度改革，尤其在农地处分权方面，要加强产权稳定性，提高农户产权的排他性，增强农户农地处分权的权能。同时注意不同农地权利与政策之间的协调性，形成制度驱动的合力，切实起到促进农业转型与发展的作用。

第二，应当继续在"权利—行为"的传导路径上下功夫。权利发挥作用的中介变量是影响主体行为。但是从当下的实际看，由于机械化水平的提高、土地租金较低等原因导致土地流转率并不高，农地抵押因收益较低、资金回流较慢，导致金融机构贷款意愿不佳，因此，未来应当将重点聚焦在权利如何激活主体行为上，真正发挥权利的导向和促进作用。

第三，农地权利制度改革不能仅仅关注制度本身，还要关注其他与农业相关部门，农地权利的作用发挥要依赖其他相关部门的协同配合。例如土地流转权能够促进劳动力转移，但是如果外部市场的就业机会不足以支撑转移的劳动力，就会造成权利的要素配置效应减弱。又如农地抵押权的真正实施还要依赖于金融部门的贷款意愿，敢于贷、愿意贷。因此，在制度改革的同时要兼顾就业、金融等市场的配套服务，不能仅仅局限于制度改革本身。

第四，发挥农地产权制度对农业经营模式创新和经营制度变迁的推动作用。农业现代化实现的重点是发展多种形式的适度规模经营，培育家庭农场、农民合作社等新型农业经营主体，健全农业专业化社会化服务体系。因此，在乡村振兴和农业现代化的新时期背景下，要激活和强化农地产权的经济、社会、文化等多重价值功能，助推现代化农业经营体系建设，发挥农地产权在农业经营主体合法权益保护、利益均衡及风险治理中的核心作用，促进农业现代化实现。

| 第十章 |

制度特殊性约束下的地权配置
效率优化与科斯定理拓展分析

本章在对科斯定理进行系统回顾的基础上，重点从权利配置视角，分析了其运行条件和效率决定因素，作为进一步分析的基础。然后叙说了中国土地制度的特殊性及在制度约束下我国的农村土地产权配置—效率增进实践，目的是凸显非科斯定理理论环境下通过制度创新提升农地权利配置效率的可能性。接着对科斯定理进行了再思考，指出了科斯定理的普遍指导价值所在及与我国农地产权制度变革之间的桥接性，并基于我国制度环境对科斯定理进行了拓展，尝试提出了"中国农地产权版科斯定理"，在系统描述"权利细分—交易成本降低—效率增进"运作机理的基础上使用小岗村的分田到户创举和湖北省地权细分地权交易探索两个案例进行了经验例证，证明了本部分对科斯定理进行拓展的理论自洽性，以为本部分在末尾提出进一步细分产权促进权利交易来提升权利配置效率的政策建议提供理论依据。

一、科斯定理及其权利配置意义

（一）科斯定理的提出、内涵及本质

1966 年，斯蒂格勒在其《价格理论》教科书中首次提出"科斯定理"的说法，用以表述科斯在《社会成本问题》中所阐发的关于交易费用、权利安排与资源配置效率之间关系的一系列理论观点，自此，科斯定理名扬天

下。应该说，所谓科斯定理，并不是一种非常规范的表述，也不是严格意义上的规律性理论体系，而是科斯《社会成本问题》核心思想的归纳概括，是一种理论假说。

如果要溯源科斯定理的缘起，可能要从科斯对于庇古解决外部性问题的庇古方案进行反思开始。科斯的想法是，国家对造成污染的人征税来使私人成本和社会成本相等未必是最优的方法，因为征税的后果未必符合帕累托最优状态。如果交易成本为零，那么在引起损害的企业对损害结果不承担责任情况下的资源配置就同该企业承担责任时的情况一样。按照科斯在其自传中的说法，科斯定理的主要思想首先发端于其1959年发表于《法律经济学杂志》上的《联邦通讯委员会》一文，在该文中，科斯围绕无线电频率分配的市场机制或政府管制等问题，讨论了频率产权安排的资源配置意义。在分析中，产权安排、资源配置效率、交易的成本收益、权利交易等科斯定理所包含的核心词汇和思想都得到了明确阐释。但由于科斯将这些观点进一步系统化、体系化是在《社会成本问题》一文中完成的，特别是，作为科斯定理理论内核的交易成本理论也是在《社会成本问题》中被突出强调的，所以理论界一般将《社会成本问题》视作科斯定理的理论出处而非《联邦通讯委员会》一文。

科斯定理提出后，一众理论家对此作出了不同角度的解读，一时间版本众多。综合这些学者的阐述，以及在各种文献中使用"科斯定理"这一概念的语境，我们认为，科斯定理可以表达为一系列相关命题的综合，而不是一个单独的命题。对此比较主流的认识包括科斯第一定理、科斯第二定理和科斯第三定理（约瑟夫·费尔德，2002；袁庆明，熊衍飞，2010）；科斯中性定理（皮尔斯，1981）、规范的和实证的科斯定理（罗博特·考特，托马斯·尤伦，1994）；自由交换版科斯定理、交易成本版科斯定埋和完全竞争版科斯定理（库特，1992）；波斯纳的法经济学版科斯定理（波斯纳，2003）。此外，还存在使用博弈论、信息不对称等工具对科斯定理进行解读等版本。而无论哪一种版本，有几个核心概念是绕不过的，即产权安排、交易成本和资源配置效率。

科斯定理的内涵是什么呢？对科斯定理的梳理可知，无论哪个版本的总结，核心思想都是在论述交易费用、权利安排与资源配置效率之间的关系，其讨论分析的母版都是相同的，即只要产权明晰，只要交易成本为零，不论产权的初始分配如何，有关当事人都可以通过谈判和协商来消除外在经济的影响，从而实现资源配置的帕累托最优。虽然各版本表述有异，但均包含以下意蕴：第一，权利的界定很重要，权利的清晰界定是交易的前提；第二，交易成本很重要，其是否为零及其大小直接决定了产权安排对于资源配置效率的影响；第三，毕竟现实世界交易成本不可能为零，所以产权安排非常重要，产权安排的原则和标准应该是资源配置的效率而不是其他标准；第四，要实现资源配置的最优化，当事人之间总能实现市场的可自由交易很重要，没有交易，即便权利被清晰界定也无助于效率提高。

那么，科斯定理的本质又是什么呢？因为即便是科斯本人，也曾抱怨自己的观点常常被误解（科斯，1994）。通过对科斯本人文献的分析和对研究者们文献的梳理，科斯定理的本质似乎要做如下解读：第一，交易成本在现实世界中不可能为零，制度结构的选择必须以此为基础。同时科斯还为我们确立了一个评价产权制度效率的标准——交易成本最低化（黄少安，1995）。第二，无论私有产权还是公有产权，权利必须被清晰界定，否则无法被进行充分的市场交易以最大化实现其价值。科斯定理本身并无所有制偏好，也没有致力于维护私有产权的优越性。"他的论题是外部性，而不是所有制。他的目的是要宣称已为人们所接受的外部性教条是错误的，而不是想引出一个关于所有制理论的结论"（德姆塞茨，1988）。第三，使用政府或者是市场机制来配置资源，取决于哪种机制的交易成本更低，并非市场就是最优的资源配置机制，政府有时可能比市场更为有效。科斯也并非是要为私人产权制度下的完全竞争市场经济鸣锣开道，反而是要证明其局限性（张克难，1994）。第四，权利配置本身也是有成本的，所以在权利配置时要考虑交易成本，要以成本最低的方式作出有利于降低交易成本的安排。第五，自由市场交易得到保障非常重要，没有交易，低效率的安排不可能得到纠正。综上所述，科斯定理的本质乃是：基于经济学的资源配置帕累托最优标准，人们如何、在何种意义上选择制度或权利配置方式。

（二）科斯定理的权利配置意义

科斯从零交易成本的假设状态开始分析，指出如果交易各方的谈判可以无成本进行，则初始权利的配置并不重要，因为任何偏离最优的初始安排总可以被无成本地纠正，从而资源配置的帕累托最优总能得到保证。当然，正如科斯自己指出的，所谓零交易成本只是分析的起点和铺垫，这种虚幻状态不应成为人们关注的重点。关键是，在正交易成本的现实世界中，如何使用本身运行成本最低的权利配置方式或者说最有效的产权安排来最大化地使外部性内部化，使私人成本和社会成本最大化地契合，最大化地降低为改善效率而进行的权利的市场交易行为，实现资源配置效率的最优。也就是说，从权利配置的意义上来说，在交易成本普遍存在的现实情况下，科斯定理其实是强调几个最大或最优的。一是初始权利配置状态的最优，这有利于减少可能进行的市场化交易；二是在进行初始权利配置时所使用的机制方法的最优，因为制度结构运行本身即有成本；三是为保障相关主体市场交易过程的成本最小化，不同主体之间的产权安排或产权配置应是最优化的；四是各环节权利配置的最优最终才可能实现资源配置的最优。

二、科斯定理的运行条件及其效率决定因素

（一）运行条件

条件一是产权明晰。虽然也有学者认为科斯对所有制具有私有制偏好，但详细分析可以发现，且不论科斯是否在其他场合表达过自己的所有制偏好，至少在论述科斯定理相关思想时，科斯在分析中只是要求产权是明晰的或者被清晰界定，并没有明确地强调所有制。换句话说，只要产权主体对物拥有神圣不受侵犯的所有权，以便能够支撑市场交易即可。

条件二是完备产权。即产权主体对某物拥有的产权束是完整的，不存在巴泽尔所谓的产权稀释或产权残缺，产权所有者拥有物的所有权、占有权、使用权、支配权、收益权。这一点科斯在分析中并没有明确指出，但这是其要求产权明晰的必然推论，因为不完备的产权是很难明晰的，而且科斯分析问题针对的是外部性问题，显然只有完备的产权才可能尽量消除外部性问题。

条件三是良好的交易环境。在科斯定理的语境下，只要需要，纠正性权

利的市场交易是随时可以进行的，这要求非常良好的交易环境，例如社会要拥有健全完备的法律体系且运转良好，制度环境可以完善地保障制度安排和实施机制的落地。

条件四是先进的交易技术。当相关主体进行可支配权利的市场交易时，工具方法、交易平台等要能够提供完美支撑，如企业和它的邻居居民进行排污权的交易时，排污权市场和相关设施、排污权定价机制等都是完备的。

条件五是产权安排边际价值为零，即产权安排仅具有资源配置意义，不存在价值溢出。

（二）效率决定因素

无疑，交易成本才是科斯定理的核心概念，产权界定只是其理论运行的假设前提条件，在科斯围绕科斯定理的一切分析中，交易成本的节约是第一位的。在进行初始权利配置时，强调不同配置带来的交易成本不同，要考虑有利于降低交易成本的权利结构；在交易中至于使用政府抑或是市场机制进行干预调节要选择交易成本最低的那种机制。在将科斯定理表述为第一定理、第二定理和第三定理那种表述方法中，其论说逻辑也正是沿着交易成本的节约这条路前进的。只要抓住了交易成本这个"牛鼻子"，就抓住了通过权利配置改善资源配置效率的关键。

三、中国土地制度特殊性和土地产权
配置—效率增进实践

（一）中国土地制度特殊性

中国土地制度特殊性众所周知，其制度结构极其复杂。在所有制上，虽均为公有制，但又有城市土地的国有制和农村土地的集体所有制之分。在权属关系上，马克思主义的产权理论认为，土地所有权系由土地的终极所有权及所有权衍生出来的占有权、使用权、处分权、收益权、出租权、转让权、抵押权等权能组成的权利束（洪名勇，1998），在中国这些权利具体化为国家（中央政府）的终极所有权（政治所有权）（汪东升，2017）、地方政府

的终极所有权代理权（石莹，赵昊鲁，2007）、集体的所有权（法律所有权）、农户的经济所有权（汪东升，2017）和承包权（资格权）、经营者的经营权（使用权）、农户和经营者的收益权、处分权（抵押权、租赁权、流转权）。在权利结构形态上，在新中国成立后经历了新中国成立初期的多权归农；人民公社时期的多权归公；改革开放以后的"两权分离"和新时代的"三权分置"。在土地权益实现上，国家的终极所有权和地方政府的终极所有权代理权很好地得到实现，集体所有权在"三权分置"之后因为没有在经济上实现所以仍不能确定地说得到了真正落实，农户的家庭承包权得到了较好实现，农户或经营者的经营权由于受到一定限制而在一定程度上得到实现。

（二）中国的土地产权配置—效率增进实践

中国的农村土地制度实施和改革具有明显的历史阶段性，相应的，通过土地权利配置促进土地资源配置效率提高的实践活动也具有阶段性。新民主主义革命时期和新中国成立初期，实行打土豪分田地，通过直接赋予农民土地产权，激发了广大农民的积极性，保证了革命成功，也显著增进了农业生产效率。新中国成立后，在农业的社会主义改造时期，从互助组到初级社、高级社，直至建立政社合一的人民公社之前，农民虽然逐步失去了土地的所有权但存在一个过程，应当说，在生产力相对低下的情况下通过适当的农业生产的分工合作增进了农业生产效率。人民公社的建立彻底阻断了农民对于组织的退出权，不但土地的所有权从农民手中被转移至集体手中，农民对土地的经营权和收益权等权利也被剥夺，同时"搭便车"、监督不到位等无法避免，也切割了农民对于农业生产剩余的索取权，严重压抑了农民生产积极性，严重降低了农业生产效率。人民公社体制后期，严重的困难逼迫个别地区冒着风险开始搞包产到户、包干到户，在不触及土地所有权的情况下，赋予农民对土地使用的权利和剩余索取权，取得了成功，增进了农业生产效率。随后正式推开并不断完善的家庭承包经营责任制，体制性地将土地的所有权留给集体，赋予农民家庭以土地的承包经营权以及收益权、处分权等，极大激发了农民积极性，创造了中国农业发展的历史性制度绩效。然而，近年来以统分结合为特征的农村基本经营制度边际效率递减态势逐步显现，为克服这一问题，中央开始推动"三权分置"，希望通过改革进一步释放农村基本经营制度红利。政策逻辑是，落实所有权，稳定承包权，放活经营权，强权赋能，以进一步增进效率。为此，实质性推动实施了一直倡导却未正式落地的农村土地确权登记颁证工作，以落实饱受诟病的农村集体经济组织的土地所有权；在政策上明确农村土地第二轮承包到期后再延长30年，以此稳定农民家庭的土地承包权；同时为搞活土地流转创设了独立的土地经营权，并通过全国人大授权试点的方式采取了农村承包土地的经营权和农民住房财产权抵押贷款试点等多项措施放活土地经营权，推动土地经营权流转。

通过上述梳理，可以看出，我国土地产权配置—效率增进的实践经验是：

（1）土地所有权集体所有是刚性的，不容置喙，而且从我国土地制度改革实践看，虽然所有权虚置一直是理论界批评的土地制度存在的问题，但在实践中似乎这种虚置并未对土地制度的绩效产生实质性的影响。大量的研究和农户访谈也表明，意在将所有权落实给农村集体经济组织的确权政策，似乎并未产生或尚未产生理论逻辑和政策意图所欲达成的结果。

（2）土地权利的细分是我国土地制度改革成功的关键一招。从"多权合一"到"两权分离"，再到"三权分置"，每一次大的土地权利的再配置都是在农业农村发展的关键时间节点上的重大制度创新，而每一次创新又的确给中国农业农村和社会经济发展带来了深远的影响。

（3）土地权利的交易远比土地权利的界定重要。众多学者指出我国的农村集体定义不清界限不明以至于造成了农村土地所有权的虚置，其实这不是问题的关键，即便明确了所有权主体，落实了其所有权，缺乏有效的所有权的实现机制，所有权的价值也会大打折扣。相比权利界定，有利于权利交易方面的制度创新才能促进权利的价值实现，才会给主体带来将潜在利润内部化的激励。

（三）科斯定理的再思考

作为产权经济学核心理论的科斯定理对于我国改革的指导价值似乎得到了大家的认可，虽然不乏学者指出科斯定理生长孕育的环境和运行条件同我国有根本不同，但无疑，其关于产权安排（权利配置）、交易成本和产权制度（资源配置）效率关系的理论逻辑对于我国改革尤其是农村土地制度改革具有较强的参考价值。况且，如本部分上述分析中所指出的，就理论本身而言，学界对科斯定理的所谓私有制偏好和配置手段的市场偏好并未形成共识，可能就是某些学者意识形态化的一种解读。当然，这并非是说科斯定理可以直接套用来解释解决中国的问题，其理论本身亦存在与我国实践不契合之处。

首先，产权明晰界定是否必须作为效率提高的前提？无论哪个版本的科斯定理，在其表述中均将产权界定清晰作为条件，因为只有界定清晰的产权才能拿来进行交易。具体的初始界定方案即便不重要，也要确保界定是清晰的，所谓活动的个人成本与社会成本不相等，产权经济学认为就是因为产权界定不清，将一部分资源留在了公共域。然而，在私有产权体制下，产权清晰界定好像在法律上并不复杂，在公有或共有产权体制下却并非易事。这一方面缘于公有或共有产权体制下单纯将产权主体定义清楚也可能不容易，好比我们将国有企业的一台机器或集体所有的一块土地的所有者明确到主体一样。另一方面，绕过难以明确的主体不说，在实操中，由于受技术限制，在我们想实现公有或共有产权主体的所有权时，往往也有颇多局促，例如我们农村集体的土地所有权多年来难以真正落实。可是，当我们回顾中国农村土地制度改革变迁时却发现，产权界定清晰这个科斯定理首先要提的条件好像并不重要，中国的土地制度改革改来改去居然在没有说清所有权的情况下成功实现了制度运行效率的巨大提升。

其次，产权的完备性是否影响效率提高？本部分业已指出，在科斯定理中其实没有明确提及产权完备性问题，但结合科斯论及相关问题的语境可知，产权完备性是其分析的题中应有之义，其所论述的权利安排的市场交易无论是无线电频率还是排污权又或者是养牛者的牛吃农夫谷物之权利，在权利的转移交换时，均包括一股脑附着在产权客体上的权利，而非整个产权束的某些分离出来的权利。毫无疑问，无论是产权经济学的理论体系还是科斯定理的理论逻辑，甚至我们可以尝试进行的理论推理，完备的产权肯定比残缺的产权更有利于效率提高。然而中国农村土地制度运行的事实却是，产权越不完备，越是分离，产权制度配置效率越高！双层经营体制下的所有权和承包经营权两权分离效率高于人民公社时期的完整产权结构，所有权、承包权、经营权"三权分置"的产权制度效率又高于"两权分离"的产权结构。

再次，制度安排和制度实施机制哪个才是保障效率的关键？制度由制度环境、制度安排和具体的制度实施机制构成是新制度经济学的基本理论观点。作为新制度经济学核心理论的科斯定理是如何看待它们之间关系的？科斯本人解释和大家解读科斯定理时似乎均未深入考虑过该问题。从表述来看，产权安排、交易成本和配置效率才是科斯定理的核心词汇，的确未提及制度安排和制度实施机制问题。然而我们回顾一下科斯定理尤其是交易成本大于零的科斯定理，科斯的理论结论是此时不同的权利配置结构会带来不同的交易成本，并最终会影响到资源配置效率。也就是说科斯的认识中是权利配置结构也就是制度安排而不是别的因素对最终的效率有决定性影响。我们的土地产权变革实践像科斯定理描述的这样吗？考虑一下产权理论界对我国人民公社体制下农业灾难性后果的分析；再思索一下，同样在双层经营体制下土地股份制、地票制等地方性创新取得的成绩；进一步地，再深入分析一下为何近年来的土地确权这种根本性的制度安排至少在目前似乎效果并不明显。这些事实的一个共同指向是，就中国农村土地制度改革的实践经验来看，在制度安排未发生改变的情况下，制度实施机制的改变主要是土地权利可交易性的提升至少也可以是产权结构配置效率的关键。

最后，政府的作用究竟是什么样的？在科斯定理中，虽然科斯并不排斥政府的作用，但似乎也不像一些学者分析的那样暗含着科斯对此有着政府比市场更重要的价值判断。初看科斯定理的描述，政府似乎是一个可有可无的存在，充其量是一个与市场可以互相替代的资源配置机制，当采取政府定价的方式交易成本更低时，就由政府来进行权利结构的再配置而不是选择市场化交易来纠正初始配置。但实际上，产权的初始配置很重要，在初始配置上，政府不再是市场的替代机制，而是唯一选择。只是科斯定理将分析重点放在过程而不是初始配置上，所以政府的必然地位没有得到体现。反观我国的农村土地制度改革历程，政府不仅仅承担产权结构初始配置的职能，每一次制度变革政府也都是唯一的实施者，即便在不断放活不断市场化的经营权交易中，也不像科斯定理那样交易成本是唯一的考量，而是有诸多的限制，如土地的用途管制、规划管制等。

四、特殊地权安排约束条件下的科斯定理拓展

（一）科斯定理的适用性和指导性

如上文所述，科斯定理的本质是人们基于经济学的资源配置帕累托标准，如何以及在何种意义上选择制度或权利配置方式。这对于任何一个政治经济体系均具有普遍的适用性，对于人们的活动具有普遍的指导价值。尤其对于中国农村土地制度改革这样的大范围制度变迁更需要汲取借鉴各国文明成果中合理的成分为我所用。首先，科斯定理是效率导向的，而效率也是中国农地产权改革的最终指向，二者有共同的逻辑起点。其次，科斯定理坚持交易成本标准，一切以节约降低交易成本为指针，而中国的农村土地制度改革更要思考，不仅是哪种方式可行，关键是以最低成本谋取最大化绩效，二者有共同的行为方法论。最后，科斯定理论述的是制度或权利配置方式选择问题，而中国的农村土地制度改革便是典型的产权制度安排或农地权利的配置问题，二者有共同的理论主题。

（二）科斯定理的拓展

虽然科斯定理对于我国农村土地制度改革具有较强指导价值，但本部分已经通过对科斯定理的中国境域分析指出了其与我国农村土地制度改革的违异之处，欲发挥科斯定理对于我国农村土地制度改革最大化的指导功能，必须对科斯定理作出拓展。为此，必须作出几点理论铺垫。

首先，不强调产权是否清晰。产权明晰在科斯定理中被作为前提条件，但实际上这并非效率得到保障的要件。斯蒂格利茨（Stiglitz，1994）曾说："没有私有化，甚至没有清晰地界定产权，也能成功地进行市场改革。"斯氏将人们过度地看重产权界定的作用讽为"产权神话"，建言转型国家不要将把产权界定给个人的私有化当作保证经济有效运行的灵药。不知道他此番观点是否是观察到一些社会主义政权国家产权界定并不像西方私有制下那样清晰，但在市场化改革方面也取得了巨大成就并从中获得灵感。但的确，只要能够保证在交易过程中相关产权主体间能够顺利低交易成本地实现权利转

移，或许产权是否被清晰地界定给 A 或者 B 并不那么重要。从我国农村土地制度改革经验可知，不但总体上我国农村集体土地一直顶着所有权虚置的名声，从具体土地归属来看，家庭承包经营责任制以来居于主流的家庭经营，个别地区保留了原有体制的村庄集体经营和集体大农场经营，应该说在不同模式下土地权属关系都不尽相同，但各种模式下都有取得大发展的典型。这也可以验证，产权是否被清晰界定（给某个具体的主体），并不是效率的决定因素。

其次，权利交易比权利界定更重要。布坎南（1993）认为，在既定的体制环境下，一项交易有效性的衡量标准在于交易过程本身，在于交易是否自愿发生，只要自愿发生，交易过程就是有效的，资源的有效利用就能得到保证。所以与权利的界定相比，权利的交易更重要。在科斯定理中，被特别强调的也是交易行为是否能够发生且低交易成本的发生，是可支配权利的市场交易纠正了可能不太合理的权利初始配置从而保证了资源配置效率的最优，而不是产权是否被清晰界定，权利界定只是为此创造了条件，效率的实现是靠交易而不是靠权利界定来实现的。从我国农村土地制度改革来看，在农民看来，集体土地所有权反正都属于集体，至于其是否模糊不好界定清楚并不重要，一直在论争的其实都是些学者尤其是法学界的学者，农民看重的是土地的承包经营权或者说使用、处分、收益等实质性权利，在每一个时期推动农民积极性提升进而农业大繁荣的都是后面这些权利的放松和放权赋能。所以农民真正需要的是如何为他们所支配的土地提供更多更低成本的交易机会，而不是所有权界定给他们搞不清楚也感觉没必要搞清楚的集体。

最后，只要有利于降低交易成本，不完备产权的界定和交易也符合科斯定理。众所周知，无论哪个版本的科斯定理，真实世界的正交易成本情况下人们应当如何作出选择才是科斯论述的真实目的，一切围绕降低交易成本展开。只要有利于降低交易成本，初始的权利配置结构、权利配置方式等都可以调整变化。虽然科斯的一些分析中都是在整体意义上讨论权利的归属和交易，而并未涉及所交易权利的产权束分割甚至是子权利的交易问题，但显然，只要有利于以更低的交易成本实现权利交易提升配置效率，一项完整产权的某些子权利的界定和交易必然也符合科斯定理。如同中国农地产权制度改革一样，既然在整体上交易权利与体制不容，那么，通过土地产权边际权利的界定和交易同样可以实现更有效率的结果。另外，在产权制度由于政治的或意识形态的原因无法很快改变的情况下，进行合约方式的变革可以较低的成本实现与产权制度改革近似的结果（盛洪，2018）。农村基本经营制度的完善之路便是通过不动所有权，逐步分化出承包权和经营权并推动其市场化交易，并不断创新土地合约的具体形式来实现的。甚至，可以提出一个所谓的"中国农地产权悖论"：一般情形下，产权残缺会影响效率，而在中国特殊地权安排下，土地产权越不完整，越不完全，土地权利分割越细，交易越便利，效率越高。其实质是，在中国农村土地的集体所有制约束条件下，与清晰界定所有权的超高交易成本不同，产权分割和子权利交易以及合约方式变革的交易成本相对较低，因而，土地产权分割和子权利交易以及合约方式变革成为保证土地制度效率的替代机制。

在上述分析基础上，本部分借鉴罗必良（2016，2017）等拓展科斯定理的做法，尝试提出"中国农地产权版科斯定理"如下：

定义 10.1　在交易成本大于零的情况下，在中国特殊的农地产权安排约束条件下，如果明晰界定产权并进行交易改善产权配置效率的成本太高，那么，通过产权细分和子权利交易，或者是合约方式变革来降低交易成本，进一步改善农地制度配置效率可能是恰当的。即：子权利界定是产权界定的替代机制，产权界定的成本太高，则不断细分界定子权利；子权利交易是产权交易的替代机制，产权交易不可能则选择子权利交易以促进效率；土地合约方式变革是产权制度变革的替代机制，产权制度变革面临刚性约束则变革土地合约形式来保证效率。

五、"权利细分—交易成本降低—效率增进"运作机理及经验证据

（一）"权利细分—交易成本降低—效率增进"运作机理

新中国成立以来，从大的历史阶段来看，我国农村土地产权制度变迁的鲜明特征是在经历了短暂的社会主义改造后进入了长达 20 余年的土地权利高度集中化时期，在改革开放后经历了 30 年左右的两权分离时期，并在近几年进入三权分置时期。在土地权利配置变革"三部曲"期间，全国各地虽

然具体形式不同，但农村土地合约都经历了大量的合约形式变革。

虽然大量的研究都表明在技术上很难精准测算每一次制度变革带来的具体变化，但无疑，"三部曲"的每一步跨越，都伴随着交易成本的降低并且进一步地制度效率的增进，最终达成了农业农村现代化快速推进的事实。"权利细分—交易成本降低—效率增进"运作机理如图10-1所示。

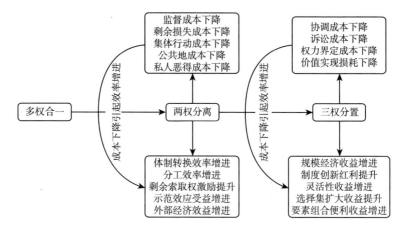

图10-1　"权利细分—交易成本降低—效率增进"运作机理

本部分结合我国农村土地制度改革绩效变化的经验事实认为，随着农村土地产权的变革，确切来说是土地权利由集中到两权分离，又到三权分置这种不断细分，产权细分程度不断加深，权利配置结构不断优化，农民的土地权能不断丰富（农村土地三权分置权利配置结构及其权能状况如图10-2所示），这一方面降低了产权制度运行的交易成本；另一方面增加了产权细分收益，最终提升了农村土地产权配置效率。

具体分析，当土地产权配置状态属于人民公社时期高度集中化时，产权细分度为零或趋近于零，土地产权配置面临较高的交易成本和较低的产权细分收益，产权配置收益亦较低；当承包经营权从所有权中分离出来后，土地制度运行的交易成本出现了显著的下降，产权细分收益显著上升，二者的差距从而产权配置收益显著增加；当经营权进一步从承包经营权再次细分出来后，交易成本持续下降，产权细分收益进一步增加，从而产权配置收益进一步上升。但可以预见，产权细分和产权配置收益之间的关系一定不是线性的，当达到某阈值时，产权细分节约的交易成本和带来的收益之差达到最大，产权配置效率最大化。阈值之后的区间，产权细分程度再增加，反而带来交易成本的上升和细分收益的下降。亦即，产权细分带来的交易成本变化是 U 型的，而带来的产权细分收益变化是倒 U 型的。超过阈值之后，产权过度细分带来的收益会被高昂的产权配置成本耗散。如图 10 – 3 所示。

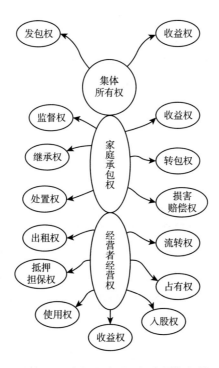

图 10 – 2　农村土地"三权分置"权能

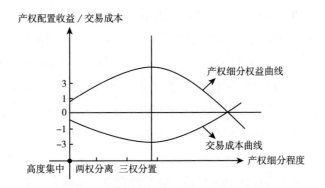

图 10 – 3　产权细分程度—产权配置收益曲线

（二）经验证据之一：小岗村的分田到户创举

"中国农村改革第一村"安徽省凤阳县小溪河镇小岗村 18 位农民 1978 年签订"生死状"的故事为世人熟知。虽然有证据表明，小岗村当年的分田到户其实在农业生产实践中并不是最早开始的，但无疑，小岗村 18 位农民当年冒着巨大风险立下"生死状"作为我国农村土地制度改革的标志性事件，是有着里程碑意义的。从农村土地权利配置的角度审视这一历史事件，其具有约束条件下以土地产权细分替代产权界定以节约交易成本、增进土地产权配置效率的典型特征。

从约束条件来看，虽然彼时地方已有包干到户、包产到户的零星做法，但国家是严格禁止将土地分田到户的。1979 年 9 月 25～28 日，党的十一届四中全会在北京举行，正式通过了《中共中央关于加快农业发展若干问题的决定》，其中明确规定"不许分田单干。除某些副业生产的特殊需要和边远山区、交通不便的单家独户外，也不要包产到户"。农村土地权利仍然高度集中在生产队手中。然而从农民的角度看，解决温饱问题才是当时的第一要务。文献显示，"文化大革命"时期小岗生产队人均年收入不到 30 块钱，每年吃国家供应粮 5～8 个月。最差的 1968 年，每人每天仅有 2 两 8 钱口粮、4 分钱收入（苗娟，2014）。时至 1978 年，安徽省又发生特大旱灾，大部分地区 10 个月没有下雨，导致秋种无法进行，其中小岗村所在的凤阳县受自然环境影响旱情更为严重。可以说，人民公社体制下人们积极性严重不足和天灾叠加，将小岗村村民逼上了改革之路。虽然面临巨大的风险，但制度变迁的回馈是丰厚的。根据时任凤阳县委工作人员吴庭美 1979 年对小岗村（时称小岗生产队）调研后写就的调研报告《一剂必不可少的补药》披露，小岗包干到户后，改革效果即刻显现。产出显著增加。1979 年全队粮食总产 66185 千克，相当于 1966～1970 年 5 年粮食产量总和。油料总产 17600 千克。生猪饲养量 135 头。当年向国家交售粮食 12497.5 千克，超额 7 倍多；交售花生、芝麻共 12466.5 千克，超过任务 80 多倍；可卖肥猪 35 头。农民收入亦大幅增加。全生产队农副业总收入 4700 多元，人均达 400 多元，较好的农户人均总收入可达 700 多元，最差的农户人均收入 250 元左右。全队 20 户，向国家出售农副产品 1000 元以上的便有 12 户（吴庭美，2003）。

小岗村分田到户前后的农业绩效充分表明，至少在当时，分田到户是一项有着积极意义的制度创新。村民们在无法以正式制度变革改变地权格局的情况下，以分田到户单干事实上突破了当时土地权利高度集中在生产队的刚性配置格局约束，将土地产权进行了细分，形成了非正式的所有权、使用权"两权分离"。正是这种既非官方也不稳定的土地产权细分，并没有触及土地的所有权，未对土地产权进行清晰的界定，却因为事实上的产权细分构成了产权界定的替代机制，成功降低了此前地权高度集中时存在的监督成本、剩余损失、集体行动成本、公共地成本、私人恶德成本等交易成本，带来了体制转换效率、分工效率和示范效应收益与外部经济收益，赋予了农户剩余索取权激励，提高了土地权利配置效率。

（三）经验证据之二：湖北省地权细分地权交易的先行探索

"三权分置"自党中央领导人提出，经过政策文件推行阶段，现已正式入法。如果从民间自发的土地流转算起，土地流转的历史已久。但在省份层面，在全国正式实施三权分置改革前便首个出台省级法规予以先行先试，并取得较好成效总结为经验推广至全国的，无疑是湖北省。2012 年 7 月 27 日，湖北省十一届人大常委会第三十一次会议通过的《湖北省农村土地承包经营条例》对农村土地承包经营权的流转作出了较为系统的安排。《条例》第四条规定，农村土地承包经营应当明晰所有权、稳定承包权、放活经营权，依照公平、公正、公开及有利于规模经营、发挥土地效益原则，稳步推进土地承包经营体制创新，促进工业化、城镇化和农业现代化。这是在省级层面第一次明确将农村土地权利细分表述为"所有权—承包权—经营权"的架构。而在实践中，湖北省三权分置的探索则更早一些。文献资料显示，更早的 2009 年，武汉农村综合产权交易所（以下简称武汉农交所）挂牌成立后，为了解决法律障碍、政策鼓励、现实需求三者间的困境，将武汉农村土地承包经营权的"三权"进行了概念拆分，通过将"承包"二字剔除，确定了"农村土地经营权"，并以此为抵押物向银行进行抵押贷款（付明星，2018）。此做法首创了农村土地所有权、承包权、经营权的三权分置模式，把土地经营权从承包权中分离了出来，为"三权分置"的落地开展了探索实践。2013 年 7 月 22 日，习近平总书记到武汉农交所调研，肯定了农交所的有益探索，这对后续全国层面三权分置改革的快速部署实施发挥了重要推动作用。诸多文献指出，虽然近些年来国家政策在对农村土地流转、抵押担保方面上并没有施加限制，甚至三权分置改革前国家一直也在积极推动土地流转，发展农地金融，但农村土地流转并没有形成规模流转的趋势，农地金融也一直叫好不叫座，这与缺乏法律保障和具体机制设计有关。武汉农交所锁定以农村土地经营权为主的 10 项农村综合产权为交易标的物，通过《产权流转交易鉴证书》等具体创新，为土地流转、抵押担保等提供了工具性支持。

武汉农交所不但创新了农村土地权利的三权分置模式，还针对农业企业资金与抵押物不足的情况，先后出台《武汉农村产权登记托管管理办法（试行）》《武汉市农村土地经营权评估办法（试行）》等规章制度，联合金融机构和评估机构，开展了农村土地经营权抵押贷款试点，开创了"交易—鉴证—抵押"的农村产权交易武汉模式（卢新海，望萌，2014），成立当年便联合武汉农村商业银行为企业发放了农村产权抵押贷款 6460 万元（汪薇，刘彩霞，2010）。成立 5 年内，共组织各类农村产权交易 1599 宗，交易金额 96.51 亿元，涉及农村土地面积约 6.42 万公顷，惠及 16 万农户。联合金融机构为农业企业、合作社、种养殖大户等发放农村综合产权抵押贷款 11.25 亿元，其中单笔最高金额达 5500 万元（李锦华，熊义柏，2013；卢新海，望萌，2014）。截至 2022 年 3 月，武汉农交所累计组织各类农村产权交易 4253 宗，较 2013 年增长 189.3%；产权交易金额达 224.21 亿元，较 2013 年增长 150.2%。农村产权抵押融资品种从 3 个增加到 7 个，参与农村产权抵押融资的金融机构从原来的 5 家增加到 12 家（武汉市农业农村局，2022）。

梳理湖北省先行先试取得的重要经验可知，在没有突破农村土地集体所有家庭承包经营的制度框架下，"武汉模式"三权分置的农地权利细分设计为土地流转和规模化经营奠定了权利基础。而替代土地经营权证用于土地抵押贷款的"鉴证书"等工具和"进场交易—交易鉴证—贷款申请—资产评估—签订抵押贷款合同—办理抵押登记—发放贷款"的农地经营权抵押贷款流程这些具体机制设计，降低了土地经营权抵押贷款的法律风险，降低了土地产权交易的成本，推动了产权交易开展。同时也因为土地权利交易的便利化突破了土地权利融资的限制，显化了土地经营权价值，缓解了农业经营者的资金难题，也增加了农民的财产性收入，显著提升了农村土地权利配置效率。

第十一章

聊城浩伦农业服务有限公司土地托管的
运作逻辑、运转机理与经验启示 *

本章以聊城浩伦农业服务有限公司（以下简称浩伦农服）为例，系统考察了其运作逻辑、运转机理，目的一方面在于回应当前农村土地制度研究中学者们常被问及的一个问题：在当前的刚性约束制度框架下，农村基本经营制度还有没有创新改革的空间？另一方面也通过该实践案例揭示深入推进农村基本经营制度改革需要面对的问题，思考下一步改革的可能方向，为巩固完善现行制度框架下的农村基本经营制度提供经验性支持。同时，第十章中论及，农村土地产权安排的变化不仅表现为权利的细分，也包括土地合约形式的变化，而在第十章中，用来验证拓展的科斯定理时所使用的案例均系权利细分方面的案例，本章也负担着从农地合约形式的变化视角进一步举证地权约束条件下我国农地权利配置仍有进一步优化空间的功能。

2022 年 5 月 14~20 日，课题组到山东省聊城市东昌府区广平乡、侯营镇进行了实地调研，与两个乡镇的主要负责人和分管农业负责人进行了座谈交流。并拟定了访谈提纲，先后访谈了山东省聊城市东昌府区供销社的负责人，浩伦农服负责人，浩伦农服雇用的区域经理、网格员和小社长代表以及两个乡镇的土地托管农户代表，搜集整理了相关材料并整理了录音材料。通过理论分析和土地托管的实践过程梳理，形成了浩伦农服土地托管的运作逻

---

* 聊城浩伦农业服务有限公司系山东省聊城市东昌府区供销社下属的一家主要从事土地托管业务的新型农业服务公司。本章中使用的该公司相关资料与数据均来自 2022 年 5 月课题组到该公司调研时公司所提供的宣传材料及课题组调研数据。

辑、运转机理，获得了关于农村基本经营制度改革的一些经验启示。

一、浩伦农服概况

浩伦农服隶属于聊城市东昌府区供销社，是山东省聊城市东昌府区一家具有农业大田综合管理经验的新型土地托管公司。公司成立于 2021 年，注册地为聊城市东昌府区韩集镇，注册资金 550 万元。业务范围包括提供种植管理、粮食作物收储深加工、良种繁育、测土配方、精准施肥、土壤修复、订单农业、农业技术开发、农业技术服务、农业标准化种植以及作物高产全程解决方案。

根据浩伦农服的企业手册，其企业精神是：勤奋、务实、创新、发展。经营理念是：与客户一起成长，共同演绎出彩人生。企业宗旨是：用品质服务与真诚来换取客户的信任与支持，互利互惠、共创共赢、生态种植、追本溯源、精益求精，全程托管监控。企业使命是：专注土地托管、专业作物高产，立志成为充满激情、富有情怀、令人向往、受人尊敬的一流幸福企业。经营目标是：用怀有激情、用心、拼搏、真诚的团队努力为政府分忧、为百姓增收，使大田粮食作物更快更好地走向现代化。

目前，浩伦农服在东昌府区全过程托管服务土地 2 万余亩，环节托管土地 8 万余亩，在聊城市东昌府区辖内各乡镇皆有全程托管示范基地。在东昌府区内提供托管服务的主体中，浩伦农服目前托管土地面积最大，托管地块平均质量最好，多数托管土地"三通一平"。

在运行中，浩伦农服主要的工作抓手是聚资源、建网络、做服务，服务重点为大田粮食作物农业大户提供农机作业、生产托管、粮食收割、金融保险四大服务。其基本运营模式是，村党组织领办的土地股份合作社将村域内耕地整合为成方连片（每方或每片土地整体不低于 50 亩），达到农业规模化生产经营的条件后，交由浩伦农服进行全程托管。浩伦农服实行"两为主""三不变""八统一"的全方位托管服务。"两为主"即种植玉米和小麦为主，以全托管服务为主；"三不变"即土地承包权、经营权以及收益权不变；"八统一"即为服务对象统一提供农资供应、耕种、施肥、喷药、收割、收购、储存和销售服务，促进农作物标准化生产。

二、浩伦农服土地托管操作实践

（一）土地托管涉及主体

在浩伦农服土地托管过程中，根据课题组调研访谈掌握信息和搜集到的相关文件资料显示，其土地托管事务全过程参与者至少包括了区县和乡镇政府及其主要负责人和分管负责人，村居党支部和村集体经济组织及其负责人，党组织领办的股份制合作社，提供土地的农户，浩伦农服雇用的"小社长"，县区级供销社，浩伦农服及其雇用的区域经理和网格员，银行、保险公司、信用社等金融机构，收割、旋耕、播种、喷药无人机等农机具专业户等。

在这些主体中，"小社长"是个颇为独特的存在。其可以被定义为新型职业农民，本身也是承包经营一定面积的农户，是在开展土地托管的村庄内，由村干部推荐，与浩伦农服签订"聘用"协议的农民。浩伦农服对小社长的遴选标准是：农户中产生（农业技能保障）；本村人（关系网络保障）；贤达人士（整合协调能力保障）；相对年轻（体能保障）；经济条件较好（财力保障）；文化层次高（知识保障）。而且，课题组在调研中了解到，小社长在实践中还分为两类，一类是真正和浩伦农服有聘用关系的独立主体；另一类是某些村干部因身份不适合亲自充当小社长而寻找的代理人，其预先向提供土地入股的农户支付的预缴费用是由村干部支出的。那些真正的小社长是剩余索取权和剩余控制权的所有者，当然也承担最大化的风险；而那些资金由村干部提供的"傀儡"小社长，只是职业经理人，表现出了明显的代理人倾向，他的目的是个人收益最大化，会偏离委托人的利益行事。

（二）核心主体职能分工

如上所述，浩伦农服土地托管事务中涉及的主体多达十余个，但核心主体是直接参与农业收益分成的股份合作制合作社的四方主体，即浩伦农服、村集体、小社长和农户。按照约定，四方主体的职能分工如下：浩伦农服以土地托管为切入点，整合为农服务资源，开展集约化大田粮食现代化生产和经营，通过订单打通产业链，在金融、大数据、互联网、物联网条件下，达到订单农业市场准入标准，实现从农业投入到产出的闭环粮食贸易，使区域粮食种植具备产业化条件，促进托管服务产业化。村集体的职责一是负责土地托管模式的宣传，并负责牵头将本村土地适度规模集中，200 亩为 1 单元，单元内合计不能超过 3 块地，单块不得少于 50 亩，通水、通电、通生产路，土地平坦；二是负责组织农户签订入股协议，搞好分红收入管理，财务公开并接受农户监督，协调处理农户土地托管中的异议。小社长的职责是，负责其管理的 200～500 亩地的浇水、排涝、托管环节的出工、监督管理，负责预先向农户支付土地托管费用投入 1000 元/亩。农户的职责是负责将承包经营并符合农服公司要求的土地入股合作社，配合办理各种手续。

（三）土地托管操作流程

根据访谈和调研掌握的信息，浩伦农服土地托管操作流程可分解为如下步骤：

第一步，发起托管。供销社及浩伦农服与县区政府接洽发起土地托管事宜，一般双方协商意见会以区县政府文件形式下发。

第二步，启动。浩伦农服在基层政府支持下与村集体具体结合启动，区县政府只是在政策上予以推动，具体落实合作事宜的是基层乡镇政府，乡镇政府会统筹辖内条件成熟积极性高的村庄具体实施。

第三步，成立合作社。确定具体实施托管的村庄后，浩伦农服和村集体合作成立村党组织领办下的股份制合作社，合作社的股东为浩伦农服、村集体、小社长和农户四方。农民以土地经营权入股党组织领办的合作社，占股48%；村集体以经营合作社入股，占股 2%；浩伦农服以托管服务入股，占股 2%；小社长以投资入股，占股48%。

第四步，动员农户土地入股。理论上讲，必须先有大量的农户积极入股，合作社才能够产生，而实践中诸多事宜是同步推进的，如果没有摸底了解大体情况村干部也不会和浩伦农服共建合作社。

第五步，招募小社长。小社长由村集体推荐，浩伦农服按照一定标准遴选产生，承担具体的生产组织和生产管理职能。

第六步，土地托管进入生产实践。小社长自筹资金、贷款或由村干部提供资金等方式预付农户入股收益，全面接管农户土地，组织农业生产管理。

第七步，社会化资源进入。浩伦农服雇用的区域经理、网格员等管理人员根据小社长提出的需求，协调农机具等资源进入，助力生产。

第八步，收益分成。目前，浩伦农服土地托管主要从事大田粮食作物生产，产出物直接销售获得收益，并按合作社入股各方约定比例分配。

（四）土地托管操作关键环节

虽然土地托管在政策上被认为是带动小农户衔接现代农业发展的主推模式，但有研究表明其发展并非一帆风顺，即便土地托管事务的始作俑者——供销部门，其土地托管的面积近年来也出现了较大幅度的下降（豆书龙等，2022）。从浩伦农服土地托管的实践来看，其过程中有几个事关托管成效的关键环节。

第一个关键环节是浩伦农服发起。访谈和调研中发现，虽然上级政府积极推动土地托管，但基层积极性并不高，原因在于托管背后有一定的风险隐患：主体间收益分配合理性问题、小社长风险收益匹配度问题、村集体收益合理性问题、政府部门间协调性问题等。而且，当前农村矛盾纠纷发生率最高的莫过于土地纠纷，政府工作人员对涉地事宜唯恐避之不及。若非有着体制内背景的浩伦农服积极斡旋推动，土地托管难以启动。第二个关键环节是村集体的介入。虽然形式上是党组织领办合作社，但实际上村集体才是土地托管成否的关键，村集体不是政府组织，但在农户看来却具有权威性，有了村集体的介入，农户才肯将土地托管，小社长才能产生，而二者是整个合作社也是整个土地托管的核心问题。第三个关键环节是小社长的遴选。小社长可被誉为浩伦农服土地托管的灵魂人物，形式上看是农业生产的组织者和管理者，但其实际上是愿意承担风险推动经济发展的企业家。

（五）收益分配模式

《东昌府区供销社浩伦农服公司土地全程托管明白纸》关于相关主体收益分配的约定内容如下：农户分得每亩总收益的48%；村集体分得每亩总收益的2%；小社长（新型职业农民）分得每亩总收益的48%；浩伦农服分得

每亩总收益的2%；浩伦农服对合作社实行保底承诺，保底每亩年收入900元人民币（一类地），实现土地入股、保险兜底、四方受益目标。如果每亩地年收入突破3000元后，溢出部分进行二次分红，分红比例为：小社长40%、农户30%、浩伦农服20%、村集体10%。并且各方约定，土地托管收益的结算方式如下：收益在每年麦收和秋收时节即时足额将村集体收入2%以及农户应收的48%发放到村集体指定的账户，并由村集体按照农户实际托管土地亩数足额落实到每一位农户手中。小社长（新型职业农民）所托管土地每亩总收益的48%，在麦收和秋收即时足额落实到小社长指定的账户（即粮食收割装车称重后，按合同约定分配到指定账户），保证村集体和农户以及小社长所有权益（见表11－1）。

表11－1　　　　　　　　　　浩伦农服收益分配　　　　　　　单位：元/亩

受益方	亩投入	亩产出	亩收益	总收益
农户	土地入股		3000×48%＝1440＋138 直补	1578
小社长	种地1000	3000	1440－1000＝440	440
村集体	整合土地		2%粮食＝3000×2%＝60	60
浩伦农服	方案＋农服		2%粮食＝60	60

资料来源：聊城浩伦农业服务有限公司农服收益分配规则。

根据浩伦农服的估算，在这种收益分配模式下，正常年份农户每年每亩按照收成48%可得到500～1100元收入，与原来的土地流转费相比，农户年收入翻了一倍，并且可提供政策险、商业险托底900元/亩。村集体每年每亩按照收成2%，最低可得到60元收入，如果村集体整合1000亩土地最低可收入6万元。小社长（新型职业农民）每年每亩可得到400～800元，预计一年收入10万元。

三、浩伦农服土地托管运作逻辑

在浩伦农服土地托管过程中，多元主体通过职能分工和风险分担，在土地托管中形成了一种竞合共生关系。在这些主体中，基层政府领导看似可有可无，因为表面上托管是一种市场化行为，但实际上如果基层政府不鼓励，不推动，土地托管几乎无法实施。课题组调研的山东省聊城市东昌府区，为推动土地托管工作，各级政府部门出台了多份文件。山东省人民政府印发了《山东省人民政府办公厅关于支持供销合作社深化土地托管服务增强为农服务能力的指导意见》；聊城市人民政府印发了《聊城市人民政府关于支持供销合作社增强为农服务能力的实施意见》；东昌府区人民政府出台了《关于支持供销合作社深化土地托管服务增强为农服务能力的实施方案》。这些文件的印发，实际上是政府的公信力为浩伦农服的土地托管需求做了背书，增加了村集体和农户对此事的信任，有时基层政府的表态支持甚至改变了村集体动摇不定的想法。村干部群体的存在对于托管似乎也无关大局，实际上也是关键主体，因为他们代表村集体，其发挥正面作用则托管可以顺利推进，发挥反面作用则无法落地。金融机构发挥的是金融资源支持和保险保障的作用，浩论农服对合作社的900元"保底"是通过引入政策性保险和商业保险实现的。供销社及其代理人浩伦农服是托管服务的始作俑者，其组合了资金、农机、农资等资源，启动了土地托管实践。

从托管的流程环节来看，在供销社及浩伦农服与村集体对接环节，没有政府的介入无法实现，其作用是建立各方之间的联结。在托管操作环节，村集体则不可或缺，村集体不是政府组织，但在农户看来却具有权威性，甚至在一定程度上这种"民间权威"比正式权威更有影响。有了村集体的介入，农户才肯将土地托管，小社长才能产生，甚至部分小社长就是村集体的代理人。在生产环节，农户中遴选产生的小社长承担了农业生产实践的主导者职能。而且，小社长不仅仅是生产的具体组织者，也是最主要的投入主体。

综上所述，浩伦农服土地托管的运作逻辑可以归纳为：在乡村振兴和农业农村现代化背景下，遵循城乡关系、人地关系变化规律，顺应农业经营规模化、农业生产专业化、农民发展职业化趋势，以市场化运作为底层逻辑，借助体制内机构资源聚合能力，撬动政府公信力背书助推，结合政府基层党组织建设强化和村集体经济发展壮大需求，以合作社为组织载体构造"农服公司＋村集体＋小社长＋农户"的剩余共享制利益共同体，以新型职业农民为代理行动人，创新农业生产经营活动组织形式，提供全过程土地托管服务，通过农业生产经营风险分担和收益共享，力图实现农业规模化、农民增收、农业增效、村集体经济发展壮大、粮食安全保障、党在农村执政基础更加巩固的目标。

四、浩伦农服土地托管运转机理

浩伦农服土地托管的运转机理如图 11 - 1 所示。在理论层面，其运转机理可从如下 7 个方面予以阐释。

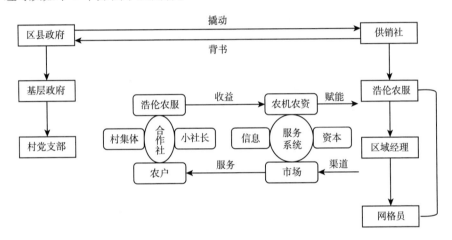

图 11 - 1　浩伦农服土地托管运作机理

（一）潜在制度红利、政府市场激励相容与土地托管实施

在浩伦农服土地托管案例中，政府企业家和市场企业家有着不同的目标追求：前者的目标是贯彻落地上级推动土地流转、发展规模经营、培育新型主体、促进农民增收等工作任务，树政绩；后者则主要追求由此产生的经济利益，当然也要兼顾负责人的政绩，即业绩 + 政绩。二者的目标函数并不完全一致，但却有着交集，即潜在的制度创新红利。基于制度变迁理论的逻辑，浩伦农服的土地托管可以解释为，我国农业现代化进程打破了既有的制度均衡状态，产生了现有制度安排下的潜在利润，而创新企业家（政府企业家与市场企业家）观察到了潜在利润的存在，在获利动机的驱使下实施了制度创新行为。确切来说，这种潜在利润主要来自土地托管产生的规模经济

（戴维斯，诺思，1994），其能够显见地节约小农户生产下的一些成本，并能够享受规模化采购农资、使用大型农机具等带来的好处。因而，村集体的2%和浩伦农服的2%虽然均来自农业生产剩余，但却是一个通过制度创新将潜在利润内部化的过程。在对潜在制度创新红利的追逐中，政府（及其代理人）与市场实现了激励相容，两种资源配置手段在功能上的互补，再加上通过签订有约束力的合作协议，并构造了与贡献率相符的合作得益分配方式，得以促进合作治理中公私部门由合作博弈走向激励相容（何雷，晋鼎明，2021），形成了共同推动土地托管的内驱力。

（二）规模经济、专业化、农村劳动力结构特征与土地托管行为

在发生学意义上，浩伦农服案例的土地托管行为就是规模经济效应、专业化过程和农村劳动力结构事实在政府、村集体等催化因素催化作用下的一种适应性行为反应。对规模经济效应的追求是土地托管行为产生的最主要诱因。受制于我国多山地丘陵平原占比低的地形条件约束和农村土地集体所有农户分散承包经营带来的规模化集中连片经营约束，虽然从总体数据来看2021年我国农作物耕种收综合机械化率已经达到71.25%，但是大型农业机械作业覆盖率仍有较大提升空间，大型农机的效率高、性能稳定，有利于联合作业和先进农艺实现，由此带来规模经济的好处。此外，农资和社会化服务购买中大规模采购提升了生产者的议价能力，节约了采购成本。而且，大规模生产带来的金融资源需求的规模化使得金融机构可以批量提供金融服务，也节约了金融机构零散贷款的交易成本。获取专业化的好处是土地托管行为的第二个诱因。由于专注于大田粮食作物生产，农业工人的耕种技术、小社长的管理技能、金融机构的服务能力、农服公司区域经理和网格员的资源协调技巧，以及土地托管各方主体之间的协作能力等专业化程度逐步提高，因而具有了更高的生产效率。规模经济和专业化只是土地托管行为的经济诱因，调节土地托管行为时间阈值的是我国农村劳动力的结构特征事实，即当前的"老人农业"（白南生等，2007；程必定，2011；王文龙，2017；孙明扬，2020），推动农户将土地托管出去的不是农业生产的比较利益下降，而是农村年轻人对城市生活的向往和对非农收入的期待。当前，已有接近50%的农村老年人愿意转出土地（拜茹，2019），而且这一数字在不断提高，在规模经济和

专业化的利益刺激和政府的积极助推下，土地托管的出现顺理成章。

（三）政府公信力＋国企声誉（信号传递）、抵押品替代装置与金融机构贷款行为

借款主体缺乏抵押物或抵押物难以变现一直是当前困扰农村金融发展的最主要的问题，而且该问题短期内仍难以解决，这使得我们转而谋求更多替代性机制。政府公信力是一种社会信任系统，也是公共权威的真实表达（唐土红，2016），其功能价值发挥得当会对区域经济社会发展起到重要推动作用，当然，发挥不当也可能成为制约区域经济发展的政治诱因（陈浩天，2011）。既有研究多从政治伦理角度阐释政府公信力的功用，鲜有成果探讨政府公信力的经济价值，其实，在现代契约经济背景下，政府公信力可以通过其正式或非正式背书行为赋能相关主体，因而具有传递信号，降低交易成本，增强交易可能性的功能。相比政府公信力这种"非常规"工具，声誉的信号传递功能好像更为人所知。根据信号传递理论，经济物品或人力资本的价值若想得到更充分的实现，必须要把这种价值信息以某种手段传递给交易对手，以消除信息不对称，而这些手段可能包括信息披露、声誉、学历证书等。机构通过声誉传递的与其交易属于低风险行为的信号一旦被受方接收到且其真实性获得证实，交易的可能性和频率随之增加。浩伦农服土地托管中一个重要的创新是充分发挥了政府公信力和信用社的体制内身份，通过政府公信力的背书和信用社的体制内机构声誉把浩伦农服是一个较为理想可靠的服务机构、其合作对象——小社长的借款风险可以有效得到控制等信号传递给了提供贷款的金融机构，由此形成了贷款的抵押品替代机制，降低了金融机构的贷款风险，增加了其贷款激励。

（四）域际竞争、锦标赛体制"搭便车"与政府介入

中国地方官员晋升激励模式同时也是区域发展模式的一个重要特征被学者们归纳为极具中国特色的词语"晋升锦标赛治理模式"（周黎安，2004，2007；乔坤元等，2014），意指中国地方官员和地方政府你追我赶推动工作的激励模式类似于运动竞赛中的锦标赛。自提出以后，锦标赛模式也和"中国式联邦制"（Montinola et al.，1995）一起，在一定程度上被学者们解释为

解读中国增长奇迹的密码。虽尚不能对中国经济增长奇迹提供体系化的解释，但锦标赛模式假说有利于加深我们对"诸侯经济"的理解和对域际竞争策略的把握。为在发展区域经济中走在竞争者前列，各地方采取了不同的策略，进入策略集的工作会被政府作为资源供给的优先项。在浩伦农服土地托管的案例中，从区县政府到基层政府最后到村集体，整个行政（准行政）体系对于推动土地托管工作发挥了重要推动作用。之所以各层级有积极性推动土地托管此类看似行政化系统并无显著收益的"民间性"工作，这显然缘于信用社和其代理人浩伦农服作为体制内或半体制内主体，深谙地方锦标赛体制之道，通过与政府的协商，成功地把土地托管这一市场化事务纳入了政府的基层工作考核体系，由此搭了政府锦标赛体制的便车，使得基层政府产生了推动土地托管工作的积极性和压力，并形成了基层政府之间、村集体之间你追我赶快速推进土地托管工作的态势。

（五）剩余共享制合约设计、契约自我履行机制与合作社利益共同体构造

按照契约经济学"交易费用—合约分析"理论框架，不同的制度安排其实质是不同的合约安排，并根据交易费用的不同而产生不同的合约条款（Downs，1957；周燕，2017）。而且，在其他条件相同的情况下，不同的合约会带来不同的效率（盛洪，2018）。因此，合约形式选择和条款设计至关重要。农地合约是合约的重要品类，农地合约设计也一直是我国经济史研究的一个重要领域，在劳动力—土地关系视角来看，分成合约、定额合约、工资合约等都是历史上曾经出现过的较为普遍的租约形式。出于对人地关系变化推动农业生产经营形式变化的理论回应，近来的一些研究开始关注股份合作社等新型农业组织的合约设计问题，少数学者借鉴组织剩余的分配合约研究成果，虽尚未给出体系化分析，但已经模糊地论及农业的剩余共享制问题（马彦丽，2019），有助于解释浩伦农服土地托管中多主体共同参与下的股份合作社的剩余合约设计逻辑及其效果。调研掌握的材料表明，浩伦农服土地托管中最成功的设计莫过于浩伦农服、村集体、小社长和农户四方参与的股份制合作社剩余收益分配合约的条款安排。根据约定，合作社的收益分成比例为：农户48％；村集体2％；小社长48％；浩伦农服2％。这种分成格局

实际上是浩伦农服、村集体、小社长和农户四方合作达成了收益分配合约剩余的共享制。而且，契约经济学指出，契约机制设计成功的关键在于合约条款要使得参与人履约可能获得的收益大于不履约可能获得的收益，从而施加给合约当事人主动履约的激励。在浩伦农服案例中，四方通过这种剩余共享，实现了各方实现利润最大化的激励相容，形成了一个紧密的利益共同体，使得合作社发展产生了一种内驱力。

（六）剩余控制权剩余索取权激励、风险承担刺激与小社长内驱力

在浩伦农服土地托管案例的所有利益相关者中，小社长这个主体是承担风险最大也是积极性最高的主体，该群体激励的来源是剩余控制权剩余索取权激励和风险承担。不仅仅是股东，组织中任何一个作出贡献的人都有分享剩余的权利，那些对组织发展更为重要的人应该获得更多的剩余分配，这种剩余分配观已为多数企业理论家接受。而且，不同的组织活动应该匹配不同的剩余索取权分配机制（黄群慧，常耀中，2014）。其实，不只是剩余索取权，包括剩余控制权在内，作为一种理论框架和工具，它们被证明完全适用于农业生产活动激励问题研究（杨立岩，2001；冀县卿，钱忠好，2009；何一鸣，陈梦，2019），在企业的契约理论意义上，这些分析有着相同的结论：剩余索取权和剩余控制权与经济主体的激励进而经济活动的效率之间是正相关的。风险承担多用于金融机构行为或企业投资分析，较少有研究论及风险承担给经济主体带来的激励作用。而如果将该问题转换为代理人风险承担与努力程度之间的关系，则更易于理解，此方面有着大量的研究提供支撑。一个一般性的结论是：经济主体承担的风险越高，受收益的或有性刺激，其提供的努力程度一般也越高。在浩伦农服土地托管案例中，作为合作社利益共同体的重要成员，小社长努力的积极性一方面在于其可以分得合作社剩余的一个较大份额48%，并且还可能享受二次分红的一个较大比例。虽然收益分配合约形式上是分成制，但由于每年的产出从而收益额度都是不确定的，特别是，每年的收益超出平均值以上的那部分具有高度不确定性，这就相当于四方之间的契约其实是不完全的，由于技术和成本的原因总是无法提前把分成的比例与能够获得的收益额度准确地挂钩，这就把一些剩余留在了契约之

外，从而小社长获得了对这部分剩余的索取权和控制权，虽然只是一定的比例。另一方面，小社长努力的积极性还在于其承担了最大化的风险：小社长每亩地要预先支出1000元的成本，很多小社长缴纳的这笔费用来自金融机构贷款或者是社会性融资，其能否顺利回收并且获得额外的剩余很大程度上取决于小社长的努力程度，在这种风险承担刺激下，小社长产生了一种努力的内驱力。

（七）资产专用性、分工协同与合作社分成特征

如果说小社长是浩伦农服土地托管活动的灵魂人物，那么，四方共同组建的股份制合作社便是整个托管活动赖以顺利运行的中心组织。其典型特征也是其运转的保障机制是四方主体基于不同要素的资产专用性和分工协同需要进行的收益分成制设计。马克思的劳动价值论指出分配应坚持按劳分配，中国特色社会主义理论的分配原则将马克思的分配原则完善为按劳分配与按生产要素分配相结合，边际生产率分配论认为要素凭在生产中所作的贡献获得相应收益，阿尔钦和德姆塞茨的团队生产理论则强调，在一个团队中，每个成员所获得的剩余的份额与其工作的重要性成正比。亦即无论哪种理论派别的分配原则，在按贡献分配上是有高度共识的：在利益分配博弈中，要素的重要程度决定了不同主体的分肥格局。资产专用性程度是衡量要素重要性的核心维度，在产权理论看来，不只物质资本，人力资本也具有资产专用性，是资产专用性强弱程度决定了其在生产中是不可或缺抑或是可有可无，进而决定了其可能的收益份额。主流经济学秉承斯密和李嘉图传统，将分工奉为圭臬，注重竞争分析，强调分工与效率的关系。而如今，合作受到越来越多学者的关注，揭示人类经济行为中合作的规律开始往学科化发展（黄少安，1999，2000；黄少安，韦倩，2011；韦倩，2016）。环境的高度复杂化，使得单一要素或单一主体越来越不可能独立完成一项工作，任何一个组织的运行绩效都越来越表现为要素主体分工协同的结果。所以，从分成制特征的浩伦农服股份合作社的机构特性来看，是任务的协同决定了合作社的分成制合约特征，而分成的具体比例是由资产专用性决定的。在四方协同组建的合作社中，农户的土地要素、小社长的人力资本要素、浩伦农服的社会资源要素和村集体的组织协调力要素只有融合发力，土地托管才能实施并顺利运

转，没有各要素主体的协同，土地托管即便能够启动也是缺乏效率的，所以各个主体均有权利参与收益的分配。而在参与合作的四类要素中，小社长的人力资本要素和农户的土地要素属于资产专用性很强的要素，其对于合作社的运作不可或缺，因此需要给予更高的分配比例。至于其协议约定的农户48%、小社长48%、浩伦农服2%、村集体2%的具体分成比例，则是在尊重资产专用性这一必然性基础上各方博弈和适应合作社运作场景的偶然性结果。

五、经验启示

本部分认为，在该案例中，在不同行为主体之间转移的不仅是土地这种要素，还有围绕农村土地的各种权利权能。因此，不能仅仅简单地在农业社会化服务层面认识思考浩伦农服的土地托管服务，甚至也不能只停留在农业经营模式的层面来解释这项农业生产经营活动。而是要在农村土地权利合约形式的角度来深入思考，将其视作农业合约形式的一种创新，来提炼经验性价值。通过对山东浩伦农服土地托管案例的分析梳理，可得经验启示如下。

第一，在不突破我国当前农村土地约束条件情况下，农村土地制度仍然具有较大的创新空间，巩固和完善农村基本经营制度大有作为。具体而言，众多研究者认为，我国农村土地制度面临诸多约束，降低了土地制度变迁提升农业绩效的空间和可能性，主要约束一是农村土地集体所有，这种公有性质不如土地的私有制那样会产生更强的产权激励（文贯中，2016）；二是为了追求产权稳定维持二轮土地延包以来"生不增死不减"的土地调整政策可能带来且已经导致土地细碎化难以解决、代际不公平加剧等问题（范建国等，2012）。从权利配置的视角来看，浩伦农服的经验告诉我们，虽然面临如上约束，但我国农村土地的产权束设计且允许所有权之外的边缘权利不断优化可以一种替代的方式实现农村土地制度的效率增进。甚至是，即便连边际权利调整也因约束太多成本过高而不划算时，尚有变革合约形式提升权利配置效率的路子可走，这已为我国多年来的农地制度改革实践所证实。

第二，政府可以而且应该在农村经济事务中发挥应有作用。从政农关系的实践来看，当前基层政府在农村社会事务中的深度介入和农业生产中的"脱农化"并存。换言之，政府—市场关系在农村场域中和谐度不足，二者的良性互动只在部分事务中实现。在社会治理层面，农村越来越被纳入基层政府的体制性安排之内，通过村干部薪酬支出的预算化，基层政府在农村建立了一套"准官僚"体系。然而，已经有大量的研究表明，农村改革中组织化程度不足或者说市场导向过度（桂华，2017a，2017b，2018），当市场失灵时，政府未能及时补位。浩伦农服案例让我们看到，在农业生产领域，政府完全可以发挥协调人、推动者甚至背书人的角色功能，而且，由于相当长的一个时期内我国仍难脱"三农"中国的底色，政府处于政治经济体系的权威中心，这种作用具有不可替代性。

第三，村集体在农村经济事务中的作用不可或缺。当前，在我国农村发展实践中，"村集体"已成为一个尴尬的存在。由于长时间无法精准定位自己，村集体经济组织始终没有摸索到明确的努力方向。更重要的是，土地承包到户和农业税取消再加上农村基层党组织的作用被日益突出，已经使得村集体经济组织感觉逐渐失去存在的基磐。然而一个重要事实是，由于村（社区）党支部和村（居）民委员会无法承担破产的法律后果因而无法作为市场主体参与市场性经济活动，这使得集体经济组织及其载体组织的存在变得不可或缺。浩伦农服案例中，由包括村集体在内的四方共同组建股份合作制的合作社来具体实施土地托管事务，既是一种农业经营制度创新，也是农村经济事务开展的必然选择，即便是强调村党支部的组织功能，其也只能发挥"领办"功能。

第四，"政府＋市场"组合是农业农村现代化的必然趋势和必然选择。市场化手段对于我国农业农村发展的必要性无须多言，如上文所述，政府的作用发挥也不可替代。浩伦农服案例已经揭示，相对而言，农村农业发展的人才、资金、技术等要素仍较为短缺，在体制性约束和比较利益偏低的情况下单纯依靠市场手段建立持续稳定的投入机制难以保障，体制性推动仍不可缺失。农业农村现代化进程中既存在市场失灵也存在政府失灵，政府的补贴性手段、管制性手段等必须和市场的价格性手段、竞争性手段等结合起来。宏观调控体制和微观激励机制同时发力，才能快速推进农业农村现代化。

第十二章

巩固完善农村基本经营制度的总体
思路、实施路径与政策建议

　　本章为对策建议部分，重点阐述了巩固完善农村基本经营制度的总体思路、实施路径和政策建议。在前期文献回顾、理论分析、实证研究和案例研究的基础上，系统凝练总结研究过程中获得的理论结论及经验证据，结合我国国情农情及农村基本经营制度运行实施事实现状，综合研判其发展趋向，提出了农村土地权利配置主体、构造、方向、重点和目标"五大变革"的总体完善思路，"政府重返—细分权利—壮大集体—落实地权"四步走接续式实施路径，以及修订法律进一步细分土地权利、理顺"三权"权利关系及其收益权能实现逻辑、创新农村集体经济组织体系架构和经营体制三点政策主张及具体政策建议：建议修改《民法典》《农村土地承包法》《土地管理法》有关法律条款，从家庭承包经营权引导出家庭成员个人承包经营权；建议制度化政府的土地终极所有权主体地位，界清农民集体和农村集体经济组织的土地权利关系，廓清承包经营权的权能边界，定性土地经营权为次级用益物权，并在法律上明确"三权"对应之收益权的经济实现渠道；建议创新农村集体经济新的实现形式和运行机制，借鉴国有资产管理模式，建立"集体＋公司"的农村集体经济组织体系架构和经营体制。期望通过本书可进一步丰富巩固完善农村基本经营制度的理论探讨，并可为立法部门制定修订相关法律法规和农业农村主管部门出台相关政策文件提供有价值的参考。

一、我国农村基本经营制度改革的既有特征与路径依赖

从权利配置视角来看，我国农村基本经营制度及其近年来的改革呈现出如下特征。

第一个特征是近年来的农村基本经营制度改革主要表现为土地权利的边际调整。20世纪90年代初农村基本经营制度逐步定型，农村土地制度的约束性框架已经形成，在多重约束条件下，30余年以来农村土地制度的改革只限于边际优化，始终没有突破集体所有、家庭承包经营的核心框架。尤其是，作为制度变迁中最为深沉的产权制度变迁，是一种根本性的基础性的变迁，哪怕只是微小的变革都涉及重大的利益关系调整，所以在没有所谓"奥尔森震荡"推动的情况下，不可能也不会有触及农地制度内核的变革，有的只能是人地关系变化推动的边际微调。

第二个特征是我国农地制度权利配置效率边际递减趋势日渐明显。我国农村基本经营制度已经出现了明显的制度变革红利衰减现象已是不争的事实，从权利配置的角度来说即出现了权利配置效率边际递减，这是生产力—生产关系作用关系原理的客观结果。农村基本经营制度定型期之前，权利配置合约不完全程度较高，留下的模糊地带较大，权利配置帕累托改进的余地也较大。随着农村基本经营制度定型并逐步完善成熟，制度变迁的性质逐步由帕累托改进向卡尔多—希克斯改进演进，制度变迁难度越来越大，权利配置效率下降也越来越快。

第三个特征是国家的土地终极所有权虚置。虽然在法律文本和政策文件及政治语言中我国农村土地归农村集体经济组织所有，但无疑，社会主义国家及其公有制的根本性决定了所有土地的终极所有权实际上掌握在国家手中，出于公共利益目的，国家有权在充分保障土地法律所有权的情况下对土地权利予以重新配置。当前国家的土地终极所有权未得到实现的直接原因是农业农村经济领域政府撤出过度，虽然在社会治理层面，政府不但深度介入甚至可以说是对其他主体尤其是农民主体的完全替代，但在经济领域，却突出表现为除对农业的预算内转移支付外，呈现出政府和"三农"的切割状

态。表面上来看，在 2006 年农业税取消后紧张的干群关系得到极大缓解，但从我国"三农"发展的实践来看，农业税改革带来的影响是深远的，绝不仅仅意味着几千年皇粮国税的取消这种形式上的农民福祉增进，而是事实上维持国家与乡土社会的关系甚至形式上更为紧密的科层化控制背后，是农民心理上与国家，与体制之间的切割。失去了这种与农村土地之间的经济牵连，国家对土地的终极所有权同时也失去了实现的经济基础。

第四个特征是土地权利配置机制的过度市场化。政府—市场关系是经济学的一个重要命题，也是资源配置的两种主要手段。讨论在资源配置中政府重要还是市场重要只是一种无意义反复，政府和市场机制都会失灵也是基本共识，"左"抑或"右"或者说过度行政化抑或过度市场化都不利于土地权利配置效率的最大化，最优的组合便是二者互相补位。讨论土地权利配置是否存在过度市场化，必须与讨论我国农村土地制度变迁方式区分开来。从制度变迁方式上辨识，我国农村土地制度改革是典型的诱致性制度变迁，制度变迁最早总是由谋求生存或致富的农民开始，在党和国家逐步放松控制的节律下，基层群众的创新实践又被逐步上升为国家政策并最终进入成文法。这种制度变迁方式较之人民公社这种强制性制度变迁显然在理论和实践中更加受到认可，因而得以成为我国农村土地制度变迁的主流方式。本书此处所言土地权利配置机制的过度市场化，乃是从权利配置的角度对我国农村基本经营制度生产经营形式统分的另一种理解，统一经营可以理解为土地权利更多地配置给集体；而分散经营可以解释为土地权利更多地配置给农户个体。当土地权利更多配置给集体或其他非农户个体主体时，实际上是行政力量或者政府在权利配置中发挥了主要作用；而当土地权利更多配置给农户个体时，农户生产经营的基础手段是市场工具，土地权利的再配置主要是靠市场机制的引导，在农业生产经营中的表现就是"分"得过多，"统"得不足。

第五个特征是集体土地所有权虚置。农村集体土地所有权虚置应该是政界学界实务工作者最为广泛的共识。法律规定中农村集体因拥有土地所有权而延伸拥有诸多土地权利，如发包权、收益权等。然而土地使用权的不断延包而且实践中二轮延包之后严格禁止土地调整，使其接近于一项无期限的绝对性使用权，这必然将所有权架空。最重要的是，评价一项权利是否得以实现，经济实现是核心，在农业税取消后，集体土地所有权的经济实现已经完全失去了可能性。虽然近年来在推动集体经营性建设用地入市等农村集体产权制度改革，但考虑到集体经营性建设用地占比极低，而且入市价值较高的又集中于城中村、城乡接合部等小范围内，总体上来看，不足以对集体所有权缺乏经济实现渠道的结论构成实质性影响。尤其是，对于耕地价值不高、建设用地也缺乏入市价值的广大农区，集体土地所有权更难言经济实现问题。这一问题导致的直接后果便是大量"空壳村"的存在，虽然近年来党和国家出台多项措施极力消除空壳村，发展壮大集体经济，但集体土地所有权虚置问题仍没有真正破题。

二、改革总体思路和实施路径

（一）总体思路

通过农村土地权利配置主体、构造、方向、重点和目标"五大变革"，即权利配置主体由"农民＋政府"主体向"政府＋农民"主体变革；权利配置构造由"集体所有权、家庭承包经营权、经营者经营权"向"集体所有权、家庭承包经营权＋集体成员个人承包经营权、经营者经营权"变革；权利配置方向由向微观个体倾斜向集体倾斜变革；权利配置重点由以"分"为重点向"统"为重点变革；权利配置目标由效率导向向效率公平并重变革，进一步提升农村土地权利配置效率，巩固完善农村基本经营制度。

权利配置主体由"农民＋政府"主体向"政府＋农民"主体变革，其内涵是，新中国成立至改革开放的几十年内，我国以土地制度为核心的农村改革，基本坚持了政府主体的传统，国家在各项政策出台实施中居于绝对主导地位，依靠国家暴力潜能快速推进改革事宜，此时期的制度变迁属于典型的强制性制度变迁。改革开放以来，农村土地制度权利配置的主体开始由政府转向"农民主体＋政府主体"，并逐步形成了农村改革"农民基层实践探索—学者研究总结—政府默许小范围试点—扩大试点范围进一步总结经验—人大修法实践经验上升为国家意志—全国普遍推开"的事实性路径。在这种诱致性制度变迁模式下，虽然制度的最终变革仍是由国家以修法方式实现的，但农民作为改革的始作俑者，推动改革的内生动力强劲，成为改革的首要主体。如前文所述，生产力发展使得"农民主体+政府主体"这种制度变迁主体特征越来越不能适应农业农村发展需要，要求我们适度回归政府主体传统，转向"政府+农民"主体模式。

权利配置构造由"集体所有权、家庭承包经营权、经营者经营权"向"集体所有权、家庭承包经营权+集体成员个人承包经营权、经营者经营权"变革，就是要在三权分置的土地权利架构下重新审视目前农村土地的集体经济组织所属成员的家庭承包经营权，基于农村发展现状和进一步发展事实需要，把当前与成员人数无关，以户数为单位的家庭承包经营权细分为"家庭整体"的承包经营权和"家庭内单个成员"的承包经营权。亦即，由集体经济组织向其成员发包土地时，发包对象是农户家庭，此时，不予区分"家庭整体"的承包经营权和"家庭内单个成员"的承包经营权；而当由于各种原因需要收回承包经营权时，则区分"家庭整体"的承包经营权和"家庭内单个成员"的承包经营权，在保留"家庭整体"的承包经营权的同时，收回该家庭内个别成员的承包经营权或有偿接受其自愿退出。

权利配置方向由向微观个体倾斜向集体倾斜变革，意指如众多学者和实务工作者所言，改革开放以来的农村土地权利配置一直在强化农民个人的土地权利（温铁军，2000；孙新华，2020），强化其对土地的占有、使用和收益权利，强调"不求所有，但求所用"，直接后果是导致了集体权利的虚无化和经济基础的空壳化并引发了农村的凋敝化。权利配置向集体倾斜就是要从根本上改变当前的集体弱化虚化现状，从法理落实集体所有权转向探索其实践落地和经济实现，根据"三农"发展实际和乡村振兴需要拓展创设新权利，不应一味强化农户农业经营的排他性权利，而应给集体经济组织介入农业经营留有一定空间（孙新华，2020），在保障农民微观个体权利的情况下更加注重集体所有权的保障，从而在根本上持续增强集体保障微观个体发展的能力。

权利配置重点由以"分"为重点向"统"为重点变革，既是解决当前农村基本经营制度统分结合双层经营普遍存在的"分之有余、统之不足"问题（孙新华，2020）的需要，也是农村生产力发展和生产关系变化规律的必然要求。此前的农村土地权利配置主要考虑如何为"分"更好实现创造条件，而大量研究已经表明，当前我国已经进入需要规模化集约经营的现代农业阶段，而家庭分散经营模式与之并不匹配，亟须发展家庭农场、农民合作社等"统"的特征较为鲜明的经营形式。而这需要地权配置作出适应性调整，重点是如何通过地权配置突破土地细碎化带来的规模经营难题和集体"统"的能力孱弱导致的服务能力不足问题。

权利配置目标由效率导向向效率公平并重变革，并非要否定当前权利配置的效率导向，而是要由单一效率目标转向更加合理的效率公平目标并重。改革开放以来，效率导向成为我国农村土地权利配置的鲜明特征，地权安排一直朝着提高农民人力资本的劳动生产率和土地等物质要素的生产效率演进，也的确推动农业农村发展取得了世人瞩目的巨大成就。然而效率目标方面的成就越来越无法掩盖公平目标方面的隐忧，近年来农村土地纠纷事件呈现高频化态势，地权配置的公平目标存在一定缺位是根本性影响因素。如不及时实现权利配置目标的二元转换，土地利益层面长期积累的一些深层次矛盾必然逐步显露并引发不期后果。

（二）实施路径

基于上述分析，本书在此提出完善农村基本经营制度的"政府重返—细分权利—壮大集体—落实地权"四步走接续式实施路径。亦可具体表述为"强化政府宏观调控权—细分农户家庭和成员个人承包经营权—做实组织载体—保障地权实现"。

第一步，明确政府是现阶段农村基本经营制度改革变迁的主导力量。主导力量对于一项制度变迁具有全局性影响，它决定了制度变迁的方式并进而决定了制度变迁的速度、成本和绩效，它既是制度环境的组成部分，又可为制度环境的变化提供条件。在"三农"发展中，党和国家的政策文件一直在强调农民的主体地位，学者们也给予了持续呼吁。然而必须澄清的是，农民的主体地位和"三农"发展与农村改革中的主导力量不可混为一谈，坚持农民的主体地位是原则性问题，而事业发展的主导力量选择却是个阶段性选择问题。以人民为中心决定了无论农业农村发展到什么阶段都应该坚持农民的事情农民办，农民始终是"三农"事务的主体，而在不同的发展阶段，选择哪一种力量为主导取决于"三农"发展的需要，这符合农民的根本利益。生产力生产关系规律证明了新中国成立初期国家或政府主导"三农"发展的合理性，同样也证明了农业社会主义改造至 20 世纪 70 年代末继续坚持政府主导的不合理性，并推动主导力量由政府主导变革为农民主导，这是生产力发展的必然选择。实践表明，中国特色社会主义进入新时代的背景下，生产力发展要求必须由政府主导"三农"发展，打破农业农村发展目前业已较为明显的低效率闭锁。巩固完善农村基本经营制度，必须首先让政府重返农村，发挥政府的统筹优势和资源聚合优势，在新时代背景下看"三农"，在"四化同步"中看"三农"，立足"三农"实际看"三农"，主导出台法律法规，提供农村土地权利再配置的合规性与条件。

第二步，在政府主导下将农村土地家庭承包经营权细分为家庭权利和家庭成员个人权利。原则上来讲，土地权利的进一步细分应以法律法规的修订为前提，然而新中国的农村土地制度变迁似乎形成了另外一种传统，即先有民间探索提供实践经验，然后学者们总结讨论提出建议，并由国家领导人在讲话中予以阐述形成政策文件，最终法律法规修订成为正式法律条款。对于这种修法路径法学界有大量争论，本部分此处不予赘述。但无疑，如若没有政府的主导，遑论修法推动，即便是政策文件也难以提供操作支撑，土地权利的这种进一步细分根本无从实现。所以，这种地权细分只能以政府重返农村，主导地权变革为条件。

第三步，在地权细分基础上，重构壮大农村集体经济。按照马克思的资本积累理论逻辑，最难以实现的便是资本的原始积累，我们集体经济的发展壮大现状亦是如此。当前农村集体经济的空壳化业已成为各方共识，没有强大的集体经济支撑，无法顺利实现农业农村现代化也是共识。而要发展壮大农村集体经济，不仅需要对其组织形式重构、运行方式变革，更为急迫的任务是重启集体经济机器，而起动机就是地权细分后集体经济组织由此获得的土地收益。这"第一桶金"是我国农村集体经济"二次创业"的开始，也是变当前的农村集体经济输血式发展为造血式发展的必由之路和现实选择。

第四步，完善制度运行体制机制，提升地权配置效率。发展壮大农村集体经济是巩固完善农村基本经营制度的具体举措，根本上有利于地权配置效率提升，达成巩固完善农村基本经营制度的目标。对于"家庭承包经营为基础"的制度表述，应偏重于在维护农民权利角度理解。无论是领导人的讲话精神阐释，还是党和国家的政策文件表达，在诸多农业经营形式中，家庭农场和合作社被认为是两种最有发展潜力的形式，其中家庭农场代表了"统分结合"中的"分"，合作社则代表了其中的"合"。而无论家庭农场还是农民合作社，无疑都是现代集约式生产经营的具体形式。所以，理解家庭承包经营为基础，并非是强调要维持以微观农户家庭为单位的生产经营这种形式，而是强调要稳定农民对土地承包经营权的预期。并非发展壮大了集体经济就会影响到家庭承包经营为基础，事实上，一个强大的农村集体经济组织，才有整合盘活乡村闲散资源、组织土地权利交易、提供农业生产经营公共服务的能力，才能真正保障家庭承包经营权的法律实现和经济实现。

三、政策主张与政策建议

（一）修订法律进一步细分土地权利

具体而言，本书建议修改《民法典》《农村土地承包法》《土地管理法》有关法律条款，从家庭承包经营权引导出家庭成员个人承包经营权。

改革开放以来，农地产权结构的逐渐细分构成了我国农地产权配置变动的典型特征（张曙光，程炼，2012；罗必良，2013），40年改革的存量成果便是当前我国三权分置的土地权利构造。这种土地权利构造的目的是"落实所有权，稳定承包权，放活经营权"，所有权、承包权和经营权分别归属于农民集体、集体所属的农户家庭和经营者。其中，土地的承包权是相对于其他农户家庭来说，由某农户家庭所在的集体赋予该农户家庭排他的承包并使用某地块的权利。该农户家庭获得对土地的承包权，是由于其所在的家庭是其所在的农民集体的成员，而该家庭的存在，以至少一名自然人存在为条件。按此法理逻辑，即使农户家庭的其他自然人成员去世，只要有1名以上的家庭成员在世，仍可认定为其家庭是存续的，由集体赋予的土地的承包权仍然存在。也就是说，当前的土地承包权，只认可农户家庭主体而不认可农民个人主体，在法律运行实践中存在家户对家户成员个体的遮蔽和压制（耿卓，2016；刘锐，2022）。在农村允许土地调整的情况下，对于农户家庭的土地承包权来说，家庭的存在及其人员规模不仅具有质的规定性，也具有量的意义。而在禁止土地调整的当下，家庭的存在对于土地承包权仍具有质的规定性，但家庭的人员规模已经不再具有量的意义，一人家庭同十人家庭一样，意味着土地承包权的存在，但其承包土地的面积与人员规模无关。形式上来看，土地权利在现象上是物与人之间的关系。如果仅仅在物与人的关系层次理解土地权利，则忽略家庭人员规模差异将农户家庭的土地承包权等同于农户个人的权利尚可理解。然而，按照产权经济学的基本观点，土地权利是相对于土地来说的人与人之间的权利，不是人与物的关系，土地承包权不是由于土地的存在而产生的权利，而是因为人的存在而产生的权利，那么，当土地承包权所依托的载体灭失以后，自然就不再需要土地权利来调节该主体与其他主体之间的关系，即此项权利自然终止。也就是说，当把土地权利界定为人和人之间的关系时，农户家庭的土地承包权和农户个人的土地承包权便有了区别，农户家庭的土地承包权成为了农户家庭每个成员土地承包权的加总。当家庭成员去世后，只要该家庭仍有一人以上自然人存在，则其家庭的土地承包权仍然存在，但此时该家庭的土地承包权和之前的土地承包权具有了量的差异。

目前"稳定承包权"，稳定的是农户家庭的承包权，手段是高层领导人的讲话、国家的政策性文件和相关法律法规，保障措施是严格实行"生不增死不减"。这种做法在稳定农户家庭土地承包权的同时，积累了越来越多的矛盾，最为突出的矛盾是家庭人员规模和土地承包面积的不匹配以及由此导致的农村土地权利及其收益的分配不公平。农村出现了大量少地甚至无地家庭，全国人大代表、河北省献县淮镇中街村党支部书记哈明江表示现在没有分到土地的人口已经占农业总人口的45%（朱宁宁，2015），尤其是妇女群体土地权益受损的情况更为严重（"农村土地问题立法研究"课题组，2010；第三期中国妇女社会地位调查课题组，2011；王小映，王得坤，2018；闵杰等，2020）。更为严重的是，失去了土地这一联结农民和农业农村的纽带，生活在农村的"80后""90后""00后"，其身份辨识便是一个尴尬的问题。乡村振兴要培养造就懂农业、爱农村、爱农民的"三农"工作队伍，靠城镇往农村"空降"人才解决不了根本问题，"三农"工作队伍的主体要靠农村自我培育，在农村土地上"长"出来，土地纽带缺乏阻断了农村培养造就"三农"人才的渠道。

要在当前的制度约束下解决上述矛盾，唯一路径是自当前的家庭承包经营权引导出一项新的权利，即本集体组织成员个人的承包经营权，交由家庭成员个人享有与行使。该项权利以家庭承包经营权为权源，与土地所有者集体经济组织无直接法律关系，亦不对土地所有权构成限制。《农村土地承包法》第一章第五条规定，农村集体经济组织成员有权依法承包由本集体经济组织发包的农村土地。2018年《农村土地承包法》修改时，还专门增加了"农户内家庭成员依法平等享有承包土地的各项权益"的规定。也就是说，其实现有法律亦以集体成员作为承包经营权的权利主体，只不过在签订承包合同时是以户为单位签订的，再加之以承包经营权的物权定性和以合同签订为权利设定要件，使得实际上家庭成为了权利主体。然而，即便如此，可以说现有法律并没有禁止集体经济组织成员个人承包土地。另外，考虑到现有法律规定只构成本承包期内的约束，所以现有法律法规不但不会成为承包经营权细分的制度障碍，甚至可以说为立法机关进一步修改完善关于承包经营权的法律规范提供了立法委托。而且，将土地承包经营权分为家庭承包经营权和家庭成员个人承包经营权，并不会对"稳定承包权"政策带来根本性冲击。所谓稳定承包权，政策意蕴是保障农户家庭对一定面积的集体所有土地的承包权利和使用、处分、收益等权利，是给农民及土地使用者的一种政治和法理承诺，理论上能够带给农民安全感，保证投入激励，有利于提升土地使用效率。家庭承包权细分出个人承包权，没有动摇家庭承包权这个母本，没有触及党和国家对于农民的政治和法理承诺，农民群体不会有失地之虞。生命个体的存续虽然具有较大的不确定性，但并非不可预期，而且当前农村家庭的人员规模均值是稳定的，因个别家庭成员去世或永久性脱离土地带来的土地承包权的调整是基本可预期、可控的。

合理的做法是，当家庭成员去世后，应由所在集体经济组织及时收回其承包土地，交由集体重新发包或由集体经济组织以适当模式经营。对于因就业等将户籍迁出不再是本集体经济组织成员，永久性脱离农村土地的家庭成员，应按照一定时间标准和收入标准，如稳定就业3年后，或户籍迁出、脱离农村土地后年均收入不低于当地农民人均年收入标准的，由所在集体经济组织及时收回其承包土地，交由集体重新发包或由集体经济组织以适当模式经营。非因去世或就业等原因而自愿交回土地承包权的家庭成员，应由所在集体按照一定标准，有偿收回其承包土地。

土地承包经营权一俟细分为家庭承包经营权和家庭成员个人承包经营权，会给农业农村农民带来几个显见的变化。一是可以解决土地结构性配置失效问题。国家不再允许土地调整之后，土地配置的结构性矛盾日渐突出，大量的年轻家庭需要土地的价值产出赡养老人、扶养后代，却面临无地可耕的状况而不得不进城务工。另外，禁止土地调整之前的年轻家庭也逐渐成为老人家庭，第一代老人去世加之第三代子女升学就业或外出务工，家庭成员数量逐渐减少，农村出现大量老夫老妻"双老"家庭，但此类家庭往往承包经营的土地最多。更为迫切的是，近年来的"二孩""三孩"政策是人口政策的利好，却会进一步加剧这种土地配置的结构性矛盾。将个人承包经营权分离出来，有利于根本上解决这种家庭人员规模客观变化带来的土地结构性配置失效问题。二是可以减少农村涉地矛盾纠纷，缓解乡村治理压力。近年来，随着土地价值上升，农村涉地矛盾迅速增加，尤其是"出嫁女""迁出户"的土地承包经营权以及非直系亲属承包经营权继承问题，与传统地界纠纷、地上附着物纠纷等有着显著不同，冲击农民的朴素土地义利观。这些问题的出现均与家庭承包经营权和家庭成员个人承包经营权混同有着直接关联，而二者的分离将达到"地随人动"的局面，有利于根本上解决这些问题，消灭这些矛盾生发的基础。三是解决土地权利配置导致的代际不公平问题。我们借鉴森（2001）关于贫穷的定义逻辑，认为禁止土地调整政策实施后农村家庭新增成员因无法承包一定面积的土地而丧失了可能的收益是一种不公平，更加重要的是，其失去了获得集体土地承包经营权的机会是最大的不公平。家庭承包经营权和家庭成员个人承包经营权"两权"分离，使得新增成员有机会获得集体因各种原因收回的集体土地的承包经营权，而消弭这种土地权利配置的代际不公平。四是建立"新农人"发展的土地联结。实践中来看，当前大量农村青年进城有客观主观两种因素。客观层面，改革开放40余年来，城乡差距拉大的趋势没有得到根本缓解，城镇对农区的资源虹吸使得城镇和农村在教育、医疗、生活方面的差距日趋明显，青年农民越来越倾向于到公共设施和保障条件更好的城镇工作生活。而且，大量"80后"尤其是"90后"基本上没有得到承包经营集体土地的机会，没有了土地这一最根本性的牵连和基本的生活来源保障，他们也不具备在农村立足的条件。主观层面，城镇化进程不仅改变了城市格局，也深刻改变了农村农民，尤其是改变了"农二代""农三代"的土地观、就业观、价值观，其中"农三代"已经完全实现了与农村的决裂。"新农人"是我们解决"谁来种地"问题的答案，但问题是"新农人"如何孵育？土地承包经营权的"两权"分离有利于为"新农人"的生长提供土地基础，建立土地联结。

（二）理顺"三权"权利关系及其收益权能实现逻辑

具体而言，本书建议制度化政府的土地终极所有权主体地位，界清农民集体和农村集体经济组织的土地权利关系，廓清承包经营权的权能边界，定性土地经营权为次级用益物权，并在法律上明确"三权"对应之收益权的经济实现渠道。

1. 法律法规明确政府的土地终极所有权主体地位

政府享有农村土地的终极所有权是《宪法》所确定的我国社会主义的国家性质和公有制的基本经济制度决定的。我国农村基本经营制度改革经验也表明，政府必须在农村土地制度改革中发挥作用，引导土地制度改革方向。因此，明确国家或政府的土地终极所有权主体地位无须遮遮掩掩，更没必要背上道德包袱。明确政府的终极所有权主体地位非但不是与民争利，相反会由于引导了预期而大大降低政府的社会治理成本。当然，更为重要的是在明确政府权利主体地位基础上明确其终极所有权的法律边界。一方面，要把现有法律文本中的一些表述作出修改完善，如《宪法》第十条、《民法典》第二百四十三条、《农村土地承包法》第十三条等关于土地所有者界定及土地征用等有关规定条款中，应明确表述国家是农村土地的终极所有者并有出于公共利益需要征用土地的权利；另一方面，要在有关法律中补充相关条款，明确政府土地终极所有权的权利边界和权能范围，如赋予政府对农村土地的补贴设项权能，即通过对某地域土地设定补贴引导区域发展；赋予政府对农村土地的功能区分类权能，即通过对农村土地划分不同功能区宏观指导区域发展等。

对于政府农村土地终极所有权的经济实现或者说国家参与农村集体土地收益分配，学界和媒体多持反对态度，也常有学者以"诺思悖论"来批驳政府对农民的掠夺，其实诺思悖论所表达的不仅仅在于政府对个人权利的侵犯，还有政府对个人权利的保障和维护，而维护保障权利的成本亦非常高昂，需要受保护人为此付费或部分付费。随着国家废除农业税和取消"三提五统"，农业用地领域似乎无须再讨论此问题，国家是否应该以及以何种形式和比例参与农村集体土地收益分配，主要集中在农村土地转用和流转过程中。长期以来，我国地方政府的土地财政饱受诟病，然而，我们不能以这种阶段性的政府运行的病态来否定国家参与农村集体土地收益分配的合理性和必要性。在讨论农村土地转用收益分配问题时，"涨价归公"和"涨价归农"两种观点互相攻击，但每一种观点的片面性都显而易见，越来越多的研究者倾向于第三种亦被认为是前二者折中的观点"公私兼顾"，其实也是理论界和实践层面对国家的农村土地收益权的认可。那么，国家在土地收益中分得多大份额较为合理呢？由于当前国家参与收益分配主要是以土地出让金和税费两种形式，二者之和被学者们估计占土地收益的60%～70%，甚至更高，其中主要是土地出让金。由农村集体经营性建设用地的国家分配比例可见一斑，2016年由财政部和国土资源部联合发布的《农村集体经营性建设用地土地增值收益调节金征收使用管理暂行办法》明确规定，农村集体经营性建设用地入市收益要向国家缴纳调节金，分别按入市或再转让的20%～50%征收。从最早探索集体建设用地入市的广东等地的经验来看，政府在土地收益中的占比也基本在40%～50%。总体来看，国家土地收益占比由于统计地区经济发展水平差异、区域政策差异、统计技术差异等的存在，大家莫衷一是，不过，对于国家垄断一级土地市场获取出让金的做法学者们持反对观点的占据主流。而且现有的土地收益分配并没有形成一套可以在全国范围推广的分配标准，因客观条件差异，政府参与分配的比例在不同试点也无法做到相同，人为框定一个分配比例尚缺乏统一的经验基础，科学性不足。然而，以土地增值税、使用权变更登记费、个人所得税等税费的形式取代土地出让金、调节金等形式是市场经济条件下的必然要求，收取税费的额度要参考当地人均生活水平，确保被征地农民生活水平不降低。税率的制定应在广泛征求人民群众意见、考虑各方利益平衡的基础上确定（司野，2017）。

2. 法律上界清农民集体和农村集体经济组织的土地权利关系

就农村土地的法律所有权主体，实践中往往将农民集体和农村集体经济组织混为一谈，大量的文献对二者没有明确区分。而在法理上，"农民集体"才是农村土地的所有者；"农村集体经济组织"只是代表农民集体行使所有者权利。即农村集体经济组织不等于农民集体，只是其代表形式之一，如村民委员会也是农民集体的代表形式之一。在我国当前的法律规定中，农民集体的土地所有权主体地位得到了明确，但也同样存在权利边界和权能范围界定不清或不充分问题。在相关法律文本中，除了集体土地的发包权之外，似乎没有明确集体的更多土地权利。从实践需要来看，除赋予农民集体或其代表农村集体经济组织土地发包权之外，至少还应当创设"集体成员超标宅基地收回权和处置权""公共发展基金收缴权""农村土地收益分配调控权""农村土地收益分配调节基金设立权"等诸项权利。而且，当前的地权配置结构中，尽管农户具有了排斥集体经济组织进行不当干预的可能，但是也取消了集体经济组织在多数农户支持下出于公共利益介入农户土地利用和农业经营的权能（孙新华，2020）。但只有集体经济组织在土地利用权和农业经营权中拥有一定的主导权，才有可能充分发挥集体经济组织在土地集中利用和农业规模化服务中的统筹优势。

　　从实践中来看，创设"公共发展基金收缴权"等有助于土地所有权经济实现的权利，落实农民集体土地收益权尤为迫切。农民集体土地收益权是成员集体将作为生产要素的集体土地，直接或间接投入生产经营活动，并依据该要素的所有者身份获取要素收益的一项重要的财产权（杨青贵，2016）。在法学意义上，从我国"农民集体"内涵变迁的历史与现实来看，农村集体经济组织和集体成员两者都应当成为集体土地收益权主体，参与集体土地收益分配，本书此处所言参与收益分配的主体指农村集体经济组织，而集体成员即农户则在承包者收益权和经营者收益权部分另行讨论。从我国农村发展的实践来看，当前农村集体经济组织空壳化，公共品供给严重不足的问题突出，农村基本经营制度定型后，地权配置不断强化个体农户的承包经营权，集体所有权不断虚化并在所有权价值化功能丧失后彻底空壳化，由于同期国家无力或没有及时提供农村公共品，导致农村公共品如基础设施、社会保障等供给严重不足（徐勇，2013；孔祥智，刘同山，2013；贺雪峰，2015；邓大才，2017），因而必须落实集体的土地收益权，让集体获得农村土地收益。结合历史与现实来看，具体来说农民集体要以以下方式参与农村土地收益的分配。一是农业用地承包费和集体土地使用费。虽然不少学者站在减轻农民负担、增加农民财产性收入的角度不主张向集体成员及其家庭收取其承包地的集体土地使用费，而且，《关于做好当前减轻农民负担工作的意见》《关于 2005 年深化农村税费改革试点工作的通知》等系列文件中也都禁止收取土地承包费或宅基地有偿使用费，但站在集体经济发展、集体权益维护并最终维护农民利益的视角主张合理收取或以其他形式保障集体土地所有权收益实现的观点也一直存在（黄俊阳，2008；桂华，2017）。土地承包费和建设用地使用费是土地所有者合法性基础最为坚实，也最为稳定的收益来源，从充实集体财力、增强集体服务能力、调节土地使用、提高土地使用效率等角度来看，实有必要，且《民法典》中对于集体土地也没有禁止收取土地承包费的硬性规定，为此提供了法律基础。二是土地转用的土地补偿费包括集体经营性建设用地入市的土地补偿费。国务院发布的《土地管理法实施条例》（2014 年修订）第二十六条规定，土地补偿费归农村集体经济组织所有；地上附着物及青苗补偿费归地上附着物及青苗的所有者所有。征收土地的安置补助费必须专款专用，不得挪作他用。需要安置的人员由农村集体经济组织安置的，安置补助费支付给农村集体经济组织，由农村集体经济组织管理和使用；由其他单位安置的，安置补助费支付给安置单位；不需要统一安置的，安置补助费发放给被安置人员个人或者征得被安置人员同意后用于支付被安置人员的保险费用（黄俊阳，2008）。我国的司法判例实践中往往也不支持土地补偿费归农民所有。2014 年中共中央办公厅、国务院办公厅印发的《关于农村土地征收、集体经营性建设用地入市、宅基地制度改革试点工作的意见》明确提出，要求农村集体经营性建设用地入市，农村集体经济组织取得出让收益，政府应确定合理比例收取土地增值收益调节金。可见，土地补偿费归农村集体经济组织所有是界定明确的，然而由于未明确界定土地所有权补偿和土地承包经营权补偿，且补偿标准过低，导致现实中保护农民利益的呼声绑架了法律规定，《国务院关于深化改革严格土地管理的决定》《国土资源部关于完善征地补偿安置制度的指导意见》等一些规范性文件亦作出与《条例》意见相违的规定，地方实践中也按照将土地补偿费主要用于被征地农户实施。因此，应该分别明确将土地转用补偿分为土地所有权补偿和土地承包经营权补偿，在三权分置的框架下，因为权利可能分属于不同主体，还需进一步区分为土地所有权补偿、土地承包权补偿和土地经营权补偿，分别给予合理补偿。土地所有权补偿收入归集体所有，再由集体依照制度予以分配。对于集体经济组织提留和成员分配比例，各地存在较大差异，但基本上是农户占大头，集体收益占比较小。如农地转用增值收益分配中，安置补助费、地上附着物及青苗费是直接支付给被征地人的，本应支付给集体的土地补偿费从多地的经验看往往 80% 以上支付给农户，集体得到不足20%。合理的做法应当是在明确区分集体土地所有权收益和农户土地承包权收益的基础上，结合国家地方政策及当地经济社会发展实际分别予以测算，承包权收益赋予农户，所有权收益部分统一列入集体公积公益金进行管理。

3. 法律上廓清承包经营权的权能边界

关于家庭的承包经营权，当前法律层面和政策层面仍未达成完全一致。法学界的解释和表述明显与政策文件表述存有一定差异。由于《民法典》已经明确土地承包经营权为用益物权，所以有关争论告一段落。但法学界对三权分置的解释是：土地所有权、承包经营权、经营权；而政策语言则为：所有权、承包权、经营权。法学界的理解是，由土地所有权引导出承包经营权，承包经营权又引导出经营权，三者之间并非土地权利所有权能在三项权利之间进行结构化分配，而是前项权利是后项权利的权源，后项权利的权能包含在前项权利的权能内；土地所有权、承包经营权和经营权，权能越来越小，期限越来越短，而经营权便是在前项权利基础上创设新的权利并将其部分权能交由第三人在一定期间内行使。而按照政策表述，承包权似乎是一项新设权利，由三权分置之前的农村土地承包经营权中分离出来，究竟该权利是不是一种独立权利，法学界和经济学界仍在持续争论中，其法学定性仍未明确，法律地位尚不明晰，该权利如何取得、如何行使、如何实现均在探索中（朱广新，2015；潘俊，2015；王小映，2016；肖鹏，2017）。除了这种理解层面的差异，对于家庭的土地承包经营权主体地位各方似乎已经取得了高度共识，但不等于家庭的承包经营权已经充分明晰。依据民法基本原理，凡具有高度人身性的权利均不得转让和继承，而且我国农村土地承包经营权的主体是农户家庭而非自然人个人（席志国，2022），也不应有所谓继承问题，但二轮延包后的"生不增死不减"使得目前我国的土地承包经营权事实上是可以继承的。这说明土地承包经营权亦存在界定不清的问题。更为重要的是，按照本书前文分析所述，从实践需要来看，农村土地承包经营权非但界定不清，甚至可以说存在重大缺陷，即没有区分家庭的承包经营权和家庭成员个人的承包经营权，而这已然导致了较为突出且日益突出的矛盾。

关于承包经营权或承包权的利益实现，时任农业部部长韩长赋在解读《关于完善农村土地所有权承包权经营权分置办法的意见》时指出，明确严格保护承包权，强调维护好承包农户使用、流转承包地的各项权益，任何组织和个人都不能取代农民家庭的土地承包地位，任何组织和个人都不得强迫或者限制其流转土地。同时根据形势发展需要，又赋予承包农户在抵押担保等方面更充分的土地权能。无论土地承包经营权如何流转，土地承包权都属于农户家庭（韩长赋，2016）。由此可以推出，农村土地承包经营权收益主要包括以下方面：一是农户承包并自己经营土地所获得的收益，在此情况下，土地承包权收益和土地经营权收益是合二为一的。二是土地流转的收益即农户承包土地后流转给其他经营者经营获得的流转费用。三是在承包地被依法征用时获得的补偿。对于承包者收益权，本书主张合理保障，而不可过于强化，所有者和经营者对承包者收益权的侵犯的确值得防范，但从农村土地集体所有权虚化的现状和承包者收益权过于强化可能影响土地流转和规模经营来考虑，承包者收益权不应被过度强化。而且，从要素贡献和参与价值创造的角度来看，承包权尤其是农村土地继承者的承包权的贡献要弱于所有权和经营权。当然，主张合理保障并非可以弱化，只有作为承包权人的农民的个体利益得到保障，农民集体的利益才能得到真正落实，农民才有动力推动土地流转与规模经营实现，才符合农村土地制度深化改革的初衷和目的。

4. 法律上明确土地经营权的次级用益物权性质

相较于虽仍未完全厘清但法律上已经明确定义为用益物权的承包经营权，刚刚创设的经营权则更为尴尬，其法律性质仍未明确，在法理学说上尚未达成通说，2018 年修改的《农村土地承包法》和 2020 年通过的《民法典》对土地经营权相关规定制度文本模糊复杂，不够决断，且缺乏系统性整合（刘锐，2022），二者都没有将土地经营权定性为用益物权（丁宇峰，付坚强，2021），这导致司法实践无所适从，制度尚停留在法律文本层面（刘锐，2022）。而且，即便在《民法典》颁布之后，关于土地经营权性质的分歧争论仍未平息，法学界至少有"物权债权二元说""债权说"和"物权说"三种观点（高圣平，2021）。本书认为，既然政策上已经明确农村土地权利的三权分置格局，且法律上已经予以认可并广为人知，那么继续争论经营权的创设是否适当已无意义，重要的是基于我们创设该权利的初衷完善提升立法技术在法律上明确经营权的性质，并就其内容、效力、取得、生效、变动、保护方式等作出明确规定。对于最为基础性的土地经营权的性质界定，目前来看，基于党中央放活土地经营权的政策目标和保障农民利益不受损的制度要求，和土地经营权系承包经营权之上所分离设定的法理现实，最为适当的是赋予土地经营权以次级用益物权定性。而关于土地经营权的内容、效力等内容，法学界专业人士已有大量论证，本书在此不予赘述。

土地经营权的利益实现取决于其权能范围。根据《关于完善农村土地所有权承包权经营权分置办法的意见》等的规定，农村土地经营权的权能包括"经过承包农户同意，经营主体可以依法依规改善土壤、提升地力、建设农业生产附属配套设施；还可以经承包农户同意，向农民集体备案后再流转给其他主体，或者依法依规设定抵押；流转土地被征收时，可以按照合同获得地上的附着物和青苗的补偿费"（韩长赋，2016）。结合当前农村生产经营活动实践和《民法典》《农村土地承包法》等法规政策对经营权权能界定，可知经营权收益主要包括如下方面：一是土地用于农业生产经营所获直接收益。二是粮食、良种、农机等各种惠农补贴收益。三是依法以流入土地到金融机构设定抵押获得资金用于生产经营所获新增收益。四是经原土地承包农户同意，并向农村集体经济组织正式备案后，再流转给其他经营主体获得的流转收益。五是流入的集体土地被征收时，按照流转合同获得征地方给予地上的附着物和青苗的补偿费。经营者是农村土地收益的直接创造者，经营者的积极性和效率决定了国家、所有者、承包者收益权的实现水平。三权分置改革的核心在于放活经营权，而只有经营者的收益权得到充分保障，经营者的积极性才可能充分激发。是故，经营者收益权必须通过加强立法规制、强化政府监管、规范土地流转等手段予以充分保障。

（三）创新农村集体经济组织体系架构和经营体制

具体而言，本书建议创新农村集体经济新的实现形式和运行机制，借鉴国有资产管理模式，建立"集体＋公司"的农村集体经济组织体系架构和经营体制。

毋庸讳言，作为微观小农户和现代农业之间的联结纽带，农村集体经济组织的地位不可或缺。而且，越来越多的实践困境和理论研究结论都表明，适度的集中化、组织化是我国农业和农村未来发展的必然趋势。因此，通过体制机制创新，发展壮大农村集体经济，具化农村集体经济组织载体，重塑农村集体经济组织，是我国农村基本经营制度改革的关键环节。

关于集体经济组织在农村基本经营制度改革中的作用发挥，有几个问题必须明确：第一，农村集体经济组织本体和其载体是两个不同事物。作为《民法典》确定的特别法人，农村集体经济组织不能像商主体那样承担破产等责任，不合适也无法像一般商主体一样运作；但农村集体经济组织可以发起成立一个或多个公司作为承担有限责任可破产的一般法人进行市场性经营活动。第二，农村集体经济组织本体不能公司化，因而与股份制、股份合作制不相容（柴瑞娟，2021），但其公司载体采用股份制或股份合作制等形式运作符合经济规律。第三，新时代背景下要发展的农村集体经济组织，从集体内部看其主要特征是：明晰的产权制度，有效的实现方式，灵活的组织经营形式和高效的治理模式；从外部环境看，还应有完备的政策支持体系。明晰的产权制度包括集体所有，管理层、村民或职工个人所有，法人机构所有在内的混合所有制；有效的实现方式包括股份合作制、股份制、发展基金等；灵活的组织经营形式内涵为：组织形式是村级资产管理公司，经营方式要由目前的土地、物业租赁等低级形式向农业产业化服务、高端服务业转型；高效的治理模式指"党支部（政治组织）—村委会（自治组织）—农村集体（经济组织）＋集体资产公司（经济组织）"三位一体的新型乡村治理模式；完备的政策支持体系主要指集体经济立法等。

1. 重塑农村集体经济组织体系架构

发展壮大农村集体经济，首要的是推动组织变革，重塑农村集体经济组织这个推进农业农村现代化的核心经济主体。事实证明，我国目前的农村集体经济发展模式是有重大缺陷的，集体主体不明，集体经济组织虚化，集体服务能力丧失，集体经济瓦解。迫切需要通过深化农村集体产权制度改革予以突破。改革开放始，农村集体经济发展问题始终是学界研究的热点问题，文献汗牛充栋，学者们的观点为本书提供了重要借鉴。法律上，《民法典》第二百六十八条规定，国家、集体和私人依法可以出资设立有限责任公司、股份有限公司或者其他企业。即集体设立公司作为商主体参与市场竞争，为法律允许并受法律保护。在此基础上，结合田野调查和农业部门访谈，本书提出，借鉴我国国有资产管理的经验，同时，吸取国有资产管理的教训，创新集体经济发展的组织形式，建立以"特别法人与一般法人结合、组织与载体分设、多种所有制股份合作"为特征的内生驱动＋市场竞争型的农村集体经济组织体系架构和经营体制。

2. 农村集体经济组织本体与载体分设

当前我国农村普遍存在党组织、自治组织和经济组织交叉重叠的情况，党支部、村委会和集体经济组织不分家，"三块牌子，一班人马"，甚至不少农村还存在集体经济组织没有建立的情况，更为普遍的情况则是村委会代行集体经济组织职能。其实，村委会作为村民自治机构，主要职能是农村社会治理，而且村委会也有着自己的利益诉求，其是否适合替代农村集体经济组织学者们和实践部门向来争论激烈，但在农村集体经济组织没有得到充分、规范发展的情况下，由村委会越俎代庖行使职能实属无奈之举。当然，即便是形式上存在集体经济组织的村庄，实践来看农村集体经济组织作用发挥充分的亦非常鲜见，原因在于农村集体经济组织本体与载体没有分设造成的运行障碍。故建议农村集体经济组织的体系设计和运营模式借鉴积累较多改革经验的国企资产管理的模式，参照国资委的机构设计逻辑和运行模式，建立"集体＋公司"的农村集体经济组织结构和经营体制，农村集体经济组织代表农民集体履行出资人职责并做好监管，本身不进行公司化改造，业务经营通过成立公司具体开展。而至于村委会和集体经济组织是否分设，需要澄清的是，组织分设和职能分设乃是两个不同问题，组织分设指村委会和集体经济组织是否设立两个相互独立的不同实体，而职能分设指其运作中其业务范围是否交叉。有学者指出，是否村经分设取决于集体资产的多寡，多则分设，少则合一（柴瑞娟，2021）。本书主张无论村集体资产状况丰贫与否，均要做到村经分设。即便是那些几无集体资产的农区村集体，由于党支部、村委会、村集体经济组织承担农民集体不同的职能，有不同的运作逻辑和管理体制，在机构上均应独立设置。是不是两块牌子、一套班子，甚至多块牌子、一套班子，要根据本集体的具体情况来定，但要坚持做到机构分设。

3. 将农村集体经济组织载体具体化为集体资产管理公司

本书建议建立"集体资产管理公司"作为农村集体经济组织的有效实现形式。理论上农村集体经济的实现形式有很多，包括乡镇（街）集体经济经营实体（如公司、联合社等）、村经济合作社、村股份经济合作社、自然村组经济实体以及新型联合组织如农民专业合作社、专业农场（庄）、其他合伙农村企业等。实践中，我国集体经济的实现形式经历了统一劳动经营和政社合一的集体经济、家庭经营基础上统分结合的集体经济和以家庭承包权为基础的合作经营的集体经济三个阶段（徐勇，赵德健，2015），新形势下也涌现出山东东平县土地股份合作等多种农村集体经济有效实现形式。从收益的角度来看，这种集体经济实现形式的阶段性变化体现的正是如何不断地优化农民的土地权利以及劳动付出与土地收益之间的系统关联，逐步建立它们之间的线性关系。

本书所倡导建立的"集体资产管理公司"具体构想如下：（1）"集体资产管理公司"的性质是农村集体经济组织在具化载体形式，代表农村集体经济组织履行集体资产经营职能。（2）"集体资产管理公司"的组织形式是公司法人，按照现代企业制度运作。（3）"集体资产管理公司"组织原则是：维护原有财产主体的利益，不"归大堆"；尊重大股东以外股东的意愿和选择，进入退出不搞强迫命令；坚持"民办、民管、民受益"，不搞行政干预；定位于搞好农业生产服务和农民生活服务，实现集体资产保值增值，发展壮大集体经济。（4）"集体资产管理公司"的主要资产是农民集体所有的各类土地（耕地、宅基地、集体公益设施建设用地、集体经营性建设用地、荒山、荒沟、荒丘、荒滩等集体未开发地），包括各类集体经营性资产如集体企业、集体所有对外租赁的楼宇等，还包括集体注册持有的商标、品牌等无形资产，以及社会主体以技术、资金、人力资本等入股形成的资产。（5）"集体资产管理公司"的所有制形式可以采取混合所有制，其大股东为农民集体经济组织，股东还包括本集体的村民个人以及本集体之外的自然人和法人，目的是借鉴我国国企改革和国有资产管理的改革逻辑和基本经验，有效解决产权不清、职责不明、管理混乱和缺乏活力等问题。(6) 集体资产管理公司的运行模式可以采用股份制或股份合作制，其既包括生产资料集体所有制下的集体股和集体发展基金，又包括私有制下的个人股如管理层股权、员工持股、募集社会股；管理人员包括村两委成员、职业经理人、村民代表、所在乡镇政府委派人员和第三方专业机构人员组成；在成员组成上村委会和资产管理公司的组成人员可交叉，但职能和账目分开。(7)"集体资产管理公司"只是农村集体经济的实现形式之一，而且其建立具有时间阶段性，在现有条件下需渐进分步实施，最终的集体资产管理公司也要根据区域发展市场化程度分类建立：传统型纯农业经济、亦城亦乡的工农结合型经济可建立包括集体股、管理层和员工或村民个人股在内的混合所有制基础上的股份合作制集体资产管理公司；城市社区集体经济可建立包括集体股、管理层和员工个人股、法人股在内的混合所有制基础上的股份制集体资产管理公司，或设立发展基金。

参 考 文 献

[1] 安晓宁，辛岭. 中国农业现代化发展的时空特征与区域非均衡性 [J]. 资源科学，2020 (9)：1801-1815.

[2] 白南生，李靖，陈晨. 子女外出务工、转移收入与农村老人农业劳动供给——基于安徽省劳动力输出集中地三个村的研究 [J]. 中国农村经济，2007 (10)：46-52.

[3] 拜茹. 适度规模经营何以可能？—基于农村老年人土地流转意愿的角度 [J]. 华中农业大学学报（社会科学版），2019 (2)：150-158，176.

[4] 波斯纳. 法律理论的前沿 [M]. 武欣，译. 北京：中国政法大学出版社，2003：6.

[5] 蔡昉. 刘易斯转折点后的农业发展政策选择 [J]. 中国农村经济，2008 (8)：4-15，33.

[6] 蔡昉. 中国人口与劳动问题报告 [J]. 中国人力资源开发，2012 (8)：26.

[7] 蔡键，黄颖. 改革开放以来农户经营规模扩大的阶段性特征与要素瓶颈分析：基于要素配置的研究视角 [J]. 江西财经大学学报，2020 (5)：92-102.

[8] 曹东勃. 适度规模：趋向一种稳态成长的农业模式 [J]. 中国农村观察，2013 (2)：29-36.

[9] 曹铁毅，周佳宁，邹伟. 规模化经营与农户农机服务选择——基于服务需求与供给的二维视角 [J]. 西北农林科技大学学报（社会科学版），2021 (4)：141-149.

[10] 柴瑞娟. 农村集体经济组织股份制或股份合作制改革之审视 [J]. 甘肃社会科学，2021 (4)：183-190.

[11] 畅红琴，董晓媛．中国农村劳动力外流对留守家庭成员时间分配的影响［J］．世界经济文汇，2009（4）：63 – 76.

[12] 陈斌开，马宁宁，王丹利．土地流转、农业生产率与农民收入［J］．世界经济，2020（10）：97 – 120.

[13] 陈慈，孙素芬．中国农业农村发展七十年：成就、经验与展望——中国农业经济学会第十次会员代表大会暨 2019 年学术研讨会综述［J］．农业经济问题，2020（1）：137 – 142.

[14] 陈飞，翟伟娟．农户行为视角下农地流转诱因及其福利效应研究［J］．经济研究，2015（10）：163 – 177.

[15] 陈浩天．基层政府公信力：惠农时期农村经济发展的政治逻辑［J］．经济体制改革，2011（5）：18 – 21.

[16] 陈江华，陈艳，罗明忠．农业机械应用对农村劳动力转移的影响——基于 CLDS 数据的分析［J］．农林经济管理学报，2021（3）：11.

[17] 陈江龙，曲福田，陈会广，等．土地登记与土地可持续利用——以农地为例［J］．中国人口·资源与环境，2003（5）：51 – 56.

[18] 陈杰，苏群．土地流转、土地生产率与规模经营［J］．农业技术经济，2017（1）：30 – 38.

[19] 陈洁，高韵哲，罗丹，等．耕地经营权流转对粮食生产的影响［J］．农村经营管理，2015（4）：28 – 30.

[20] 陈明．"集体"的生成与再造：农村土地集体所有制的政治逻辑解析［J］．学术月刊，2019（4）：84 – 93.

[21] 陈强．公共政策受益者满意度评价［J］．上海管理科学，2006（5）：55 – 57.

[22] 陈巧敏，李斯华，王利民，等．主要农作物生产全程机械化水平评价研究［J］．农机化研究，2017（1）：1 – 5，31.

[23] 陈锡文．从农村改革 40 年看乡村振兴战略的提出［J］．中国党政干部论坛，2018（4）：12 – 18.

[24] 陈小君．《农村土地承包法》2018 年修正版再解读［J］．中德法学论坛，2019（1）：29 – 44.

[25] 陈晓华．适应农业结构调整要求深化农村经营体制改革［J］．中

国农村经济，2000（12）：23－26.

[26] 陈秋分，孙炜琳，薛桂霞. 粮食适度经营规模的文献评述与理论思考 [J]. 中国土地科学，2015（5）：8－15.

[27] 陈治国，李成友，辛冲冲. 农户土地流转决策行为及其福利效应检验——基于 CHIP2013 数据的实证研究 [J]. 商业研究，2018（5）：169－177.

[28] 程必定. 中国的两类"三农"问题及新农村建设的一种思路 [J]. 中国农村经济，2011（8）：4－11.

[29] 程令国，张晔，刘志彪. 农地确权促进了中国农村土地的流转吗？ [J]. 管理世界，2016（1）：88－98.

[30] 程民选. 完善农村基本经营制度必须深化农村集体产权制度改革 [J]. 贵州大学学报（社会科学版），2019（6）：20－23.

[31] 程民选，徐灿琳. 对坚持和完善农村基本经营制度的新探索 [J]. 江西财经大学学报，2018（5）：71－78.

[32] 程民选，徐灿琳. 坚持和完善农村基本经营制度：新思考与新探索 [J]. 天府新论，2018（6）：121－128.

[33] 程秋萍. 哪一种适度规模？适度规模经营的社会学解释 [J]. 中国农业大学学报（社会科学版），2017（1）：69－82.

[34] 仇童伟，罗必良. 种植结构"趋粮化"的动因何在？——基于农地产权与要素配置的作用机理及实证研究 [J]. 中国农村经济，2018（2）：65－80.

[35] 戴维斯，诺思. 制度变迁的理论，财产权利与制度变迁 [M]. 刘守英，等译. 上海：上海三联书店，1994：296.

[36] 道格拉斯·C. 诺思，罗伯特·托马斯. 西方世界的兴起 [M]. 厉以平，等译. 北京：华夏出版社，1989.

[37] 道格拉斯·C. 诺斯. 制度、制度的变迁与经济绩效 [M]. 刘瑞华，译. 上海：格致出版社，1994.

[38] 邓小平文选（第二卷）[M]. 北京：人民出版社，1994.

[39] 第三期中国妇女社会地位调查课题组. 第三期中国妇女社会地位调查主要数据报告 [J]. 妇女研究论丛，2011（6）：5－15.

[40] 丁玲，钟涨宝. 农村土地承包经营权确权对土地流转的影响研究——来自湖北省土地确权的实证 [J]. 农业现代化研究，2017（3）：452－459.

[41] 董志勇，李成明．新中国70年农业经营体制改革历程、基本经验与政策走向 [J]．改革，2019 (10)：5-15．

[42] 豆书龙，萧子扬，胡卫卫．供销部门土地托管的复合型碎片化困境及治理——基于山东省平安县的案例分析 [J]．南京农业大学学报 (社会科学版)，2022 (3)：117-127．

[43] 杜国明，郭凯，于凤荣．黑龙江省垦区耕地利用功能转型与调控建议 [J]．农业现代化研究，2021 (4)：589-599．

[44] 杜涛，滕永忠，田建民，等．小农户合作生产影响因素实证分析 [J]．中国农业资源与区划，2019 (5)：134-140．

[45] 范红忠，周启良．农户土地种植面积与土地生产率的关系——基于中西部七县 (市) 农户的调查数据 [J]．中国人口·资源与环境，2014 (12)：38-45．

[46] 范建国，李平，陈志钢．"生不增、死不减"农地模式能兼顾公平吗——以贵州省调查数据为例 [J]．农业技术经济，2012 (6)：36-46．

[47] 付江涛，纪月清，胡浩．新一轮承包地确权登记颁证是否促进了农户的土地流转——来自江苏省3县 (市、区) 的经验证据 [J]．南京农业大学学报：(会科学版)，2016 (1)：105-113．

[48] 付明星．武汉农村综合产权交易所成立始末 [J]．武汉文史资料，2018 (10)：4-13．

[49] 盖庆恩，朱喜，程名望，等．土地资源配置不当与劳动生产率 [J]．经济研究，2017 (5)：119-132．

[50] 高辰颖．资本、劳动力、土地配置的结构效率分析 [J]．新疆师范大学学报 (哲学社会科学版)，2020 (5)：123-130．

[51] 高帆，赵祥慧．我国农地确权如何影响农户收入及其差距变动——基于CHFS数据的实证研究 [J]．学术研究，2021 (3)：86-91．

[52] 高晶晶，彭超，史清华．中国化肥高用量与小农户的施肥行为研究——基于1995—2016年全国农村固定观察点数据的发现 [J]．管理世界，2019 (10)：120-132．

[53] 高强，孔祥智．我国农业社会化服务体系演进轨迹与政策匹配：1978—2013年 [J]．改革，2013 (4)：5-18．

［54］高圣平．土地经营权的设权与赋权［N］．光明日报，2019 - 02 -
12（11）．

［55］高圣平．土地经营权登记规则研究［J］．比较法研究，2021
（4）：1 - 16．

［56］高维龙，李士梅，胡续楠．粮食产业高质量发展创新驱动机制分
析——基于全要素生产率时空演化视角［J］．当代经济管理，2021（11）：
53 - 64．

［57］耿卓．家户视角下的妇女土地权利保护［J］．法学，2016（1）：
115 - 124．

［58］公茂刚，王佳虹．农业补贴、"三权分置"与农户农业生产经营——
基于 CHFS 数据的实证分析［J］．统计与信息论坛，2021（1）：90 - 99．

［59］公茂刚，王天慧．农地"三权分置"改革对农业内生发展的影响
机制及实证检验［J］．经济体制改革，2020（1）：73 - 80．

［60］龚道广．农业社会化服务的一般理论及其对农户选择的应用分析
［J］．中国农村观察，2000（6）：25 - 34，78．

［61］顾晟景，周宏．生产性服务业对农业全要素生产率的影响研究——基
于中介效应的影响路径分析［J］．中国农业资源与区划，2022（3）：106 - 116．

［62］桂华．集体所有制下的地权配置原则与制度设置——中国农村土
地制度改革的反思与展望［J］．学术月刊，2017（2）：80 - 95．

［63］桂华．论地权制度安排与土地集体所有制实现——兼评"三权分
置"改革与《农村土地承包法》修订［J］．马克思主义研究，2017（6）：
72 - 81，160．

［64］桂华．农村人地关系重构与土地经营权放活——城镇化视野下的
制度选择［J］．学习与探索，2018（12）：68 - 80，205．

［65］郭欢欢．重庆市土地租赁户农作物选择机制及其对粮食安全的威
胁［J］．中国土地科学，2014（2）：37 - 43．

［66］郭如良，刘子玉，陈江华．农户兼业化、土地细碎化与农机社会
化服务——以江西省为例［J］．农业现代化研究，2020（1）：135 - 143．

［67］郭晓鸣，任永昌，廖祖君，等．农业大省农业劳动力老龄化的态
势、影响及应对——基于四川省 501 个农户的调查［J］．财经科学，2014

（4）：128 – 140.

［68］韩长赋．粮食安全问题始终是治国安邦的头等大事［EB/OL］．ht-tp：//www. kankanews. com/a/2018 – 03 – 05/0038358760. shtml，2018 – 03 – 05.

［69］韩长赋．中国农村土地制度改革［J］．农业经济问题，2019（1）：4 – 16.

［70］韩俊．我国社会主要矛盾变化与发展战略和政策完善［J］．经济研究，2017（12）：7 – 9.

［71］韩俊．新时代做好"三农"工作的新旗帜和总抓手［J］．求是，2018（5）：13 – 16.

［72］韩俊．以习近平总书记"三农"思想为根本遵循实施好乡村振兴战略［J］．管理世界，2018（8）：1 – 10.

［73］韩鹏云．农业规模经营的实践逻辑及其反思［J］．农村经济，2020（4）：17 – 25.

［74］韩庆龄．村社统筹：小农户与现代农业有机衔接的组织机制［J］．南京农业大学学报（社会科学版），2020（3）：34 – 43.

［75］韩啸，张安录，朱巧娴，等．土地流转与农民收入增长、农户最优经营规模研究——以湖北、江西山地丘陵区为例［J］．农业现代化研究，2015（3）：368 – 373.

［76］韩旭东，王若男，杨慧莲，等．土地细碎化、土地流转与农业生产效率——基于全国2745个农户调研样本的实证分析［J］．西北农林科技大学学报（社会科学版），2020（5）：143 – 153.

［77］韩旭东，杨慧莲，王若男，等．土地规模化经营能否促进农业社会化服务获取？——基于全国3类农户样本的实证分析［J］．农业现代化研究，2020（2）：245 – 254.

［78］何雷，晋鼎明．从合作博弈到激励相容：公私部门合作治理的主体关系［J］．中州学刊，2021（8）：97 – 100.

［79］何一鸣，陈梦．农地剩余索取权管制放松与中国农业经济增长：1990—2017年［J］．农林经济管理学报，2019（3）：385 – 394.

［80］洪名勇．论马克思的土地产权理论［J］．经济学家，1998（1）：28 – 33.

[81] 洪炜杰. 外包服务市场的发育如何影响农地流转？——以水稻收割环节为例 [J]. 南京农业大学学报（社会科学版），2019，19（4）：95 - 105，159.

[82] 洪银兴，刘伟，高培勇，等. "习近平新时代中国特色社会主义经济思想"笔谈 [J]. 中国社会科学，2018（9）：4 - 73，204 - 205.

[83] 胡雯，张锦华，陈昭玖. 农地产权、要素配置与农户投资激励："短期化"抑或"长期化"？[J]. 财经研究，2020，46（2）：111 - 128.

[84] 胡新艳，罗必良. 新一轮农地确权与促进流转：粤赣证据 [J]. 改革，2016（4）：85 - 94.

[85] 胡祎，张正河. 农机服务对小麦生产技术效率有影响吗？[J]. 中国农村经济，2018（5）：68 - 83.

[86] 胡亦琴. 农村土地市场化进程中的政府规制研究 [M]. 北京：经济管理出版社，2013.

[87] 扈映. 新型农村双层经营体制：主要特征及实现机制 [J]. 治理研究，2020（1）：114 - 120.

[88] 化田田. 浅谈我国农村基本经营制度发展 [J]. 农村经济与科技，2019（1）：234 - 235.

[89] 黄斌，高强. 农地确权对农机社会化服务的影响——来自黄淮海农区的经验证据 [J]. 资源科学，2021（6）：1115 - 1127.

[90] 黄大勇. 农业机械化服务对家庭农场的作用机理——一个理论分析框架 [J]. 吉首大学学报（社会科学版），2020（5）：72 - 79.

[91] 黄河清. 农业适度规模经营问题综述 [J]. 农业经济问题，1986（7）：27 - 29.

[92] 黄季焜，冀县卿. 农地使用权确权与农户对农地的长期投资 [J]. 管理世界，2012（9）：76 - 81，99，187 - 188.

[93] 黄群慧，常耀中. 企业技术创新的剩余索取权激励研究：以电子信息产业为例 [J]. 经济与管理，2014（5）：61 - 67.

[94] 黄少安. 改革开放40年中国农村发展战略的阶段性演变及其理论总结 [J]. 经济研究，2018（12）：4 - 19.

[95] 黄少安. 经济学研究重心的转移与"合作"经济学构想——对创

建"中国经济学"的思考［J］．经济研究，2000（5）：60-67．

［96］黄少安．立足中国文化和现实创建"合作"的经济学［J］．山东大学学报（哲学社会科学版），1999（3）：16-18．

［97］黄少安，孙圣民，官明波．中国土地产权制度对农业经济增长的影响——对1949—1978年中国大陆农业生产效率的实证分析［J］．中国社会科学，2005（3）：38-47，205-206．

［98］黄少安，韦倩．合作行为与合作经济学：一个理论分析框架［J］．经济理论与经济管理，2011（2）：5-16．

［99］黄宗智，彭玉生．三大历史性变迁的交汇与中国小规模农业的前景［J］．中国社会科学，2007（4）：74-88，205-206．

［100］黄祖辉．改革开放四十年：中国农业产业组织的变革与前瞻［J］．农业经济问题，2018（11）：61-69．

［101］冀名峰．学习习近平总书记重要论述推进现代农业经营体系建设［J］．农村经营管理，2019（12）：15-19．

［102］冀县卿．改革开放后中国农地产权结构变迁与制度绩效：理论与实证分析［M］．北京：中国农业出版社，2011．

［103］冀县卿，钱忠好．剩余索取权、剩余控制权与中国农业阶段性增长［J］．江海学刊，2009（1）：106-111，238-239．

［104］简新华．中国土地私有化辨析［J］．当代经济研究，2013（1）：17-25，91，93．

［105］姜长云．着力发展面向农业的生产性服务业［J］．宏观经济管理，2010（9）：38-39．

［106］姜国栋．稳定和完善农村双层经营体制的辨证思考［J］．中国农村经济，1991（11）：35-38．

［107］姜美善，米运生．农地确权对小农户信贷可得性的影响——基于双稳健估计方法的平均处理效应分析［J］．中国农业大学学报，2020（4）：192-204．

［108］姜松，曹峥林，刘晗．农业社会化服务对土地适度规模经营影响及比较研究——基于CHIP微观数据的实证［J］．农业技术经济，2016（11）：4-13．

[109] 蒋培. 新冠肺炎疫情对农村地区的影响及其应对 [J]. 世界农业, 2020 (9)：110 - 119.

[110] 蒋永穆. 中国农村改革 40 年的基本经验："四个始终坚持" [J]. 政治经济学评论, 2018 (6)：87 - 94.

[111] 金三林, 曹丹丘, 林晓莉. 从城乡二元到城乡融合——新中国成立 70 年来城乡关系的演进及启示 [J]. 经济纵横, 2019 (8)：13 - 19.

[112] 靳相木. 中国乡村地权变迁的法经济学研究 [M]. 北京：中国社会科学出版社, 2005.

[113] 康晨, 刘家成, 徐志刚. 农业生产外包服务对农村土地流转租金的影响 [J]. 中国农村经济, 2020 (9)：105 - 123.

[114] 孔祥智. 把准新时代创新农村双层经营体制的核心 [J]. 农村经营管理, 2018 (11)：8 - 9.

[115] 孔祥智. 贯彻落实好新时代党的"三农"政策 [J]. 红旗文稿, 2022 (9)：37 - 39.

[116] 孔祥智, 楼栋, 何安华. 建立新型农业社会化服务体系：必要性、模式选择和对策建议 [J]. 教学与研究, 2012 (1)：39 - 46.

[117] 孔祥智. 新型农业经营主体重塑新时代中国农业发展格局——评《中国新型农业经营主体发展的逻辑：内在机制与实践案例》[J]. 农林经济管理学报, 2020 (6)：779 - 780.

[118] 匡远配, 彭鼎. 要素结构配置的阶段变化与农业机械化发展探讨 [J]. 湖南农业大学学报 (社会科学版), 2021 (4)：24 - 31.

[119] 雷明, 于莎莎, 何琳. 治理视域下全面乡村振兴的制度建设 [J]. 行政管理改革, 2022 (6)：30 - 38.

[120] 黎霆, 赵阳, 辛贤. 当前农地流转的基本特征及影响因素分析 [J]. 中国农村经济, 2009 (10)：4 - 11.

[121] 李超, 李韬. 土地经营权抵押响应对农户土地转出行为的影响——来自宁夏回族自治区农地产权抵押试点区的证据 [J]. 农业技术经济, 2021 (3)：94 - 104.

[122] 李春香. 农村土地制度创新模式绩效评价与比较 [J]. 统计与决策, 2020 (19)：177 - 180.

［123］李功奎，钟甫宁．农地细碎化、劳动力利用与农民收入——基于江苏省经济欠发达地区的实证研究［J］．中国农村经济，2006（4）：42 –48．

［124］李谷成，李烨阳，周晓时．农业机械化、劳动力转移与农民收入增长——孰因孰果？［J］．中国农村经济，2018（11）：112 –127．

［125］李锦华，熊义柏．为盘活"三农"资源搭台——武汉农村综合产权交易所发展纪实［J］．农村工作通讯，2013（21）：13 –15．

［126］李俊鹏，冯中朝，吴清华．农业劳动力老龄化与中国粮食生产——基于劳动增强型生产函数分析［J］．农业技术经济，2018（8）：26 –34．

［127］李克乐，杨宏力．劳动力转移、土地流转和溢出效应对农户种植结构的影响［J］．湖南科技大学学报（社会科学版），2021（5）：77 –89．

［128］李立朋，李桦，丁秀玲．林业生产性服务能促进农户林地规模经营吗？［J］．中国人口·资源与环境，2020（3）：143 –152．

［129］李旻，赵连阁．农业劳动力"老龄化"现象及其对农业生产的影响——基于辽宁省的实证分析［J］．农业经济问题，2009（10）：12 –18，110．

［130］李宁，何文剑，仇童伟，等．农地产权结构、生产要素效率与农业绩效［J］．管理世界，2017（3）：44 –62．

［131］李宁，汪险生，王舒娟，等．自购还是外包：农地确权如何影响农户的农业机械化选择？［J］．中国农村经济，2019（6）：54 –75．

［132］李宁，周琦宇，汪险生．新型农业经营主体的角色转变研究：以农机服务对农地经营规模的影响为切入点［J］．中国农村经济，2020（7）：40 –58．

［133］李琴，李怡，郝淑君．农地适度规模经营的分类估计——基于不同地形下不同地区的测算［J］．农林经济管理学报，2019（1）：101 –109．

［134］李琴，孙良媛．家庭成员外出务工对农村老年人劳动供给的影响——基于"替代效应"和"收入效应"［J］．学术研究，2011（4）：85 –89，160．

［135］李庆海，李锐，王兆华．农户土地租赁行为及其福利效果［J］．经济学（季刊），2012（1）：269 –288．

［136］李尚蒲．农村基本经营制度：在稳定的前提下不断完善——"中

国农村基本经营制度学术研讨会"综述 [J]. 中国农村经济，2013 (4)：92 - 95.

[137] 李世茂. 新型农业经营主体培育下农户土地流转意愿实证研究 [J]. 知识经济，2015 (14)：10, 12.

[138] 李文明，罗丹，陈洁，等. 农业适度规模经营：规模效益、产出水平与生产成本——基于 1552 个水稻种植户的调查数据 [J]. 中国农村经济，2015 (3)：4 - 17, 43.

[139] 李先悠，郭桂琴. 农民专业合作社建设的出路与农业社会化服务体系建设 [J]. 江西农业，2017 (9)：103.

[140] 李显刚. 现代农机专业合作社是创新农业经营主体的成功探索 [J]. 农业经济问题，2013 (9)：25 - 29.

[141] 李翔，杨柳. 华东地区农业全要素生产率增长的实证分析——基于随机前沿生产函数模型 [J]. 华中农业大学学报（社会科学版），2018 (6)：62 - 68, 154.

[142] 李哲，李梦娜. 新一轮农地确权影响农户收入吗？——基于 CHARLS 的实证分析 [J]. 经济问题探索，2018 (8)：186 - 194.

[143] 李正中. 重建农村基本经营管理制度 [J]. 中国农村经济，1998 (9)：63 - 65.

[144] 李中. 农村土地流转与农民收入——基于湖南邵阳市跟踪调研数据的研究 [J]. 经济地理，2013 (5)：144 - 149.

[145] 梁国亮，朱劲涵. 对农业现代化道路中"统"的再认识 [J]. 天府新论，2019 (6)：103 - 109.

[146] 梁虎，罗剑朝. 农地抵押贷款参与、农户增收与家庭劳动力转移 [J]. 改革，2019 (3)：106 - 117.

[147] 梁虎，罗剑朝，张珩. 农地抵押贷款借贷行为对农户收入的影响——基于 PSM 模型的计量分析 [J]. 农业技术经济，2017 (10)：106 - 118.

[148] 梁荣. 农业产业化与农业现代化 [J]. 中国农村观察，2000 (2)：44 - 49.

[149] 林善浪. 农村土地规模经营的效率评价 [J]. 当代经济研究，2000 (2)：37 - 43.

［150］林文声，秦明，苏毅清，等．新一轮农地确权何以影响农地流转？——来自中国健康与养老追踪调查的证据［J］．中国农村经济，2017（7）：29－43．

［151］林文声，王志刚，王美阳．农地确权、要素配置与农业生产效率——基于中国劳动力动态调查的实证分析［J］．中国农村经济，2018（8）：64－82．

［152］林毅夫．制度、技术与中国农业发展［M］．上海：上海人民出版社，2010．

［153］林毅夫．中国农村改革与农业增长［M］．上海：上海人民出版社，1994．

［154］刘超，朱满德，陈其兰．农业机械化对我国粮食生产的影响：产出效应、结构效应和外溢效应［J］．农业现代化研究，2018（4）：591－600．

［155］刘成，唐晶，喻璨聪，等．我国农机服务投入对粮食生产技术效率的影响——基于不同土地规模视角［J］．中国农机化学报，2021（4）：205－210．

［156］刘恩东，姜昱峰．党员干部如何胸怀"两个大局"——深入学习贯彻十九届六中全会精神系列党课［J］．党课参考，2022（9）：44－61．

［157］刘凤芹．中国农业土地经营的规模研究——小块农地经营的案例分析［J］．财经问题研究，2003（10）：60－65．

［158］刘继兵．农业剩余劳动力转移、农民收入与农村经济增长——基于湖北省农业剩余劳动力变动的实证分析［J］．湖北社会科学，2005（10）：44－47．

［159］刘家成，钟甫宁，徐志刚，等．劳动分工视角下农户生产环节外包行为异质性与成因［J］．农业技术经济，2019（7）：4－14．

［160］刘俊杰，张龙耀，王梦珺，等．农村土地产权制度改革对农民收入的影响——来自山东枣庄的初步证据［J］．农业经济问题，2015（6）：51－58，111．

［161］刘强，杨万江．农户行为视角下农业生产性服务对土地规模经营的影响［J］．中国农业大学学报，2016（9）：188－197．

［162］刘琴．土地流转制度下粮食主产区粮食生产问题研究［J］．生态

经济, 2014 (4): 75 - 77.

[163] 刘锐. 基于乡村振兴的承包地制度供给研究 [J]. 中共中央党校 (国家行政学院) 学报, 2022 (1): 87 - 94.

[164] 刘守英. 土地制度与中国发展 [M]. 北京: 中国人民大学出版社, 2018.

[165] 刘同山, 孔祥智. 土地规模经营的实现形式及其比较 [J]. 现代管理科学, 2013 (6): 3 - 5.

[166] 刘歆立. 制约我国土地集中性流转的若干因素分析 [J]. 湖北农业科学, 2010 (10): 2597 - 2600.

[167] 卢华, 胡浩. 土地细碎化增加农业生产成本了吗? ——来自江苏省的微观调查 [J]. 经济评论, 2015 (5): 129 - 140.

[168] 卢现祥. 新制度经济学 [M]. 湖北: 武汉大学出版社, 2004.

[169] 卢新海, 望萌. 农用地流转的武汉模式研究——基于武汉农村综合产权交易所的启示 [J]. 农林经济管理学报, 2014 (3): 244 - 251.

[170] 芦千文, 吕之望, 李军. 为什么中国农户更愿意购买农机作业服务——基于对中日两国农户农机使用方式变迁的考察 [J]. 农业经济问题, 2019 (1): 113 - 124.

[171] 芦千文, 杨义武. 农村集体产权制度改革是否壮大了农村集体经济——基于中国乡村振兴调查数据的实证检验 [J]. 中国农村经济, 2022 (3): 84 - 103.

[172] 陆文荣, 段瑶, 卢汉龙. 家庭农场: 基于村庄内部的适度规模经营实践 [J]. 中国农业大学学报 (社会科学版), 2014 (3): 95 - 105.

[173] 吕雍琪, 张宗毅, 张萌. 农业机械化对中国种植业贡献率研究 [J]. 农业现代化研究, 2021 (4): 675 - 683.

[174] 罗必良, 洪炜杰. 农地确权与农户要素配置的逻辑 [J]. 农村经济, 2020 (1): 1 - 7.

[175] 罗必良, 胡新艳. 农业经营方式转型: 已有试验及努力方向 [J]. 农村经济, 2016 (1): 3 - 13.

[176] 罗必良. 加强社会化服务促进小农户与现代农业有机衔接 [J]. 中国乡村发现, 2019 (2).

［177］罗必良，李尚蒲．论农业经营制度变革及拓展方向［J］．农业技术经济，2018（1）：4 – 16.

［178］罗必良，李玉勤．农业经营制度：制度底线、性质辨识与创新空间——基于"农村家庭经营制度研讨会"的思考［J］．农业经济问题，2014（1）：8 – 18.

［179］罗必良，凌莎，钟文晶．制度的有效性评价：理论框架与实证检验——以家庭承包经营制度为例［J］．江海学刊，2014（5）：70 – 78，238.

［180］罗必良．论服务规模经营——从纵向分工到横向分工及连片专业化［J］．中国农村经济，2017（11）：2 – 16.

［181］罗必良．农地经营规模的效率决定［J］．中国农村观察，2000（5）：18 – 24.

［182］罗必良，张露，仇童伟．小农的种粮逻辑——40 年来中国农业种植结构的转变与未来策略［J］．南方经济，2018（8）：1 – 28.

［183］罗明忠，王盼盼，陈江华．农地确权对农户参与土地合作的影响［J］．农村经济，2018（3）：31 – 36.

［184］罗锡文，廖娟，胡炼，等．提高农业机械化水平促进农业可持续发展［J］．农业工程学报，2016（1）：1 – 11.

［185］罗玉辉．新中国成立 70 年农村土地制度改革的历史经验与未来思考［J］．经济学家，2020（2）：111 – 118.

［186］马克思．资本论（第 3 卷）［M］．北京：人民出版社，1975：853.

［187］马彦丽．农地股份合作社的固定租金契约优于分成契约——兼论农地股份合作社的功能定位和发展空间［J］．农业经济问题，2019（3）：108 – 120.

［188］毛锦凰．乡村振兴评价指标体系构建方法的改进及其实证研究［J］．兰州大学学报（社会科学版），2021（3）：47 – 58.

［189］毛明洁．扶持发展新型农业经营主体若干思考［J］．农业经济，2015（11）：13 – 15.

［190］毛泽东．论联合政府 毛泽东选集（第三卷）［M］．北京：人民出版社，1991.

［191］冒佩华，徐骥，贺小丹，等．农地经营权流转与农民劳动生产率

提高：理论与实证 [J]. 经济研究，2015（11）：161－176.

[192] 冒佩华，徐骥. 农地制度、土地经营权流转与农民收入增长 [J]. 管理世界，2015（5）：63－74.

[193] 米运生，罗必良，徐俊丽. 坚持、落实、完善：中国农地集体所有权的变革逻辑——演变、现状与展望 [J]. 经济学家，2020（1）：98－109.

[194] 米运生，罗必良，曾泽莹. 农村基本经营制度改革：中心线索、重点变迁与路径取向 [J]. 江海学刊，2015（2）：67－74，238.

[195] 米运生，石晓敏，廖祥乐. 农地确权、信贷配给释缓与农村金融的深度发展 [J]. 经济理论与经济管理，2018（7）：63－73.

[196] 米运生，杨天健，黄斯韬. 产品异质性与农地确权的投资激励——基于9省农户的随机抽样数据分析 [J]. 农林经济管理学报，2019（2）：143－151.

[197] 苗娟. 关于小岗村经济发展的调查报告 [D]. 合肥：安徽农业大学，2014.

[198] 闵杰，王茜，孙婧琦. 乡村振兴背景下的黑龙江农村妇女土地权益——基于社会性别视角 [J]. 山东女子学院学报，2020（3）.

[199] 倪国华，蔡昉. 农户究竟需要多大的农地经营规模？——农地经营规模决策图谱研究 [J]. 经济研究，2015（3）：159－171.

[200] 倪鹏飞，颜银根，张安全. 城市化滞后之谜：基于国际贸易的解释 [J]. 中国社会科学，2014（7）：107－124，206－207.

[201] 聂良鹏，宁堂原，陈传军，等. 土地流转对粮食安全的影响与对策 [J]. 山东农业大学学报（社会科学版），2013（2）：65－70.

[202] 宁静，殷浩栋，汪三贵. 土地确权是否具有益贫性？——基于贫困地区调查数据的实证分析 [J]. 农业经济问题，2018（9）：118－127.

[203] "农村土地问题立法研究"课题组. 农村土地法律制度运行的现实考察——对我国10个省调查的总报告 [J]. 法商研究，2010（1）.

[204] 庞新军，况云武，龚晓红. 交易成本、土地流转与收入增长关系的实证研究 [J]. 统计与决策，2014（13）：120－123.

[205] 彭超，张琛. 农业机械化对农户粮食生产效率的影响 [J]. 华南

农业大学学报（社会科学版），2020（5）：93－102.

[206] 彭代彦，吴翔. 中国农业技术效率与全要素生产率研究——基于农村劳动力结构变化的视角 [J]. 经济学家，2013（9）：68－76.

[207] 彭海红. 中国农村改革 40 年的基本经验 [J]. 中国农村经济，2018（10）：107－118.

[208] 彭继权. 土地流转会降低农业的生产成本吗？——基于湖北 1120个农户的实证分析 [J]. 农林经济管理学报，2021（3）：366－375.

[209] 彭柳林，池泽新，付江凡，等. 劳动力老龄化背景下农机作业服务与农业科技培训对粮食生产的调节效应研究——基于江西省的微观调查数据 [J]. 农业技术经济，2019（9）：91－104.

[210] 钱龙，高强，方师乐. 家庭自有农机如何影响土地流转？——基于 CFPS 的实证分析 [J]. 中国农业大学学报，2021（6）：219－230.

[211] 钱龙，洪名勇. 非农就业、土地流转与农业生产效率变化——基于 CFPS 的实证分析 [J]. 中国农村经济，2016（12）：2－16.

[212] 钱龙，刘景景，陈方丽. 农地细碎化经营对粮食种植结构的影响——基于农业部农村固定观察点的微观实证 [J]. 农林经济管理学报，2018（2）：150－158.

[213] 钱龙，袁航，刘景景，等. 非农就业、农地流转与粮食种植结构调整——基于固定观察点农户层面的微观实证 [J]. 农业现代化研究，2018（5）：789－797.

[214] 钱忠好. 农村土地承包经营权产权残缺与市场流转困境：理论与政策分析 [J]. 管理世界，2002（6）：35－45，154－155.

[215] 乔坤元，周黎安，刘冲. 中期排名、晋升激励与当期绩效：关于官员动态锦标赛的一项实证研究 [J]. 经济学报，2014（3）：84－106.

[216] 卿秋艳. 农村土地抛荒问题影响因素及对策探讨——基于湖南郴州龙海村的调查 [J]. 山东农业大学学报（社会科学版），2010（2）：50－54.

[217] 邱海兰，唐超. 劳动力非农转移对农机外包服务投资影响的异质性分析 [J]. 农林经济管理学报，2020（6）：690－698.

[218] 任治君. 中国农业规模经营的制约 [J]. 经济研究，1995（6）：54－58.

[219] 阮文彪. 小农户和现代农业发展有机衔接——经验证据、突出矛盾与路径选择 [J]. 中国农村观察, 2019 (1): 17 – 34.

[220] 尚旭东, 朱守银. 家庭农场和专业农户大规模农地的"非家庭经营": 行为逻辑, 经营成效与政策偏离 [J]. 中国农村经济, 2015 (12): 4 – 13.

[221] 邵海鹏. 土地流转大户众生相: 新型农业经营主体初长成 [N]. 第一财经日报, 2014 – 11 – 28.

[222] 盛洪. 合约重要: 一种对历史的更好解释 [J]. 学术界, 2018 (3): 20 – 35, 274 – 275.

[223] 石晓平, 郎海如. 农地经营规模与农业生产率研究综述 [J]. 南京农业大学学报 (社会科学版), 2013 (2): 1, 10 – 11.

[224] 石莹, 赵昊鲁. 从马克思主义土地所有权分离理论看中国农村土地产权之争——对土地"公有"还是"私有"的经济史分析 [J]. 经济评论, 2007 (2): 46 – 50.

[225] 史常亮, 占鹏, 朱俊峰. 土地流转、要素配置与农业生产效率改进 [J]. 中国土地科学, 2020 (3): 49 – 57.

[226] 舒尔茨. 制度与人的经济价值的不断提高 [M]. 上海: 上海三联出版社, 1991.

[227] 司瑞石, 陆迁, 张强强, 等. 土地流转对农户生产社会化服务需求的影响——基于 PSM 模型的实证分析 [J]. 资源科学, 2018 (9): 1762 – 1772.

[228] 宋莉莉, 张琳, 杨艳涛, 等. 新型冠状病毒肺炎疫情对我国粮食产业的影响分析 [J]. 中国农业科技导报, 2020 (6): 12 – 16.

[229] 宋小亮, 张立中. 什么是农业适度规模经营——兼论与土地适度规模经营的关系 [J]. 理论月刊, 2016 (3): 156 – 161.

[230] 速水佑次郎. 发展经济学: 从贫困到富裕 [M]. 北京: 社会科学文献出版社, 2002.

[231] 孙顶强, 卢宇桐, 田旭. 生产性服务对中国水稻生产技术效率的影响——基于吉、浙、湘、川 4 省微观调查数据的实证分析 [J]. 中国农村经济, 2016 (8): 70 – 81.

[232] 孙明扬. 中国农村的"老人农业"及其社会功能 [J]. 南京农

业大学学报（社会科学版），2020（3）：79-89.

[233] 孙侠，宁可，蔡颖萍，等.家庭农场资源禀赋对农机服务购买行为影响研究——基于三省调研数据［J］.世界农业，2021（3）：36-45.

[234] 孙新华.农业经营主体：类型比较与路径选择——以全员生产效率为中心［J］.经济与管理研究，2013（12）：59-66.

[235] 孙新华.统分结合双层经营的地权基础［J］.人文杂志，2020（8）：50-58.

[236] 孙研，何倩.空间视角下农业经营模式选择的差异研究——基于省级面板数据的实证分析［J］.西安财经学院学报，2019（5）：90-96.

[237] 唐轲，王建英，陈志钢.农户耕地经营规模对粮食单产和生产成本的影响——基于跨时期和地区的实证研究［J］.管理世界，2017（5）：79-91.

[238] 唐土红.公信政府何以可能——行政伦理之于政府公信力的功能探析［J］.伦理学研究，2016（3）：88-92.

[239] 唐忠.改革开放以来我国农村基本经营制度的变迁［J］.中国人民大学学报，2018（3）：26-35.

[240] 田传浩，方丽.土地调整与农地租赁市场：基于数量和质量的双重视角［J］.经济研究，2013（2）：111-122.

[241] 田伟，肖融，谢丹.国外农场适度规模机理的经验研究［J］.农业技术经济，2016（5）：122-128.

[242] 佟大建，黄武.社会经济地位差异、推广服务获取与农业技术扩散［J］.中国农村经济，2018（11）：128-143.

[243] 佟光霁，李伟峰.新型农业经营主体生产效率比较研究——以4省玉米种植经营主体为例［J］.东岳论丛，2022（4）：140-147.

[244] 万广华，程恩江.规模经济、土地细碎化与我国的粮食生产［J］.中国农村观察，1996（3）：31-36.

[245] 万晶晶，钟涨宝.非农就业、农业生产服务外包与农户农地流转行为［J］.长江流域资源与环境，2020（10）：2307-2322.

[246] 汪东升.构建我国农地产权单嗣继承制何以可能［J］.江汉论坛，2017（9）：37-43.

[247] 汪薇，刘彩霞.武汉农村综合产权交易所的经验与启示［J］.科

技创业月刊，2010（7）：24－25．

[248] 王光海，谢保鹏，陈英，裴婷婷．农地产权权能强度对农户农地转出的影响——基于交易成本的中介效应分析 [J]．世界农业，2022（5）：83－94．

[249] 王骏，刘畅．我国农村基本经营制度的历史进程与基本启示 [J]．农村经济，2018（3）：25－30．

[250] 王立胜，张弛．不断完善农村基本经营制度：乡村振兴战略的制度基础 [J]．理论学刊，2020（2）：2，53－59．

[251] 王嫚嫚，刘颖，陈实．规模报酬、产出利润与生产成本视角下的农业适度规模经营——基于江汉平原354个水稻种植户的研究 [J]．农业技术经济，2017（4）：83－94．

[252] 王梅．丘陵山区农机化与乡村产业振兴 [J]．山东农机化，2020（3）：20－21．

[253] 王欧，唐轲，郑华懋．农业机械对劳动力替代强度和粮食产出的影响 [J]．中国农村经济，2016（12）：46－59．

[254] 王平，王琴梅．农业供给侧结构性改革的区域能力差异及其改善 [J]．经济学家，2017（4）：89－96．

[255] 王舒娟，马俊凯，李宁．农地经营规模如何影响农户的农业机械化选择？[J]．农村经济，2021（4）：111－118．

[256] 王文龙．中国农业经营主体培育政策反思及其调整建议 [J]．经济学家，2017（1）：55－61．

[257] 王西玉．在家庭经营基础上深化农地制度改革——关于建立适应市场经济的农地制度的思考 [J]．中国农村经济，1999（1）．

[258] 王小映，王得坤．婚嫁妇女土地承包经营权的"权户分离"与权益保护 [J]．农村经济，2018（11）．

[259] 王翌秋，陈玉珠．劳动力外出务工对农户种植结构的影响研究——基于江苏和河南的调查数据 [J]．农业经济问题，2016（2）：41－48，111．

[260] 王勇，陈印军，易小燕，等．耕地流转中的"非粮化"问题与对策建议 [J]．中国农业资源与区划，2011（4）：13－16．

[261] 王宇．关于农村承包土地流转相关问题的探究 [J]．农民致富之

友，2019（2）：236.

［262］王钊，刘晗，曹峥林．农业社会化服务需求分析——基于重庆市
191 户农户的样本调查［J］．农业技术经济，2015（9）：17 – 26.

［263］韦倩．强互惠行为与人类合作的演进：拓展与创新［J］．理论学
刊，2016（3）：118 – 124.

［264］温铁军．中国农村基本经济制度研究——"三农问题"的世纪
反思［M］．北京：中国经济出版社，2000.

［265］温忠麟，叶宝娟．中介效应分析：方法和模型发展［J］．心理科
学进展，2014（5）：731 – 745.

［266］文贯中．中国现有土地制度改革［J］．经济资料译丛，2016
（3）：1 – 8.

［267］闻言．新时代"三农"工作的行动纲领和根本遵循［N］．人民
日报，2022 – 07 – 12.

［268］吴庭美．一剂必不可少的补药——凤阳县梨园公社小岗生产队
"包干到户"的调查［J］．农村工作通讯，2003（3）：50 – 53.

［269］吴玉锋．农村社会资本与参保决策研究［D］．武汉：华中科技
大学，2012.

［270］吴振方．农业适度规模经营：缘由、路径与前景［J］．农村经
济，2019（1）：29 – 36.

［271］武汉市农业农村局．武汉农交所融资额 9 年增长近 6 倍［EB/
OL］．http：//nyncj. wuhan. gov. cn/xwzx _25/whsn/202208/t20220805 _2018688.
html.

［272］武舜臣，宦梅丽，马婕．服务外包程度与粮食生产效率提升：农
机作业外包更具优势吗？［J］．当代经济管理，2021（3）：49 – 56.

［273］习近平．把乡村振兴战略作为新时代"三农"工作总抓手［J］．
当代江西，2019（6）：9 – 12.

［274］习近平．在中央农村工作会议上的讲话［N］．人民日报，2013 –
12 – 23.

［275］席晓剑．农业现代化：土地规模化与服务规模化并进［J］．乡村
科技，2016（10）：4.

[276] 席志国. 论宅基地"三权"分置的法理基础及权利配置——以乡村矛盾预防与纠纷化解为视角 [J]. 行政管理改革, 2022 (3): 69 - 79.

[277] 乡村科技编辑部. 农业现代化: 土地规模化与服务规模化并进 [J]. 乡村科技, 2016 (10): 4.

[278] 向玲. 探讨农村土地"三权分置"与新型农业经营主体培育 [J]. 中国外资, 2019 (20): 56 - 57.

[279] 肖鹏. 承包期届满的自动续期制度研究——"第二轮土地承包到期后再延长 30 年"的法律表达 [J]. 中国农业大学学报 (社会科学版), 2018 (6): 79 - 86.

[280] 谢地, 李梓旗. "三权分置"背景下农村土地规模经营与服务规模经营协调性研究 [J]. 经济学家, 2021 (6): 121 - 128.

[281] 谢琳, 钟文晶. 规模经营、社会化分工与深化逻辑——基于"农业共营制"的案例研究 [J]. 学术研究, 2016 (8): 101 - 106, 177 - 178.

[282] 辛刚, 当前农村土地流转对农民的影响分析 [J]. 办公室业务, 2019 (2): 2.

[283] 辛良杰, 李秀彬, 朱会义, 等. 农户土地规模与生产率的关系及其解释的印证——以吉林省为例 [J]. 地理研究, 2009 (5): 1276 - 1284.

[284] 徐晶, 张正峰. 农机社会化服务对农地流转的影响 [J]. 江苏农业学报, 2021 (5): 1310 - 1319.

[285] 徐祥临. 农村基本经营制度优势再认识 [J]. 经济导刊, 2018 (2): 64 - 66.

[286] 徐志刚, 谭鑫, 郑旭媛, 等. 农地流转市场发育对粮食生产的影响与约束条件 [J]. 中国农村经济, 2017 (9): 26 - 43.

[287] 许恒周, 牛坤在, 王大哲. 农地确权的收入效应 [J]. 中国人口·资源与环境, 2020 (10): 165 - 173.

[288] 许经勇. 新时代农村基本经营制度的深层思考 [J]. 北京行政学院学报, 2020 (2): 74 - 79.

[289] 许庆, 刘进, 钱有飞. 劳动力流动、农地确权与农地流转 [J]. 农业技术经济, 2017 (5): 4 - 16.

[290] 许庆, 田士超, 徐志刚, 等. 农地制度、土地细碎化与农民收入

不平等 [J]. 经济研究, 2008 (2): 83 – 92, 105.

[291] 许庆, 尹荣梁, 章辉. 规模经济、规模报酬与农业适度规模经营——基于我国粮食生产的实证研究 [J]. 经济研究, 2011 (3): 59 – 71, 94.

[292] 许秀川, 李容, 李国珍. 小规模经营与农户农机服务需求——一个两阶段决策模型的考察 [J]. 农业技术经济, 2017 (9): 45 – 57.

[293] 薛超, 史雪阳, 周宏. 农业机械化对种植业全要素生产率提升的影响路径研究 [J]. 农业技术经济, 2020 (10): 87 – 102.

[294] 薛凤蕊, 乔光华, 苏日娜. 土地流转对农民收益的效果评价——基于 DID 模型分析 [J]. 中国农村观察, 2011 (2): 36 – 42, 86.

[295] 薛勇. "实现小农户和现代农业发展有机衔接"是巩固和完善农村基本经营制度的新举措 [J]. 实践 (党的教育版), 2018 (1): 23.

[296] 鄢姣, 王锋, 袁威. 农地流转、适度规模经营与农业生产效率 [J]. 资源开发与市场, 2018 (7): 947 – 955.

[297] 杨丹, 刘自敏. 农地使用权流转对农地细碎化的影响——基于对中国 6 省 1133 个农户的调查数据 [J]. 农村金融研究, 2011 (5): 65 – 70.

[298] 杨丹, 唐羽. 农地确权缓解了农户收入不平等吗?——基于 IVQR 模型的分析 [J]. 新疆农垦经济, 2019 (6): 37 – 50.

[299] 杨宏力, 李宏盼. 农地确权对农民收入的影响机理及政策启示 [J]. 经济体制改革, 2020 (4): 86 – 93.

[300] 杨宏力, 李宏盼. "三权分置"影响农村土地收益分配的机理研究——基于收益权的视角 [J]. 中国农业资源与区划, 2020 (6): 203 – 211.

[301] 杨宏力, 李克乐, 乔允. 土地流转、非农就业与农户收入增长: 理论分析与实证检验——基于全国农村固定观察点数据 [J]. 制度经济学研究, 2021 (4): 105 – 131.

[302] 杨宏力. 土地确权的内涵、效应、羁绊与模式选择: 一个综述 [J]. 聊城大学学报 (社会科学版), 2017 (4): 121 – 128.

[303] 杨宏力. 新一轮农村土地确权存在的问题及政策优化——基于山东省五市七镇的经验研究 [J]. 山东大学学报 (哲学社会科学版), 2018 (3): 110 – 121.

［304］杨宏力. 新中国农村基本经营制度变迁的历史逻辑、理论逻辑和实践逻辑［J］. 现代经济探讨, 2021 (7): 112 - 122.

［305］杨宏力. 中国农村土地要素收益分配研究［M］. 北京: 经济管理出版社, 2020.

［306］杨慧莲, 李艳, 韩旭东, 等. 土地细碎化增加"规模农户"农业生产成本了吗? ——基于全国 776 个家庭农场和 1166 个专业大户的微观调查［J］. 中国土地科学, 2019 (4): 76 - 83.

［307］杨进, 向春华, 张晓波. 中国农业的劳动分工——基于生产服务外包的视角［J］. 华中科技大学学报 (社会科学版), 2019 (2): 45 - 55.

［308］杨立岩. 合同剩余、剩余控制权与剩余索取权——以山东农村鸭梨"采青"采购合同为例［J］. 经济评论, 2001 (5): 28 - 32.

［309］杨敏丽, 李世武, 恽竹恬. 区域农业机械化发展问题研究［J］. 中国农机化, 2010 (1): 8 - 13.

［310］杨少垒, 赵苏丹, 蒋永穆. "农业共营制": 农村基本经营制度实现形式的创新探索［J］. 农村经济, 2018 (11): 17 - 22.

［311］杨思雨, 蔡海龙. 不同环节农机社会化服务对粮食生产技术效率的影响——以早稻为例［J］. 中国农业大学学报, 2020 (11): 138 - 149.

［312］杨万江, 李琪. 农户兼业、生产性服务与水稻种植面积决策——基于 11 省 1646 户农户的实证研究［J］. 中国农业大学学报 (社会科学版), 2018 (1): 100 - 109.

［313］杨卫忠. 农村土地经营权流转中的农户羊群行为——来自浙江省嘉兴市农户的调查数据［J］. 中国农村经济, 2015 (2): 38 - 51, 82.

［314］杨子, 马贤磊, 诸培新, 等. 土地流转与农民收入变化研究［J］. 中国人口·资源与环境, 2017 (5): 111 - 120.

［315］杨子, 饶芳萍, 诸培新. 农业社会化服务对土地规模经营的影响——基于农户土地转入视角的实证分析［J］. 中国农村经济, 2019 (3): 82 - 95.

［316］杨子, 张建, 诸培新. 农业社会化服务能推动小农对接农业现代化吗——基于技术效率视角［J］. 农业技术经济, 2019 (9): 16 - 26.

［317］姚监复. 中国农业的规模经营与农业综合生产率——访华盛顿大

学农村发展所徐孝白先生 [J]. 中国农业资源与区划, 2000 (5): 19-21.

[318] 姚洋. 集体决策下的诱导性制度变迁——中国农村地权稳定性演化的实证分析 [J]. 中国农村观察, 2000 (2): 11-19.

[319] 姚洋. 中国农地制度: 一个分析框架 [J]. 中国社会科学, 2000 (2): 54-65, 206.

[320] 叶剑平, 蒋妍, 罗伊·普罗斯特曼, 等. 2005 年中国农村土地使用权调查研究——17 省调查结果及政策建议 [J]. 管理世界, 2006 (7): 77-84.

[321] 叶剑平, 郎昱, 梁迪. 农村土地确权、流转及征收补偿的相关问题——基于对十七省农村的调研 [J]. 中国土地, 2017 (1): 29-30.

[322] 叶翔凤, 易国棚. 创新集体经济实现形式赋予农村双层经营体制以新内涵——70 年农村集体经济的发展探索与经验总结 [J]. 决策与信息, 2019 (11): 28-34.

[323] 叶兴庆. 从三个维度看我国农业经营体制的 40 年演变 [J]. 农村经营管理, 2018 (9): 22-25.

[324] 易小燕, 陈印军. 农户转入耕地及其"非粮化"种植行为与规模的影响因素分析——基于浙江、河北两省的农户调查数据 [J]. 中国农村观察, 2010 (6): 2-10, 21.

[325] 尹成杰. 关于农村全面建成小康社会的几点思考 [J]. 农业经济问题, 2019, 478 (10): 6-12.

[326] 印子. "三权分置"下农业经营的实践形态与农地制度创新 [J]. 农业经济问题, 2021 (2): 26-37.

[327] 应瑞瑶, 徐斌. 农户采纳农业社会化服务的示范效应分析——以病虫害统防统治为例 [J]. 中国农村经济, 2014 (8): 30-41.

[328] 游和远, 吴次芳. 农地流转、禀赋依赖与农村劳动力转移 [J]. 管理世界, 2010 (3): 65-75.

[329] 于丽红, 兰庆高, 武翔宇. 农村土地经营权抵押融资农户满意度分析——基于辽宁省试点县的调查 [J]. 中国土地科学, 2016 (4): 79-87.

[330] 余展, 孙中华. 完善中的农村双层经营体制——274 个村庄双层经营体制调查综述 [J]. 中国农村经济, 1992 (6): 40-43.

[331] 虞松波，刘婷，曹宝明. 农业机械化服务对粮食生产成本效率的影响——来自中国小麦主产区的经验证据 [J]. 华中农业大学学报（社会科学版），2019（4）：81-89，173.

[332] 袁庆明，熊衍飞. 科斯三定理的新表述与新证明 [J]. 当代财经，2010（7）：11-18.

[333] 苑鹏. 关于农村统分结合的双层经营体制的若干问题探究——习近平总书记关于稳定和完善农村基本经营制度的重要思想 [J]. 农村经济，2017（10）：1-7.

[334] 约瑟夫·费尔德，李政军. 科斯定理1-2-3 [J]. 经济社会体制比较，2002（5）：72-79.

[335] 曾福生. 农业发展与农业适度规模经营 [J]. 农业技术经济，1995（6）：42-46.

[336] 湛小梅，聂华林，李亚丽，等. 宜机化整治地区油菜生产全程机械化作业体系研究 [J]. 中国农机化学报，2019（7）：197-203.

[337] 张琛，黄博，孔祥智. 家庭农场综合发展水平评价与分析——以全国种植类家庭农场为例 [J]. 江淮论坛，2017（3）：54-60.

[338] 张国林，何丽. 土地确权与农民财产性收入增长 [J]. 改革，2021（3）：121-133.

[339] 张红宇. 主产区和种粮农民积极性稳定增长机制研究 [J]. 农村经济，2005（3）：3-8.

[340] 张建，诸培新. 不同农地流转模式对农业生产效率的影响分析——以江苏省四县为例 [J]. 资源科学，2017（4）：629-640.

[341] 张剑渝，杜青龙. 参考群体、认知风格与消费者购买决策——一个行为经济学视角的综述 [J]. 经济学动态，2009（11）：83-86.

[342] 张丽，李容. 农机服务发展与粮食生产效率研究：2004—2016——基于变系数随机前沿分析 [J]. 华中农业大学学报（社会科学版），2020（2）：67-77，165.

[343] 张丽，李容. 农机作业服务是否影响粮食全要素生产率——基于农业分工的调节效应 [J]. 农业技术经济，2021（9）：50-67.

[344] 张龙耀，王梦珺，刘俊杰. 农地产权制度改革对农村金融市场的

影响——机制与微观证据 [J]. 中国农村经济, 2015 (12): 16-32.

[345] 张路雄. 论双层经营体制的客观必然性 [J]. 中国农村经济, 1988 (4): 40-45.

[346] 张梦飒. 关于坚持和完善农村基本经营制度的文献综述 [J]. 天津农业科学, 2015 (4): 58-62.

[347] 张茜, 屈鑫涛, 魏晨. 粮食安全背景下的家庭农场"非粮化"研究——以河南省舞钢市 21 个家庭农场为个案 [J]. 东南学术, 2014 (3): 94-100, 247.

[348] 张瑞娟, 宦梅丽. 农业生产托管: 模式、成效及启示——来自黑龙江省兰西县的经验 [J]. 重庆社会科学, 2020 (10): 5-17.

[349] 张挺, 李闽榕, 徐艳梅. 乡村振兴评价指标体系构建与实证研究 [J]. 管理世界, 2018 (8): 99-105.

[350] 张五常. 佃农理论 [M]. 北京: 商务印书馆, 2002.

[351] 张笑寒, 黄贤金. 论农地制度创新与农业劳动力转移 [J]. 中国人口·资源与环境, 2003 (5): 46-50.

[352] 张亚鹏, 田蕴祥. 土地托管: 以社会化服务促进农业规模经营的新样态 [J]. 辽宁行政学院学报, 2019 (5): 22-27.

[353] 张亦奇. 农村土地流转对农业经济的影响分析 [J]. 农家参谋, 2019 (1): 14.

[354] 张云华. 农业农村改革 40 年主要经验及其对乡村振兴的启示 [J]. 改革, 2018 (12): 14-26.

[355] 张宗毅, 杜志雄. 农业生产性服务决策的经济分析——以农机作业服务为例 [J]. 财贸经济, 2018 (4): 146-160.

[356] 张宗毅, 杜志雄. 土地流转一定会导致"非粮化"吗? ——基于全国 1740 个种植业家庭农场监测数据的实证分析 [J]. 经济学动态, 2015 (9): 63-69.

[357] 张宗毅, 刘小伟, 张萌. 劳动力转移背景下农业机械化对粮食生产贡献研究 [J]. 农林经济管理学报, 2014 (6): 595-603.

[358] 张宗毅. 2014 年我国农机化发展形势分析 [J]. 中国农机化学报, 2014 (1): 1-7.

[359] 赵和楠, 蒋炳蔚, 赵炜涛. 不同类型农业补贴政策对粮食生产的影响 [J]. 统计与决策, 2021 (21): 81 - 84.

[360] 浙江大学农业现代化与农村发展研究中心、浙江省农业厅联合调查组. 农村土地流转: 新情况、新思考——浙江农村土地流转制度的调查 [J]. 中国农村经济, 2001 (10): 11 - 18.

[361] 郑淋议, 罗箭飞, 洪甘霖. 新中国成立 70 年农村基本经营制度的历史演进与发展取向——基于农村土地制度和农业经营制度的改革联动视角 [J]. 中国土地科学, 2019 (12): 10 - 17.

[362] 郑淋议. 中国农业经营制度: 演变历程、问题聚焦与变革取向 [J]. 农村经济, 2020 (1): 88 - 95.

[363] 郑祥江, 杨锦秀. 农业劳动力转移对农业生产的影响研究 [J]. 华南农业大学学报 (社会科学版), 2015 (2): 50 - 56.

[364] 郑旭媛. 资源禀赋约束、要素替代与中国粮食生产变迁 [D]. 南京: 南京农业大学, 2015.

[365] 郑阳阳, 罗建利, 李佳. 技术来源、社会嵌入与农业技术推广绩效——基于 8 家合作社的案例研究 [J]. 中国科技论坛, 2017 (8): 141 - 151.

[366] 郑有贵. 包产到户和包干到户是不同的集体经营体制——兼论乡村振兴战略下增强集体统筹发展能力的路径 [J]. 教学与研究, 2018 (8): 15 - 20.

[367] 钟甫宁, 何军. 增加农民收入的关键: 扩大非农就业机会 [J]. 农业经济问题, 2007 (1): 62 - 70, 112.

[368] 钟甫宁, 纪月清. 土地产权、非农就业机会与农户农业生产投资 [J]. 经济研究, 2009 (12): 43 - 51.

[369] 钟甫宁, 陆五一, 徐志刚. 农村劳动力外出务工不利于粮食生产吗?——对农户要素替代与种植结构调整行为及约束条件的解析 [J]. 中国农村经济, 2016 (7): 36 - 47.

[370] 钟甫宁, 王兴稳. 现阶段农地流转市场能减轻土地细碎化程度吗?——来自江苏兴化和黑龙江宾县的初步证据 [J]. 农业经济问题, 2010 (1): 23 - 32.

[371] 钟文晶, 罗必良. 契约期限是怎样确定的?——基于资产专用性

维度的实证分析 [J]. 中国农村观察, 2014 (4): 42 - 51, 95 - 96.

[372] 钟真. 社会化服务: 新时代中国特色农业现代化的关键——基于理论与政策的梳理 [J]. 政治经济学评论, 2019 (2): 92 - 109.

[373] 周晶, 陈玉萍, 阮冬燕. 地形条件对农业机械化发展区域不平衡的影响——基于湖北省县级面板数据的实证分析 [J]. 中国农村经济, 2013 (9): 63 - 77.

[374] 周娟. 土地流转与规模经营的重新解读: 新型农业服务模式的发展与意义 [J]. 华中农业大学学报 (社会科学版), 2017 (4): 88 - 93.

[375] 周黎安. 晋升博弈中政府官员的激励与合作——兼论我国地方保护主义和重复建设问题长期存在的原因 [J]. 经济研究, 2004 (6): 33 - 40.

[376] 周黎安. 中国地方官员的晋升锦标赛模式研究 [J]. 经济研究, 2007 (7): 36 - 50.

[377] 周利平, 昝祺祺, 翁贞林. 农户兼业、生产环节外包与农业种植结构 "趋粮化" [J]. 农业现代化研究, 2021 (1): 78 - 84.

[378] 周连华. 深化农村经营体制改革的路径及政策选择 [J]. 农业经济问题, 2005 (5): 42 - 48.

[379] 周燕. 政府的合约性质及其经济治理——基于中国地方政府若干实践的交易费用考察 [J]. 管理世界, 2017 (8): 81 - 94.

[380] 周振, 孔祥智. 新中国 70 年农业经营体制的历史变迁与政策启示 [J]. 管理世界, 2019 (10): 24 - 38.

[381] 朱长明. 土地流转视角下培育新型农业经营主体的路径探析 [J]. 信阳农林学院学报, 2019 (4): 39 - 43.

[382] 朱道林, 程建, 张晖, 等. 2019 年土地科学研究重点进展评述及 2020 年展望——土地管理分报告 [J]. 中国土地科学, 2020 (1): 92 - 101

[383] 朱红根, 解春燕, 康兰媛. 新一轮农地确权: 福利效应、差异测度与影响因素 [J]. 农业经济问题, 2019 (10): 100 - 110.

[384] 朱建军, 郭霞, 常向阳. 农地流转对土地生产率影响的对比分析 [J]. 农业技术经济, 2011 (4): 78 - 84.

[385] 朱丽娟, 张改清, 张建杰. 水土资源利用方式对种粮大户技术效率的影响分析——基于黑龙江省 697 个种粮大户的调查数据 [J]. 经济经

纬，2018（5）：66-72.

［386］朱婷，夏英．新型农村集体经济的理论逻辑及框架［J］．农业经济，2021（7）：32-34.

［387］朱文珏，罗必良．农地价格幻觉：由价值评价差异引发的农地流转市场配置"失灵"——基于全国9省（区）农户的微观数据［J］．中国农村观察，2018（5）：67-81.

［388］朱晓哲，刘瑞峰，马恒运．中国农村土地制度的历史演变，动因及效果：一个文献综述视角［J］．农业经济问题，2021（8）：14.

［389］朱新山．中国农村土地确权进程、问题破解与乡村振兴［J］．毛泽东邓小平理论研究，2019（12）：26-33，103.

［390］朱信凯，杨晓婷，高原．中国共产党农业农村经济思想的理论创新［J］．中国人民大学学报，2022（4）：77-91.

［391］诸培新，仲天泽，钦国华．经济欠发达地区土地股份合作社发展研究——以江苏省宿迁市为例［J］．中国农业资源与区划，2015（7）：103-108.

［392］邹煜恒，涂金玲．农户资源禀赋对农业社会化服务购买行为影响——基于江西636水稻种植户的实证［J］．当代农村财经，2019（10）：2-8.

［393］Acemoglu, D., Johnson, S., Robinson, J. The Colonial Origins of Comparative Development: An Empirical Investigation ［J］. *American Economic Review*, 2001 (91): 1369-1401.

［394］Alston, L., J. Libecap, et al. The Determinants and Impact of Property Rights: Land Titles on the Brazilian Frontier ［J］. *Journal of Law, Economics and Organization*, 1996 (1): 25-61.

［395］Bardhan, P. K. Size, Productivity and Returns to Scale: An Analysis of Farm-Level Data in Indian Agriculture ［J］. *Journal of Political Economy*, 1973 (81): 1370-1386.

［396］Bert Hofman. Refiections on 40 Years of China's Reforme ［M］// Ross Garnaut, Ligang Song, Cai Fang. *China's 40 Years of Reform and Development*: 1978-2018. Canberra: ANU Press, 2018: 56-72.

［397］Brandt, L., Huang, J., Li, G., et al. Land Rights in Rural China: Facts, Fictions and Issues [J]. *China Journal*, 2002 (47): 67 –97.

[398] Brandt, L. , Rozelle, S. , Turner, M. A. , et al. Local Government Behavior and Property Right Formation in Rural China [J]. *Journal of Institutional and Theoretical Economics-zeitschrift Fur Die Gesamte Staatswissenschaft*, 2004 (4): 627 –662.

[399] Catherine Guirkinger, Jean-Philippe Platteau. Transformation of the Family Farm under Rising Land Pressure: A Theoretical Essay [J]. *Journal of Comparative Economics*, 2015 (1): 112 –137.

[400] Chen, C. H. Property Rights and Rural Development in China's Transitional Economy [J]. *Economic Change and Restructuring*, 2002 (35).

[401] Christine, Diepenbrock, Glenn, et al. Rhythms of the Herd: Long Term Dynamics in Seed Choice by Indian Farmers [J]. *Technology in Society*, 2014 (2): 26 –38.

[402] Dagne, Mojo, Christian, Fischer, Terefe, Degefa. Social and Environmental Impacts of Agricultural Cooperatives: Evidence from Ethiopia [J]. *International Journal of Sustainable Development & World Ecology*, 2015 (5): 388 –400.

[403] De, Brauw, A. , Huang, J. , Rozelle, S. , et al. The Sequencing of Reform Policies in China's Agricultural Transition [J]. *Economics of Transition*, 2004 (3): 427 –465.

[404] De, Janvry, Alain, F. Quantifying through Ex Post Assessments the Micro-level Impacts of Sovereign Disaster Risk Financing and Insurance Programs [R]. *Policy Research Working Paper*, 2015.

[405] Dean, R. , Damm-Luhr, T. A Current Review of Chinese Land Use Law and Policy: A "Breakthrough" in Rural Reform? [J]. *Washington International Law Journal*, 2010 (19).

[406] Deininger, K. , Jin, S. Securing Property Rights in Transition: Lessons from Implementation of China's Rural Land Contracting Law [J]. *Policy Research Working Paper*, 2007 (1): 22 –38.

[407] Deininger, K. , Jin, S. The Potential of Land Rental Markets in the

Process of Economic Development: Evidence from China [J]. *Journal of Development Economics*, 2005 (1): 241 –270.

[408] Deininger, K., Jin, S., Xia, F., et al. Moving Off the Farm: Land Institutions to Facilitate Structural Transformation and Agricultural Productivity Growth in China [J]. *World Development*, 2012 (59): 505 –520.

[409] Deng, H., Huang, J., Xu, Z., et al. Policy Support and Emerging Farmer Professional Cooperatives in Rural China [J]. *China Economic Review*, 2010 (4): 495 –507.

[410] Dorner, P., Prosterman, R. L., Temple, M. N., et al. Agrarian Reform and Grassroots Development: Ten Case Studies [J]. *American Journal of Agricultural Economics*, 1991 (4).

[411] Downs, A. *An Economic Theory of Democracy* [M]. New York: Harper and Row, 1957.

[412] Fan, S. Effects of Technological Change and Institutional Reform on Production Growth in Chinese Agriculture [J]. *American Journal of Agricultural Economics*, 1991 (2): 266 –275.

[413] Feng, S., Heerink, N. Are Farm Households' Land Renting and Migration Decisions Inter-related in Rural China? [J]. *NJAS Wageningen Journal of Life Sciences*, 2008 (4).

[414] Franci Avsec, Jernej Stromajer. Development and Socioeconomic Environment of Cooperratives in Slovenia [J]. *Co-operative Organization and Management*, 2015 (3): 40 –48.

[415] Gabriella Montinola, Yingyi Qian, Barry, R. Weingast. Federalism, Chinese Style: The Political Basis for Economic Success in China [J]. *World Politics*, 1995 (1).

[416] Gershon Feder, Lawrence, J., Lau, Justin, Y., Lin, Xiaopeng Luo. The Determinants of Farm Investment and Residential Construction in Post-Reform China [J]. *Economic Development and Cultural Change*, 1992 (1).

[417] Guo, X. The Reform of China's Rural Land System [J]. *China & World Economy*, 2004 (6): 62 –73.

[418] Hayward, Jane. China's Land Reforms and the Logic of Capital Accu-mulation [EB/OL]. http: //www. iccs. tsinghua. edu. cn/announce_info/1016. html.

[419] He, G. , Luo, H. The Drawbacks and Reform of China's Current Ru-ral Land System: An Analysis Based on Contract, Property Rights and Resource Allocation [J]. *Review of Innovation and Competitiveness*, 2016 (1): 61 – 78.

[420] Heady, E. , O. Optimal Sizes of Farms under Varying Tenure Forms, Including Renting, Ownership, State, and Collective Structures [J]. *American Journal of Agricultural Economics*, 1971 (1): 17 – 25.

[421] Herbel, D. , Rocchigiani, M. , Ferrier, C. The Role of the Social and Organisational Capital in Agricultural Co-operatives' Development Practical Lessons from the Cuma Movement [J]. *Journal of Co-operative Organization and Management*, 2015 (1): 24 – 31.

[422] Holden, S. , T. , Ghebru, H. Tenure Insecurity, Gender, Low-cost Land Certification in Ethiopia [J]. *The Journal of Development Studies*, 2011 (1): 31 – 47.

[423] Hua Lu, Hualin Xie, Guangrong Yao. Impact of Land Fragmentation on Marginal Productivity of Agricultural Labor and Non-agricultural Labor Supply: A Case Study of Jiangsu, China [J]. *Habitat International*, 2019 (83): 65 – 72.

[424] Huang, J. , Rozelle, S. The Role of Agriculture in China's Develop-ment: Performance, Determinants of Successes and Future Challenges [J]. *Emerging Economies*, 2015: 67 – 88.

[425] Huang, Jikun and Scott Rozelle. Technological Change: The Re-Dis-covery of the Engine of Productivity Growth in China' s Rural Economy [J]. *Jour-nal of Development Economics*, 1996 (49): 337 – 369.

[426] James, B. , W. Expanding the Gap: How the Rural Property System Exacerbates China's Urban-Rural Gap [J]. *Columbia Journal of Asian Law*, 2007 (2): 451 – 491.

[427] Johnson, D. , G. China's Rural and Agricultural Reforms: Succes-ses and Failures [J]. *Chinese Economies Research Centre (CERC) Working Pa-*

pers, 1996 (7): 206 – 207.

[428] Jin Yang, Zuhui Huang, Xiaobo Zhang, Thomas Reardon. The Rapid Rise of Cross-regional Agricultural Mechanization Services in China [J]. *American Journal of Agricultural Economics*, 2013 (5): 1245 – 1251.

[429] Klaus, Deininger, Song Qing , et al. Land Sales and Rental Markets in Transition: Evidence from Rural Vietnam [J]. *Oxford Bulletin of Economics & Statistics*, 2008 (1): 67 – 101.

[430] Krusekopf, C. , C. Diversity in Land-tenure Arrangements under the Household Responsibility System in China [J]. *China Economic Review*, 2002 (2): 297 – 312.

[431] Lanjouw, P. , Murgai, R. , Stern, N. Nonfarm Diversification, Poverty, Economic Mobility, and Income Inequality: A Case Study in Village India [J]. *Agricultural Economics*, 2013 (4 – 5): 461 – 473.

[432] Lin, J. , Y. Rural Reforms and Agricultural Growth in China [J]. *The American Economic Review*, 1992 (1): 34 – 51.

[433] Lin, J. , Y. The Household Responsibility System Reform in China: A Peasant's Institutional Choice [J]. *American Journal of Agricultural Economics*, 1987 (2): 410 – 415.

[434] Lin, J. , Y. Rural Reform and Agricultural Growth in China [J]. *American Economic Review*, 1992 (82): 34 – 51.

[435] Liu Hongbin, Zhou Yuepeng. Urbanization, Land Use Behavior and Land Quality in Rural China: An Analysis Based on Pressure-Response-Impact Framework and SEM Approach. [J]. *International Journal of Environmental Research and Public Health*, 2018 (12).

[436] Liu, S. The Structure and Changes to China's Land System [M]. Ross Garnaut, et al. *China's* 40 *Years of Reform and Development: 1978 – 2018.* Australia: ANU Press, 2018.

[437] Liu, Y. , Hu, W. , S. , Jetté-Nantel, et al. The Influence of Labor Price Change on Agricultural Machinery Usage in Chinese Agriculture [J]. *Canadian Journal of Agricultural Economics-Revue Canadienne D-Agroeconomie*,

2014（2）：219 – 243.

［438］Ma, X. , Heerink, N. , Feng, S. , et al. Farmland Tenure in China: Comparing Legal, Actual and Perceived Security ［J］. *Land Use Policy*, 2015（42）：293 – 306.

［439］Ma, X. , Heerink, N. , Ierland, E. , et al. Land Tenure Insecurity and Rural-urban Migration in Rural China ［J］. *Papers in Regional Science*, 2014（2）：383 – 406.

［440］Ma, X. , Heerink, N. , Van Ierland, E. C. , et al. Land Tenure Security and Land Investments in Northwest China ［J］. *China Agricultural Economic Review*, 2013（2）：281 – 307.

［441］Maria Toader, Gheorghe Valentin Roman. Family Farming-Examples for Rural Communities Development ［J］. *Elsevierjournal*, 2015（8）：89 – 94.

［442］Mcmillan, J. , Whalley, J. , Zhu, L. , et al. The Impact of China's Economic Reforms on Agricultural Productivity Growth ［J］. *Journal of Political Economy*, 1989（4）：781 – 807.

［443］Meessen, B. , Bloom, G. Economic Transition, Institutional Changes and the Health System: Some Lessons from Rural China ［J］. *Journal of Economic Policy Reform*, 2007（3）：209 – 231.

［444］Montinola, G. , Qian, Y. , Weingast, B. R. Federalism, Chinese Style: The Political Basis for Economic Success in China ［J］. *World Politics*, 1995（1）：50 – 81.

［445］Putterman, L. , Skillman, G. L. Collectivization and China's Agricultural Crisis ［J］. *Journal of Comparative Economics*, 1993（2）：530 – 539.

［446］Raabe, Katharina, Loc, et al. Rural-Urban Migration, Household Vulnerability, and Welfare in Vietnam ［J］. *World Development*, 2015.

［447］Ravallion, M. A Comparative Perspective on Poverty Reduction in Brazil, China and India ［J］. *World Bank Research Observer*, 2009（1）：71 – 104.

［448］Rozelle, S. , Swinnen, J. F. Success and Failure of Reform: Insights from the Transition of Agriculture ［J］. *Journal of Economic Literature*, 2004（2）：404 – 456.

[449] Rozelle, S. , Swinnen, J. F. Why did the Communist Party Reform in China, but not in the Soviet Union? The Political Economy of Agricultural Transition [J]. *China Economic Review*, 2009 (2): 275 – 287.

[450] Rozelle, S. , Guo, L. , Shen, M. , et al. Leaving China's Farms: Survey Results of New Paths and Remaining Hurdles to Rural Migration [J]. *China Quarterly-London*, 1999 (158): 367 – 393.

[451] Sen, A. , K. An. Aspect of Indian Agriculture [J]. *Economic Weekly*, 1962 (4 – 6): 243 – 246.

[452] The Rapid Rise of Cross-Regional Agricultural Mechanization Services in China [J]. *American Journal of Agricultural Economics*, 2013 (5).

[453] Tilt, B. Smallholders and the "Household Responsibility System": Adapting to Institutional Change in Chinese Agriculture [J]. *Human Ecology*, 2008 (2): 189 – 199.

[454] Wu, W. Discussion of the Rural Land Property System Reform According to the Rural Land Contract Management in China [C]. *International Conference on Management Science and Engineering*, 2010 (1): 70 – 72.

[455] Xiaobo Zhang, Jin Yang, Reardon Thomas. Mechanization Outsourcing Clusters and Division of Labor in Chinese Agriculture [J]. *China Economic Review*, 2017 (43).

[456] Xiaoyi Sun, Yong Xu, Qing Tang. Analysis of Patterns and Benefits of Cultivated Land Transfer in Rural Areas in the Loess Plateau——A Case Study of Yuanzho District of Ningxia [J]. *Asian Agricultural Research*, 2016 (10): 59 – 65.

[457] Zhou, Q. Reform in China's Countryside: Changes to the Relationship between the State and Ownership (second part) —A Review of the History of Economic System Change [J]. *Management World*, 1995 (4).